杭州市社会科学院出版资助项目

读书随想录：

西湖文化美学的准备与思考

李一凡 著

ZHEJIANG UNIVERSITY PRESS
浙江大学出版社

前　言　景观的文化还原——以杭州西湖为例

　　我爱读书。虽然有很严重的眼疾，现在只剩下一只眼睛能看，还要借助放大镜，仍然坚持。每天多少总要看一点，因此每看一点都格外郑重，全神贯注。我读书有个习惯，读了书就随时写读书心得，有时读一点立即写一点，抓住一时的灵感。从我1985年来到杭州市社科院，就一直没有停止过这种读读写写。在2000年之前大都是手写稿，大概有六七十万字，但有些已经在几次搬家过程中散失了。2000年以来的手稿大部分都已打字录入，在电脑里得到保存。现在整理出来的，是2003年以后到现在的"读书笔记"，说是"学术随笔"也可以。这部分大约有36万字，取名为《读书随想录》。因为是读书所觉所悟，一时兴起，随手写下，并非刻意，故名。医生很早就多次警告我，不可用眼过多，否则……但面对冒很大风险积累下来的读书文稿，不整理起来拿出来，真的对不起还算争气的那只眼睛。但是把它整理出来并可以出版，又是一个十分累人累眼的大工程。今天，总算挺住了。有很多人劝我不要这样做了，眼睛为重，健康为重。我心领。但我总觉得，自己的努力，努力所产生有益于知识的价值，不应当沉寂，它可以给有兴趣的人去读一读，也许会有一些收获。从书里面读到些什么，总会有些愉快。我自己就是读书的大受益者。

从景观文化美学入手

　　读书的姿态，在我就是一个学习者和思考者。读书有选择。又由于眼疾限制，必须有所选择。因专业走向和工作需要，作为一个美学工作者，尤其对杭州西湖文化及其景观美学研究需要，我一直把读书的范围放在与此密切相关的中西哲学、中国文化、孔孟儒学、文化艺术、杭州史地、西湖文化、景观美学这几个方向上。原因很简单，要想透析西湖山水的文化和美学，必须在哲学思想、美学理论、文化原理、杭州历史人文和西湖山水文化上有相当的掌握。可以从这本《读书随想》里面看到，这种读书学习得到了长久的贯彻。实际上，我在为"西湖文化美学"的系统研究作基础性的准备，所以这本书的副标题，特别注明"西湖文化美学的准备与思考"。其间已经有不少成果公开发表。我始终感到，作为一个杭州人，有责任对中国文化美学的"西湖景观现象"做出自己的解读。这种解读，必须有人文科学原理的支持。

　　我认为，西湖山水的文化美学价值要大于苏州园林的文化美学价值。这是肯定的。但两者的研究认知比较起来，苏州园林文化美学的研究成就和声誉高得多，成熟得多。杭州西湖作为"真山水"的著名中国文化景观，它的独特价值和文化认知空间非常大，也更加复杂。相比起来，西湖研究显得薄弱。对杭州西湖的研究，在历史学方向上收获丰富，但在文化学方向和美学方向上乃至哲学上的研究就乏力了。要知道，仅关于苏州园林文化和美学的研究著述，据我所见，就很多且有分量。西湖呢？很少，有影响有分量的，更少。我致力的，就是杭州"西湖景观现象"的文化美学研究。这个研究方向何以认定？杭州西湖，是著名和典型的中国文化美学"景观现象"。杭州西湖正是以这个本质特征和景观价值，列入联合国世界文化遗产名录。

　　作为中国文化美学的西湖景观现象，要有历史解读，也要有文化解读、美学解读、城市解读、生态解读乃至哲学解读。历史解读，即掌握西湖景观的发展变迁过程，还原历史状况。文化解读，即掌握西湖景观产生的意识形态背景和价值创造，深入景观背后蕴涵的中国文化世界观和价值观，尤其是哲学理念、宗教信仰、伦理思想和艺术观念。美学解读，即掌握西湖景观的审美特质、美学创造和审美文化价值，透析以杭州西湖为代表的江南山水园林文化浸润之下的"中国美"。城市解读，即掌握西湖文化景观的城市景观性质，反映西湖景观与杭州城市的地缘关系和互动共建，了解西湖山水作为杭州都城的有机组成和形象表现，认识"湖城一体"的中国山水城市之美学特征。生态解读，即掌握西湖景观的生态文化价值，研究西湖的生态自然之美和生态环境创造，以及它们与中国文化的重要影响和积极价值。西湖景观作为中国文化和美学的一种"大地创造"，必然反映或者体现着中国文化的世界观、哲学思想，这就必然涉及中国文化哲学"天人合一"的哲学理念以及它背后更基础的"万物一体"的世界观，必然涉及"天地人神"的中国文化世界的独特建构。我们看到，在人们的生活和心目中，西湖山水首先是景观，是大自然和中国文化赋予杭州的一种"大美"，一种"美的景观和现象"。但是空灵秀美的西湖景观蕴涵的文化内容，相当的复杂多样，并且深刻悠远。单就西湖山水的景观特点来讲，就十分多彩多姿，它既有自然景观特质、文化景观特质，也有城市景观特质、园林景观特质、宗教景观特质、生态景观特质，还有"文人山水"的景观气质，"意境山水"的景观品质。可以肯定，作为中国文化美学典型的著名景观，西湖的文化和美学是一座尚待深度开采的宝贵矿藏，我们所做的工作还很少、很浅。

我深知西湖文化美学研究的复杂程度。对西湖的研究，我紧紧扣住"景观"、"文化"、"美学"这三个关键词。西湖因景观而受用，西湖以美而著称，西湖的景观美是天人共作的自然人文之美。我最初对西湖的关心是从景观美学开始的，随后就深切感到"因以自然，辅以雅趣"的西湖景观之美，是"人文化了的自然山水之美"。南宋大诗人陆游在《南园记》中，很准确地用"因以自然，辅以雅趣"八个字，概括了西湖的"自然人文之美"的特征。西湖太有"文人山水"的气质，太有"意境山水"的品质，太有与信仰密切结合而呈现的"神性山水"种种气象了。东晋葛洪就定义了西湖山水为"绝胜觉场"。东晋慧理的"灵鹫飞来"的故事，令自然之美在人们的心里转化为神奇之美。我们到处可以看到、随处可以感受到西湖自然之美的情感化、思想化、信仰化、象征化、故事化、意境化、艺术化。这是中国文化灌注于西湖山水的精神和意趣。有一种自然审美的科学主义主张，要求"如其本然地欣赏自然"，反对加入"自然之外"的东西，强调自然审美的"客观性原则"，强调自然审美价值的独立性。这种排除人的文化介入、排除人的主观交融的自然审美之科学主义方式，显然不适用于西湖景观审美。它剥夺了景观的文化因素，剥夺了人的主观能动性。西湖的景观审美，不能离开文化体验，不能离开人的主观能动性。西湖景观审美的特点就是"文化审美"。我在 1989 年发表在浙江美术学院《造型艺术丛刊》第 2 辑上的《西湖风景论》一文，就已经认定了"西湖风景是一种文化景观"。

对西湖的研究，要把西湖的文化现象和美的现象密切联系在一起研究，从文化方面理解美的景观创造，从景观审美方面理解文化的精神。还要注意到，从审美传统来看，西湖风景的景观审美是人文主义的，它密切结合着文化因素和人的能动性。当代生态文化所主张的景观审美之科学主义方式，从文化中还原审美对象的自然本美及其客观真实，呈现自然本身的审美价值，体现对自然本美的尊重。这是一种有意义的现代性景观审美方式，但不是西湖景观审美的主流和特征，它对西湖景观美学研究有一定参考意义，尤其对西湖景观的生态美学研究有意义，也对西湖景观审美的多样性有意义。

定位于西湖文化美学的研究，还由于美学本身的学科发展。美学这门学科起于西方。到现今为止，美学研究已发生多次转变。确切地讲，是与时俱进的美学研究转向。古典形态的美学研究命题，追问"美是什么"，它以研究"美的本质"为特征，试图给予概念定义。这种研究从属于哲学。近现代的美学研究发生了心理学转向，以"审美经验"为主要研究方向，对"审美"、"美感"的心理学实证研究成为主流，放弃了对美的哲学本体论思辨研究。现当代的美学研究转向于对美和审美价值的文化研究。美和审美被视为一种文化现象，不仅有着深刻的人文根源，还和它植根的历史文化、民族文化、地域文化相关。美学，由此从哲学美学、心理美学向文化美学过渡，勾勒了美学本身的学科发展动向。由于人和自然关系的巨大危机，严重威胁人类本身的生存，于是人类开始觉醒，对自然进行拯救，来到以"生态文明"命名的 21 世纪。在美学发展史上，崛起了"生态美学"。生态美学以生态科学技术与生态文化观念为基础，包含了自然美学、环境美学、文化美学等交叉学科,体现了与时俱进的美学发展新水平。在我看来,生态文化和生态科技的介入,是文化美学的一个新的发展契机,西湖景观美学研究必须融合中国文化和生态文化。

西湖景观美学的研究,首先要结合中国文化。这完全基于这样一个事实:西湖景观产生成长于中国水土,成长于中国传统文化,其地域性生长根源,"微观"是杭州文化,"中观"是吴越文化,尤以江南文化和南宋文化最有影响,"大观"就是以"儒、道、佛"为代表的中国传统文化。为什么说"西湖景观是中国文化美学的典型和代表"? 道理就在这里。西湖风景是中国文化美学之优美的景观创造和地域典型,以"人间天堂"著称于世,令人向往。这个基本事实还告诉我们,没有比较充分的中国文化认知和掌握,要打开西湖景观美学的真知奥秘,会产生困难。因此,对中国传统文化的了解乃至研究,要包括儒教文化、道教文化、佛教文化,包括唐宋文化(尤以南宋文化为重要)、江南文化、吴越文化和杭州历史人文等,不然无法开张。要满足这个要求,很不轻松。我一直致力于中国文化的"补课",于是读书、学习、体会、思考,一点一点地积蓄。本书中可以看到这种持续的努力。另外,我也收集了众多的相关图书资料。

西湖景观的文化还原

基于"西湖景观根源于中国文化"这一不能再简单明了的事实,我对西湖文化美学的研究产生了一个关键思想,即"景观的文化还原"。这是西湖文化美学研究的一种思路和方法。

什么叫"景观的文化还原"? 就是依据景观的文化根本或者文化根源追溯它的景观创造和景观审美,还景观的历史文化以真实。我们现在看到的西湖景观,在现代文化的深刻影响下,在现代文化心理背景下,景象和景象的解读都发生了很大的改变。有许多人感叹"西湖越来越现代了"。现今的西湖近于"现代的西湖"。"古典的西湖"已经朦胧。人们对西湖景观的文化解读已经脱离传统文化。比如,岳庙景区从葛岭之栖霞岭、岳飞墓、岳王庙、旌忠牌坊直到西湖之岳湖,这一条中轴线构成的完整景观,属于儒家表彰

"忠烈"之英灵的祭祀文化，寓教化于景观，是庄重肃穆之地。但作为这一景观有机组成部分的岳湖，近年却成了"印象西湖"的歌舞之地，损害了岳庙景观的完整性和严肃性，于景观不当，于景观的"文理"不通。"印象西湖"如设置在新西湖之茅家埠水域，就比较合适。这是对特定景观的历史文化及其景观范围和空间性质缺少了解和尊重的一个典型事例。"景观的文化还原"，旨在从文化根源呈现"古典的西湖"。这是一种以传统文化为根据，结合景观审美和景观创造的"理论呈现"。我们要从理论上描述"古典西湖"的文化模样，然后与"现代西湖"作有意义的比较和审视。如果我们对西湖的传统文化状况有比较切实的了解，就能够把西湖文化景观遗产的保护工作做得更到位。"认识西湖"，是保护西湖、建设西湖、管理西湖的必要前提。

"西湖是活着的历史文化遗产"，这是西湖很重要的景观性质。西湖风景至今没有停止它在历史文化基础上的变化和演进。从西方文化在近代东渐开始，西湖景观文化就介入了现代性因素，并由于现代文化的兴起，这种现代性因素逐渐扩大，尤以 20 世纪最为明显。现代性与古典性的矛盾在冲突对抗中逐渐融入西湖文化，成为现代西湖景观最大的变化因素。由此中国近现代的社会文化转型，从以"天"为最高信仰的传统文化，转向了以"科学"为基本信仰的现代文化，这一根本的文化转型也深刻影响到西湖的景观建设和景观审美，甚至有了"传统文化断裂"的担忧。古人眼里和心里的西湖，与现代人的观想显然不同。现代人还有多少"文人情怀"？有多少"意境趣味"？有多少"神圣崇拜"？有多少"对天的敬畏"？有多少"天人相应"的文化真诚？有多少"万物一体"的超然精神？面对已经"远去的西湖"，"景观的文化还原"收拾的是不能丢失的西湖景观之传统文化血脉。

西湖并没有完全"远去"，关键的传统格局还在。比如，湖中三岛之"海上三仙山"的意境，苏白二堤的空间分隔和景观动线，"西湖十景"的意境组群和如画景致，南北二塔"神圣的静穆和感召"，湖西群山的"灵竺佛国"，山水与建筑之虚实显隐主从的传统美学关系，由"湖城一体"所呈现的"山水城市"景观特征，等等。这是"景观文化还原"的现实依据。

毫无疑问，西湖景观体现了对世界和人生的思想看法，即关于宇宙人生的世界观。这种"世界观"对西湖景观的形成和发展有决定意义。这是西湖景观产生的文化基点,也是"景观文化还原"的重要基础。体现在西湖景观中的这种"世界观"是什么? 这不能不追溯到中国传统文化"关于世界的一般看法"。简要地讲,它的核心特征是对"天"的信仰。前面已经提到过,"中国文化以对'天'的信仰为根本特征",儒家和道家都是如此。儒家以"仁"和"礼"释天,道家以"道"和"气"释天。对"天"的信仰,是中国传统文化世界观的精神支柱,它渗透在中国传统文化之哲学、伦理、政治、美学、文艺以及日常生活和风尚习俗等所有方面。因此,西湖景观"文化还原"的第一要点,就是"西湖景观充分体现了对'天'的信仰和尊敬"。对大自然的敬畏与尊重,是由于对"天"的神圣信仰。

我们可以把中国思想文化的学术形态,分为"天学"、"理学"和"心学"三类。后两者以儒家学说的宋明理学和心学为代表,众所周知。"天学",也就是中华民族关于"天"的思想学说,它通常以天论、道论、气论、阴阳论、五行论以及天人论等阐述"关于世界的一般看法"。这里的"天",不是纯粹物理意义或科学意义上的"天",而是由中国远古文化传承而来的"神化了的大自然"。这种由信仰支持着的"天",是物理义和神圣义的观念化合。对"天"的信仰,是中国传统文化一以贯之的精神支柱。在中国思想文化里面,无论是哲学、伦理学还是政治、历史、文艺等,它们"立论成说",除了要寻求"理学根据"、"心学根据"之外,还必须寻求"天学根据",而"天学根据"具有本体论的"终极权威"。因此"与天合一"、"与天相知"、"与天合德"是中国思想文化的崇高指向和重要尺度。"理"从何来?"天","心"归何处?"人"自"天"成,"命"由"天"赋。天论以及天道论、天地论、天人论,是中国传统思想文化的哲学世界观的核心。对西湖景观的文化美学解读,不可能游离于中国文化关于天论、天道论、天地论、天人论的思想学说之外。

对"天"的信仰是一种宗教性信仰。一种文化,也许可以没有"宗教",却不可能没有"宗教信仰"。中国文化即是其例。这就涉及"中国是否有宗教"的问题,其实这是一个关于中国文化基本特征的认识问题。一些学者认为,中国没有西方概念意义上的"宗教"。另一些学者反对。牟宗三先生认为,孔孟儒学具有宗教性质,其特点是一种"人文教"。蔡尚思先生认为,孔孟儒学礼教就是一种很有中国特色的宗教。蔡先生《中国礼教思想史》一书指出了"礼教即宗教"、"礼教宗教化"、"礼教代宗教"的认识观点。由此而知，孔子创立的"儒学之教"，在思想理论上奠定了"宗法礼制"的神圣化、宗教化，同时也奠定了"宗法礼制"的伦理化、政治化。"礼教"是中国自古而来并经周公、孔子变革的"宗法礼制之教"，它不仅是"人文设教"，而且是"神道设教"。这种"礼教"，你可以不认可它是一种"宗教"，却无可否认它包含着显然的"宗教信仰"。周公、孔子创立的儒学礼教，其内在包含了对"天"的信仰、对"仁"的信念和对"心"的理念，这就是儒学礼教的天学根据、理学根据和心学根据所在——天道、仁爱、心性。《周易》就是一部关于"天"的学问经典。礼教即是儒教，它的"神谱体系"首先是"天地君亲师"。它的"教义体系"首先是"仁义礼智信"，尤以"忠孝节义"为大众化核心价值。这就是中国模式的"宗教"。必须承认宗教的多样性。就像"文明"的多样性一样，西方的"文明"之外，你不能说中国文明、印度文明不是"文明"。儒学礼教是宗教化、伦理化、政治化互相结合起来的一种有思想、有信仰的"制度文化"，它深刻影响了中国两千多年，至今仍以各种面目存在。"儒学之教"深刻影响了中华民族的文化性格，也呈现着中国文化的基本特征。就其扼要，可以称为"以'天'为根本信仰的中国文化"。中国文化，在它的灵魂深处，体现了对"神圣化了的大自然"的真诚崇拜。

蔡尚思先生的《中国礼教思想史》指出，第一，中国礼教是宗教，是具有中国特色的宗教；第二，中国礼教的宗教基础是对"天"的信仰；第三，中国礼教的发展变化经历了三个阶段，其一是先秦儒家"以礼教代宗教"，其二是汉代儒家"礼教的神圣化"，其三是宋元明清儒家"礼教的天理化"；第四，礼教在孔子儒学阶段有了理论化的新发展，成为筑基于"仁"的思想学说。礼学成为孔子儒学的重要内容，"天"的概念由"天帝"被"人间化"，即君为臣天，父为子天，夫为妇天；第六，中国礼教起源于古代以血缘为基础和纽带的"宗法礼制"；第七，礼教制度和礼教思想是中国思想文化的中心，它渗透在中国思想文化和中国社会生活的各个方面。由此可知，对"天"的信仰在孔子的儒家仁学和儒学礼教中，具有"终极本体"信仰和"精神统摄"权威的根本性质。张其昀先生在《孔学今义》一书中指出，儒家整个思想体系可以用六个字代表之，就是"法天道，立人道"。他认为，儒家以"法天道，立人道"建立其

"天人合一"的思想体系,其理性的自觉与宗教的情绪合而为一,自然有致。至此可以认识到,中国文化具有宗教性特点,具有对"天"的宗教性信仰,并且在传统文化和社会生活中"一以贯之"。所以,称"以'天'为根本信仰的中国文化",是恰当的。

"天地人神"的文化景观建构

"景观的文化还原"的第二要点,是呈现西湖景观的"天地人神"文化建构特征。由前述作进一步的分析,可以看到,"以对'天'的信仰为根本的中国文化","天"不仅是"世界的始基"、"终极的本体"、"神性的主宰",而且整个宇宙人生世界都是以"天"为根本的神性世界。因此,从中国文化世界观出发,放眼天下,除了天、地、人,还有神,并且天、地、人都可以从"神"那里得到神化定义和神性赋格,呈现物理义和神圣义互相结合的"非凡"。从我们现在所生活的"科学时代"来看,由传统文化历史统摄的古老中国乃是一个"神学的时代",人们生活在自己对"天"的信仰里面,他们的存在意识就是"生活在天神地祇无处不在的世界"。亡故的祖宗、先师、英雄、贤能等,可以凭德行和功绩转化为"天神地灵"。在那个信仰世界里,任何东西、任何存在,都有大小高低正负不等的"神光灵气"。在感性直观的天、地、人三维中,还有"天神、地祇、人鬼"这"神性"的一维——这是凭信仰的"玄观"才能捉摸体会得到的一种观念存在。由此可知,中国传统的文化世界由此"四维",即以"天"为根本信仰的"天地人神"结构的文化世界构成。人们在这种信仰的传统中,把这种"天地人神的文化世界"理解为不能违逆的"真实世界"。这是一个由对"天"的传统文化信仰和对"仁"的儒学礼教制度所统摄的历史时代。作为中国文化和美学体现的西湖景观,产生于这个历史时代,它的景观创造和景观审美必然内生于这种历史文化,并体现这种"天地人神"的文化建构。因此,我们要从历史文化角度重视"西湖景观的宗教性"问题,注意西湖景观与信仰文化、宗教文化的关系,使"文化真实"更深刻地逼近"历史真实"。我认为,这种"文化真实"是更高的"历史真实"。这是"景观文化还原"的意义所在,也是历史研究的一种文化学方法。我们要知道,古人看"世界"

和今人看"世界"是很不一样的，因为各自所处的社会时代、文化背景、意识形态等完全不同。所以，研究西湖景观的"历史真实"，从"历史还原的文化真实"的工作入手很必要。

中国古人的意识形态以对"天"的宗教信仰为核心，他们所意识和感觉到的"世界"是"天地人神"结构的"四维世界"。关于"天"的学问——"天学"，包括了天论、天道论、天地论和天人论。"天"是有意识和意志的根本主宰，一切的始基和终极，物理义和神圣义的结合。"天道"即具有物理自然含义和宗教神圣含义的"天"所具有的自然规律、自然辩证、自然德行和自然意志。天分阴阳辩证，即为"天"、"地"二分，即天空与大地的二元对立，即所谓"天道"的"一生二"、"气生两仪"。"天空"和"大地"，其日月星辰、风雨雷电、烟岚云雾、动植飞潜、山河湖海等等，都有"仙灵所隐"、"神祇司职"。在"天学"中，"天人之际"或"天人关系"最为要紧，它指示了"人从何处来？"和"人向何处去？"，指示了"人的行为的依据和准则"，指示了"师法自然"和"不言之教"，指示了"人与自然的关系和敬崇自然的态度"，指示了"人的本性和命运所由"，等等。"天人关系"实质就是"神人关系"。在古代的文化世界和意识形态中，人们面对的物理自然，同时也是人们观念中的"神性自然"——被人们对"天"的宗教信仰神化了的自然。这是古人看自然与今人看自然的不同。文化不同，所见所想所感所知亦为相异。中国传统文化，是借"神"的眼睛看世界的，但又是以"人"的务实积极参与这个世界和人生的改善，以"有为"为荣誉的。对西湖景观所体现的"历史的文化真实"，要有这种传统文化的历史解读。

在"天地人神"建构的文化世界，人们坚信，人也能像天地一样成为"神圣"。儒教说"人能成圣"，佛教说"人能成佛"，道教说"人能成仙"。在儒学礼教文化中，忠臣、义士、孝子、贞女、节妇以及明君、贤臣、高士等，都可以因其"仁义英烈德才"等事迹，立祠设庙专以旌表，被奉如神明，令人景仰。这是很常用常见的"人的神化"方式，它有力地促进了道德核心价值的大众教化和民间普及。

有一种学术观点认为，"儒家礼乐之教"或曰"儒教"，是儒家思想理论学说与国家政治权力结合在一起的一种很特殊的"国家宗教"。这种宗教以

"天"为根本信仰,推行封建宗法礼制和封建道德伦理,并将后两者神圣化、天理化、永恒化。不仅如此,它以封建帝王为"天子","天子"成为"天"在人世间的最高代表和最高权威,"替天行道"、"代天行权",同时也是儒教"教主"。同样重要的是,整个封建政治管理体系,包括官员和衙署,也是儒教组织和管理机构,它是儒教"政教合一"的功能形式。更加明显的,还有极为严整系统的祭拜"天地""祖先""圣贤"之神灵的祭祀设施和祭祀制度仪礼,如天坛、太庙,如春祭、秋祭,如对山川封禅等。除了帝王对天地山川和祖宗先圣的祭祀,还有对英灵贤德等祭祀的各种祠堂、灵庙、牌坊,还有众多儒教文化的节庆和习俗。儒家思想即同儒教教义,儒学经典即为儒教教典,贤士、君子是儒教基本的才德追求和价值形塑,"成圣"是儒教的最高理想。这一观点的分析很有认识价值,它对于"中国文化的特殊性"、"中国文化的宗教性"等问题的了解很有帮助。这正是"以'天'为根本信仰的'天地人神'所建构的文化世界"的生动写照,这个"文化世界"以儒家思想文化为主流文化。由此可知,西湖景观不仅建基于中国文化对"天"的宗教信仰,还立足于儒家思想文化,并融合了道教文化和佛教文化。这是西湖"景观文化还原"的一个朴素观点。后面还会专门讲到西湖景观的儒教文化建筑体系。

　　"景观的文化还原"使我们对西湖景观的文化美学有了新的认识。第一,西湖景观根源于以"天"为神圣信仰的中国传统文化;第二,西湖景观具有宗教性特征,"景观的教化"是其主要方式和重要功能;第三,西湖景观文化的主流是宗教文化,受到儒教文化、道教文化、佛教文化的深刻影响;第四,西湖景观文化起始于以"子胥灵涛"为代表的儒教信仰文化和以"灵鹫飞来"为代表的佛教信仰文化,吴山和灵隐在西湖风景发展史上有特殊的地位和意义;第五,西湖山水的最初景观定义,是"神的居所,人的觉场";第六,西湖山水的自然美,在景观发展上首先融合于宗教信仰文化,经历了"自然神圣化"的历史文化过程;第七,西湖之美,是"天人合一"的"自然人文之美",植根于以"天"为根本信仰的中国传统文化;第八,西湖景观的历史发展,经历了宗教信仰化、农业水利化、文学艺术化和近现代城市化等不同阶段,但西湖景观仍然保持着"天人合一"的宗教文化特质。我想,这就是原本的西湖,这就是原本西湖的原本文化。

"神的居所，人的觉场"

西湖风景区初创之时，就已经定义为"神的居所，人的觉场"，并且至今仍然很好地保持着这种显著的景观特征。西湖风景区在传统上形成若干景观特色空间，一般以某个著名景点景区或若干景点集聚为特色景观基础，如以西湖环湖区为核心的"西湖山水"，以灵隐、天竺为核心的"灵竺山水"，以钱塘江潮和六和塔为核心的"钱江山水"，以吴山为核心的"城市山林"，还有以西溪湿地为核心的"西溪山水"等。有意思的是，它们有一个共同的特点——都有一个或一组宗教性景观标志物。西湖山水以雷峰塔、保俶塔为标志物，灵竺山水以灵隐寺为标志物，钱江山水以六和塔为标志物，吴山"城市山林"以城隍庙为标志物，西溪山水以秋雪庵为标志物，龙井、九溪一带的山水风光，则以龙井寺为标志物。这些各有历史积淀和风景特色的景观单元中的标志物，其实按照中国传统文化堪舆理论，都属"山水之镇"；按照中国画学理论来看，又都是"山水点睛"之处，乃山水出神采、出精神的地方。杭州古城之北郊，京杭大运河上的"北关"，是客船运货到达杭州的终点。其繁盛如"北关夜市"的风景，乃元代"钱塘十景"之一，也是以香积寺及寺前双塔为标志物，展开"十里银湖墅"的市井繁华画卷。如果以更小的景观实体来分析，比如葛岭，它的点睛出神采的标志物，就是道教的抱朴道院和岭巅的初阳台。比如葛岭之以栖霞岭、岳飞墓、岳王庙、岳庙牌坊为景观中轴线并延伸到西湖之岳湖的岳庙景区，其标志物就是儒教表彰忠孝英烈的岳王庙。其他如"灵峰探梅"的灵峰寺，创自东晋慧理；"虎跑梦泉"的虎跑寺，创自唐代性空；"云栖竹径"的云栖寺，创于北宋吴越王时；孤山景区的孤山寺，建于陈天嘉年间，原称"永福寺"，白居易有"蓬莱宫在水中央"的诗句，唐宋称"孤山寺"；青芝坞"玉泉观鱼"的玉泉寺，创自南齐昙超，原称"青涟寺"；北高峰下巢枸坞的韬光寺，建于吴越王时，有"楼观沧海日，门对浙江潮"的胜景；还有玉皇山"玉皇飞云"的道教福星观，万松岭上"儒学教堂"之万松书院，苏堤上奉为儒文化西湖三贤的白居易、林和靖、苏东坡之"三贤祠"等。它们都用宗教性景观建筑语言，昭示了西湖山水乃"神的居所，人的觉场"，展现了西湖景观的宗教文化特质,展现了儒、道、释三教对西湖山水的文化浸润和精神灌注。这是一个无法漠视、并非偶然的重要文化现象。长期以来,由于意识形态问题,对"西湖文化的宗教性质"、"西湖景观的宗教文化",采取了不应有的回避态度。必须指出,杭州西湖作为风景胜地,自古以来就有这样四种景观性质:神的灵地,人的乐园,城市的花园,民生的水利。这也是古代西湖的四大功能——宗教场所、旅游胜地、城市公园和农业田园。我们以历史的文化真实阐明,西湖景观的主体文化是宗教文化,以中国传统文化的儒道释为重心,以对"天"的宗教性信仰为其文化精神支柱。

　　从景观发生的时间维度看,西湖风景最早就"点睛出神采"的地方有三处。首先是古称胥山的吴山之伍公庙(又称伍祠),祭祀忠烈死谏的吴国大夫伍子胥的英灵。建祠时间据说在汉代,距今约两千年。该祠当属儒教文化系统的纪念灵祀,并且与钱塘江著名奇观——被儒教文化视为"子胥灵涛"的"钱江涌潮"紧紧联系在一起。民间把伍子胥视为钱江大潮的"潮神"。吴山伍公庙和栖霞岭岳王庙一样,是儒教文化中的"旌忠祠",以"忠"崇德教化。吴山的"伍公祠"和"子胥灵涛",可以视为杭州文化发展重要的时空节点,是西湖景观文化具有象征意义的发生源头之一。吴山之伍公祠,在西湖景观史和景观文化史上应当有重要的地位和价值。其二是葛岭,东晋时道教大家葛洪求神仙之术,筑室、掘井、炼丹、修道、著书于此,应与佛教之开发灵隐相前后,今仍有抱朴道院和初阳台的道教建筑。如果说吴山是西湖儒教文化景观的一个起始地,那么葛岭就是西湖道教文化景观的初创地,都有各自"开山"的象征意义。其三就是东晋咸和初年,印度僧人慧理创建灵隐寺,他成就了佛教胜境飞来峰、灵隐寺、灵鹫寺、灵峰寺等佛教名胜,成就了从灵隐山到天竺山一带的"灵竺佛国",成就了西湖西部山水的"咫尺西天"。这三个地方,对杭州和西湖历史文化来讲,最重要的是飞来峰之灵隐。可以这样讲,如果西湖风景有一处"开山发祥之地",这个地方就是以飞来峰、灵隐寺、三天竺为核心的"灵竺山水",是杭州佛教文化的生根之处。此外,杭州秦汉时钱塘故县治亦"在灵隐山中",灵隐实乃杭州城市发祥之地。从西湖景观的发展来看也是如此。在东晋和唐初之间,西湖湖区尚未发育成熟,成为人们的游览胜地,西湖还基本上无闻无名之时,西湖山水的灵隐、天竺一带已经逐渐成为杭州的一处游览名胜地，以灵隐寺、飞来峰、灵竺山水风景为文化和景观特色，卓有声望。这在唐尤为显然。至中唐，白居易有一篇《冷泉亭记》，专门评论杭州"灵竺山水"的审美价值，他说："东南山水，余杭郡为最。就郡言，灵隐寺为尤。由寺观，冷泉亭为甲。"以"山水病痴"著称的大文豪白居易犀利的眼光，等于给出了"余杭山水，灵隐最优"的美学评价，然而对西湖之美尚无此高誉。白居易对西湖的评价，是"未能抛得杭州去，一半勾留是此湖"，特别是"最爱湖东行不足"、"湖上春来如画图"、"蓬莱宫在水中央"。实际上他心目中仍然把灵竺山水看成当时杭州的第一胜景。在《答客问杭州》一诗里"为君略约说杭州"，就是"山名天竺堆青黛，湖号钱塘泻绿油"，灵竺有优先地位。那首著名的《江南忆》，"江南忆，最忆是杭州"，也是"山寺月中寻桂子，郡亭枕上看潮头"。这里讲的"山寺"，就是天竺寺、灵隐寺，传说寺中常有桂子从月中落下，因此"月中寻桂"是访游灵竺的一件趣事。该诗清楚地表明，当时杭州的胜景，一是"山寺寻桂"，二是"郡亭看潮"。经五代吴越，直到北宋，西湖才真正闻名于世，宋仁宗的"地有湖山美，东南第一州"给予西湖最权威的荣誉定评。也可以看到，在白居易那个时期，杭州旅游景观有三个好去处，即灵隐、潮水、西湖，但前两者具有优先性，在白居易心中最有地位。杭州的山水之美有三类景观形态，即以"郡亭看潮"为代表的海山之美、"山寺寻桂"为代表的山林之美、"春来如画"的湖山之美，也就是钱塘江山水、灵竺山水、西湖山水。在景观上，山海之美、山林之美优先于湖山之美。以宋仁宗的《赐梅挚知杭州》诗为标志，"湖山美"登上杭州景观的首席。从此，海山美和山林美从属于西湖风景之美。元代"钱塘十景"有"冷泉猿啸"和"浙江秋涛"二景，清代"西湖十八景"有"吴山大观"、"韬光观海"和"天竺香市"三景，可作为见证。"观海"，吴山是近观，韬光寺是远观。由此亦可见，"灵竺山水"是西湖风景中最先开发成熟并享有美誉的佛教胜境和游览胜地，它的景观空间规模也有足够大的体量。顺便说一句，西湖风景的景观文化之"文脉"，就生根并发祥于此。故有"西湖景观，文脉东起、西来、北辅"的概括。东起，指吴山伍公庙之儒教文化的流注；西来，指飞来峰灵隐寺之佛教文化的浸润；北辅，指葛岭初阳台之道教文化的滋养。这种开端性的文化影响，集聚于"灵竺山水"，汇为西湖景观的主体文化底蕴。可以肯定,"灵竺山水"是西湖风景名胜区开发的先声,是最早的游览胜地。从初唐到中唐,许多著名诗人来杭州拜访游览的,主要是灵隐、天竺一带的寺庙和山水风光,还有就是郡城江边的"钱江涌潮"奇观,主要目的地还不是西湖,他们留下的诗篇就是印证。如宋之问(或骆宾王)有"楼观沧海日,门对浙江潮",李白有"天竺森在眼,松风飒惊秋"。从风景的人文角度看,是否可以说,西湖风景的开创,是由名僧慧理的一个"灵鹫飞来"故事点化出来的,故事成为意境,神话造就胜景。是他发现了"仙灵所隐"的飞来峰,点亮了灵竺山水的灵气神韵,以佛教寺庙建筑开发了灵隐,把自然美升华并融入了空灵玄妙的人文之美。总之,我们从这三个地方的文化建构中看到一个共同的轨迹,那就是以各自的文化信仰和文化方式构建"天地人神"的文化世界和景观风貌。更进一步地讲,宗教信仰及宗教文化,是西湖景观的"母体文化",这个特征非常明显。西湖研究应当基于这种历史的文化真实。

　　上述的分析还应该在"西湖山水最初的景观定性"这个问题上继续讨论。灵竺山水作为西湖山水最初的著名景观,慧理给予的景观性质定义是"仙灵所隐",也就是"神的居所",或者"神的灵地"。慧理的景观定性,用景观学术语表达,就是"神圣的景观空间"。据传葛洪在灵隐山门题额的"绝胜觉场"四个字,不仅定义了灵竺山水的景观性质,还定义了它的景观意境,更为精辟恰当。这是西湖景观文化中最早出现的"景观意境"和"景观意境品评",也是后来整个西湖山水之景观空间性质的准确概括。以至湖城一体的古代杭州,在这个基础上到宋代又有了"东南佛国"、"人间天堂"的著名口碑。通俗地概括西湖风景的景观性质,就是东晋慧理、葛洪所定义的"神的居所,人的觉场"。这个定性,是历史上西湖景观发展建设的主要文化方向和基本功能。这个文化方向,到了新中国成立以后由于意识形态的根本改变,才有了停顿,并在"文革"期间受到严重破坏。"改革开放"新时期以来,这种景观特质作为"历史文化遗产"得到了恢复。由此可知,东晋时期是西湖景观及其景观文化发展的重要开端,宗教文化起着决定性的作用,"神的居所,人的觉场"是西湖山水最初的景观模式,影响持久而深刻。我们由此看到,"神的居所,人的觉场"之西湖景观建构,它的背后就是中华民族"天地人神"文化世界观的"大地书写"，是中国传统文化对"天"之神圣信仰的"形象呈现"。近年来人们顺应21世纪"生态文明"时代的科学文化理念，称西湖风景是中国文化"天人合一"的景观典范，体现了"人与自然和谐"的文化精神，这种历史文化遗产契合并突出了现代生态文化价值。这没有错，确是如此。但是从景观还原的历史文化真实来看，"天人合一"的概念涵盖于中国传统文化对"天"的神圣信仰，并包含着"万物一体"的深层哲学观念，包含着与"神圣自然"一体合和的宗教精神。总之，"天人合一"的文化指向与中国文化对"天"的宗教信仰紧紧联系，它构成了西湖景观的历史文化基础。西湖景观，是人们对"天"的致敬、礼赞与合和的向往。

西湖景观的儒教文化系统

在西湖山水"天地人神"文化世界的景观建构过程中，儒教文化和佛教文化、道教文化共同发挥着作用，但人们对"儒教文化"如何发挥作用并体现在哪里，认识比较模糊，往往把注意力更多地放在佛教和道教方面。这里一个重要的原因，是对孔孟儒学思想文化以及儒家礼教的宗教性特点有认识上的局限和模糊。本文已经在前面概要阐明了中国传统文化以及儒家"仁学礼教"文化的宗教性，其特征集中体现在对"天"一以贯之的神圣信仰。这种与政治权力结合的宗教性，尤以"儒家礼教"最能说明。我们可以把"儒教"理解为"儒家礼教"，它是以孔孟仁学为道德思想核心、以"天"为根本信仰的礼教制度和教化文化。儒教尤以"仁义礼智信"、"忠孝节义廉耻"为大众教义。循此线索，我们可以比较清楚地看到西湖景观中儒教文化一脉，看到儒教文化丰富的景观系统。

西湖景观中儒教文化建筑有很明显的系统性，它有鲜明的景观主题，即以对"天"的神圣信仰为基础、围绕"忠孝仁义贤廉"的道德核心价值，依托西湖山水形成了一大批"儒学礼教"的祠庙建筑。我们可以称之为"儒家道德教化"的主题祠庙建筑，它们分布于城市和湖山的四面八方，在古代杭州数以百计。这些儒教祠庙以人载德、以德祀灵、旌表纪念。儒家的景观文化美学，很好地贯彻了孔子"尽美亦尽善"的原则，把"景观的教化"融合于"景观的审美"，非常重视景观建筑的"道德教化"功能。这个特点，用现代语言来说，就是"把德育结合到美育中"。在西湖风景的众多景观建筑中，儒教景观文化建筑很有自己的风格特色，蔚为大观。

据《梦粱录》记载，在南宋末年，杭州城区包括郊区所建的祠庙，共分七类，计94座，即山川神祠16座，忠节祠6座，仕贤祠8座，古神祠9座，士俗祠33座，东都随迁祠（即原祠庙在汴京，南宋时在杭州复建）4座，外郡行祠（原祠庙在外地，随南宋复建于杭州）18座。实际应当远不止此数。此外，《梦粱录》还没有把皇家和官方祠庙学苑等计算在内，如天地祭坛、祖宗太庙、孔庙、府学、书院等儒教的祭祀性、纪念性和学习性的建筑。由此可知，我们在西湖文化的研究和介绍中，相当忽略了"儒家文化"或"儒教文化"的历史情况。很大的一个原因，就是对儒家儒教文化缺少认识、概念，只知道西湖山水有众多祭祀纪念神庙，却不太清楚它们实际上归类于儒家儒教文化的范畴。有人写文章说"西湖山水风景是儒家文化的载体"，却没有说清楚这个"载体"体现在哪里，这正是西湖文化研究的薄弱不明之处。

儒教景观建筑系统中，首先是"尊孔崇儒"的孔庙和学府、书院。现存的杭州孔庙在劳动路府学巷，位于吴山脚下，近西湖清波门，建于南宋，亦是临安府学。南宋时曾增建为全国最高学府"太学"，规模宏大壮观。到元代，仍以"甲东南为杰观"著称。杭州孔庙，自宋、元、明、清以来一直是官学所在地，是祭祀孔子、研习儒学、收藏典籍的一方圣地。北宋时，孔庙在凤凰山一带。整个建筑群以孔庙为制高中心，是祭祀场所和学习场所的结合，春秋之时有祭孔大典。同类的重要建筑就是书院，著名的有四大书院，其中以万松岭的"万松书院"最胜，它也是祭祀孔子、读书学习和图书收藏的结合体，以传教儒学思想、学术、文化和培养人才为旨。万松书院始建于明代，备受重视，清代康熙、乾隆都曾数次踏访，康熙帝题额"浙水敷文"。雍正时赐为省城书院，有很高的学林政治地位，学生遍及全省十一府。在杭州各书院中，它以齐备的祭田、祭器，完备的章程学规以及丰富的藏书居首。传说中的梁山伯与祝英台，曾在万松书院同窗共读。其他三大书院，紫阳书院在吴山之紫阳山，崇文书院在曲院风荷跨虹桥旁，诂经精舍在孤山之南西泠桥塊，各踞风景胜境。诂经精舍尤以阮元、俞樾主领开一派学术并培养大批才俊而闻名。

　　西湖儒教景观文化建筑中最著名的，是"旌表忠灵"的神庙，数量众多。旌表忠烈之灵的，有"湖上三英杰"岳王庙、于谦祠、张苍水祠，墓、祠合建，为海内外所共仰。清代诗人袁枚有一首著名的诗："江山也要伟人扶，神化丹青即画图。赖有岳于双少保，人间始觉重西湖。"道出了西湖山水由忠烈英魂激扬的壮伟阳刚之气。其中，民族英雄岳飞的事迹独成旌忠的景观系列，除了岳王庙，还有栖霞岭紫云洞口的部将牛皋墓，仙姑山东山弄口的部将张宪墓和祠，众安桥附近岳飞女儿的银瓶井，小车桥岳飞遇害处的风波亭，灵隐飞来峰韩世忠纪念岳飞的翠微亭，众安桥含愤刺杀奸臣秦桧的殿前军士施全庙等。施全义举感人至深，人们奉之为义烈之灵，据说当时杭州有七十二处施全灵祠。还有一类是旌表忠义仁德的灵祠，最突出的就是表彰五代吴越国钱镠祖孙五王仁义功德的钱王祠，初名即称"表忠观"，苏东坡曾为之记，清代"西湖十八景"列之为"功德崇坊"。今在涌金门原址复建。吴越钱王弃王臣顺、纳土归宋、保境安民、造福杭州的事迹，传为佳话。还有一类为旌表忠节的神庙，褒扬爱国抗敌、至死不屈的英勇将士，这类神庙历朝历代为数不少。著名的有灵卫庙，俗称金祝庙，其故址就是今松木场金祝新村，尚有金祝牌楼地名。南宋建炎四年(1130)金兵犯杭，宋高宗弃城而走。钱塘将校金胜、祝威组织军民在葛岭之北英勇抗金，被俘就义。杭州人民感念其义勇忠节，葬于近郊并为立祠灵卫庙以纪念。前述牛皋墓、张宪祠、施公祠等都属此类。近现代亦承其表彰爱国志士义勇英灵的传统，有纪念秋瑾、徐锡麟、陶成章、浙军阵亡将士、浙江革命烈士等的墓葬、祠社、牌坊、场馆等建筑。

　　同样为数众多、历朝不衰的是仕贤祠，主要祭祀纪念那些为官杭州并且有功德于杭州人民的贤能士人。最有影响的是筑于苏堤映波桥堍的"三贤堂"，纪念白居易、林和靖、苏东坡。在苏堤南山第一桥，还有"先贤堂"，又称"集贤堂"，纪念自秦汉到北宋一千多年来出生和生活在杭州及其属县的40位历史名人，其中有汉代严光，唐代褚遂良，吴越国钱镠、罗隐，北宋郭简、潘阆、林逋等。在今井亭桥，旧有"邺侯祠"，表彰唐代李泌凿六井，引西湖水解决民饮困难问题的功德。被杭州民众奉为城隍之神的明代按察使周新，以清廉公正之德坐镇吴山之巅，也属"仕贤"一类的神灵化。在清代，众多有功德民望的官吏在其故世后得以立祠于西湖山水,给予纪念表彰。

　　对人文圣祖和儒家贤哲的建祠祭祀也有不少。比如祭祀人文先祖大禹,农业之神神农氏,文字之神仓颉,以及宋代大儒周敦颐、朱熹,汉代经学训诂大师许慎、郑玄等。他们都是"儒家文化教化"的崇拜偶像。

　　更直接乞灵于"天",并且"与天对话""与天通神"的祭坛祠庙,归类于山川神祠。在封建社会,历朝历代帝王都视郊坛祭祀天地、祖先为极其重大的神圣活动,以求国运昌盛、皇祚永祐。到城外郊坛行礼,称"郊祭"、"郊礼",三年一次,在农历九月上辛之日,仪式浩大隆重。其余两年都在皇宫举行,称"明堂大祀"。南宋时郊坛在嘉会门外(今八卦田阿附近),郊坛四层,分12陛,每陛72级,另有附属殿堂、牌坊等。这种祭祀天地的权力专属于帝王。南宋临安府的社稷坛,在南屏山之雷峰塔下,皇帝认为"社稷系一府之利害",郑重虔敬有加。此外,吴山有火德庙、玉泉有龙王庙等。在明代,城西北有山川坛,城东北有风师坛,城西南有雷师坛,后合并风云雷雨之神于山川坛,其址在凤凰山之包家山。在清代,今曲院风荷竹素园有著名的"湖山春社",又称"湖山神庙",为清雍正年间"西湖十八景"之首,内奉"湖山正神",旁配祀十二月花神,俗有"花朝节"节庆于此。每到三春之月,都人士女竞集于湖山春社,画鼓灵箫,喧阗竟日。清诗有"庙貌邻忠武,巍峨栋宇新。湖山原有主,花月岂无神"。在传统的西湖景观文化中,西湖在人们心目中历来"有神灵主之":西湖婀娜秀美之气的主神就是白居易歌唱的"西子",西湖英伟悲慨之气的主神就是"精忠报国"的民族英雄岳飞,统领湖山十二花月芳菲之气的主神,就是湖山春社的这位"湖山之神"。此外,统领西湖山水儒家文化精神和士人之气的主神,就是"西湖三贤"白居易、林和靖、苏东坡;统帅钱塘江潮水英烈悲愤之气的,就是民间奉为"潮王"的伍子胥。

意义世界和人的存在

　　文化世界是人类世界观及其价值映现的意义世界。人与自然的关系又和人类世界观及其价值追求密切相关。对"天"的神圣信仰和"与天合德""天人合一"的人生道德价值追求,成就了中国传统文化及其景观的创造和审美。然而，人的世界观及其价值追求取决于人的存在。人的存在决定他的意识和思维，但是人的意识和思维所形成的特定世界观及其价值信念，又会反作用于人的存在。一旦人的存在成为以特定信仰为根本价值依据的文化存在，人们就以此种世界观和价值信仰的立场去理解和感知世界及其当下此在，从中获得宇宙和人生的解释，获得人的存在意义解释和人的行为意义解释。"天地人神"的中国传统文化世界，就与中国传统文化对世界的一般看法及其对"天"的理解和信仰密不可分，与中国传统文化的原始民族生存和原始民族意识密不可分，与中国传统文化的儒学传承变革和封建政治建设需要密不可分。"天地君亲师"的神系和"仁义礼智信"的德系，以及"天人、君臣、父子、夫妇"的轴心关系，构成了中国封建宗法礼制的"三角定律"。这是中国景观文化美学的历史根据和文化基础，更是解读杭州西湖景观美学现象的历史文化和哲学文化的重要根据。

景观文化美学的重要哲学思想，在我看来，是"自然蕴涵于人的存在"。它表达了景观文化美学以下的理论观点：第一，景观不在人之外；第二，景观蕴涵于人的存在；第三，景观具有属人的性质；第四，景观是人类的一种文化现象，体现为客体事物相对于人类的价值呈现和意义形象；第五，景观对象无论是纯粹自然还是人文建造，都是特定文化的意义呈现和形象观照。在"天地人神"的中国传统文化景观世界中，我们所赞叹的自然美，决不是在人之外或者与人无关的纯粹自然，而是在"天地人神"的传统文化背景下由自然对象形象呈现的特殊价值和人生意味。在这种历史文化状态中，人们从自然景象体认"天"的"道行"和"仁德"，体认"万物一体"的大千世界和"天人合一"的人生世界，在自然景象中体认自然本真的"大美""大德""大智"和"大道"。因而，中国传统文化将人定位为自然的有机部分。马克思曾在《德意志意识形态》一书中阐述过这样的思想：在人之外的自然对于人类来说就是无。他指出，"人的存在"才是"关于人的科学"的出发点和研究基点。他不仅仅把"人的存在"理解为"感性存在"，而且理解为"感性活动"，一种改变人自己和外部世界的有意识、有目的的实践活动，把"人的存在"理解为"人类实践能动和意识能动的历史存在"。就是在这种"人的存在本质"的哲学意义上，我们说"自然蕴涵于人的存在"，并且"在人之外的自然就是无"。马

克思哲学的这一深刻思想,标志着西方存在论研究的重大转向,即形而上的
"抽象存在"研究向"人的存在"研究转变,创立了以人的实践活动为根本的
"实践唯物主义"和"历史唯物主义"哲学。它表明,自然在人类实践活动中
有意义。马克思坚持"存在决定人的意识和思维"、"客观事物不依人的意识
而存在"。但是他指出,人类的产生和存在,特别是"有意识有目的的历史实
践能动"这一"人的存在本质特征",自然被"人化",人类在客观事物中建立
了自己本质力量的"对象化世界"——也就是"人的文化世界"。人类按照客
观的自然规律和人的内在需要在自然事物中建立了"人的尺度"。因此,人
的存在及其本质具有决定性,成为普遍联系的客观世界中的一个有主体能
动性的关联性因素,客观世界也由于人的存在具有属于人的价值和意义、面
貌和景象。在这个意义上,自然蕴涵于人的存在,人的存在将自然导向文化
并创造"第二自然",并且"在人之外的自然对于人就是无"。这是一个重要
的文化学理论。西湖景观的文化美学研究就站在这一哲学立场而展开,它
结合了中国传统文化的历史因素,还原西湖景观的历史人文和历史真实。
这是一种有价值的景观文化美学研究,西湖由此展现它的历史文化真实及
其景观美学构建。

目　录

第一章　文化哲学

第一节　哲学的读与思

一、哲学的领域

哲学涉及的研究领域,包括事实领域、现象领域、价值领域、语言领域、超验领域。

二、哲学的思想性原则

哲学的思想性原则包括古代希腊哲学的客观性原则,近代哲学的主体性原则,德国古典哲学(黑格尔)的"实体即主体"的主客性统一性原则。例如,柏拉图将思维与存在视为一个客观存在的理念。笛卡尔则将思维与存在区分开来,认为有上帝、我思、物体三种存在,而认识必须以主体性为前提,即以主客体二分为前提。黑格尔认为,这个客观的理念既是实体性的也是主体性的存在,是世界万物生成发展质变的基础、根据和原因。

三、哲学的数学背景和语言学背景

希腊毕达哥拉斯和柏拉图以来的西方哲学,一直以数学为其思维背景和文化背景。到 20 世纪兴起分析哲学,则以语言学改变了这种数学传统背景，令哲学发生了重大转变，哲学问题从真理问题转向了意义问题，在方法上开始了经验主义与人类知识中的逻辑部分的结合。

四、反对二元论

共生思想的一个要点是反二元论，以此超越现代主义，超越西方主义（对东方而言）。反二元论是什么意思？东方文化中并不乏两两对立、一分为二、两项对偶的现象与分析。东方文化承认事物内部、事物之间的两两对立、矛盾辩证、冲突与调和，但不是一方面与另一方面的分裂或者绝对的对立。东方文化认为，矛盾对立的双方其实是同一的，所谓"阴阳合体"，所谓"一个事物的两面"，所谓"两面佛"。在这种观念的指导下，宗教与科学、现代与传统、东方与西方等二元论中不相融的东西走向连接。

五、认识世界的角度

从现实、历史、实践的角度认识世界，而不是从纯粹、绝对、直观的角度把握。

六、沟通主客观世界的四种方式

在客观世界和主观世界的对立中，人们试图架设沟通桥梁，其一是以实践为桥梁，通过改造现实，使之趋于理想，促进客观世界的主观化（人化）；其二是以艺术为桥梁表达理想，以想象补偿现实，促进主观世界的客观化（外化）；其三是以真理性认识为桥梁，以对真理的认识实现客观世界与主观世界的统一；第三点实际上是以科学为桥梁，以真理性认识为统一主客世界的途径；应当还有第四点，即以宗教为桥梁去沟通主客观世界，它也是以真理性认识为沟通和化解的形式，但宗教的这种真理性认识企图建立在虚幻的信仰之上，神即真理，神统摄一切并且创造一切，用神作为真理的概念和形象来化解主客观世界的分裂和对立。宗教否定客观世界的存在和合理性，以主观世界的真实性和实体性统摄世界，指示人的归宿。科学对于真理的认识建立在对自然现象、物质世界的经验归纳、实验论证、逻辑推理的科学基础上。

七、何谓现象？

现象显示的是自身的存在，而不是显示背后的东西。在这个"现象"概念里，否定了二分思维，即现象与本质、内在与外在等的二元对立的认识论思维方式。在这里，一切都要面向事物本身。现象即本质。

事实上，有两种关于事物的认识方式。其一是传统方式，即二分法方式，它把事物区分为现象与本质、内部与外部、可见与不可见的二元，因此认识事物是内在本质的感性显现。另一种认识方式就是现象学的视点，即就事物所显现的本身来看，事物显示、公开的是自己而不是背后的什么。因此，这种"看"就是本质的直观。

八、主客体问题导向自我与他者的关系

主体与客体的问题，在西方现代哲学中导向了主体之间的问题，即自我与他者的关系。由此，主客体的同一问题变化为自我与他者的同一，即主体间的共识，即人与人之间达成一致或同化。这就是所谓的"主体间性"问题。

九、古代西方哲学的实体概念

在这个阶段，人在观念里对于实体只是一个认知的旁观者，人丧失主体的地位。实体不仅作为一切的本源和根据，它本身就是主宰和决定一切的主体（非人），具有能动性和规定性。人的主体性被异化为另一种客观存在。这一具有主体性特征的实体概念，在中世纪延伸为"上帝"，在近代黑格尔哲学中延伸为"绝对理念"。这种主体性实体概念所具有的特征及其思想，成为欧洲文化的一个传统。从这里可以看到，人在此只是一个对于实体来说是外在的观察认知者。在西方古代实体论哲学中，反映着人对于实体存在只是一种外在的关系。

西方古代哲学的基本特征，是实体本体论的客体性哲学，神学也有这个特征，黑格尔的"理念"是"上帝"的一个哲学化身。

近代哲学，则是主体性认识论哲学，主要企求的是在主体性基础上人的认识与所处的世界的同一性问题。古代是本体论哲学，近代则为认识论哲

学。在这个阶段，哲学开始关切认识的能力和认识的疆界，对实体概念加以质疑和否定。不仅如此，自我成为主体并且实体化，成为存在和存在者的根据。笛卡尔著名的"我思故我在"，"我思"成为世界存在的根据，存在的同一在于"我思"。近代哲学作为主体性哲学，否定了实体概念，康德否认主观实体，只承认先验理性，他把实体（物自体）逐出理性的范围，认为"物自体"只能是信仰的对象。客体不存在，因为在该阶段哲学中，客体被主体化。但是主体性哲学的困境是，客体不能完全被主体化，认识不能完全透彻外在的对象，主客体不能完全同一，它不能摆脱二元论，也不能逃出实体施加的阴影。主体性认识论哲学的一个问题，是制造了精神实体与物质实体的二元论困境。康德把物质实体逐出纯粹理性，归入实践理性范围，并且认为"物自体"不能认识把握，把它交给了信仰。近代哲学主体性认识论不能消除实体的存在，不能克服主客体的二元对立。

十、值得思考的柏拉图

伟大哲学家柏拉图，约活动于公元前 417—前 347 年。他代表了有宗教信仰倾向的理性思维：理性、反思、辩驳、爱智慧、追求真理。他也代表了古希腊文化的深刻变迁——从神话走向哲思，把世界置于认真的哲学的理性思考中。孔子关切的是道（真理）、人和社会。柏拉图关切的是真理和理智。孔子关心的是政治和伦理，柏拉图关心的是哲学和伦理，真善美成为哲学的重要命题并成为一种体系。

美的问题在柏拉图哲学中有以下的特点。第一，美的概念与善、正义、知识等，成为柏氏哲学中同等重要的概念。真、善、美由此成为西方哲学中互相联系的思想命题并获得不断的解择。第二，美的概念得到初步的分析。虽然没有回答美的定义是什么，但把美与美的事物、适用、恰当等作了明确的区别。第三，把美与诗作了区别。在他的理想国，有美的存在，但逐出了诗。在他的理解中，美与诗不是同一的，美更接近真理，而诗与真理隔了很远，并且还体现为诗与哲学的对立矛盾，美却是哲学里面的一个概念。他对诗的批判，包括了道德的、宗教的、哲学的三个方面，其中哲学批判最为彻底。诗的问题，一是感官享受、挑起情欲、败坏德行；二是亵渎神灵；三是诗的摹仿不仅没有技艺知识,还与真理隔了三层,即与真理无关。柏氏对诗的批评表现出对神的尊敬、对道德的坚守、对知识的重视、对真理的追求。这还表明,柏拉图那个时期的文化,已经从经验和神话的维度,转向了重视知识和真理的维度。这是一个重要的文化转变。这说明,至少在柏拉图那个年代,古希腊文化已从神话时代的重视神灵、经验、技艺,转向了哲学时代(姑且如此称呼)的重视神灵、知识和真理,走向了追求知识、真理的科学之路,其中最重要的是对自然现象的兴趣和自然真理的知识研究。

十一、笛卡尔的"正确判断、明辨真伪"

笛卡尔的方法,即引导理智正确地前进的认识真理的方法,由自明律、分析律、综合律、枚举律组成。他认为,正确判断和明辨真伪的能力就是"良知"或者"理智",这是人区别于动物的"人之所以为人"的东西,并且为每个人平均地拥有。达到"正确判断、明辨真伪"的方法,第一就是"不承认任何事物为真"的怀疑精神,除非是自明的真。第二是进行分析,即把问题分成若干个小的部分来解决。第三是综合律,就是按照从简单到复杂的顺序,引导理智"从最简单、最容易认识的开始",逐步上升到复杂的认识。这里有两个要点,一是按顺序进行,二是从简单到复杂。实际上是"从简单到复杂,循序而进"这一句话。结合"分析律",就是把复杂的东西分解为若干简单的部分,再从最简单和易于认识的部分开始进行探讨。第四是枚举,即所得的真理能够涵盖所有的事例,从而保证认识的可证明的正确性。笛卡尔一再使用了"检查"这个词,表明认识的谨慎、周到、可验证,保证不出错误。尼采曾讲过,理性具有冷静、精确、逻辑、生硬、节欲的特点。这正好是笛卡尔理性思考方法的一个注释。但是,最核心的,我以为是那种"怀疑"精神,即一切以理性思考为准绳。这使得西方文化具有一种内生的自我批判、自我反省、自我否定和不断创新的特质,以追求真理为最高荣誉。

这里还要作一个补充说明。笛卡尔讲到,有逻辑顺序的推理演绎,是从最简单易知的部分开始,由简到繁,到最后不会有昏不可明、遥不可接的事理。这表现出运用理性探知事理的自信。这"简单易知的部分",也就是"简单易晓的事理"的完整演绎,就是从一个事理推演到另一个事理,使我们对于真的知识有新的增长。因此，所谓综合律中的要点，就是要求从"最简单的事理"出发。这个观点受到数学——特别是几何学的深刻影响。

十二、康德的三个假设

康德哲学批判的三个假设：自由意志、灵魂不死、上帝存在。

十三、尼采的"新哲学"

尼采对基督教道德的批判，指出基督教以上帝的名义扼杀了人的自由并约束人的心灵，压抑人的生命本能。"要是人获得自由，必须杀死上帝。"他首先对哲学家做出批判，认为哲学家的第一特征是"缺乏历史感"，把活生生的一切变成了"概念木乃伊"，以一些永恒的概念去框定活生生的现实，"扼杀了生灭变化的过程，扼杀了生命。"他认为现实、生命充满了偶然、动荡不定、不可捉摸，他说"实况是没有的，都是流动的，抓不住的"。哲学家第二个特点是"拒绝感官的证据"，颠倒了"真正的世界"和"假象的世界"。"感性证据是真实的、可信的，只是对它们加工时塞进了谎言。"第三个特点，是哲学家混淆始末，否认生长过程、进化过程。第四个特点是哲学家运用语言中的"理性"，强制人们犯错，把"是"与"存在"混为一谈。尼采指出，人们狂热地追随理性，是指望它能给人带来自由和幸福，但"理性处处与人的生命本能为敌"。他对道德和理性的批判乃至否定，是基于它们无不是对人的生命乃至自由和幸福的约束、压抑、否定，因此尼采试图建立一种新的价值观，即以人的生命意志为本位的价值观。他把人的价值和自信放大为"超人"，取代"上帝"的位置和信仰。

尼采要建立的新哲学，是把生命意志置于道德和理性之上的哲学，它是以人的存在，即人的生命本能和生命意志为基点的生存哲学。肯定生命，肯定人生，是尼采哲学的基本方向。他的哲学，着眼于现实和人生的变化、发展、运动、特殊、过程，即活生生的一切。在"天人神"的历史文化结构中，他坚决取消了"神"，突出了"人"，并将其置于最高贵的地位。笛卡尔确认了"理性的人"，尼采确定了"生命的人"。前者仍然保留了上帝，后者则开除了上帝，开启了以"人"为绝对中心的世界观和价值观。笛卡尔以人的理性存在把世界一分为二,尼采以人的感性存在重归世界的完整。

十四、海德格尔的时间概念

海德格尔的时间性概念很特别。首先他认为过去、现在、未来是整体的、统一的,并且人的个体生命(此在)是有终点的,即死亡。将来的终点就是死亡,因此人的存在是有限性存在。此外他认为,现在就是过去,过去(传统)走在此在的前头,而将来从自身放出当前。

十五、共生的思想

世界处在复杂的关系中。通常,我们注意到的一般性关系或者主要关系是对立关系或矛盾关系,这是最基础的有生命活力的关系。这种关系首先把事物一分为二,如阴与阳、明与暗、好与坏、善与恶、美与丑、真与假、主体与客体等。其次是断定二者之间是对立的、矛盾的、斗争的关系,即一分为二的对立矛盾关系,它决定了事物的特征和本质。在不同的文化背景下,这种二元论的对立关系有不同的处理方式,比如东方以调和、稳定的立场去看待和处理,西方则是以斗争、改变的方式去看待和处理,形成了各自的行为模式和文化价值。

东方文化中的调和处理方式是着眼于整体的稳定发展。西方文化中的斗争方式是着眼于改变,促使新陈代谢式的变异和发展。

中国哲学代表了中国人的文化思维方式。在矛盾对立中,儒家主张"和为贵"、"中庸之道",道家主张"退让"、"无为之道",佛家主张"灭欲"、"清静"。中国文化的主流方式,是和谐、中庸,故有"中和"概念和"中和之美"。它有两种办法,一种办法是"对立矛盾中的调和"或者"协调",另一种是中庸,即"执两用中"。中国文化认为,对立双方既是相互矛盾的,又是互相依存的,没有对方也就没有本方,从整体上看是我中有你、你中有我的模糊、辩证的状态,如太极图。

西方文化则强调一方战胜或者消除另一方,即吃掉对方或者将对方改造成为合目的的存在,还有就是否定了对方的同时也否定了自己,从而成为更高更新的一种存在。

中国文化的思想核心指向是忠诚与信仰，西方文化思想的核心指向是思想与怀疑。前者的哲学基础是有机整体论，后者是主客二元论。

共生关系是对立矛盾关系的另一种处理方式。按照黑川纪章的说法："共生是包括对立与矛盾在内的竞争和紧张的关系中建立起来的一种赋有创造性的关系。共生是在相互对立的同时，又给予必要的理解的关系。共生不是片面的不可能，而是可以创新的可能性的关系。共生是相互尊重个性的圣域，并扩展相互共通领域的关系。共生是在给予、被给予这一生命系统中存在着的东西。"（黑川纪章：《新共生思想》序，第4页）

生态就是一种典型的共生现象，比如森林，各种植物之间就是共生关系。生态，除了适者生存之外，还有共生共存。共生这种存在方式上升为一种思维方式，上升为一种行为方式，就是共生思想。

共生思想的要点是什么？它反对二元论，主张多元化，反对人类中心主义、西欧文化中心主义和合理主义，反对机械论主张生命论，在结构上反对树型、主张根型，在社会背景上从工业社会走向信息社会，在文化背景上从工业文明走向生态文明。其要点，第一是肯定和包容对方，对方的存在是自己存在和发展的必要因素；第二，共生在竞争、对立、矛盾、紧张的关系中不排除对方的存在并尊重对方的存在；第三，共生思想重视异质文化的作用和重要性（杂音理论）；第四，对立双方之间存在着"圣域"和"中间地带"。

黑川纪章的《新共生思想》是一本不能不读的书，他所阐述的伟大思想非常深刻，是一种新文化的思想启迪。

十六、把问题放在什么基点上加以思考？

不同的认识基点必然产生不同方向的思想，它在认识论、方法论以及思想理念上都会歧异多样。中世纪的文化，把所有问题都放在了对神的宗教信仰上，神是一切的中心，还由此产生了以神的主体创造和统一性为基础的一元论思想。在这里，自然和人类全部淹没在神的光影中。宗教与政权的结合，加剧了这种神学传统的权威力量。文艺复兴开始把问题的基点放到了人的身上，企图从神那里找回人的权利和力量，找到除了神以外的人的价值。这种文化努力，不仅要从神这里找到人，还试图从自然中区别出人，看到与神和自然不同的人的光辉。从文艺复兴开始,人类的思想意识,试图从神灵、自然和人三者的神学解释中,重新确定三者的关系状态,即确定"天人神"中人的优先地位和主宰地位。这就是人类文化史上很重要的人的觉醒。但是,文艺复兴的思想领域主要体现在文学艺术上,它的基点建立在人的感性存在及其生活上。中世纪宗教神学文化的哲学形态,应上溯至古希腊的柏拉图。柏拉图的哲学,是神的理念化、思辨化,为中世纪思想文化提供了一个基本的哲学框架。可以看到,真正的哲学具有文化的开创性、先锋性和框架性。这一点在笛卡尔的哲学上,可以看得更清楚。

笛卡尔是自柏拉图以来至 17 世纪最伟大的哲学家,黑格尔称其为"现代哲学之父"。在我看来,笛卡尔的哲学奠定了一种新文化的崛起,有力助推了一种新文明的前进,这就是理性文化和工业文明。笛卡尔以怀疑一切的理性主义,把一切放在了科学理性的基点上加以审视,给出了人与自然、精神与物质、心灵与身体区别和对立的哲学二元论的文化思想框架,人以及人的精神、心灵冲破了神学的框架得到充分的强调——虽然笛卡尔没有否定上帝的神圣存在,并且维持了神的存在,但他把上帝置于了最初与最终的"因"的地位上,认为精神实体和物质实体这两大有限性实体之所以存在的因,来自于作为无限实体的上帝,这对他的哲学给出了一个必要的圆满解释和逻辑自足,这并不妨碍他在科学上和理性上的深刻认知。笛卡尔为新文明、新文化提供了一个恰如其分的哲学范式,那就是人对于自然的主宰、精神对于物质的能动、心灵对于肉体的优先,并宣告了天人神三者关系的现代性定位,也预示了宗教神学在科学理性面前的主导地位开始丧失。他的哲学具有历史文化的转折性。尼采是另一位具有这种文化转折性的伟大哲学家,他把一切问题的基点,从笛卡尔的科学理性,转移到人的生存发展——或者,人的存在及其价值。尼采断然宣布"上帝已经死了",这是宣告宗教神学在哲学意识形态上的文化终结。由此,"超人"代替了"上帝",而且意志、情感、直觉等非理性代替了理性。尼采给出的文化模式,突出了人的绝对地位和神圣价值,既反宗教神学也反科学理性。所谓的"后现代主义"在尼采这里找到了先声。柏拉图、笛卡尔、尼采,是三大文化形态的三种哲学发言,都代表了不同的文化转折。

关于思想文化的基点，还可以看到这样一些情况。儒家文化的基点放在对天的神圣信仰，即对大自然的神化上，天即大自然的神学解释被看作"道"或"理"的所在和体现。马克思主义把基点放在了人的社会历史实践。当今的"生态文明"或者"生态科学文化"的基点，则是人和自然的和谐共生。

十七、历史转折的几个思想节点

我注意到，走向现代的文化并且代表现代的文化，是西方的文化。为什么这样讲？因为，现代的文化是从宗教信仰的迷雾中逐渐走来的，从神到人，从自然到人，逐步明确了人的权利、地位、意义和本质力量。到了 20 世纪末及 21 世纪，这种现代文化又开始明白，人不能脱离自然，不能与自然冲突，不能破坏自然乃至危及自然生态；人也是自然体系中的一个组成部分，人对自然要有起码的尊重和敬畏，人和自然要有一种两不相害的和谐状态；人不可以妄自尊大、目空一切，将自然陷于危险的境地而造成对自身的生存危机。在这个过程中，有这样几个历史的节点，它是一种思想的转折所带动的历史转折。第一个节点，是文艺复兴，"人"这个字开始浮出水面，有了所谓"人本主义"的苏醒。在神面前，人开始意识到自己的价值、需求、能力和伟大。接着在 17 世纪，第二个节点，以笛卡尔为代表，是理性主义的崛起，在意识形态上走向科学，在思想和方法论上走向二元论，区分了人与自然、精神与物质、身体和心灵的不同，引导人们从宗教神学的一元论迷雾中理性地看清世界和人自己。人类开始以理性精神从宗教神学世界观中脱魅。人注意到精神、心灵和自身。如果说文艺复兴的人还是感性主导的和艺术气质的，那么笛卡尔以后的人走向了理性和科学气质。第三个节点是尼采的出现，他宣布"上帝死了"。他的伟大之处，就是颠覆了西方文化的宗教神学基础，提出把人类存在、道德和价值的基础从神那儿安放到人自身。人存在意义和价值的基础是人自己。这是一个革命性的重大思想变革。他以此宣布宗教神学时代的理性终结和人性终结，意义极其深远，它导致了人的存在论思考。应当讲，尼采这一革命性思想的社会经济文化基础是工业革命和科学进步，人所发动的工业力量和科技力量将人放大到"超人"般的神圣，充分体现了人类对自己本质力量的高度自信。上帝不在眼里了，大自然也不在眼里。人的自信通过尼采显示为一种自大和狂妄。但是,尼采标志了现代性的真正起航。这个时间点在 19 世纪末。尼采是站在了 20 世纪地平线上的伟人。在 21 世纪,要思考这样一个问题,中世纪的人类支点放在宗教神学上面,17 世纪笛卡尔把它放在科学理性上面,19 世纪末尼采把支点放在人自己身上,那么 21 世纪的今天,人类的这个支点该放在哪里呢?显然,不能再是宗教神学、科学理性,也不是人自己的身上。有一个方向似乎已经明确,即人与自然要有一种高文化、高科技的和谐,物质与精神要有一种高水平的均衡,心灵与身体要有一种高质量的协调,它在哲学上要回到一种更高阶段的辩证一元论。

十八、人类思想的三个发展阶段

孔德认为人类思想的发展有"三个阶段":第一阶段是宗教阶段,又称虚构阶段;第二是形而上学阶段,即抽象阶段;第三是科学阶段,即实证阶段。他认为,与这三个阶段相应的有三种方法,即神学方法、形而上学方法、科学实证方法。

其中,神学的哲学方法之特征,是追求把握他周围现象的内在性质、第一原因或终极原因。

孔德认为,形而上学的哲学方法其实是神学方法的变形,它以不断追求绝对的知识为本质特征,用想象和虚构的联系来代替"超自然的创造者"来说明所有现象,并给各种现象指定种种本体。

我注意的是"宗教神学"的虚构方法特征。宗教文化是一种人类关于宇宙人生终极原因之想象和信仰的虚构文化。人类在相当长的时期内生活在这种自我创造和异化的虚构状态中,并因此有了生活的方向。人们把虚构视为真实,依凭的是信念与信仰的力量,以及因果律的自证和心证。

孔德的"实证的哲学"方法,不追求绝对知识,不追求现象后面的原因,不探求宇宙的起源,只专心致志地发现现象的精确的规律、发现多种现象的承续和类似的关系,使之产生完全正常的逻辑关系。

第二节　人与存在的相关性

一、人的自我造就和行为定义

萨特认为，人的存在决定本质。人是由其行为来定义的。人除了生存之外，没有天经地义的道德和体外的灵魂。萨特的存在主义，否定预先定义的规则的存在。

萨特存在主义的根本观点和哲学出发点，是孤立的个人的非理性意识活动。他声称：存在主义是以人为中心、尊重人的个性和自由的哲学。它实际上也成为当时欧洲的一种社会精神。

存在先于本质，崇尚的是"自我造就"和"行为定义"。创造性主体是如此，但对受动性主体，则是"他人造就"、"被制约定义"。

二、人不是预先定义的

萨特有一个重要观点："存在先于本质"只发生于人的存在。物的存在才是本质决定存在。人的存在是一种自为的存在，他通过意识扩展了自己，人意识到自我并且超越自我，因此人不是预先定义的存在，而是因为他的存在而自我行动，得到"自己是什么"的本质定义。

三、人有不同的活法

认识有两大认识思路。一类是从事物本身，从经验出发来寻求事物的根据和认识的根据，哲学寻求的就是事物的根据，这一认识方向就是"经验思维"。另一个认识方向，是从理念、概念、神等方面来寻求事物的根据，即"先验思维"。最典型的是柏拉图"理念"说。在中国有朱熹"理在气先"，陆王心学的"心即理也"、"吾心即宇宙"。神学也是一种先验主义，即一切事物皆以神为根据，因神而是、而成、而存、而有意义。我们从哲学立场来到生活立场，也有"先验"生活立场与"经验立场"的区别，但不管何种立场，都是一种真正的生活。比如在宗教观念下，"归灵于神"的生活，即宗教生活，就是一种生活形态、生活方式、生活意义。谁也不能否定这种有漫长历史并继续发展存在的心灵生活是虚假的、荒谬的、无价值的。它和以物质、感性出发的现实主义生活是同等的,甚至更高尚一些,因为这种宗教下的心灵生活具有超然的性质,有更强的道德行。当我们把哲学的问题放到人类生活中来考察时,就会发现在哲学思想中十分矛盾的东西,却在人类生活中并非完全矛盾、对立,它们的实际状况是互相交织的,表现为不同的生活形态、不同的价值和选择,并且无论是"先验生活"还是"经验生活",都是真正的人类生活。无论是理性地生活还是非理性地生活,都是真正的实际生活和文化生活,它们不能用简单的是非对错来判断。

这里我想说的是,人有许多活法,人类生活有多种方式和样式,人们对此有自己的价值选择,并且每一选择都有它的正当性、合理性。比如,有的人为物质而生活,有的为理想而生活,有的为信仰而生活,有的为感官享受而生活,有的为金钱或者权力而生活,有的为自由而生活。总的来说,分为两大类,一类是物质的、感性的"经验生活",一类是概念的、理想的"先验生活"。人的生活,是自主的、选择的、相对的、文化的。人类生活是矛盾的、对立的,又是交织的、共生的、互相依存的、多元和多样的。

"君权神授"也是先验主义的政治说教,君从神那里获得政治的合法性。"天人合一"也是先验主义,"天"的概念具有终极性、至上性、超然性、绝对性、实体性和神性。在中国文化里面,"天"是一个根本的哲学范畴。"天"有天道、天德、天威、天下、天理、天性、天意、天伦、天帝、天子等,反映了以天为万事万物根据和归依的思想。

人需要物质生活,也需要精神生活。在自己信奉的观念里生活,也是重要的精神生活,乃至是唯一的生活,这无法否定或被认为不合理。人可以非科学但不可能非文化,科学只是文化中的理性部分,人类大部分时间是处在非理性的文化状态下的。原始社会以巫文化为核心,农业社会以宗教文化为核心。欧洲经历了漫长的中世纪,到 16 世纪,才有文艺复兴的人性苏醒,到 17 世纪以笛卡尔为代表开始了理性主义和科学主义。到 21 世纪进入了后现代主义,对科学与理性质疑,主张非本质、非中心和多元化。

非理性文化的一个重要根源,是人们在事实生活中无法自由自主,感到孤独无助、命运无常，需要某种力量的支持、帮助、依靠，那就是通过信仰和服从，在精神和意念上得到这种力量。这就是人性对神性力量的需求，而神性力量对人类社会的发展、稳定和统一，起了不小的作用——很多时候是积极的、必不可少的。人借助了神来号召、管理和统治，来安顿自己、解救自己。这种非理性的文化需要不会在人类生活中消除。从这个方面来看，真正的哲学不是科学主义下的世界观与方法论研究，或者科学主义下的认识论研究，它是关于文化的研究，关于人和人的存在的研究，关于人类生活及其世界的研究。哲学的问题不仅仅是人类认识的可能性和如何可能，还包括其文化可能性和生活的可能性，既从人性特殊的方向去理解，也从普遍一般的方向去理解。

神性，也是人类命名的自然一大奇观。神性的观念来自于大自然的千变万化和惊人奇迹。神性来自神奇的大自然。老子《道德经》讲的就是对自然神性的哲学理解，那里面就是"道"的平常与非凡，若无却是有，有其法则和规律。

因此，我们的哲学不再简单地从外在事物出发寻找根据，也不再简单地从内在经验出发寻找根据，而是要从人性本身、人类生活本身出发。可以简明地说，从人类的存在出发。更确切地说，是从人类实际存在的生命活动出发。这也是哲学的人类实存论观念。这里面，"人的存在"、"人类生活"、"人的生命活动"的概念很重要。

四、"成为你所是的"

海德格尔认为，生存的环节是理解，理解的性质是筹划，而筹划是我们存在的机制。筹划的指令是："成为你所是的。"在这里，他强调"可能性"这个概念，而不是黑格尔那样的"现实性"。黑格尔的重要哲学贡献之一，就是提出了现实性的概念和标准：凡是现实的就是合理的，凡是合乎理性的就是现实的。但现实不等于存在，因为现实是必然性的展现，理性就体现了必然性。存在虽有此时此地的特殊性规定，但存在是一种现象。存在与现实的区别就是是否具有必然性。在必然性中当然也包括了可能性。海德格尔更强调"可能性"，他把理解定义为生存的基本环节和一种筹划。筹划作为可能性,其范围大于现实,而现实只是筹划可能性中的一部分。筹划的要点就是认识你自己、理解你自己,确定要成为什么样的人,确定你自己的存在意义——你成为你所是。

实际上,海德格尔的这种可能性筹划是一种预设,一种人生目的,是人生的目的性导向。理解作为筹划,筹划作为可能性与目的性联系,和现实性联系,也和选择性联系。

理解的第三个规定性,是指理解具有"先行结构"即"先见"。这是说,理解受到比如知识经验、概念框架、传统文化的制导或规范。理解、认识总是带有目的、情感、概念的"有色眼镜"。

五、人类生活实践的特点

一是生命个体被多种关系规定,为各种社会关系的总和;二是主体性及其必然的能动性和对象性;三是人类生活实践的批判性和创造性。

六、有什么观念就有什么样的生活和世界

文化结构对应于人性结构,呈现为物质文化(生命需求)、制度文化(社会需求)、观念文化(意识需求)三种形态。在这三个方面,观念文化起方向性、主导性的关键作用。有什么观念就会有什么样的生活和什么样的世界。思想观念是一种应然律,是合情的、合理的、普遍必然的观念,它在人类行为中具有强大的支配力。

七、情感是人性的本真状态

情感是一种主观的个人体验,但这种个体的主观体验显然具有共同性和相通性,有所谓共鸣和同情的现象。情感基于人的生理、心理和思想,因此具有生理性特征、精神性特征和社会性特征,反映着人性特点。情感也是认识人性的切入点。情感是人性的本真状态。孔子儒学就认识到,人的伦理之道始于人的血缘亲情,也就是爱自己的亲人,这是道德伦理的起点,所谓"仁"就是在爱自己亲人的基础上爱其他人如爱自己的亲人,这是最核心的内容,这可用"仁爱"来概括。仁爱之情有向理性发展的可能,即"由情入

理"，同时也有向意志发展的可能，即"抒情言志"。孔子儒学认识到，情由性生、性由天降，就是认为人的情感是人性的本真体现、人心的本然体现，确认人性与情感的密切联系。孟子关于仁爱之情的研究更推向了人性论的解释。这是因为人情与人性相关，情感与心性相关，人性与天命相关，人与自然相关，因此情感也与人性的真诚、人心的真实相关。

八、人为什么寻求超越

这是一个根本的问题。答案在人当前的生存状态和心灵状态，即人的有限性存在，一是时间的有限性，简单地讲人必有一死，但这个人所生存的世界在时空上是无限的，人向往这种永生的无限，不愿生命终止；二是能力的有限性，即人对自己、对他人、对周围的事物和所在的生存世界，其掌控能力是很有限的，甚至不能自由、自主，更多的是被控制、被主宰；三是人的荒谬性，即人生和存在的虚空如梦，人生、命运的反向动态和矛盾状态。这些问题导致人企求对个体的超越、对自我的超越、对物质的超越、对实在的超越、对经验的超越乃至对理性的超越。对实在性超越的最高形态，就是"一切皆空"、"我心空无"。空即无限。

九、"存在"是一种与人的关系

"存在"是个重要的哲学问题。哲学总是这样，它要问一个究竟，问到问题的极限或者最初或者最终。"存在"是这样一个问题：存在是一种与人无关的客观性，还是一种与人有关的关系？它是一种"性质"判断还是"关系"判断？贝克莱认为，存在就是被感知。没有感性的确证，就不是存在。第一，存在与人有关；第二，存在特别地与人的感性确知确证有关。他并不是说，没有感觉就是不存在。并不是说我眼睛一闭上，刚才看见的那个人就不存在了，眼睛一张开，他又存在了。这里一个问题，是人的感觉是有限的，"存在"不止于人类感知的有限范围。科学以及科学工具正在不断从宏观和微观方面扩大人的感知范围和感知深度。笛卡尔认为"我思故我在"，他认为只有在思维中并且经得起思维质疑考验的存在才是存在。第一，存在仍然与人有关；第二，存在与人的理性思维有关；第三，存在是一种理性验证的思维真实。不论怎样,他们都表明:存在是一种要经过人的感性确证或者理性确证的"客观存在"。总之,存在是人确证为真的一种客观性质。洛克认为,"存在"性质有两种情况,一种是"存在本身固有的",另一种与人的"主观感官相关"。也就是讲,存的性质是独立自主的,可以与人无关,但存在的性质在另一种情况下与人有关,是一种"关系规定性"。这就是关于存在的"二分论"。康德认为,在感性(知性、理智)层面上,"存在"理解为"与人的关系";但在理性的局限上,"存在"被理解为"物自体"。他认为,在认识上理性有认识的限制范围,有些内容,比如"上帝",理性的有限性认识不能达到,要凭借信仰来企及。这种理性之外、信仰之内的东西,康德称为"物自体"。物自体,就是通常讲的"与人无关的客观性存在"。康德仍然是"存在"的二分论者,第一,承认在感性范围里"存在"是"与人的关系",即存在是一种"关系定性";第二,在理性范围里,"存在"还是理性的认识对象,这种"存在"的真理性认识受到理性本身的局限;第三,有着一种超出感性认知,也超出理性认识范围的"存在",即"物自体",但可以由"信仰"体认这种物自体的存在。

马克思哲学认为,"存在"的客观性质,与人的感性无关,与人的理性无关,也与信仰无关。"存在不依存于人的意识和思维。"马克思认为,感性和理性只是达到对存在客观性认识的手段和工具。但马克思又承认,存在本身是一种相互关系。

对于"存在"的形上研究,一种关注存在本身的客观性质,另一种关切的不是"存在的固有客观性",而是关切"人的存在",关注"人与存在之关系中的人的存在"问题。总之,注意点不是"存在的内在性质",而是关切"存在的关系定性"。这种存在的关系定性有两种情况,其一是存在本身的"内部关系",如构成因素的矛盾关系、依存关系、均衡关系、不对称关系等;其二是存在与人的相互关系,比如存在与人的存在之关系、存在与感性生命的关系、与理性认识的关系、存在与人类实践活动的关系、存在与信仰的关系等。"人的存在"成为哲学存在论研究的中心问题。实际上有两个问题是我注意的,一个是"存在本身的内在关系",一个是"人的存在"问题,包括"存在与人的关系"。

"存在"还有这样一个重要问题,即"存在"何以具有它的发展变化? 其依据是什么？人们显然注意到，存在具有一种客观的、必然的自我发展，有一种自在的发展变化，这种物质的发展化可以用"自然史"加以描述，即自然进化的历史。这就是"存在的主体性"问题。在神学中，存在背后的那个主体性动因是"上帝"，黑格尔哲学认为是"绝对精神"，客体即主体，主体即客体，它自我发展并自我确证，从一个阶段向另一个发展阶段辩证前进。

黑格尔把存在理解为一种逻辑学推进的客观性和必然性。叔本华哲学把存在理解为"意志"，用意志的客观化、现实化来解释事物的发生发展。因此，无论上帝、意志还是自我，都把存在的主体性特征人格化了。他们都以"人的模式"去理解"存在"的内在自主和内在的必然。人们总以为，存在物的内部具有"心灵"或者"意志"，使它的发展变化有一种选择，有一种方向，有一种可以用逻辑学来描述的客观必然性。这一点我们可以从黑格尔对"绝对理念"的存在论描述，在叔本华对"绝对意志"的存在论解释中清楚地看到。

上面讲到的，基本上都认为"存在"可以通过知识、概念、语言、理性、感性等来把握、描述，黑格尔对"历史"这种存在的逻辑学描述最为自信。但康德是例外。一般来讲，存在可以分为"本质存在"和"现象存在"。哲学家追逐的是对"本质存在"的解释。康德认为"物自体"即"本质存在"，是理性希望企及的认识对象。1840年初，克尔凯郭尔指出：存在是不能用语言、概念、知识描述的。费尔巴哈也有相似的论断："语言不能达到的地方，存在才真正开始。"克尔凯郭尔说，存在不是语言、概念描述的那个东西，而是你与之打交道的那个东西。"存在是对每个人所有的存在。"这是什么意思？比如，"美"不是用语言、概念描述的那个东西，而是你在欣赏、感觉的那个很具体的东西——具体而特殊的那个被观感的存在物。第一，本质存在不能用语言、概念、知识描述；第二，存在是生命个体与之打交道的那个东西；第三，本质存在与人的个体存在相关；第四，本质存在对于个体来讲是特殊的、具体的、现实的。这种对存在的理解显然与古典大不同，是革命性的认识转变。

马克思承认纯粹自然，承认在人之外的客观存在，承认自然历史，即自然也是"感性活动"，自然不断的发展变化构成自然进化史，指出自然科学也是"历史科学"。马克思认为有两种科学，一个是关于人的科学，一个是关于自然的科学。但是马克思更关注"人的存在"，关注"人的科学"。他在《1844

年经济学哲学手稿》中已经指出,随着人的问题的解决,人与自然的矛盾、本质与现象的矛盾、个体与社会的矛盾问题等所有的历史"斯芬克斯之谜"都将解决。自然对于人来讲是质料,是人类有目的和需求所利用的材料。自然在人的存在中被蕴涵于其中——自然蕴涵于人的存在。这是存在研究的一个重要转向。

我们要记住这句话:自然蕴涵于人的存在。根据这种思想,其他的存在,包括自然存在,都包含在人的存在之中。马克思还在《德意志意识形态》中说,在人之外的自然,对人来说实际上就是无。

在关于"存在"的研究中,我们接受了这样的观点:第一,存在是一种与人的关系。第二,存在是一种关系定性。事物在广泛的联系中确定自己是什么。第三,自然蕴涵于人的存在之中。第四,"存在"应理解为"感性活动",即理解为动词(按存在的方式活动),而不是动名词(存在是一个被感受到的存在)。第五,存在无法用语言、概念描述。第六,存在要用"历史方法"加以把握和描述。第七,以"人的存在"为主要方向,以"人的感性活动"为具体方向。第八,由于第七,既要了解人的存在之一般性、普遍性的存在状态,也要关切人作为个体的特殊存在状态,即作为"个体的我"的特殊存在状态。第九,人的两种存在状态,其一,人的社会性存在;其二,人的个体性存在。第十,历史方法是一种在动态和变化中把握存在的研究方法,它本身把研究对象理解为"感性活动",而不仅仅是"感性存在"。

十、六个世界

客观世界,经验世界,真理世界,道德世界,宗教世界,审美世界。

十一、萨特存在主义三原则

萨特的无神论存在主义的三个基本原则,其一是"存在先于本质",其二是"世界是荒谬的,人生就是痛苦的",其三是"自由选择"。其存在主义思想的核心是"人是自由的"。人如不能按照个人意志进行"自由选择",就失去了个性和自我,不能算是真正的存在。因此,他的旗号是"人的生活和个性","存在第一"。

事实上，人不能真正地自主选择、自由选择。人的自主性和自由度是相当有限的。人被环境制约、被社会塑造，人在与环境、社会的妥协与调适中扮演自己的角色。确实有少数人能够按照自己的意志去选择自己的生活和发展，其原因一是拥有超人的意志力，二是拥有权力资源，三是拥有经济资源——他们不是普通的人。

十二、萨特的"存在"概念

传统哲学赋予"存在"以抽象的、普遍的以及形式的特征，并且在时间上是"本质先于存在"。萨特的"存在"首先是指"人的存在"，物的存在只是"有"，不是存在。人的存在，指孤独的个人的自我感觉，即他个体的非理性的情感体验。

其次，所有的存在都是偶然的，是没有理由的，都不是预先决定的，所以存在是不确定的。并由此推知，存在是荒谬的。有神论存在主义的途径是宗教信仰，而无神论存在主义则主张主动起来，为自己的生命取得意义和创造价值。人自由选择并且对自己的选择负责，以自己的行动决定自己的本质是什么样的。

十三、虚拟性存在

人除了日常生活中的现实存在，还有虚拟存在，就像物质与反物质、粒子与反粒子的相关的对应存在。人的虚拟存在有各种形态，其一是艺术存在，其二是宗教存在，其三是借助信息技术与互联网而产生的网络虚拟世界，也可称网络存在、数字存在。现实存在是人的肉身存在，艺术存在是人的精神存在，宗教存在是人的灵魂存在，网络存在是人的符号存在。

十四、"四个世界"的划分

物理世界，生物世界，逻辑世界，虚拟世界。自然界包括物理世界和生物世界，生物世界包含着人这一有意识和能动的生命物类。人的存在涵盖了生物世界、逻辑世界和虚拟世界。逻辑世界是理性与科学指向的真理世界。虚拟世界是艺术、宗教和网络指向的世界。

十五、存在就是语言

伽达默尔提出，"存在就是语言"，指出"能够被理解的存在就是语言"。存在的东西通过语言才能感受到它的规定性。存在透过语言的媒介得到解释和理解。

语言和文化构成文本，是人类的整个世界经验。

语言不仅是理解的中介，也是理解的完成形式。

理解不同种类的经验方式的共同点就是语言，它们都是用语言表达出来的。

对文本的理解类似于"对话"。文本与解释者之间具有对话方式，具有"问答结构"和"问答逻辑"。一方面文本发问，向解释者提出问题："它的意义何在？"另一方面解释者向文本发问，在文本中寻求问题的答案——不同历史时期的解释者因历史原因会有不同立场、不同观念、不同文化背景而产生不同问题和不同理解——随着历史有不同的解读。

理解的历史意识体现为传统和成见——这相当于海德格尔指出的"理解的先行结构"。先行看见、先行把握、先行观念、先行规则。在人的理解——认识里面，传统、成见的影响超过了他的判断，甚至其判断来自传统、成见而不是自己的分析思考。因此，传统与成见构成人们的历史现实。成见是我们初始经验和初始认识的最初导向与切入点，是我们理解——认识中的重要组成部分，它并不一定是阻止或歪曲认识的错误知识，它也体现了我们对事物的最初经验、初始理解。成见是具有权威性的固有看法和传统见解。传统则是具有权威的东西，被传统和习俗支持的事物都具有不可名状的权威。流传下来的权威对人们的态度和行为总是具有权力和影响。传统与成见表明人的历史性、局限性及有限性，人在现实状态中受历史传统与成见的支配、影响，人也在当下活在过去。

十六、马克思哲学对"存在"的理解

一般来讲，哲学是关于存在的学说，在"存在"这个问题上的理解和主张，可以看出某种哲学的大旨所在。马克思哲学的特征，最基本的一点，是他没有把"存在"简单地理解为"感性存在"，即一种静态的生命。他把存在理解为"感性活动"——一种动态的历史活动。因为马克思把"存在"置于"历史"的概念下，把"人的存在"和"事物的存在"理解为"人的实践活动"和"实践对象"。因此，马克思把"存在"的理解置于"历史"过程和人的"实践"过程中，构成了马克思哲学的"历史唯物主义"和"实践唯物主义"两大性质。人的存在以及事物的存在，也是一种社会存在、关系存在。一切事物都处于相互的联系和互相作用之中，具有关联性的特点。在马克思看来，人和物的这种社会存在，是在历史过程和实践过程中发展变化的，是在历史的实践过程中发生发展的。所以，人和物的社会存在，有着时代性、文化性、经济技术性等特征。由此可见，马克思哲学关于"存在"的理解，关键词是"历史"和"实践"。可以这样讲，它有"历史论"、"实践论"、"社会论"、"辩证论"和"文化论"五大要素，其中"历史论"和"实践论"是根本之论，要点是从"活动"——特别是人类的历史实践活动——思考问题。这是一个纲领性的思想。马克思关于经济、文化、社会、政治、道德等方面的思想论述，都贯彻了这个基本纲领，以人的历史实践活动为认识和分析的基点。

马克思哲学关于存在的理解，突出了"人的实践能动性"特征，与其他哲学突出"人的思维能动性"形成重要分歧。他不否认人的思维能动特征，不否认人的感性存在，他的主张是将人的思维能动和感性存在放在人的实践能动和历史过程这个基点上加以讨论。因此，马克思哲学是哲学的一个重要转向，为哲学建立了观察思考问题的新视角和新观念。

第三节　人的意识

一、黑格尔关于意识与知识的研究视角

黑格尔拒绝了不受时间影响的知识讨论和无时间概念的范畴。他以生物学和有机物而不是物理学和数学作为他的范式。意识不仅仅是我们获得世界知识的超验视角。意识是成长的，它形成新的概念和范畴；而知识是动态的、辩证的。他们通过对立与冲突而成长，而不仅仅是用观察和理解的方

式。(见罗伯特·索罗门、凯瑟琳·希金斯:《最简明的哲学——智慧的历史》,第157页)伟大的思想家不仅仅是思想观念的先进与深刻,还在于分析认识问题的视角(一定时空下的历史与逻辑相结合)、范式(生物学、有机体的)、方法(动态的、发展的、辩证的、变易的)之独特性,还有一种质疑与创新、不迷信盲从的科学批判精神。他们对原有的知识成就具有破坏和新建树,使我们对于事情与知识的认识产生进一步的深入发现。无论是"唯心论"还是"唯物论",都对人类思想史和文化史做出了巨大的贡献和推进,都是人类认识中必不可少的环节和必须有的对立面。黑格尔说得对,意识和知识是在矛盾冲突中历史性地成长和发展的,在历史过程中趋向完整、全面和普遍。

二、黑格尔的"不幸"意识

黑格尔的"不幸意识",其特征是,一个人明明是这个人,却想成为那个人;虽生活在这个世界,却想生活在那个世界,生活在与这个世界不同的更美好的世界。

三、生活实践与价值思维

价值具有实践的品格。更重要的是,生活实践对于价值思维具有根源性意义。

生活实践,是人特有的生存与活动方式,是人类自觉地认识世界、变革世界、创造价值的目的性活动。生活实践是一切思维的前提和基础。

人的生活实践不仅是思维、认识活动的前提和基础,也是生活实践作为人的存在方式,是使一切事物的本质、关系、过程得以呈现的因素,是事物对于人的价值和意义的赋予或构成者。

价值思维以人的生活实践为范式。

价值现象在事物与人的特殊关系——即在生活实践中形成的人与对象或主体与客体的关系中形成并有意义。

理解和认识价值问题,需要相应的"关系思维"。因为价值本身是一种关系现象,价值思维是一种关系思维、关系判断。正因为价值是一种特定的关系，所以价值不是实体或实体性的东西，对价值的思考也要排除那种实体思维。

价值这种关系现象在生活实践中形成、呈现，因而这种关系的构成与认知具有社会性、历史性和发展变化性。

价值思维既是一种非实体的关系思维，反映着价值意义的关系性建构，同时也是一种属人的主体思维，反映着人类主体的目的、需求、利益、愿望。因此价值思维不是客体性思维，它不属于真，而是关于善。也就是说，价值及价值思维指向人。

价值思维也是一种多向度、个性化的非同一性思维，也是一种向未来开放的生成论思维，具有动态性和过程性特点以及具体的历史性特点。

四、理性是情感的序化

杨岚的《人类情感论》（天津百花文艺出版社 2002 年版）指出，人类精神世界的起点是感觉，情感是感觉的序化，理性是情感的序化。在孔子关于仁的论述中，从血缘亲情中引出孝悌忠信的义理，这一由情及理亦即合情合理的情理逻辑升华，就是典型的情感序化，即理性的上升过程。孔子在此处做的，就是将情上升为理的工作。

五、理性化是人类精神的进步

杨岚指出，人的精神世界的发展呈现为理性化的发展趋势，理性化是人类精神进步的轨迹。马尔库塞认为理性有五种含义，概括了当代人对理性的基本观念和理性在人类文明发展中的核心地位。杨岚指出，精神有向外和向内两种不同指向，向外即外向认识论、客观理性，向内即内向认识论或内心体验论、主观理性。理性也有初级理性和高级理性之分。初级理性形式是实用理性——现实生活中的理智态度，实践理性——生活实践中的自明智慧。中国文化具有功利主义即实用理性的思维特点。应当讲，中国传统文化的思维状态属初级理性阶段。理性的高级形式由宗教理性向科学理性过渡，其抽象的发展形式集中体现在逻辑学的发展中（如思辨逻辑、形式逻辑、辩证逻辑、模糊逻辑、数理逻辑等），其具体形态又有理念、启蒙理性、科技理性等。由于理性的优势领域在认知领域极为突出，由此认知理性成为理性的典型形式，而科学理性、技术理性则是现代理性的典型形式。

六、人类意识的内部划分

康德关于人类意识的内部划分，分为知、情、意三大意识向度，即认知领域、情感领域、意志领域。理性是认知领域的优势倾向。在传统理论，情感和意志归入非理性，并与理性相对垒。

七、人类的两大思维模式

人的思维模式有对立性思维模式和整合性思维模式两大类。前者以西方文化"主客两分"（包括"二元对立"）为代表，后者以中国文化"天人合一"（包括"万物一体"）为代表。

八、前现代文明时期的精神结构及主导特征

杨岚指出，前现代文明时期，人类的精神结构以情感和意志的结合为主导特征，理性起辅佐的作用。生发于社会化情感的宗教理性是人文理性的前身，也包含着科技理性的萌芽，可以讲宗教是科学之母。从现代观点看，前现代文明时期是非理性主导时期，情感与意志的结合形成理智态度，理性与情感的结合形成情感的序化，情感和意志的结合形成专制统治的心理基础。道德理性是人文理性分化为价值理性和实践理性的初级综合形式。道德、艺术、宗教是前现代文明最重要的三大意识形态和文化成就。从中得到的启示，是关于儒学等先秦文化研究。当然也包括汉唐宋元明清的文化研究，要注意到，第一，理性是辅助性的、潜在的意识形态；第二，此时理性类型主要是人文性，以价值理性、实践理性、道德理性为主要表现；第三，情感体验和行为意志是这一时期的主导心理要素，科学理性、技术理性很薄弱（至明清之际由西学传入）。现代文明的人类心理背景十分不同，它以认知理性为主导意识，进入了理性的、人性的高度发展时期。我想要说的，就是对孔孟代表的儒家学说的研究除了注意其社会背景之外，不要脱离其时代的文化背景和心理背景。这总体上是一个非现代理性的历史文化时期，简

要地讲,在文化背景上,以"天人合一"、"万物一体"为哲学主导观念;在心理背景上,以"情感体认"、"行为意志"为主导心理倾向。在现代意义上的理性尚处薄弱的历史情况下,中国传统学术传习的是建基于生活经验的"自明论证",没有现代科学理性所习用的"事实实证"方法和"逻辑实证"方法、"科学实验"方法。

九、现代文明时期的精神结构及主导特征

杨岚认为,现代文明时期是理性与意志相结合的主导时期,尤以理性高度发展为特点,情感受到极大的压制,情感具有破坏性而非建设性。这一现代文明时期也是人类摆脱自然控制、获得主宰世界地位的时期。

十、意识形态的"乌托邦现象"

宗教乌托邦:神的永恒性与人的短暂性的矛盾。审美乌托邦:当下实现和当下消失的矛盾。道德乌托邦:通过人的改变来改造社会。政治乌托邦:因人的局限性而走向反面的实践。认知乌托邦:人的认知终究会因产生边界而悲观,或者人因发现认识能力的有限性无法企及对象的无穷无限性而悲哀。

十一、人类意识从区分开始

道德区分的是人与物、人与禽兽——即自我意识的产生。再一个就是身与心之分,这就产生了灵魂意识。人物之分导向了人对人性的认知,孔子认为人性就体现在人有道德意识和伦理规范。道德是内生的,内在的。伦理是外在的要求。身心之分则导向了主宰人类的权威和力量。在中国文化中,人物之别应是伦理学的起点,身心之分应是神学的起点。但是中国文化在总体上不是分析的,不是二元对立的,而是整合的、合二而一的。原因何在?这可能和中国文化以情感和意志为主导的心理背景和思维模式有关,其文化和哲学具有显然的情感型特征。

十二、区别的意识

人是从区别中认识自己和事物的。当人有了"区别"的意识时，就开始了一种新的生命过程，新的生活过程。为什么这样说呢？区别意味着从混沌中脱离，从整体走向分立。当人意识到自己和周围事物的不同，人就开始从浑然的存在中走向独立，走向人的生活，人开始探问并且努力知晓自己和事物"是什么"、"从何处来"、"往何处去"。也就是说，人有了知识的发萌。知识就基于区别，回答"是什么"、"为什么"和"怎么办"的问题。

为什么这里强调"区别"？因为最初的区别，意味着打破混沌，就是在这个世界上打破浑然一体的原初状态。从哲学上看，原初区别就是打破了"无"，是从无到有，从浑然无知到豁然有知，开始了对自己和事物的知识。老子说，万物生于有，有生于无。从我的观点看，从无到有、从有到万物，正是从混沌到有知，从有知到区别，从区别而知识万物的历史过程。这当然是从认识论角度上解释的。当世界万物面对着有意识的人类时，世界开始被区别、被认知、被改变，最重要的是这个世界从自己身上成长出一个和自己相对的智能存在，世界开启了人与自然、心与物、主体与客体的互动结构。这个互动结构，可以看作矛盾结构，也可以看作相反相成的动态变化结构。

在人有意识地区分事物和自己之前，这个世界对人来讲是一个"无"。在没有人与自然、心与物的交互结构之前，世界上万事万物尽管林林总总、万象森列，但全部等于无，属于无知世界。只有这个世界面对于有意识的人，才呈现一个新的世界史阶段，或者自然史新阶段。

在认识论上面，无是有意义的，并且很重要。"无中生有"也是认识论的"史前史"命题。无在认识论上的重要性在中国文化中很突出。老子哲学就以"虚无"为宗旨。中国很多文化学术都很重视"无"的精神境界、心理境界，把回到无的境界看成人生很高的修养，看成是很深的学理，把无提高到"道"的水平。中国古代思想文化形成了一种以"虚无"、"虚静"为宗旨的"道文化"。在处世上，形成了以"虚无静空"为旨要的人生态度和处世方法。在养生上也是如此，"虚无静空"成为养生健体祛病的重要途径和基本原理。

这种"无"的概念又和"自然本真"联系在一起。

很显然，去知去智、抱朴守拙，就是去除对事物的区别，去除事物的"分别相"，以此归入无的本真状态。所谓天人一、心物一，也包含了从有归一于无的意义。

儒家学说紧紧抓住了人与动物的伦理意识区别，基本点是人有道德心，有伦理秩序，而动物没有。他们所讲的人，就是与动物相区别而存在的伦理人。如果人失去伦理心性秩序，就和动物没有什么区别了。因此，孔子思想学说的一个起点，就是人与动物的区别，即"人和非人的区别在哪里"的问题。另一个思考的起点就是人的日常生活，人在日常生活中有仁爱之心和亲亲之德。这两个是人性论起点和生活论起点，前者是理证，后者是实证。

十三、情感的认知取向

情感在认知上取向于整合、交融，正与理性认知取向于区分相反。情感倾向于物我交融、人我交融、身心交融、天人合一，其哲学基点就是"万物一体"的观念和"合二而一"的方法，是向心、向内、内省、整合的体认型体验型的方法。中国的诗学主张就是抒情、言志、载道。这里的"道"，指合乎自然逻辑、合乎人伦情理的道。看来，研究情感也是认识中国文化以及孔孟之学的一条重要路径。

第四节　关于文化

一、欧洲的文化精神

欧洲文明建立在希腊文明和基督教文明的基础上，后两者决定了其基本精神与价值取向。理性的科学与哲学对真理的追求，感性的艺术对美的追求，宗教的信仰对神圣和善的追求，希腊哲学对世界本原、必然性、逻辑性、数学的执着与学术追求，深刻影响着欧洲的文化发展。

二、文化的五个要素

文化，特指意识形态的文化，主要的功能形态由宗教、艺术、哲学、道德、政治构成,可称为文化五要素。它们各自的核心指向:宗教—信仰,艺术—
审美,哲学—真理,道德—理智,政治—利益。它们的社会文化核心作用,艺
术是创造—欣赏,道德是规范—协调,政治是控制—统治,哲学是思考—批
判,宗教是向往—拯救(或者崇拜—超脱)。它们是五种相互交织的文化性
力量。

　　在这五大要素中,道德的延伸是法律,哲学的延伸是科学,艺术的延伸
是生活。在中国文化里面,道德向政治延伸,哲学向艺术延伸,艺术向人生
延伸,哲学总的向艺术和人生两大方向延伸其思想。在西方文化中,哲学向
形而上学和科学延伸。

　　三、后工业的视觉文化

　　(1)后工业时代的消费表现出历史感的缺失和图像化。现实被迅速转
化为影像,时间被分裂为一连串永恒的当下。

　　(2)当代都市文化呈现出视觉化的特征。

　　(3)视觉文化成为后工业消费文化的突出表征,就像印刷文化成为19
世纪资本主义文化的集中体现。

　　(4)不同的时代社会与文化生产,产生了新的观看方式,即导致对世界
产生新的文化感知、艺术观念。不仅如此,它还与艺术品的制作、出版、传
播、评论等有关。

　　四、人文科学和自然科学

　　从实证主义立场的解释学方法来看,"价值"和"意义"是人文科学研究
所要把握的根本,"理解"是人文科学所特有的方法,而"说明"是自然科学的
方法。所谓"人文科学"或"精神科学",指关涉到人类存在及其文化的知识
分支,它包括语言、艺术、文学、历史、哲学等学科。新康德主义认为,自然科
学研究把握的是对"可重复出现的、可预测的现象"进行概括,而人文科学
(如历史)要把握的是"对象的个别和唯一的特征"。文德尔班认为,前者是
"规范化"方法,研究的是"抽象的普遍规律";后者是"表象化"方法,它对个
体进行描述性的研究。

至少在美学领域的研究方面，这种区分是有重要意义的。美的现象和审美经验，有着个体性、创造性、独特性。在我看来，那种"抽象的普遍规律"的把握和"特殊的描述性"研究，对于美学来讲都是有必要的，但后者的个体的特殊性研究更重要一点。

对原因的普遍必然之研究，和对现象的特殊规律之研究，是美学研究的两个相关性研究或两个方面。

五、意义

意义就是在理解的展开中可以明确表达（言说、陈述）出来的东西。意义是筹划所向，亦是价值问题。意义是人的"栖身之所"。

六、现代性的两个问题

现代性的一个重要问题是现代人的德行危机，功利论、道义论都不能解决这一道德文化的危机，这是德行伦理学复兴的现实原因。

现代性的另一相关问题就是人的无意义感，即人感觉到生活没有提供任何有价值的东西，在心灵上很失落。这种现代性的问题开始于欧洲启蒙运动对中世纪神学社会的破坏和理性精神、人文精神的苏醒。

七、启蒙运动的理性主义转向

启蒙运动开始消解神性世界观的价值源头，将价值源头锁定在人类自身。

启蒙运动以后的二三百年，随着理性主义转向，实践智慧和价值理性被边缘化，工具理性成为理性的主义，工具理性促进了经济迅速发展和物质财富剧增，但随之而来的是道德滑坡。

八、前文化和文化时

文化表明的是人的自为自觉，人从自然的浑然状态中分离出来，意识到自己与他物的区别、与禽兽的区别。从人的发展质变来看，其节点是从自然人走进文化人之时。有学者认为人的发展历程是从自然人成为自由人，我认为不对。自由人这个概念太小,文化人的概念才有涵盖性和本质义。当自然世界由人而进入文化状态,这是一个全新世界的产生,自然发展史亦由此改写,进入以人为根本的文化发展史。从自然到人,是一个生物的进化过程,物质到此发展出了智慧生命,与此同时也开始了自然的人类文化阶段,人开始以自己自觉自为的创造获得生存的需要和条件,自然界从"化生万物"进入"被加工利用"的状态。自然发展史由此分为"前文化"和"文化时"两大阶段。文化的开端在意识水平上应当始于人的自我觉知,即人与他物、人与禽兽之区别被纳入认知。在中国远古的认识中,人之于他物的区别是人有灵性和知觉,人之于禽兽的区别是人有伦理之德。在儒家学说中,"仁"就是人的本质特征,它表示人爱自己的亲人,也像爱自己亲人一样爱别人,并且负责任;人的行为受到仁义忠孝规则的约束,把自然人放在文化人之后,把他人放在自己的前面。儒家的人论是伦理定义论。他们认为,人之文就是人之伦理礼义,人而无文非人也。台湾政治大学中文系教授林启屏的《心性与性情:先秦儒学中的"人"》(载《文史哲》2011 年第 6 期,第 25—35 页),就提出从"自然人"到"自由人"一说来解释先儒对人的理解。

九、文化结构和人性结构

文化结构取决于人性结构,人性结构又取决于人的理性结构。从最一般的原理讲,文化就是人化,是人性的外化,人的本质力量的对象化。人性结构主要由人的生物性、社会性、意识性三者构成。人从动物性中脱离的起点、从自然界中逐步独立自由的起点,就是以人的社会性、意识性特征为根据的。社会性指人类生存的组织形态,意识性指人类生存的实践形态。在原始时期,人类的社会形态由以血缘关系为主的人伦社会及氏族部落组成,血缘、人伦、氏族是其社会性特征;其意识形态以宗教为核心,以对自然的顺应和利用为特点。在农业文明时期,在中国,以血缘关系为基础的社会伦理及其社会文化和制度成为社会最重要的组织方式和人的生存形式,以道德意志限制物质欲求,以精神需求补偿物质需求的不足。在这里人的宗教意识和道德意识发挥了重要作用并创造了灿烂的文化。在原始时期和农业时期,自然逻辑对于人性逻辑始终占据主导地位,并且人类对自然逻辑表现出极大的敬畏,宗教在相当大的程度上就是人对自然力量的神圣化和人格化。人的生物本性指示着人类生存所必需的物质需求,即所谓人的物欲、利求,这也决定了人对自然界及其逻辑和力量的依赖、顺从、敬畏,人始终意识到自己只是自然的一个部分并受到自然的强大支配。所以,有"人生天地"、"天地人"的生命意识。人的社会本性指示了人类生存的集体合作意识,群体的、有序的合作,才是人类生存的优势所在,其中群体有序合作的最有效纽带就是血缘关系及其伦理秩序。在生物性和社会性中人面对的都是自然,表现出的是与自然斗争的物质欲求和群体意识。就人的意识本性而言,最重要的是人的工具意识、宗教意识、道德意识,涉及生产、信仰、社会三大领域。工具生产、宗教信仰体现的主要是人与自然的关系,工具表明人利用乃至征服自然的文化手段,宗教表明人对自然与人的世界观,道德则主要关于人对社会存在的理性行为的认知。从原始社会开始,人对于自然天地的认识上升为神,即人赋予天地自然以神的生命形象和伟大力量。于是从神话到宗教的原始文化中,产生了"天、地、神、人"的文化观念及其世界格局。在"天地神人"(习惯称为"天地人神",因为从生成逻辑上是天地生人、人幻想生神。在人的观念里,神反而主宰世界也即主宰天地人的一切,以下按此序列名称)的世界观念和世界格局中,人是最弱小、被动、被支配的一个部分。在人看来,人有求于天、地,不然无以为生;然而天、地的背后是神,神才是世界一切的终极主宰,所以人必须敬畏天地进而敬畏神,称自己是神的子民,人间君王的权力也是天授、神予。在中国,天就是神。

在这里我要提的另外一点,是"天地人神"的文化观念及世界格局中,在中国哲学里面,深化为"万物一体"的重要思想,也就是说整个宇宙人生都是一个整体,人、物、神可以都是一个东西,浑然一体,人、物、神由此义可以讲是可以平等看待的,人可以成为物、成为神,人的意识可以渗透到一切事物和现象中并成为这些事物,获得关于该事物和现象的生命体验。"万物一体"实际上比"天人合一"更深刻、更基本。在我看来,"天人合一"的真正哲学基础是"万物一体",没有"万物一体"的观念就不可能有"天人合一"的文化。

十、人文化对科技的纠正和调整

对科技结构的调整是以科技理性长足发展的现当代情况为起点的,现在的努力即调整的策略就是"科技人文化和情感化"。所以,科技伦理、科技美学的产生不是偶然的,体现的是人文对科技的纠正和调整。我们过去做的是以科学范式建构伦理学和美学(人文科学和社会科学),现在要做的则是以审美范式、伦理范式建构科学技术,我们把这个方向称为科技的人文化。

十一、启蒙主义的文化负面

启蒙主义把人从神学中解放出来,人回到了凡俗的现实世界;同时解放了人的智慧,科学理性使人类表现了自身的力量和创造性,从蒙昧走向现代文明,使人类的物质生活条件发生不可思议的巨变。启蒙主义也产生了两大问题,一个是对自然、生态的严重忽视,一个是上帝的死亡,失去了精神性,自然脱去了神灵的魅力,剩下的只是物质的自然,被征服、改变和利用的自然,人和自然之间是一种物质主义的关系。同样,人的世界以物质世界的变化发展和对需求的满足为主要特征。启蒙主义带来的是凡俗的人文主义、极端的科学主义、膨胀的物质主义、否定自然的人类中心主义。

十二、什么是文化?

文化的核心概念是"人类化",即人类价值观念在社会实践中的对象化,是价值的创造、物化和内化,包括人类生存的物质条件的发展创造和精神德智的发展提高。文化,就是人类价值的生成变化及价值观念对事物的实际改变,创造更适合人类生存发展的物质可能和精神可能。

十三、文化生态的五大影响因素

文化生态在五个方面影响着区域文化的特征,即文化的地理位置、地表形态、土壤、气候、资源。还有一个影响因素,就是特定区域中生活的族群之思想观念。

十四、文化的演进

文化演进分三种情况，即文化的进化、扩散和整合。

文化进化指某一地区文化的继承性发展的过程，它包括这一文化的积累和进步，呈现由低级到高级、从简单到复杂的过程。

文化扩散是一个空间概念，指文化现象通过人类交往如商业、战争、迁移等方式，从一地传播、影响到其他地方的过程。

文化整合，指几种性质不同文化之间的融合、吸收、交错的过程。

超越边界的扩散称为"文化辐射"。

十五、关于人文主义

个人主义这个概念的知识背景是西方文化，它与欧洲中世纪以神为中心的世界观相对，是自文艺复兴、启蒙运动以来确立的一种新的世界观，即以人类为中心。正如布洛克所说，集聚焦点于人，以人的经验作为解释人自己、解释上帝、解释自然的出发点。这是人类世界观的一个伟大的扭转。以人为中心，意味着人与上帝、与自然的对立和矛盾，意味着人与世界、主体与客体、主观与客观的二元分化和对立。以人为中心和出发点，就产生了世俗与神圣（人与神）、人类与自然（人与天）、个体与社会（我与人）的分裂和矛盾。这三大矛盾正是近现代的三大社会问题，表现为信仰问题、环境问题、道德问题，从精神世界和物质世界两个方面危及人类自身的生存。于是，在上帝面前，人丧失信仰的精神支持，呈现其生物自然本性，世界呈现为物质实体和被征服改变的对象。在自然面前，人是主人、主宰者、征服者和索取者，自然失去了神灵的光环和虚幻的诗意。在社会面前，自我是最高的价值，个人的权利和私欲被放大，社会的利益不再是唯一的价值和尺度，社会对个体的约束受到否定，个人的利益和物欲被视为合理与正当的一部分。还有，人文主义世界观的根本性改变，使人更重视人自己的感觉、经验、判断，更重视把自己置于一种客观的立场上理性地分析判断事物，从而确立科学思维的认知方式，并且建立一种以人的尊严为指示的独立精神和自由精神。相对于神学时代，人的觉醒和人的自尊，就体现在人的理性、独立、自由、平等的价值观精神。世界观从以神为中心到以人为中心的转变，同时人们从神学时代跨入科学时代。

西方人文主义对神的否定以神人二分为特征，以人为本、为中心，从宗教的虚幻走向世俗的现实，从信仰的迷惑走向理性的清醒。但是儒家的人文主义特征与此很不同，它没有西方宗教的那种包袱，没有从天国的超然转回人间的世俗的文化转向。儒家人文主义既具有人间性，具有积极入世的精神，不在人世以外寻求依托，又有宗教性信仰的神圣性，表现出对"天"的尊崇和依存，认为人的善性来源于神圣的天；追求人的神圣性却不是出世的神圣，而是凡人的神圣、道德的伟大，特别以孔子为世间圣人和精神楷模。儒道释都追求神圣的境界，分别是圣、仙、佛，但孔子儒学追求的是现世的、在世的人的神圣性（也就是高尚的道德善性），而道释追求的神圣性是出世的、超然性的。可以看到，孔子儒家的人文主义不同于西方的特征，第一，以人为重点，重视人的现实关切；第二，人间性和宗教性的交融，在日常生活、平凡人生中见出人的善性、崇高和神圣；第三，人类与自然的一体，人虽然是关切的重点，但人是自然的有机部分，自然是人的根源和根据，有着对自然的崇拜与敬畏之情，天人合一不是天人二分，更不是天人相抗。总的来看，儒家人文主义是一种尊重自然并有宗教情怀的人文主义，它在哲学上主张"万物一体、天人合一"。它重视人的现实存在和生命状态，但不因此排斥和超越自然，在现世人生中体现人的本性善心，也不与自然对立，而强调万物一体、天人合一，顺应自然。在这里，我们显示了儒家文化的另一个重要特征，即与西方模式很是不同的一种人文主义特征。

十六、人神关系的东西方文化观念差异

基督教认为，人就是人，神就是神，神只有一个，神拯救人类，使人洗脱原罪升入天堂。这是基督教的人神关系观念，因此基督教追求的是"救赎人类"。道教追求"长生不死成仙"。儒教在人神关系上持有这样的基本观念："人神不二"、"生死一理"、"幽明相通"、"修人道即修天道"。人可以通过德行修养，在世成为君子、贤人，死后则升为神。所谓敬天爱人、修身正心、进德修业、兼善天下。

由上可知，西方基督教有显然的排他性，主一神教、主人神相异，主神救人。东方儒教则有显然的包容性，比较开放："主人神不二，主生死一理"，主修人伦即修天道，主一统多元的神系，主大道教化，主道化日用，主在日常生活中修持。

十七、文化本质的一种理解

认为文化本质是对人的规定和教化，它具有保守固化和革新超越的双重特征。要看到，人有社会规定性和文化规定性的双重规定，其中文化规定性高于社会规定性，它指示了人类的思想、观念和精神之历史状态。研究人的社会存在，也要研究人的文化存在。文化在历史上的农业转向、工业转向和当代的生态转向，表明了人的生活水平的提高、生存方式的改变和人的生命自觉与生存反思，人的存在趋向新的完善。

孔孟学说告诉我们，人的社会存在是一种道德行的文化存在，人的道德意识（道德心性）及其行为决定了人之为人，也就是讲，人区别于动物，是由于人是一种文化规定性的生命存在。人的社会关系是一种有序但有等差的人伦关系。

十八、现代社会分前期现代和后期现代

这两个阶段有重要的分别。前期现代的文化关键词，是理性、知识、人类的主体性和自由解放。人们相信通过理性获得知识，获得理性知识也等同于趋向对真理的认知和掌握，因此人类在这一阶段具有信心。在前期现代中，人类由于理性和知识化，对人类主体性能力具有高度的信心，这种对人类主体的信心也表现为人类的自我意识。自我意识的强化，从另一个侧面体现了人类对自身的自信，从神的阴影下得到解放，即从神本体到人主体的转变。这一阶段除了人类对自己有充分的信心，另一个特点就是人的解放，它的另一个名字就是自由。从各种束缚中解放出来，趋向人的自由，对人的权利、责任、义务和能力有更高的自觉自省。从历史上看，当某时期人的意识形态发生了对人类主体的自觉、自信，出现了对神性主体的怀疑，出现了个性独立自主的要求，对个人能力有了更多的重视和信心，那就说明，

开始了从神走向人,从子民走向公民的过程,人的主体性被放大,人的自由度开始放大。这是一个重要的进步。

十九、文化立足点的时代性变化

立足点即基点,事物从那里开始和生长。基点具有决定该事物的基本特征和发展方向的根本性质。文化或者哲学的基点问题也是一个关于时代性的问题。以宗教信仰为基点的文化和哲学,在欧洲对应于中世纪时代。科学理性的基点,对应于工业革命的时代,同时又是所谓"近代性"的特征之一。以人的存在及生命意识为基点的文化和哲学,似乎对应于现代性,属于20世纪"现代性"的经济基础。信息和计算机技术则是20世纪80年代以后的"后现代性"的经济技术基础,社会、经济、文化皆围绕着信息及计算机技术产生巨大变化,它对应于当今的"全球化"时代。以上的粗略描述,反映了相应的历史节奏,表明了"基点也是社会经济文化的生长点"这个判断是有道理的。基点发生改变,在这个基点上产生的思路、观点、价值和发展方向也会发生改变,并且标志着一个新的时期或新时代的到来。中国改革开放的巨大成就,应当基于邓小平把政治思维放到了"实事求是和实践检验的实践理性"这个基点上,破除了政治迷信和自我限制,真正地解放了思想。由此可知,基点问题具有战略性意义。对思想文化以及社会政治经济的基点问题研究,是一种战略研究和未来研究,它可以帮助我们比较清醒地观察和理解当前的情况和发展。这一段关于"立足点"的说明,可以称之为"基点理论"。

二十、东西方文化的共同基点

在东西方文化的哲学史和思想史上,一直到现在都存在着一个重要的问题,即在何种基础上建立各自的世界观、价值观和人生信仰? 西方传统文化的基础建立在宗教信仰上,即在人的外部——也就是神性,找到了道德和价值体系的根基。中国传统文化显然也建立在宗教信仰上,确切地讲,建立在对天的信仰上。"天"即被神性化了的大自然。中国文化的道德伦理及其价值体系的根基,就是神性化了的自然即"天"。不可忽视中国文化的天学基础及其理学根据。东西方文化，共性是都以宗教信仰为文化及其价值体系的基础，区别则是一个在人之外的神性上帝找到根据，一个在人之外的神性自然找到自己的根据。我们不能说中国文化没有宗教信仰，它是对神性自然即"天"的信仰。就像不能说西方的文明是文明，中国的文明、印度的文明等不是文明。文明是多样的。中国的宗教信仰完全不同于西方宗教信仰的模式。宗教也是多种多样的。

二十一、西方的学术取向

西方治学，道德哲学（精神哲学）与自然哲学各有专业领域，它们分途发展，呈现着一种分析和专业的研究精神。认识对象不同就会有不同的研究领域和相应的研究学科。随着认识在分析上的精细化，研究对象被不断地细化和深化，新学科的新研究方向不断出现，同时也发生着研究对象领域的交叉融合，形成交叉学科，从分析向综合即关联性研究发展，呈现出"分析、专业、交叉、综合"的学科研究方向。中国文化认识论上的总体精神，指向的是"万物一体"，体现在天人关系上，就是"天人合一"的综合整体论研究倾向，与西方天人二分的独立倾向有区别。中国的太极论、元气论、阴阳论、理气论等，都是"万物一体"观念的重要理论说明，是"从整体性本源看世界"的宇宙论观点。这是最根本的世界观，它具有在认识论上的统摄力量。从这个观点看世界万事万物，结论就是"万物一体"，它的另一种表述就是"一体万殊"、"一体万化"。再从天地人即天人关系来看世界，就有两个观察认识的思维向度，一个是从宇宙观察人生（以天地观察人生），一个是以人生观察宇宙（以人生观察天地），总趋向是人合于天而统一。"天人合一"的思想不仅要求人尊崇自然、服从自然、与自然和谐，服从天的主宰和意志，还要求积极参与自然的创造、介入自然的变化，产生无愧于自然的文化贡献和物质贡献，并且以天人合一的方式提升人的价值和品质、地位，净化心灵、提升精神，所谓成神、成佛、成贤、成圣。这里，所谓的"天"，是"神圣化了的自然"。

二十二、西方文化的"求知"倾向

成中英先生在他的《论中西哲学精神》（东方出版中心 1991 年版）一书中

讲得很好，西方哲学"从一开始就有知识的取向"。他说，希腊人素来就有对知识理性的执着追求。这种"求知"的特征体现为知识理性与方法意识的密切结合，"于是从求知导致对方法的追求"。西方哲学的求知精神强烈体现在对方法的追求和创新。因为"新的方法产生新的知识"，没有新的方法，哲学和科学就没有新的突破和发展。基于实证方法和理论思考的科学更是如此，没有非欧几里得几何学数学方法，爱因斯坦就很难解释光现象，因为传统物理学和数学不能适应。我注意到的，是西方哲学所代表的文化精神，即"求知"精神和方法意识，它是新知识、新创造产生的人文根源。这种求知的文化精神，第一是有反思、质疑、批判的天性，因此不墨守成规，价值指向崇尚新文化和新知识，指向严肃和缜密；第二，强烈的方法论追求，其求知具有很强的方法意识，重视知识产生的方法论途径；第三，求知的最高目标是对"真理"的追求，于是"真理"成为最高和最终的价值；第四，实事求是的科学态度；第五，理论思考与实证检验及实证方法的结合。所以，这种求知的文化精神表现出"求真"、"求新"的特点。这种文化与中国文化大相径庭。中国文化追求什么？西方文化可用"求知"二字概括它的根本特点，那么中国呢？我以为，是"向善"二字。儒家思想文化是中国传统文化的代表，它完全可以用"道德文化"来概括它的思想学术形态。儒家的道德思想文化具有强烈的政治性，它的价值指向是"经世致用"，有益社会人生。到 19 世纪末，这两种文化倾向——求知和向善，在残酷的对华侵略战争过程中交汇在一起，并且以"求知"的科学知识精神改造了中华民族及中国文化，使后者在文化观念和思维上进入现代历程。中国不是科学的故乡，中国乃道德文明之邦。"求知"和"向善"各有不同的文化逻辑和思维方式，这是中西方哲学和文化有种种不同的原点。

第五节　价值观的建筑

一、知识与信念

按照康德的理解，知识既有主观方面的充分根据（比如具有逻辑的推证），也有客观方面的充分根据（比如经验的有效验证、实践的检验实证），因此这种主观与客观的统一或一致的知识指向真理性。信念只有主观上的充分根据，比如某个思想具有逻辑说服力并令人信服，但在客观方面不充分，有待实践、经验的检验，以证明其客观的有效性、合理性、真实性。因此，信念有着"应当如此"的价值品质和理念品质。

知识的客观根据需要用经验的、实验的方法来验证，也需要用推理的、逻辑方法来证明。

二、何为价值？

价值是一个终极和本原的概念，它是人们生活的目的和基础，是人类生活的需求、意义指向和推动行动的东西。没有价值，人便不能存在、活着。

三、五种力量推动价值观建设

价值观念的建设，需要五种力量推动，一是政治权力，二是思想理论，三是道德权威，四是自然权威（天道），五是信仰。

四、价值观的指向

西方核心价值旨在人的权利与自由的政治实现。孔子核心价值旨在人的善良本性的伦理实现。马克思核心价值旨在人的解放和个性全面发展的社会实现，消除人与人的奴役，实现人与人的自由平等和社会发展。西方价值指向现实政治人权，孔子价值指向伦理规范，马克思主义价值观则指向理想社会。

五、立足当今又面向未来的核心价值

"社会民主，共同富裕，互相仁爱，世界和平"，这应当是立足当今现实又面向未来社会的普遍的核心价值。

六、情感的价值理性和价值观角度

关于情感的研究，首先应从价值及价值观的角度加以认识。认知和情感,正是科学理性和价值理性的区别,前者把握的是以客观性为核心的真理,后者把握的是以主观性为核心的价值。客观性是物的尺度,主观性是人的尺度。情感是人从自己的价值立场关于事物之好恶、是非、美丑的评价和体验(体认),其路径由内而外,反映评价体验主体的人性和人心。如果说事物的客观性是一种必然性,那么事物的主观性是人赋予的一种应然性,体现着人的愿望、立场和要求。情感最本然的情绪形式是好恶之情,关于美丑、善恶、是非的评价同时伴随着喜爱和厌恶两种相反情绪,以此表达评价个体的价值立场。

第六节　宗教的深刻影响

一、信仰为事实和真理的假定

康德认为,上帝、自由、不朽等不仅是知识的问题,也是理性的问题,它不在经验世界而是在超经验世界。这种理性不是实践理性,它们是"道德假定",并不是科学真理。这里要引起注意的问题是,宗教和道德的"假定性"原理。假定是一种猜想。如果这种猜想被逻辑化和被信仰化,就会产生很大的影响力和支配力。真理是必然的发现和证明。

事实上,我们既生活在科学的真理世界中享受着科技的成果,也生活在信仰的假定世界中享受着非凡的灵魂洗礼和安宁。宗教就是一种信仰为真实和真理的假定。人生活在经验世界的科学真理中,也生活在超经验世界的宗教假定中。从思想意识上看,人类是从历史中最初的假定性中走来的,其现实生活受着世界认知的假定性思想支配,假定的内容具有一种信仰共有的神圣性。

假定性有两种:一种是理性的逻辑推断而来的结果,那是具有逻辑合理性的假定,也可称之为理性推演的逻辑假定。这种逻辑假定的真理性与实践经验发现和可以反复证明的真理性不同。另一种假定应是由信仰和逻辑支撑起来的猜测想象的那种宗教性假定,这种假定是一种心灵的、精神的引领。因此,有两种真理——如果真理存在,一种是"推断的真理",一种是"证实的真理"。

二、超越与信念的结合

超越,就是追求超出自身存在有限性、局限性的某种存在,如佛、道、仙、天、上帝、天国。超然的追求必定和信念相关。信念有两个指向,一是星空,是向上、向天、向理想的,一是大地,是向下、向自然、向物质的。如果信念与超越相结合,往往是向天、向上、向神的一种寻求支持的企求。

三、宗教元文化

在我看来,宗教具有元文化的根本性质。人类文化的最初生长有两个根本的基点,一个是器物层面上的工具制造与利用,一个是意识层面上的神灵意识和想象。从神话、巫术发展到宗教,它们是人的技能力与思想力。技能与思想,不论是前科学还是非理性状态,都是人类认知世界、改变自己、创造生活的本质力量。

四、宗教的社会文化功能

宗教主要的社会文化功能,根据我的理解,是崇拜与拯救、和谐与超脱。通过信仰所支持的崇拜,以超脱日常的方式求得人类的灵魂净化和人生拯救(包括社会的拯救与框扶)。宗教使人由凡入圣,使人相比于日常惯性的生活有超凡的伟大。因此,从世俗生活中产生超然脱逸之念与行,是一种拯救,超脱即拯救。

五、宗教对人的文化影响

宗教对人类生活的文化影响是十分深刻的。除了地面景观的建筑构造——从那里将人在心灵和精神上引向天国,更重要的是对人的心性的改变与塑造,比如人生观、荣辱观、幸福观、道德观等价值观。不仅如此,宗教信仰也是人们生活中重要的心理支撑和行为规范,成为人生中重要的精神力量。

六、灵魂观念

人的灵魂是人的一种认知，人相信灵魂的存在并视灵魂是生命的存在形式。万物有灵的观念、宗教的起源及核心内容，都以灵魂观念为基础而产生。

灵魂观念基于原始人基于对人的生理现象（活人与死人的区别在于呼吸的有无）和心理现象（在梦境中的幻象或形象）的认识而产生关于灵魂的意识，把生命现象和幽灵现象合成一体，形成了灵魂观念，反映了原始初民对人类生命问题的最初理解。

人类把灵魂观念由人推及自然的过程，也是一个从日常经验获得启示的过程，由己及人再由人及物的类推，形成了一种世界观即"万物有灵"，认为人类世界和自然世界种种现象背后都有神灵的神秘力量的控制支配，建立起对神灵的崇拜和信仰。这也说明，人类历来有一种从日常生活经验中汲取思想材料加以由己及人、由人及物的类推演绎的能力。孔子仁学的博爱精神也依托于这种类推的思维能力而展开。

灵魂观念及对灵魂的信仰的出现，至少在石器时代中晚期（克罗马侬人，距今三万五千年至一万年；中国山顶洞人，距今一万八千年）。当时的葬仪反映，那时的人已经有"身死灵在""葬死若生"的观念。

灵魂观念以及灵魂信仰乃至神灵信仰，深刻影响了人类对自然的理解和对生活的解读，也深刻影响了中国文化，从"天人合一"到"万物一体"都是这种观念和信仰的一种哲学延伸。

七、灵魂观念是宗教最初的土壤

灵魂观念是所有宗教信仰的起源，最根本的东西，是从"灵魂"观念到"万物有灵"是一切神灵崇拜和宗教信仰的土壤。最原始的古老文化除了人对工具的利用和制作，就是关于灵魂的信仰和"万物有灵"的观念所打开的世界。

普遍的灵魂观念有以下特点：（1）万物有灵，各有不同；（2）人有不同的灵魂，各有不同的功能；（3）灵魂不灭，人死后依然存在；（4）人死后的灵魂依然能够影响人世，或降灾或助人；(5)灵魂有权能大小之分；(6)灵魂有善恶之分。

八、宗教信仰源于原始人类的灵魂信仰

灵魂信仰进而升为神灵信仰，这是宗教起源最重要的人文根据，它可以追究到人的生理现象和心理现象。我们注意到，宗教信仰发生的事件、现象、范围，都有不可预测、非人为可控、破坏力强大、令人恐惧、十分神秘等性质，许多情况下超出了人们的日常经验和知识了解。从心理上讲，宗教信仰往往伴随着希望和恐惧，这是说人们很害怕它但又希望得到它的帮助，借助它的力量实现自己的某种要求。总的来讲，宗教信仰往往发生在令人害怕又不可控制的危险领域。因此，除了灵魂——神灵观念，我还认为危机意识——或称忧患意识，也是宗教信仰发生的一个重要原因。宗教信仰的一个重要作用，正是试图借助神灵的超自然力量来解决或者缓解人的生存危机、人的生活忧患、人的社会困境。

人有两种生活状态，一是日常生活，二是宗教生活。日常生活中令人感到害怕又不可控不可测的领域，正是人期望宗教生活能够缓解的危机领域。因此，相应的人类有日常生活意识和超常宗教意识，指向不同的生活领域，解决各自不同的生存问题。

九、宗教起于人的困惑和忧患

在宗教中，深藏着人的危机意识、苦难意识和求索意识。

十、宗教是一个"社会的问题"

正如蔡元培先生所讲，宗教是一个"过去的问题"，它发生于科学未发展的人类蒙昧时期。随着科学的昌明兴盛，在当今社会，宗教已转型，它主要成为人们逃避问题、摆脱矛盾的心灵场所，即在心灵上让人得到一种解脱。心灵解脱是现代宗教的主要功能，它可以大大缓解人们内在的紧张。其次，宗教仍以传统、习俗的形式存在于人们生活中。因为宗教作为悠久的传统、习俗，已经深深融入人的精神生活和社会生活中。

"现在的问题"，主要是科学的问题、人的问题、生态的问题、和平的问题。因此研究宗教是研究过去的问题，是研究人类文化的一大现象，我们研究它的立场是科学的、人文的、生态的、和平的，不是出于对神灵的信仰。

十一、宗教的理知、德治和升华

宗教的产生，缘于人生的苦难，生从何来、死当何去、人生何苦、宇宙何创、万物何由、变化何意、谁主沉浮等问题相纠结。这反映了人类要问一个究竟、想要有一个解释的不安心情。此外，宗教总是包含了道德的教化，其主旨是劝善惩恶。宗教道德就主体而言，是利他主义的。再者，宗教总是指向一种超越，所谓求得一种超脱、升华，将人的心灵引向另一种超然的存在。没有这种心灵的超越，把心放在神所指示的地方，就不称其为宗教。所以，宗教文化中天然包含着三种东西，即求知、德行、超越——这正是理知、德治、升华。

十二、宗教世界和科学世界

自人类产生，从原始蒙昧进入农业文明，其意识形态一直受到宗教的主导性影响和控制，它的文化特征就是对神的信仰。这是一个人类的宗教时代，十分漫长。欧洲中世纪的一千年，就是一个由神主宰一切的神权时代。中国也是如此，只不过中国人信仰的神是天，以天为神的信仰一直维系到清代，直到被西方科学文化击溃。五四运动，科学和民主两大西方文化价值正式登场，中国意识形态进入一个新的历史阶段。中国走的宗教之路和西方很不一样。中国传统文化的主流是孔孟儒学。它有两个明显特点，一是建立在以天为神圣的信仰上，天是一切的根本和来源，所谓天命注定；一个是道的教化，又称儒学之教，以仁义忠信之类为规范和教导，所以它又称"儒教"。这里面有很重要的一条，即以天为道，人从天道成就人道或人文之道，到后来就有天即理、理即气或心即理的发展，其渊源都来自对天的神圣信仰。

我把这一历史时期称为以神圣信仰为主导的传统文化期，宗教文化（或带有宗教性的文化）是其基本特征。其文化图景、文化景观，可以用"天地人神"来呈现，"天人关系"或者"神人关系"是人文世界中最重要的关系。人在这一时期所生存和意识的世界，称之为"宗教世界"。

打破这一"宗教世界"的，是欧洲的文艺复兴、启蒙运动和工业革命，大约在15—16世纪开始的"人的觉醒"，使神权开始让位于人权，神的意识也随之转向人的意识，宗教由此开始让位于科学，世界以本来的客观面目呈现在人的眼前，客观性原则开始成为人类拨开宗教迷雾的重要思维和思想原则。古希腊科学传统得以复兴，产生一系列重要的科学发现和科学发明，极大地改变了人对世界的认知和人自己的生活状态。人的苏醒、人权至上、科学发现和工业发明，使人类从文艺复兴开始走进了"科学世界"，其文化特征不再是神的宗教信仰，而是对人的自信和对科学真理的信仰，所以我称之为"科学世界"。这一改变的一个标志性人物，就是17世纪伟大的哲学家、科学家笛卡尔。他代表着科学理性的世界观和思维方式的建立。科学彻底改变了世界和人生。我们由此从文化的宗教轨道转向了文化的科学轨道。中国走向"科学世界"的最初时间，在明末清初的"西学东渐"。明末，杭州也有一位与徐光启同样重要和著名的科学家、翻译家，他叫李之藻，译介大量西方自然科学和人文科学著作，传播科学文化，改变中国的传统文化走向和思维方式。传统中国受到以鸦片战争为代表的洗礼的猛烈冲击后，开始意识到要接受西方的科技文化。五四运动则是一次大激荡，"打倒孔家店"、"民主立宪"、"科学救国"，走向科学的文明时代。

第七节　思维与方法

一、分析与统摄

同样是"二分法"，笛卡尔导出"主客二分"，老子导出"阴阳二分"。前者是人与自然、人与世界关系的分离性思维，是理论思维的分析性模式，后者则是人与自然、世界的统一性和整体性思维及认识模式。前者的中心是人，后者的中心是道，这个"道"乃宇宙万物的变化规律和本质根据。两者非常不同，一个是理性的分析眼光，另一个是悟性的统摄眼光。

老子"阴阳二分"具有本体性、整体性、辩证性，笛卡尔的"主客二分"具有分析性、机械性、人本性，两者有"综合"与"解析"之别旨。与这两种思维模式相应的观念，有"大一统"和"人文主义"的思想区别。17世纪笛卡尔"主客二分"的客观思维方式开启了"理性大门"，公元前5世纪老子给东方文化打开了相生相克相成的辩证悟性思维。

二、理性精神的可钦之处

西方文化的理性精神，令人钦佩之处是它的批判的反思精神、自由独立的人文精神，在这个基础上具有动态成长性和创新革命性的特征，这使之成为一种很有活力的强势文化和先进文化。它的先进性来自于自我的质疑、反思、批判和创新。

科学理性指向真实，宗教理性指向神灵，道德理性指向社会。

三、统一性与不可分

不可分的个体永远是和价值有关的个体。正是有这些物体的独特性与某种价值的联系，它们不可分的统一性才能产生。因其特殊价值，因而是不可分的。此外，这种不可分的统一体是个体，是独立自主的个体存在。另外，价值性越大，这一事物的不可分的统一性就更为必要。因此，价值的关联度和意义性是重要指标。我们选择事物的根据，就在于事物的价值。

四、分析的概念和作用

（1）分析是把思想对象分解为构成要素及各种要素间的关系之思维操作过程。

（2）分析把整体分解为部分，但分析之后伴随着综合，所谓"知识"是分析之后得出的观念之间的联系。（洛克）

（3）分析具有抽象作用，即去掉个别性事物中一些不太重要的东西，求出其普遍性。分析以概念为根据，以概念的规定为产物。分析的认识以同一性为原则，其目标是把握概念的同一性，从差异、矛盾中求同一性，求同一即认识本质。与分析相对，"综合"的认识是概念的多样性，即把握差异。整

个过程，是先分析后综合，从把握本质之同一性到把握事物的多样性，从总体上认识事物的性状和特征。（黑格尔）

（4）分析就是找到事物的主要矛盾，认识主要矛盾、矛盾的主要方面和次要方面，找到问题的症结和解决的方法。（毛泽东）

（5）在分析哲学中，罗素认为，"分析可以看作是对一个既定复合体的构成成分及联系方式的发现"。魏斯曼认为，分析意味着分解与拆卸，逻辑分析意味着把一个思想拆分成它的终极逻辑结构要素。

分析方法论思想有部分论和整体论之分流。部分论认为，对整体特性的认识只能根据它们部分的特性来解释。整体论认为，对部分之特性与功能的认识，需要从它们所处的整体环境来考虑。后期维特根斯坦的分析思想从"部分论"转向"整体论"。

五、概念的逻辑分析方法

逻辑分析即形式分析，主要以数理逻辑为工具，对语言的形式结构进行研究，旨在精确地规定所分析的语词、命题、语言系统的确切含义、结构。这种分析方法的特点，是从语句的表面结构深入到它们的深层的结构逻辑。

这种概念的逻辑分析方法是一种新的下定义的方法。它以经验主义和数理逻辑（数学方法）为基础，以此来消除日常语言中模糊含混的现象，是人类意识追求确定性和精准性的价值的表现。

六、说明的科学模型

说明是一种解释，表述在某种情况下所发生的结果。其主要类型有：最常见的是原因论说明，其他有：规律论说明（从必然性解释）、目的论说明（从动机说明问题）、功能论说明（从事物的功能作用来说明）、或然论说明（从不确定性之某种可能去说明）、发生学说明（从历史来源及发生形成来说明问题）。

七、概念隐喻理论

此理论由美国乔治·莱考夫、马克·约翰逊在《我们赖以生存的隐喻》

一书中提出,被视为自柏拉图"隐喻异化论"构建的 2000 多年学术传统以来的颠覆性语言学革命。他们认为,语言是思维的本质,思维的基础并非概念独专,概念的基础就是隐喻,在人类思维中比概念更基础的是无处不在的隐喻。因此,人类思维在根本上是一种隐喻性思维,也即是一种以隐喻为主要方式的想象性思维。隐喻就是打比方,用已知的事物、概念来解释未知的事物、概念,这是人类的一种思维方法。这个理论,第一,打破了隐喻是单纯语言现象的旧看法,上升为隐喻是思维现象,也是概念产生和发展的基础;第二,不止理性,想象性的隐喻思维是人类赖以生存的必要条件;第三,隐喻存在于人类的语言、思维和行动中;第四,该理论有效地解释了词语的多义现象,即如何从词语的根本义拓展一系列的展开义。这一概念隐喻理论对解释中国文化中的思维特点和语言现象有重大意义。可以肯定,中国文化的传统思维就是以想象性的隐喻思维为特征的,是一种以类比解释、类比论说为特征,富于想象色彩、诗性色彩和情感色彩的思维方式,其语言概念的形成以这种隐喻思维为基础,并不执着于概念的准确性、明晰性,而是注重某一概念的多重隐喻扩展,即语词概念的多义性和扩张性,反映着倾向于从各个不同方面来描述其性质状况的文化传统。这个特点在中国山水画的观照方法中可以得到说明。中国画画山水,就喜欢在动态中、从不同视角来画山水、看山水,这就是所谓的"散点透视"法。在概念的语义表达上也有类似的情况。中国传统文化不是理性概念型的,而是概念隐喻型的,倾向于情感、想象和理性的整合。

第二章 中国文化

第一节 中国文化之宏观

一、"大一统"意识

中国文化中有着十分深刻的"大一统"意识。不仅主张天人一、人我一、身心一、物我一、万物一,还有天下一、九州同、社会公、世大同等。寻求一致、统一、整体、大局、和谐等,是一种很强的思维倾向、心理倾向。

二、和同问题

中国传统文化的最高理想是"万物并育而不相害,道并行而不相悖"(《礼记·中庸》)。在这里面有个"和"、"异"的问题。"万物并育"、"道并行"是异,"不相害"、"不相悖"是"和"。总之就是"和同"问题。中国传统文化的思维力求在相互对立、矛盾、冲突的两者之间,寻求一种"化小异存大同"或者"和而不同"的兼容状态,又称作"中庸"状态,即不要不及也不要过头的状态。以现在来看,寻求的是一种有容乃大、存异求同的"共生"状态。共生思想承认异质存在、异质促进、异质合理,有所谓的"杂音理论"。有人称中庸也是一种"不即不离"的态度。

三、"和"与"仁"

中国文化以"和"与"仁"（和谐、仁爱）为核心价值,西方文化似以"自由"与"理性"为文化核心价值。前者成就了道德与礼治,后者成就了民主与科学。前者着力于人与人的社会关系,后者着力于人与自然的文化关系。

四、整体一统与对立二分

在中国文化和哲学中,天是有生命（所以生生不息）、有意志（所以主宰一切）、对立变化（所以阴阳生化）、与人一体（所以天地人为一）的一种至高无上的存在。

西方人的思维模式是从"主客二分"的观念出发的,认为世界分为两个对立的方面,即精神与物质、主体与客体、此岸与彼岸、天国与尘世、本质与现象。这种世界观,据罗素讲,是受到基督教精神的影响而形成的,基督教认为世界分为上帝和自然两个对立方面,上帝是后者的创造者和主宰者。"神和自然二分"的基督教文化造就了"主客二分"的文化哲学观念。

中国文化和哲学不同,把天地人即宇宙人生看成是一个东西,一个互相联系起来的有机统一体,这是最根本的分歧所在。其中的"天"（有自然义、神学义、道德义）是主导主宰的,因此其思维模式的文化哲学观念是"天人合一"、"万物一体"。这种思想和文化观念,直到西方科学文化和工业文明在近代输入中国,并且以血腥残酷的武力形式入侵而打败清帝国,才被打碎和改变。所以,西湖的研究有一个重要的文化前提,即西湖是在传统文化观念中进行研究（即以中国传统文化观念去研究）,还是以西方近现代文化观念去研究? 以一统的观念去研究,还是以二分的观念去研究? 如果我们把西湖文化景观看成是中国历史文化来研究,考察其发生和发展变化,那么就必须尊重中国传统文化的哲学世界观,以"天人合一,万物一体"的整体一统论来做研究,因此西湖文化景观无疑是一种天地人神结构的文化世界和人间天堂。西湖文化与景观就是按照这种文化模式创建并发展的。现在,我们更多是按照近现代的文化观念和思维方式去研究西湖的,路数很不一样,所以隔了一层,所得结论也不一样。这个文化前提问题,谁也没有真正注意过。其实，西湖景观的文化发展，到民国已经开始发生根本性的转变，即从传统文化观念转向了西方文化观念即现代文化观点，西湖的文化视点和景观建设走上了主客二分的哲学观念主导的现代科技文化的套路，其直接的表现就是自然风趣的衰减、古迹文物的破坏、景观意境的失落。总之，我们对西湖文化景观研究与理解的语境已经发生了根本的改变，这种文化语境的改变使我们不能真正读懂西湖。

五、"对立二分"的中国文化立场

中国文化对于对立二分现象所持的观念、价值和态度与西方人很不同。西方文化在是与非、有与无、真与假等等对立性概念上，一是一，二是二，白是白，黑是黑，区别和界限很分明，并且互相悖反、互不相容，双方之间的否定导致新的变化发展，体现出高度的科学理性精神。中国文化承认两极分化和两相对立，并且认为以阴阳为概括和表征的两极分化对立以及两相斗争与融和，是事物变化发展的内在原因、和谐机制。但是，中国传统文化认为在两极对立中，存在着中间状态，存在着调和状态，存在着"是那么，非那么，非那么，却那么"即双方相生相抗相成相渗的状态，也就是"是又不是，不是又是"的玄妙状态。这种中间态其实又是模糊态。中国文化还努力把握事物存在的一种中间状态、模糊状态，这种中间的、两可的模糊状态实际上是一种交织错综的变化、不可测的活泼生动的生命状态。西方文化寻求的是一种确定的、可量化的、可分析检测的、普遍必然的客观性状态，即可确定的清晰状态。中国文化指向的是不确定的、动变的模糊状态，老子《道德经》就指出，道是一种恍惚的状态，是似有却无、无中生有的一种存在，具有玄的特征，又称大道玄妙。因此，中国文化的一个重要价值定位，就是这种似是而非、说无却有的那种存在，这种存在只可心领、意会、悟觉。这种状态有专门术语，比如"中和"、"中庸"、"中道"等，所谓"持两用中"、"不过不及"、"浑沦氤蕴"。这种价值观和认识论又有明显的心学特征。

六、整体观的中国文化理解

什么叫作整体？就是阴阳本一气，你中有我，我中有你，没有绝对的分界,也没有绝对的单纯,两者互相依存和渗透,互为对方的存在根据,失去一方则另一方就不能存在。这种辩证的二分正是中国文化的整体观,这种辩证二分整体观是中国文化的主要思维方式。

七、"中和"

从易学的观点看,中和就是一种阴阳均衡、调和的稳定状态,双方没有过于极端,也没有过于虚弱。从事物的变化来看,中和正是变化过程中的一种平静状态,双方势均力敌、相持不下,达到了暂时的均衡对等。中国文化非常重视这种叫作"中和"的平静的均衡状态,并且把它作为一种处世处事的重要原则和方法。中庸就奉行了这种思想方法。换一个解释角度来看,这种中和也是一种共存、共生、共荣的状态,一种处世处事的态度和方法,有人称之为"中间地带"。从中国古代哲学来看,中和状态是事物无阴无阳、圆融冲和但具有创造性和原真性的那个道的本体,如果用文字符号表示,就是一个"圆"。用图形符号表示就是"○"。中和在哲学的道论上应当是最高的美,同时也是无善无恶、一切平等然而必然如是富于创造性和有生命力的"真理的美"。这种文化倾向显然意识到"由虚生实"、"由静致动"的反向变化,走到极端就走向反面,会破坏原来的平衡稳定,处于动荡不安的状态。在保守与变革的选择上,倾向于前者是中国传统文化的消极面。

八、中和守衡与生机动变

在中国文化里,"静"是个十分重要的概念。《易经·系辞》中说,"夫乾,其静也专,其动也直,是以大生焉"。乾为阳性,是天的代表、动的象征、男性的象征。但是《系辞》指出乾卦"其静也专",用"静之专"来说明它的性状,这正是用了"虚到极点就是动"的原理。静极乃生动。不明白这一点就不能读懂《系辞》关于乾的这个解释。老子《道德经》就说过,"至虚极,守静笃",静的极点就是生有,静的极点就会生动,因此静笃虚极的结果走向相反的方面,正是生命的生机和跃动,决非了然无物、彻底空寂,绝不是那种死寂的空无。虚极和静笃,也就是虚静的极点。走向了生机跃动,是生命的萌动和生长,一如冬极而春来、阴极而阳生,事物到了极端就开始走向相反的一面,向反面变去。这是关于事物"一体两面、正反变易、知和守衡"的哲学解释。从这种情况可以看到那么一点，即如果希望事物处在一个恒久不变的保守状态或稳定状态，就要懂得不去走极端，不要让事情向极点变化。应有的策略是"守中致和"，即"致中和"是最好的处理方法，"中和"就是掌握分寸。中庸之道体现了这个原理，持两用中、不过头也不要离得太远，走平凡的路线。中国文化为何赞赏这种"守中致和"之道？我想是古人不希望事情走向反面，不希望常态受到破坏，希望安于稳定和保守，认识到走向极端就是走向否定。

虚静之极生机跃动，这就产生了另外一个问题：中国文化和哲学为何又特别重视生命的生生不息？中国人重视生命的存在和延续，重视人生的现实和变化，重视对命运的理解和把握，在生命的变化中企求稳定和持久。与这种企求相关，中国美学称赏"气韵生动"的图景、"动静虚实相涵"的图景。说到底，中国人天性就有一种"尊生"的意识，并且相信"灵魂不死"、"生死轮回"，因此在"尊生"的同时还有"视死如归"、"三十年后又是一条好汉"的精神。珍爱生命、享受生活但不怕死，尤其为正义死而无悔。

九、中庸、中和、中道

中庸，亦中和、中道。中庸可以用"和而不同"和"过犹不及"来概括，反映的是中国传统文化讲求"和谐"与"中立"。中庸或中和的思想，承认事物的差异或矛盾状态，看到事物有对立的极端状态，其要走的路线不是扩大差异、激化矛盾、走极端化，而是"差异中求和谐"和"均衡不偏执"的立场。这种立场是温和的、保守的、调和的，不是激进的、革命的、偏执的。他们懂得在对立或矛盾的双方中偏执任何一个极端的后果，就是适得其反，陷于负面的冲突、动荡、危机。因此，中庸、中和不仅是中国传统文化的一种思维方式，也是处事、处世的一种行为方法。

在各种差异、矛盾、极端状态中保持或者维护整体的和谐，可能是中国文化的生存企图和哲学原则，它维护了一种秩序的稳定。

中庸、中和也是一种道，即"中道"，中庸、中和也被认为是自然的一种法则。

十、一本论

程颢哲学世界观主"一本论",即整个世界以理为根本并且一以贯之。这和西方文化中的二元论的哲学世界观大不一样。柏拉图把世界一分为二,理式是本质的真实世界,而现实世界则是理式的摹仿或投影。基督教将世界一分为二,天国和尘世、彼岸与此岸。笛卡尔将世界分裂为主体和客体、本质与现象。程颢秉承中国文化的传统世界观,不认为世界是分裂、对立、二元的,天地人在根本上是一个整体,这个整体内在的两两对立是宇宙生生不息的运动机制,即所谓阴阳变易,持有"万物一体、天人合一"的观点。实际上,"天人合一"的哲学前提就是"万物一体"的世界理念。这种"一本论"是一种具有宇宙论思想的"天理"论,在此背景下解释天、理、道、性、心、仁的相通和一致。

程氏说:"盖上天之载,无声无臭,其体则谓之易,其理则谓之道,其用则谓之神,其命于人则谓之性。"(《二程遗书》卷一,《二程集》,第4页。未注明谁语,《宋元学案·明道学案》录有此语,指为大程语)"所以谓万物一体者,皆有此理,只为从那里来。'生生之谓易'重则一时生,皆完此理。人则能推,物则气昏,推不得,不可道他物不与有也。人只为自私,将自家躯壳上头起意,故看得道理小了它底。放这身来,都在万物一例看,大小大快活。"(《二程遗书》卷二上,《二程集》,第33—234页。未注谁语,牟宗三认为大程所言)

十一、情感路线

以情感看世界,我与这个世界既分却又是不分的,这个世界被灵性化、人格化。因此从情感看,我在世界中,世界又在我中。这就是"万物与我为一"(庄子)和"万物皆备于我"(孟子)表达的哲理。

从理性来看,我在世界之外,世界在我之外。这就是一种客观的立场,不是人被自然战胜,就是人征服自然。在这种立场上,人们认为自然的背后、世界的背后另外有一种存在的东西在支配这个世界,这背后的东西不是神学的上帝,这是科学力图把握的本质规律,是世界一切表象背后的终极存在。人从情感看世界,世界表象的背后是神灵或者自我的支配,借助于想象、信仰。从理性看世界现象,世界的背后起支配作用的是自然规律或客观必然。

东方文化走的是情感路线,辅以价值理性;西方文化走的是理性路线,辅以道德意志。

十二、突破自我的超越精神

"万物一体"的思想,庄子就有了,《齐物论》:"天地与我并生,万物与我为一。"《德充符》:"自其异者视之,肝胆楚越也;自其同者视之,万物皆一也。"他描绘的是天地万物和而不分、物我齐一的世界景象。正如陈鼓应所讲,庄子从"物性平等"的立场出发,将人提升出来。(陈鼓应:《老庄新论》,上海古籍出版社 1992 年版,第 131 页)从异同论的观点看,同中包含着异,异又涵盖了同。这种异同论从"天地万物一体"的结论来否定人类中心和自我中心的观念,体现了中国文化"超越自我"的传统。庄子以物性平等、物我相游齐一的思想把人类从自我中心的小天地里解放出来,以心物相游的逍遥姿态融于自然,自我心扩大为天地心。孔子则另辟蹊径,以仁的伦理学说把人的自私而必要的"亲亲之爱"即血缘亲情的爱,提升为社会大众的"博爱"精神。不仅如此,从"仁民"扩大到"爱物",将爱的精神从爱自我提升为爱亲人,进而提升为爱他人,提升为爱自然万物。这无疑是一个战胜自我、打破自我局限性的历程,一个自我解脱、自我解放的过程。与西方文化中心以人类中心主义为特征的自我价值实现不同,中国文化的自我实现以战胜自己、超越自我、利益他人的社会实现为高尚境界,以利他为原则,以社会为轴心,以"天人一、人我一"的人文主义为特征。西方人文主义以人类中心主义、个体价值实现及个人主义、与自然对立为特征。

十三、历史保守性

中国文化或称华夏文化,是一种奇特的文化。和西方文化比较,它具有明显的历史保守性,对往昔的、祖先的东西持有留恋、承继乃至发扬的感情。新的东西总要和旧的东西有一种承继结合的关系,这就产生了"中和协调"

的思想观念和文化倾向,有人将此称为"二元中和",由此产生了儒家著名的"中庸之道"和道家著名的"阴阳辩证",深刻影响着中国人的思维方式和行为方式。"执两用中"和"相生相克",成为"中国智慧"。"在革新中有所保留"、"在继承中有创新"的进步论观念,既要求有一定的变革进步,又要求不割断历史。在变革中对旧的不舍,是中国人的一种文化心态。

除此之外,华夏文化重视生存的现实世界、人的感性存在,重视人的礼乐制度和实用理性,重视人的情感取向和社会秩序,尤其关注人际关系中的伦常秩序和人的道德良知。礼乐教化、道德立国,是华夏文化的主要特色。将天地视为根本所在,敬天崇祖。"天地君亲师"构成中国人的文化世界,不可违天地、违君王、违父母、违师长。在这里面,天、地、君三者被神化,师被圣化,父母的先祖也被神化,而且人死后相信自己会转化为神灵鬼怪。人们相信,这个世界固然是生存的现实世界,但也受到另一个神灵世界的影响甚至支配,这个神灵世界是令人畏惧和崇拜的,因此华夏文化有"阴阳两界"的思想观念。神灵鬼怪的阴性世界,是人们的向往和归宿。实际上,这个神灵世界还承担着"道"的所在和理想,天地神灵被相信以"道"的方式支配着、主宰着人间世界。

十四、中国哲学人生论

中国思想文化的特色,自其产生便以"人生"为其思考的重点,因此中国哲学以"人生哲学"为中心,以格言式的语录为其启端,以"不证自明"的叙述方式表达其思想,以亚宗教的特征区别于其他文明。在中国思想文化的这种人生哲学思考中,"人"是重要的研究问题,与此相关的是"人生"、"人性"、"心性"、"人伦"等问题。关于人生问题的研究又以对"道"的追求为最高境界,追求"宇宙人生之道"是中国哲学的真正目标。孔子说"朝闻道,夕死可矣",又说"吾道一以贯之",他要探寻和阐述的就是"宇宙人生之道",以人伦之道为特征。

十五、中国文化的着眼点

中国文化,从大处着眼,从和处着力,从人处着重。大处即天,天道、天心、天理、天权。

中国文化的思维方式，可以总结为"一统多元"的总体特色，它的哲学基础就是"万物一体"、"天人合一"。

中国文化思维的具体特征，可以用立象心意、一统多元、两极辩证、求和守中、由情及理、由己及人等范畴来表述。

十六、以人和社会为认知目标的中国文化

王阳明的心学被批判为唯心论而被加以否定。但是王氏心学影响极大，传播到日本、韩国。我们为什么如此排斥王氏心学？我认为，我们以一种自然科学的科学主义观点看待中国文化和哲学，却不知道中国文化和哲学性质是伦理文化、人生哲学，它指导人生、调和社会、树立理想人格、建设社会和谐，它没有近现代的自然科学意义。中国文化和哲学的主要认知目标不是认识自然、事物，而是认识人和社会，其主要知识形态是人文的，以伦理学、政治学、文艺学、历史学为主。中国文化和哲学对人的研究不是自然史的、生物学的、生理学的，它主要是人性论的、伦理学的、社会学的、政治学的、文艺学的人文研究，深入到人的本性、内心、心性、性情，对世界的认识都与人的认识联系起来，与人生联系起来。中国文化和哲学不崇尚纯粹客观的、离开人生的那种西方式的思维方式和自然科学，不崇尚以客观性为标识的普遍必然或者自然真理，它指向关系人生和人的存在的人文真理——合乎人性、人情、天理、人伦的人文真理。王阳明表明的就是于人生有益的人文真理，至少人们认为他的解释和说法有道理，能够破除人生的一些迷障。他从人心入手来解决人的问题和人的社会问题。所以，当中国文化和哲学被放在西方文化的自然科学观念面前，用唯物和唯心来划分是非对错，就必然否定中国文化和哲学的心学特点、人学特征。西方科学主义否定东方人文主义。但是，东方文化欢迎西方科学文化的补充乃至改造，这是必要的。我们看到，中国文化和哲学的基本观念和思维方式不适应自然科学，那种向内心的、直觉自省的、主观意识的认识方法，与向外的、向事物的、客观的、冷静的、逻辑的自然科学认识方法是两种路线，区别很大。因此用唯物、唯心这种纯粹自然科学的哲学观点来划分判断中国文化的哲学，要避免失之于简单。

十七、中华文化的社会组织

冯天瑜等的《中华文化史》认为,中华文化由社会组织形式、物质生产方式、社会地理环境三部分组成,即一种半封闭的大陆——海洋型的地理环境,是一种家庭手工业与小农业相结合,并辅之以周边游牧经济的物质生产方式,是一种家国回构的宗法——专制的社会组织形式。

十八、中国人的传统价值观

敬天、敬祖、重生、爱家、讲孝、尊德、仰贤、崇学、尚义。

十九、中国传统核心价值的道德理性特征

西方资本主义核心价值观念是以政治性为特色的,即"民主、自由、人权"。悖反此政治信念的政治形态都在其批判之列。这一政治信念的广泛推行,主要成果是国家政治体制的改变,并且这一政体的改变突出了人和人民权利及社会责任的提高。从中国传统核心价值来看,以仁为核心的孝悌忠信,呈现的是道德行特点,注重的主要是从人心到人的社会行为的道德规范并形成一种"和而不同"的社会秩序和差序格局。中国传统核心价值的道德行特点还有一密切相关的次生特点,即伦理价值的政治化倾向,也就是孔子力倡力行的"仁政",以仁德治国。在社会与政治实践中,孔子这种伦理秩序也是一种政治秩序。因此,中国传统核心价值是从道德指向政治,西方则从政治包含了道德。人权是西方政治观念的核心思想。"爱人"则是中国传统政治的核心思想,民本、民生、民权都基于这个核心思想(就是缺少"民主"的思想)。

二十、中国哲学与西方哲学相当不同

从哲学思想的源头上看,西方哲学具有追求真理的使命感,是理性的、科学的。它有着明确的学科意识(哲学、数学、物理学)、对象意识(如亚里士多德认为他的哲学研究对象是"存在",即关于存在的形而上学)、方法意识(如亚氏的"三段论"、形式逻辑的创立)、概念意识(即定义与范畴的分析认

识）。亚氏哲学就由存在论、认识论、方法论构成。西方哲学思考的是"存在"问题，即存在的本质是什么？与哲学一起发展起来的，还有数学、物理学、天文学、艺术学、伦理学等。

中国哲学思考的问题完全不一样。儒学思考的是道德伦理与社会政治问题，关心如何以道德伦理建设国家社会，人如何在宇宙人生中安身立命。老庄哲学关心的是如何依据宇宙大化的自然原理（即"道"）生存，是一种以宇宙论为指导的人生论哲学。在思想源头上，中国哲学是在"天学"宇宙论指导下的道德论、人生论、社会政治论的哲学。中国哲学没有明确的对象论意识、方法论意识、认识论意识、学科意识。与西方逻辑的、系统的、批判的特点不同，中国哲学倾向于智慧的、感悟的、对话式的、原则性的、传承发展性的。

中国哲学关注人的本性及其社会存在与社会关系。西方哲学关注存在的本质及其内在关系。前者关心人的命运及其社会状况，后者关心世界的终极存在和人的理性力量。

二十一、从唐宋到五四时期的中国文化转变

儒家是中国封建社会中主导的思想体系和信仰体系，故有儒学和儒教之称。自中唐起，唐代贵族庄园制经济向中小地主及自耕农经济转变，以及这一阶段底层出身的知识分子通过科举进入国家政权和文化机构，整个社会呈现新禅宗、新文学、新儒学三大文化变革，走向了亚近世化时期。以宋明理学为代表的社会主体思想体系更趋向于哲学化、理性化，表现出与当世政治结合互动的特点。因此，宋明理学所代表的"新儒学"成为宋元明清的社会主流思想体系和信仰体系，并且更为制度化、世俗化，成为中国人的一种内在的文化心理结构。到了五四时期，这种儒学思想和信仰体系受到强烈的社会批判和西方文化冲击，中国现代社会的思想体系及其信仰转向了西方文化学术，民主与科学成为中国救亡的主张和方向。这是中国历史自唐宋以来最剧烈也是最重要和革命性的文化转向、社会转型。中国由此走向了以工业与科技为标志的发展道路，西方的思想学说——特别是以马克思主义为代表的科学理性占据了主流、主导的社会政治地位，儒学思想文化退居社会传统文化的世俗层面，以传统礼仪与文化习俗见于民众。

二十二、近现代的民族危机

近代中国所遭遇的是空前的民族危难和剧烈的社会大变革,产生的问题是"中国向何处去"。在西方的科技力量和资本力量面前,中华文明在列强暴力下不堪一击,民族陷入存亡的巨大危机。文化、科技、资本、工业的巨大落差,使中华帝国无力争锋。中国古老而腐朽的封建制度及其专制统治,无法适应世界性的时代变化和应对西方对东方的猛烈冲击,走向民族利益的对立面。这种封建专制的政治制度已经不能把中华民族导向进步和强大之路。从当时的发展趋势来看,中国必须否定封建主义社会制度,必须向西方先进的文明发展看齐,走向民主的、共和的、科学的新生。但是,西方列强对中国的定位是成为它们利益竞争的资源、市场和殖民地,压制中国民族资本主义的崛起。因此,中国走向资本主义的道路遇到困难,反对封建主义政治和反对帝国主义列强成为中国革命的两大任务。中国走向社会主义就成为"中国向何处去"的另一种有利选择。

二十三、儒学的终结与中国的生存转机

儒学由孔至孟,由程朱至陆王,从追究"天人之际"到追究"心性之际",从"天本体"到"心本体",从"礼学"到"礼教",从"宗法礼制"到"纲常名教",最终的着眼点落在"人"的"心"上面。这就是说,所谓的"天理"存在于人"至善人性"和"道德心灵"。在这个意义上,理学就是心学,心学亦是理学,有所谓"心外无理"、"道不外心"、"心外无法"、"心则天理人道"。更确切地讲,儒学最终落在"人性的心"。这是儒学的心学化特征。用现代的语言讲,一切落在了"人性的主观努力"。儒学由此走向终结,在科学面前成为荒谬。最后的局面,儒学是"主观的空灵之思",而科学是"客观的实证之思"。自此中国人的思维始有极大的改善,"科学"走向神圣的文化殿堂,思维的现代化由此不可逆转。"科学"成为今人崇拜的内容。我们是不是可以这么讲,中国传统文化的思维主线是"人文理性"的,以伦理的、政治的、社会的、人性的思想学术为要,西方的文化类型,它的思维主线是"科学理性"的,体现在数学、化学、物理学、天文学、工程技术等方面。前者更多地研究"社会和人",后者

更多地研究"自然和人"。前者善于"整体的综合"，后者善于"整体的分析"。中国文化以"情理"解释"天理"，西方文化以"物理"解释"天理"，主观性把握世界的倾向与客观性把握世界的倾向两相昭明。

二十四、儒文化对现代问题的价值纠正

"尚中贵和"匡正"极端偏执"。"天下一家"对治"利己"。"家国一体"对治"个人主义"。"人禽之辨"对治"丛林规则"。"义利之辨"对治"物欲主义"。"王道仁政"对治"霸道强权"。"礼乐精神"补充"契约精神"，"夷夏之辨"的义理对治"欧洲中心主义"。"天地人三才和谐秩序"对治"人类中心主义"的偏颇。这里提到的一系列儒文化的核心价值观念对于现代问题是十分有益的。中国传统文化的核心价值的思想资源，仍然有重要的现代意义。中华民族的复兴，亦是这种核心价值的现代性文化复兴。这里面还有一个很重要的问题，即我们信仰什么？或者讲，我们的文化信仰以什么为基础？是建立在对天的神圣信仰上，我们要在科学的意义上恢复对"天"的神圣信仰。对天的信仰是中华传统，并且有世界意义。在这里必须讲明白，这个"天"就是生我养我并使我们人类存在和进化发展的大自然，宇宙自然，它包含了宇宙自然和地球自然丰富和宏大的全部。这个"大自然"是科学所认识和理解的物质本体、宇宙虚空。这就是天，不再是传统文化所秉持的"神性自然"或"被神化了的自然"。人类必须对大自然、对天有敬畏、有服从、有和谐。人类对大自然的敬畏和服从是无条件的。现当代人类的生存危机、环境危机、能源危机等已经说明了这一点。在这个基础上，"人与自然和谐"、"人参赞自然造化"即有限度、有条件地利用自然、创造文化，就成为"天人关系"的基本行为理念。当今世界最重要的事项，就是调整好人类与大自然的相互关系。这种"天人关系"调整的重要思想和文化基础，就是建立人类对天的神圣信仰，也就是人类对大自然的科学信仰。没有这个信仰，这种调整就不可能真正做到。当今世界最要紧的第二个事项，就是人类社会中文化关系的调整，它首先是东西方文化关系的调整。没有这种人文关系的调整，"天人关系"的调整就不能真正实现。它的基本方向，是东西方文化的融和互补，破除西方中心主义。要之，破除人类中心主义，要走"天人和谐"的道路;破除西方中心主义,要走东西方文化的"融合互补"之路;破除对神灵、物质的崇拜,要建立在科学基础上即对天对宇宙大自然的神圣信仰上。对天的坚定信仰,是人类根本的信仰,是科学主义与人文主义站到一起的坚实信仰。

二十五、中国文化知识体系的特点

中国文化的知识体系有浑然一体的特点,比如"文史哲"不分家,"儒学、伦理、政治"不分家,知识类型以"经、史、子、集"为要。不像西方那样把知识体系分门别类得很清楚,比如哲学、物理、数学、诗学、天文学、地理学、化学等,每门学科都有自己确定的研究对象。中国文化的研究对象有综合性的特点,似乎以天学和人学为要目,以"天人关系"为纲领。也就是讲,天地与人是两大研究对象,但更重要的是研究"天人"之间的关系,尤其以"万物一体"、"天人合一"为基本方向理解天和人,指导人的行为和促进社会发展。

二十六、中国的学术思想何以走向心学

这可能要追究到孔孟,特别是孟子留下的思想遗产。如果说孔子的贡献在"以仁释礼",那么孟子的贡献是对孔子的新发展,他"以心释仁",不仅建立了"心本体"的学术思想,还为"仁"建立了人性的和心理的依据。《孟子·尽心上》:"君子所性,仁义礼智根于心。"《告子上》:"恻隐之心,仁也;羞恶之心,义也;恭敬之心,礼也;是非之心,智也。非由外铄我也,我固有之也。"《告子上》:"仁,人心也。"《公孙丑上》提出"四端说"。四心说、四端说,都认定仁义礼智以心为根本和发端,并且道德的学问和实践在于"返求诸己"、"反身而诚",是向内求而不是向外。这就是所谓的"内圣之学"。可以这样说,内圣之学,一切向自己的心中求索,向自身的心中自明。孟子告诉人们,人性在先天上是善良的,心灵从来就是道德的,所谓良知、良能。因此,学术的宏旨就是"收求善心,光复本性"——建立道德人格。孟子把中国的思想和学术导向了"心的人性建设",走向了心学一路。孟子更有"万物皆备于我"(《尽心上》)的经典名言。学术、思想"向我"、"向心",不是向物、向外。由此可见,中国文化——尤其以儒道释为代表的主流文化,有着强烈的主观性特征,也就是心学特征。这种"主观性的文化走向",是中国古代科学不昌的一个重要原因。中国并没有欧洲意义上的科学。科学除了技术上的发明建树,更重要的是科学之基础理论的思维建树和学科化、系统化。中国不乏技术发明创造,但缺少思想理论和学科的建树。儒学如果要在新时代重建,就必须破除心学的局限与荒谬,吸收现代科学的营养,在思维和观念上彻底革新,对糟粕彻底扫除。如果它仍然适应不了时代的需要和发展,那只有予以否定。当然,儒学中也有许多好东西,还是要继承和发扬的。我更愿意提"中国文化精神的改革和再造"。

第二节　中国文化思维的特点

一、中国文化思维的特点

其特点不在于长篇大论,而在于取其要点,以形象、简约的语言直击关键,所谓"要言不烦"。这种要点的语言表达,一般不采取西方式的概念定义的论证表述方式,其表达特点是"形象"的"意会",相当简要,往往以比喻的方式类比类推,让你去体认、领会。事实上有很多东西,用概念解释不清、定义不了,怎么讲都不能讲清楚。中国人的表达智慧是用形象、比喻、意会,让你自己从形象或比喻中体会出来,比如什么是柔?以水喻柔,有大柔莫过于水。知道了水的特性特质就知道了什么叫柔。又如何谓善?老子就说"上善若水",善的品质就是水的特质。古人有"立象以尽言"的指示。

形象、比喻加上意会,就是中国思维特点之一,是形象言说和读者意会的辩证结合,善于体会是解读的重要素质。特点之二是观察事物或看问题的视野不是一个点而是一个面,一个整体性的多层次、多方面观察。比如在绘画上,不像西方习惯于从某一点出发的透视,即定点透视法。中国人习惯的是一个面的整体观察,有近、中、远多个层次所总成,即中国画的观察面由近景、中景、远景构成一个富有层次感的完整画面,在远景的观察上又由平远、深远、高远三种层次构成。有人解释为散点透视,不对。确切地讲是面的整体透视,辩证结合了所谓的"仰观俯察,近取诸身",其景观画面不合于西方的透视学原理,却合于中国人观察事物的文化心理,即以大观小、以面观点、以整体和多方位的视野观察事物和理解事物。这个可以概括为多方位的整体概观,善于从大局和整体掌握事物或问题,在画理上,这叫作有开有合、有实有虚、有显有隐。特点之三,中国思维也是一种注意动态变化的思维和表达方式,在绘画上表现为多方位、多层次的动态观察和表现。

中国思维特征之一义是形象,比喻、意会,其相应的思维范畴是物象、喻象、意象、意境;特征之二义是全方位的整体概观,相应的分析范畴就是开合、虚实、显隐;特征之三义是对动态变化的掌握;中国思维特征之四义是二分辩证，不像西方思维习惯见一是一、见二就是二，分得很清楚，不能理解一中有二、二中有一的道理。中国思维十分辩证，一分为二，二又涵一，一包含着二，二也包含着一，其中有十分辩证的分合与互依、相反又相依共成的道理。所以，其思维特征相应的分析范畴是正反、生克、分合。

二、中国文化的辩证思维

中国文化还具有以阴阳对立运动转化为核心的辩证思维特征，认为世界由具有对偶性的一系列对立事物构成并在运动中相依赖、转化、消长。这种阴阳合体的存在既可以"作一个看"即对立双方互有消长的状态，也可以"分两个看"即事分两仪。这种朴素辩证思维既是中国人的思维方式，也是观照世界和理解世界的基本方法。辩证思维方式的逻辑性就体现在对立面的互相依存、转化、平衡。

不仅如此，中国文化的思维性格还有明显的伦理性倾向，这种伦理性体现在自然之道，也就是宋明理学所谓的"万物之理"。

三、中国艺术的民族思维特征

林木在其著作《笔墨论》中认为，中国文艺的民族思维特征有两个层次，即情感表现核心（缘情言志）和意象思维（立象尽言）。（《笔墨论》，第18—19页）以情感表现为出发点的意象思维是中国文化的思维特征。宗白华先生说，"因心造境"这四个字，是整个中国绘画的精粹所在。这种意象思维的特征，糅合了内在情感体验和外在形象创造，构成了中国艺术思维的总体倾向。

中国民族性格的意象思维还具有象征性即内在情感、思想、观念、精神的符号化特征。因此，中国绘画有明显的象征倾向，即便是写实也具有这个特点，写实并非主要的中国艺术倾向。

四、中国文化思维特点的一个总结

现在可以作一初步的总结。中国文化的思维特点，第一是具有情感倾向，情感是一个出发点。第二是具有伦理倾向，其实质是类比或类推的思维倾向，又可具体为"比德"的心理倾向。第三是具有意象思维和辩证思维的特征。中国文化具有情感的、伦理的、意象的、类比的、辩证的思维精神。在思维观点上认为"天地人神"是一统的世界。（即所谓"天人合一"、"万物一体"，但这个说明过于简略。自然、世界具有神圣或神性的特征，这是古代人对世界、对自然非常重要的一种普遍的认识和理解，也是自然、世界构成的一个来自于人而又以非人的客观精神面目出现的一个要素，人也不能脱离这个宗教性要素去观看和理解自然与世界。）"天人合一"、"万物一体"的世界观念也决定了中国文化对世界的思维把握是整体的、综合的，一如绘画中所谓"三远"代表的"散点透视"那种有广度、深度与远近的仰观俯察，那种自然与人文、景象与心灵的浑然交融。

情感、伦理、意象、类比辩证和"天人合一"、"万物一体"这六大要素构成了中国民族文化思维的重要特征。这种思维观点和思维方式，就具有艺术气质和神学倾向，它的关注点也倾向于社会人生而非自然的客观内容和功能效用。

五、形象把握

中国文化对事物的把握方式无疑是"取象"，即形象的把握方式。但这里要区别"形象把握"的特征。一种形象把握的特征，是着眼于事物形象的结构特征。把握事物的具体结构特征，是中国传统文化的主要倾向。另一种则是对事物形象的模拟，所谓"照相式"的形象把握，这不是中国文化的主要倾向。所谓不取"形似"，专取"神似"，就是赞成第一种着重形象结构所传导的神韵。在《周易·系辞下》那段有名的话中，仰观俯察、近取远观的"观物取象"，就是从事物形象的结构性及其象征性着眼的，重视事物形象中的"理"和"法"。

六、悟性的形象思维

中国传统思维应是形象的悟性思维。中国形象思维建立在感悟和类比的基础上，对事物不是问"是什么"（问"是什么"必然引向概念思维），因此不指向概念普遍必然的客观性，而是问"是何意"，指向事物的思想理解、价值表达、意义追问、情感体现、自由联想乃至本质直观。可以说，中国传统思维是形象思维，其性质是悟性的、意义的思维，是价值的、诗性的思维，是类比的思维，是表意明理的思维。理性思维在于建立概念，以概念的规定或定义来反映普遍必然的东西。悟性思维在于建立意象，以意象的生动显现来明心见义、明理见性，在特殊中见出一般意义或普遍义理。

此外，中国传统思维具有两极倾向：一是情感色彩，是悟性思维的"有我之境"；二是义理色彩，即无我之境。因此，中国传统思维，除了感悟的特点、形象的特点，还有"情思"——在情感状态下思维和"理知"——在理智状态下思维的特点。情思和理知体现了中国悟性思维的开放性和灵活性、兼容性。

理性思维的一个特点是"问题思维"，即从怀疑的、批判的立场，从问题出发开始自己的思考并寻求真实答案。中国传统的悟性思维则是"意义思维"，其方式主要不是概念表达，而是"立象以尽意"，因此"意象"是一个十分重要的概念和环节。

此外，中国传统的悟性思维具有"神思"的性质，它不仅建立在感悟、体验、想象的基础上，还建立在万物有灵、天人合一、阴阳律变的文化基础上，以思维的灵性去追踪和参化自然的奇妙。

中国传统的悟性思维是描述性的，非思辨的。

暂时可以肯定的是，比较西方理性的概念思维，中国传统思维可以定义为"悟性的意象思维"，老庄之道学思维和佛家之禅学思维都强烈体现了悟性思维特点，而且中国诗文写作也倾向于感悟、表意，在感悟之上起兴或比类。悟性思维不仅体现在老庄的哲学思考、孔孟的伦理政治思考，还体现在文学艺术，体现在佛道宗教，以及渗透在中医、养生、饮食等文化形态。"觉悟"是中国文化的重要概念和思想指向，具有很重要的哲学价值、文艺价值和人生价值。总之，形象的悟性思维渗透或者贯穿在中国文化与社会生活各个领域。

第二个可以肯定的是中国形象的悟性思维，是意象思维、意义思维、价值思维，也就是灵性思维、辩证思维、整体思维。

第三，中国传统的形象悟性思维也是一种深刻的文化思维。也就是说，形象的悟性思维方式与中国文化固有的世界观、人生观是紧密联系在一起的,和中国艺术文化传统联系在一起。也就是说,形象的悟性思维是全方位的、全领域的。

中国社科院王树人先生把中国传统思维叫作"象思维",有许多思想启发,但不是很切合。我以为,第一,应把中国传统思维定义为"悟性思维"。第二,同时因悟性思维的形象特点,也可以定义为"形象思维",就像西方传统思维首先定义为"理性思维",然后再是"概念思维",乃至"逻辑思维"等。在这里,中国传统思维是悟性思维,也是(次定义)形象思维、情感思维。中国悟性思维的出发点,是经验的但更是体验的、是知性的但更是情感的、是灵性的但更是理知的。还有,中国传统的形象的悟性思维,与中国文化的世界观、人生观紧密地结合在一起,互为表里。

七、情感性意象思维与中国绘画

林木在他的《笔墨论》中认为,中国民族的以情感为出发点的意象思维,在中国绘画中表现出抽象性、象征性、符号性、虚拟性的程式化特点。中国画的抽象性、象征性、符号性、虚拟性又必然导致其程式化倾向。(第19—22页)由于上述特点,中国绘画又有超现实性特征和装饰性特征,以及综合性特征。(第24页)综合性特征的通常形式是物象的超时空超现实的自由组合,最典型的现象则是文人画中的诗、书、画、印的组合。孔子的伦理哲学也有一种从情感出发的理性思维,即所谓"情理主义"的特征。

八、觉解的境界和超越

冯友兰认为人禽之分不仅是人有仁义道德,还在于人的觉解。觉解的程度决定了人的四个不同境界,即自然境界(顺才顺习)、功利境界(求利)、道德境界(行义)、天地境界(反观于心)。后一境界是对前一境界的超越。天地境界是现实人生的最高境界。

这种有觉解支持下的境界和超越,是在现实之中、现时之内、人世之内,并且也是一个由凡人到圣人的过程,天地境界是圣人所达到的境界。因此,冯友兰先生所讲的在觉解中的超越是现实和现时的,不在人世之外。它和宗教超越不同,宗教超越指向现实之外、人世之外,把人引向神。冯友兰的超越论在现实和人世中把人引向圣人。

在天地境界中,有着义利皆忘,既是无我也是有我(宇宙主宰之我),以及万物一体的特点。因此这种"天地境界"乃是生命的最高境界,也是最具有哲学意义的生命境界。

冯友兰先生把"天地境界"分为由低到高的四个层次,即知天、事天、乐天、同天。同天的境界不仅觉解到人是大全的一部分,还与大全为一。同天境界不仅"与天地参",还"与天地一"。

"天人合一"也是"万物一体"。邵雍的"观物之乐"、"物观",以我融于物,物也是我。天地境界、天人合一中的我是大我,即作为主宰的我。万物一体、天人合一不仅具有认识论意义,还是一种神秘体验的修养方法。

由冯友兰的分析可以看到这样两点,第一,所谓"觉解"即是"悟性"的另一个说法;第二,"天地境界"以及它的四个层次,反映了中国文化对"天"的深刻信仰,体现了中国文化以"天"为根本信仰的特征。

九、常见常用的类比

中国文化常用的思维方式是类比,又称类推。类比是以两个或两个以上因素之间具有相同或相似属性为基础,从一已知对象推知另一对象而获得知识的推理思维。类比又称类推思维,有以下性质:其一,类比是一种推理;其二,从已知推求未知;其三,类推以事物之间存在着相同性或相似性为基础;其四,类比的推理结果是或然性的,是"可能是"、"也许是"的结论。类推有定量类推和定性类推两种。类推过程分先导事件(已知)和评价对象(未知)两个方面,评价对象和先导事件之间的联系越具有本质性、必然性或者数量性,它们之间的联系越可靠,概率更大。

十、"不完全的理性化"

中国文化的"不完全理性化"是从周公"制礼作乐"开始的,也就是对原始巫祝文化的"不完全理性化"的改造,形成了中国文化的"巫史传统",这种理性化改造保存了巫祝文化中大量神秘感性经验,进而形成了核心文化的

"儒道互补"。周公在巫祝文化的基础上形成了礼乐制度文化,孔子则在周公礼乐制度的基础上,以仁为理论基础形成了更具实践理性特征的儒家文化。儒和道两教,构成了中国文化的两个基本维度,并形成了中国文化心理的基本结构。

这表明,儒道来源于"巫史传统",受到它的深刻影响,呈现出信仰、情感、理性的融合性。

"巫史传统"被理解为"巫祝文化"的"不完全理性化",周公"制礼作乐"即其开端,被视为"上古思想史的最大秘密"。巫史传统由"巫君合一"、"政教合一"、"天人合一"走向不完全理性化的途径。巫的文化特征在中国文化中一直被传承下来,是了解中国文化特质的一个重要因素。在"巫史传统"中,巫的特点由于取得了不完全理性化形式而被保留、传承。

就儒而言,由"巫史传统"走向了"伦理化"的实践理性之途,把巫祝仪式变为礼制仪式,挖掘了其中的伦理道德的社会秩序因素,挖掘了其中情感体验和神圣信仰的心理因素,把对天的信仰、对仁的主张、对礼的重视、对乐的辅助结合为一个系统。儒文化也可称为"礼乐文化",其要义是敬天、伦理、制度、心性。所以,儒学有理性化和神秘化、伦理化和宗教化、情感化和智慧化、经验化和超验化、形而下又形而上的统合特点。儒的追求是"道",旗号是"仁","仁"就是"道"的体现。所谓"朝闻道,夕死可矣",也就是"天地之道"所支配的"为人之道",即"仁道",其方法可称为"仁术",一种以伦理道德治理人和社会的思想学说和政治方法。以"仁学"为核心,构建了"天、地、君、亲、师"的道德信仰体系。仁的内容,主要是孝、悌,推导为忠、义,其基本义是爱人、恻隐、不忍,和天人一、物我一。

十一、打上引号的理性

我们时常赞美理性,甚至以为理性代表了真理或者"道"。宋明理学之"存天理,灭人欲"就是一种典型的理性崇拜。它在中国文化和社会中,扮演着"与天合道"、"与天合德"的理性角色,是人的一种社会理性——人的社会存在的道德理性,也可称为社会的人文理性。这种人文的道德理性统治了中国的思想文化及其社会两千多年,最终被五四运动打倒,作为封建禁锢被批判、否定。礼教是一种很奇怪的东西，是宗教化了的人文理性，宗教信仰和理性规范互相结合，被当作以天为根据而神圣的道。有人称礼学或道学为"理性文化"，我觉得其实质是宗教性的，然而很多人漠视了它的宗教性这一面。这种理性是必须打上引号的。

对汉唐以来到北宋初期的这种对"理性文化"之冲击，就来自于"文人和市民"所谓的"文化转型"，即所谓的"思想文化的近代性转变"。从文艺和美学来看，就是"从情到欲"、"从雅到俗"的转变，人们表现出向自然人性、向个体存在、向感性欲望、向平民意识、向市民生活转变的文化趋向，向封建的传统礼教挑战。这是一种破坏性的文化力量，它代表了自然人性、个体生存、感性情欲、日常生活和市民阶层。这种"非理性的文化"，使得明代文化艺术等异彩纷呈，与后来的清代很不一样。由此可见，在思想文化中，一向存在着社会与个体、理性与感性、规范与破坏等的矛盾冲突。同时也说明，理性未必代表着真理，当它成为人的一种思想禁锢，并且妨碍了社会与文化的进步，它将被更高的人生原则所改变甚至抛弃。

从上面的分析可知，"由情及理"是一个合理性的人生原则。当初孔子原教旨的主义，本身就是"由情及理"的产物，是典型的"情理主义"的思维和文化。他把血缘亲情中的"亲亲"、"孝悌"等自然人性演绎为"天理"、"人道"，并且以生命个体为一个起点，主张"推己及人"的心灵放大、道德放大，上升为一种社会正义。历史转到了宋明，似乎是承继孔子原旨起点的复归。我们对宋明的"文化转型"，还应注意到中国文化之"由情及理"的文化理路。

第三节　中国文化的基点：对"天"的神圣信仰

一、对"天"的自然信仰

中国没有西方社会那种深刻的宗教信念，但有十分强烈的自然信仰，它以对"天"的崇拜和敬畏、对"天"的根本性及权威的信仰来体现。不仅如此，对自然的信仰和理解还以阴阳五行学说贯彻于社会文化和日常生活，浸透在古代中国人的民族思维中，形成独特的思维方式。这一古老的思维方式直到西方科学文化传入中国并被接受以后才有改变，它以五四运动为标志。

可以看到，自然信仰以及"天人合一"的观念、"阴阳五行"的学说、"二元辩证"的关联思维、以"天德天性"为根据的儒家伦理政治学说、以"虚静无为"为根据的道家学说等，构成了古代中国的价值系统、信仰系统、文化系统和思维方式。

如果说上帝主宰了西方文化世界，那么，自然主宰了中国文化和东方世界。这是一个带有根本性的区别，并决定了不同的历史文化走向。但是，这个"自然"是"神化了的自然"，是"神圣自然"。

二、"因以自然"

《易·乾》："夫大人者，与天地合其德，与日月共其明，与四时合其序，与鬼神合其凶吉。先天而天弗违，后天而奉天时。"

《横渠易说·说卦》（《张载集》）："易一物而三才备，阴阳气也，而谓之天；刚柔质也，而谓之地；仁义德也，而谓之人。"又说："易一物而合三才，天地人一，阴阳其气，刚柔其形，仁义其性。"

三、天地生于自然

阮籍《达庄论》，把庄子所讲的"万物皆一"改称为"万物一体"："天地生于自然，万物生于天地。自然者无外，故天地名焉；天地者有内，故万物生焉。当其无外，谁谓异乎？当其有内，谁谓殊乎？……自其异者视之，则肝胆楚越也；自其同者视之，则万物一体也。"（《阮籍集校注》，陈伯君校注，中华书局1987年版，第138—139页）阮籍承接了老庄的自然主义思想，认为宇宙万物同出一体，并不是从某一事物或现象生发出来的，体现了一种形上致思的倾向。这一体同出的就是自然。自然——天地——万物。所谓一体万化，殊相归一。

四、"天"的神学信仰

从中国文化的整体看，其根本的文化核心是对天的信仰。对天的信仰支撑了整个中国文化。儒家的仁学即以天为根本的理论依据，天是孔子道德学说的重要思想来源。董仲舒认为"天人同类"，因此"相类相通，互相感应"。天能干预人事，人也能感应上天。他据此认为天降灾祸福瑞等来警示或嘉奖人们。这是"灾异述天道"的思想，令人敬畏天地，有志于道德（道之正德、正义）。天在这基础上发展出"帝有五德"的说法，认为天即上帝是仁德的神，帝谓五德之帝，即太微五神，对应于五行的思想，有木神仁、金神义、火神礼、水神智、土神信的说法。这反映了儒学之教具有宗教信仰的意义。这充分证明，对天的信仰以及天的本体，是孔孟儒学的"立地之基"。

五、"天"作为中国文化哲学范畴

成中英先生《论中西哲学精神》一书中认为，中国哲学有四对哲学范畴最为根本，即天、道，性、命，理、气，心、性。它们构成中国哲学的核心命题和思想特色。其中关于"天"作为中国文化之哲学范畴的分析很有启发。我认为，中国文化以对"天"的根本信仰为特征和精神支柱，这反映在哲学上，"天"成为极为古老和极为根本的哲学范畴，从"天"的概念引申出很广泛、深刻的相关内容，具有"母体"的性质。比如，从"天"的概念产生了天与道、天与性、天与命、天与理、天与气、天与人、天与地等等广泛关系的哲学命题。天与道、天与气的问题又引出了天与阴阳和五行的论题，形成中国哲学的宇宙论解释和人生论分析。

第一，天是中国哲学最古老的哲学范畴，首见于甲骨文及《诗》、《书》等文献。

第二，天是商周时代人们心目中所肯定的至高无上的神。商周时代已经产生了"天命"观，即人的福祸、寿夭、得失、吉凶、成败等命运是"天"决定的、给予的，统治臣民的政治权力也是天授予的，"天"具有意志和人格特征，所以要敬畏、服从、礼祀天，不能冒犯和违背天。人们由此形成一种观念，"一切皆根源于天"、"一切皆从天来"。这种哲学根本范畴的确立，完全建基于人们对"天"的神圣信仰。对"天"的信仰确定了"天"作为哲学基本范畴的崇高地位。天在信仰中有多崇高的地位，在哲学范畴体系中也有同样的至高地位。我们要了解中国哲学范畴背后的信仰文化和神学根据。伴随着"天"的神学概念的是关于"天命"的观念。由"天"而"天命"，可以看到人们对于"天人"关系的关切和理解。"天命"观基于"天人关系"的理解而产生，它建立了以"天"为根本信仰并"服从于天"的思想观念和行为规则。

第三，对"天"的神学信仰和文化理解产生了"天命"观，"天命"也是"天人关系"的初始理解。在"天人关系"的思想中，有"天命"和"感应"等思想发展。孔子的"天命论"、孟子的"天人心性论"、董仲舒的"天人感应论"最有影响。

第四，在中国哲学中，"天"具有形上本体论和形下宇宙论的深刻含义。我补充一点，"天"还有神学论的神圣含义，即在观念上具有意志的人格化神性主宰，是一切的根据和根本。对"天"的解读，形上的本体论意义、形下的宇宙论意义、精神信仰的神学意义，三位一体的结合可能比较合理，可以反映古人对"天"的基本认识和思想观念。

第五，"与天合德"、"以德敬天"。这是我要补充的另一点。古人坚信天对人事的主宰和决定性，也从"天"的自然运行和表现中感受到它的种种"德行"，因此"德行"成为天的重要品质，成为人类道德学习的榜样，成为人类道德的来源和根据，老子就有"不言之教"的说法。"天的道德即人的法则"，所谓"法天"、"则天"。人们也认为，敬从于天的最好行动，就是"以德敬天"，"以德配天"，用自己的道德行为来感动"天"，使"天"因德而施惠降吉。最大的虔诚和最好的礼仪就是"立德向善"。由此，人类道德就获得了"天"的根据，在理论上得到"天学"支持。在中国文化的研究中，不能忽视"天"在道德建设中的重要作用。

第六，成中英指出，中国哲学关于"天"的观念有一个从"天命"观转向"天道"观以及"道"的观念之变化。他认为，这是"天"的"非意志人格化"，"天"的观念从"意志人格化神"转向"非意志人格化"的"天道"观念。我感到，以"天命"观论天和以"天道"观论天，实际上始终没有否定"天"的神性，没有否认"天"具有意识、意志和主体性生命活力，也没有真正肯定"天"的物理客观性意义，同样也没有否定"命由天定"的观念。这种变化表明，随着人们理性程度的提升，更加注意"天"在自然现象中所表现的规律性及其可能性和或然性，即"道"的那一面。以道释天是一种理性进步。结合阴阳五行理论，人们更倾向于用阴阳变化及其辩证法则来解释天，从以"道"释天再进入以"理"释天。以道论解释或者说明天的神性，成为更理性化的思想倾向。孔子谈论"天"、"神"不多，但从没有否认天有意志和知觉，没有否认神的存在以及"天"有神性和决定性，从没有忽视自己思想理论的天学根据。我们说，"天"的观念，确实有一个从"天命观"到"天道观"解释的变化。相对地，"天命"具有明显的神学意义，而"天道"具有明显的理性思维特征。人的思维由直觉、情感逐渐走向抽象、理性，从"天命"到"天道"、"天理"的解释，则反映了这种思维方式的进步。

第七，随着人类理性的萌芽，天成为人的存在之形上根源。"天"不仅是人的存在之形上根源，也是一切存在之形上根据，这是"天"作为中国哲学"最高范畴"的根本原因。"天"的哲学范畴之文化根源，就是中国古人对"天"的宗教性神圣信仰。

第八，成中英认为，天的概念在思想发展中有一个道化的过程，即以"道"释"天"，道上升为本体论和宇宙论的根本范畴。由此，"道"可视为"天"的派生范畴，这一点体现在老子关于"道"的思想学说上，这个发展"具有革命性"。在后世的哲学思想中，更多地使用"道"的概念。而且，道的概念又与阴阳学说、五行学说紧紧联系在一起，"道"充满了阴阳辩证法，充满了阴阳对立、变化、统一的原理。

我完全赞成"天"是中国哲学之最高范畴的见解。"天"具有真正的元范畴的性质，在中国哲学范畴体系中处在顶端的崇高地位，一如"天"之于世界万物。这个见解有充分的中国文化的信仰依据。在文化上，以"天"为最根本的信仰，在哲学上则以"天"为最根本的哲学范畴。仅次于"天"的就是"道"的哲学范畴。这构成了中国哲学的文化特色。

六、道之大原出于天

《汉书·董仲舒传》中说："道之大原出于天，天不变，道亦不变。"这是中国文化及其哲学观念中的"至理名言"。第一，在天与道的关系上，道以天为根本。这印证了"天"高于"道"的范畴。可以肯定，"天"是中国文化和中国哲学的元范畴、最高范畴。这个情况很好地反映了对"天"的信仰是中国文化的根本特征。第二，循着"天是道的本原"之理，天不变道亦不变，反之则是"天变,道亦变化"。天是决定性的。这里讲的"道",指"人文之道"、"人伦之道"。准确地讲,天道变了,人道也要跟着改变。孔子的学说是"法天道,立人道"。这一点要看清楚。第三,"道"也指天下的大势,世界的大趋向,也叫作"世界潮流"。孙中山有一句名言:"世界潮流,浩浩荡荡,顺之者昌,逆之者亡。"20世纪的大势是"战争与革命",21世纪的"天"变了,其大势是"和平与发展"。中国奉行的就是"和平、发展、合作、共赢"的国际战略,符合天下大势,应对正确(吴建明语)。

七、以"天"为根本和信仰的仁

孔孟认为仁来自于天,而天本身具有德行,所谓"皇天无亲,惟德是辅"。《孟子·公孙丑上》说"夫仁,天之尊爵也"。仁是天最尊贵的德行。人的重要行为就是"以德配天"。

当孟子把仁推向天,以天的权威和神圣来证明仁的庄严和无可置疑,这就把仁引向了信仰的领域。借助于信仰的力量来说服人、推行仁,是一个办法。

这样仁的思想推行有三大推力,第一是理论力量,即关于仁的思想和人性论根据。第二是政治力量,即"仁政"的践行。第三是信仰力量,即借助对天和天命的信仰。仁的来源是天的德行,仁具有以天性、天道、天德为根据的合理性及合法性。

这告诉我们,一种社会价值精神的建立与推行,要有思想理论力量,要有人生的信仰力量,要有实现的政治力量。这里面信仰的作用相当重要。中国人敬畏遵从的是天,是大自然。西方人敬畏遵从的是神、上帝。因此借助信仰的力量(天或神)是必要的,因为人敬天畏神是本性本能,是人内心根深蒂固的生存意识。就我们而言,我们应有的信仰是真理的信仰、主义的信仰。我们的信仰不简单是"社会主义",而是"只有社会主义才能救中国"这句话。这句话中的"社会主义"包括了"自由、平等、公正、民主、民生、富民、人权"的基本理念,也包括了"仁爱"的理念。这句话有两层含义:第一是信仰社会主义并追随社会主义伟大事业;第二是拯救中国、民族振兴的正确途径是实现社会主义革命、建设和改革。这一信仰扎根于人心,才是最重要的核心价值。

一种思想理念如果没有达到信仰的层次,很难成为核心的价值支持。

八、把对"天"的信仰植入仁的解释

仁的来源是什么? 孟子认为,人的道德来源于天。"夫仁,天之尊爵也"(《公孙丑上》),"仁义忠信,乐善不倦,此天爵也"(《告子上》)。这两句话表明,仁这一核心价值与天具有必然关系。一方面,这个讲仁得之于天的论说,为仁学提供了形上的宇宙论根据,另一方面,把对天的信仰植入了对仁的解释,从而使得仁具有了信仰的支持,因此仁学也具有了宗教性。

九、信仰的哲学渗透

中国哲学无限视域下的终极本体,可用一与多、虚与实、静与动、无与有等相对的概念来描述,那终极本体具有一、虚、无、静的性质。终极本体对中国文化有重要意义,所谓至真、至理、至诚、至朴的那种存在,有"返璞归真"、"体悟大化"的人生意义。简单讲,中国文化,特别是哲学,着眼于事物的本根、太一,着眼于变易、大化。老子主张"致虚极","守静笃"。张载认为静缘于虚,太虚才是元始之气。

中国哲学对终极本体的体认,其思路是非逻辑的感悟直觉、象征意会、类比推论,但更主要的是建立在信仰和信念上面的,相信无限性这样一种终极的本体的存在,并且这种无限的终极本体支配着世间的一切。由于这种信仰和信念可以"不证自明",可以略去疑问和逻辑求证。这种思想来源于对"天"的神圣信仰的哲学渗透。虚实之论可以看作天人之论的一种哲学理解。

在中国传统哲学中,终极视域的本体,或称终极本体,不是"无",而是"太虚"、"虚极"。无也是一种存在形态,一种无现定性的存在。在有限性世界中,有和无是相对的、不可分割的。在无限性或终极世界中,"有无"、"虚实"、"名实"之辨是不存在的。

十、儒学"与天合德"的宗教意蕴

中国文化是以天为信仰的文化,可称"敬天文化"。从易经看就是如此。易经是典型的敬天文化,成就了以天为最高信仰的一种文化模式。儒学文化的根本精神,就是一种"与天合德"的宗教精神。它讲超越,要求放弃一己之私,以他人为道德价值,以利他为要义,正是以人事之道模拟天地之道,即以天地之道德为人文楷模。天有生生之德,化生万物却不自恃,从不自美。儒学文化深深浸透了"天命论"。孔子讲五十而知天命。孟子就讲尽心而知性、知性而知天的道和德。孔子为什么特别重视和提倡人的"仁德"? 因为仁这种德充分体现在天地的身上,是不言之教,所以人有仁德正是与天合德的一种体现,况且仁这种善性本来就是人的天然之性,是上天本来就注定给人的。孟子以此明确提出"性善论"。

从宗教角度看,讲性善是清洗人性的一个重要由头。凡是宗教,基本上无不讲人性本善或者归真于善,而上帝则是大善,是善的本真。儒学正是秉持人本是善良的说教,指出由善的修行可以成贤成圣的道路,是仁心君子。有仁心只是起步,成贤、成圣才是两个更高级阶段,而这两个阶段的标志,就是"兼爱天下"和"兼善天下",从"齐家"上升到"治国",再上升为"平天下",就是由个体的修身成德到经世救世惠及众生的非凡。因此,儒学作为一种宗教是入世的,在当下救赎、利及众生。这条路线,完全可以用格物、致知、诚意、修身、正心、齐家、治国、平天下来描述。可以看到,儒学的超越,是一个由人性的善发端,放下一己之私欲,首先从最亲密的人即父母兄弟开始实践利他的道德超越,再从血缘家庭向非亲缘的他人迈进,以推己及人、向外推拓的恕道壮大仁德,那就是所谓的"仁者爱人"、"泛爱众",这种立足实际的超越之境界和胸怀更为广大。可见,康有为、陈焕章要立儒教为国教有相当的道理。儒学之教是与天合德、修身成德之教,它包含了这种伟大的人格理想和政治理想、社会理想,在社会和人生中实现这种理想。

有一句话讲得很对,儒学弘扬和追求的是人的德行生命。和古希腊文化追求人的理性生命不同,儒学如果是一种宗教,那它造就的是一种"与天合德"的德行生命。儒家文化的慧命就在这里。

十一、"天人合一"的含义

天人合一，即人心与天理的合一、人性与天道的合一，不仅仅是人与自然的结合。

十二、圣者知天

圣者知天，智者明事，德者制欲，谦者让人。仁乃天道，所以圣仁为第一等的仁，所以圣者知天。知天命即为知道并且得道。知道了道是怎么一回事然后就懂得了人该怎样去做人做事，这应当是中国文化比较中心的问题。当然，"道"也是中国哲学的最高范畴，"得道"是其宗旨。有人认为"天"是中国哲学的最高范畴。但我认为，"天"是中国文化的最高范畴，"道"则是中国哲学的最高范畴。

十三、孔孟论天

《论语·八佾》："天下无道也久矣，天将以夫子为木铎。"孔子替天代言醒世。

《论语·泰伯》："巍巍乎唯天为大，唯尧则之。"一切都是由天主宰，天是压倒一切的那种伟大。人要以天为则。

《论语·季氏》："君子有三畏：畏天命，畏大人，畏圣人之言。"

《孟子·万章上》："天不言，以行与事示之而已矣。"天何言哉？天的行为和事件就是天的意志和言说。天所显示的行与事，就是"天意"、"天心"、"天道"。

《孟子·离娄上》："顺天者存，逆天者亡。"

《孟子·尽心上》："尽其心者，知其性也。尽其性，则知天矣。存其心，养其性，所以事天也。夭寿不贰，修身以俟之，所以立命矣。"尽心知性可以达到对天的认识，向内向心的自省。单凭这一句话，就否定了向外界外物求真的认识路线。

十四、荀子《天论》

（1）"天行有常，不为尧存，不为桀亡。应之以治则吉，应之以乱则凶。"这是《天论》开篇第一、二句。天的运行变化是永恒的，并不因人事的变化而变化。荀子由此认为，天的运行变化不受人的影响，它的运行是独立自主的。在天人之间，天是自足自动的，以日月、星辰、风雨、雷电、水火等呈现有节律的变化，支配着人的生存环境，昭示着天的威严和主宰。人对于天而言是处在应对的地位，天人关系即主宰与应对的关系。荀子认为，人对天的应对有两种行为，一是治，即顺应天的变化而采取相应的恰当措施；二是乱，即悖反天的运行变化而采取的不当措施。因此，荀子的基本天学观念是"人要正确应对天的运行变化"，"天是主宰者，人是应对者"。他肯定的"治"即应天而行的人事举措，是"彊本而节用"、"养备而动时"、"修道而不贰"。

（2）"故明于天人之分，则可谓至人矣。""天人之分"是一个重要观点。荀子认为，自然（天）和人事有联系但有分别。这个分别，就是天是独立而行的主宰者，人是以自然为根据的应对者。人做了错事得到灾祸是不能怨天的。荀子认为，人可以根据自然的运行变化来制定应对的方法，吉凶福祸完全是人自己决定的，顺应则吉，悖乱则凶，因此人对自然变化采取正确的应对措施才是最有利的。荀子天人之说是很积极的。

在这里，道有二义。一是天行之道，即自然运行变化的常规常理。二是人应对之道，即根据自然运行变化采取的措施，即人为人事之道，并有治与乱两种效应不同的道术。

（3）关于"天"的性能。"天行有常"，不以人的意志而改变。天（自然）是主宰者，人是应对者，即"天人之分"。明白天人之分道理的人，叫作"至人"。

天职。"不为而成，不求而得，夫是之谓天职。"

天。"皆知其所以成，莫知其无形，夫是之谓天。"天具有神性，在无形之中见功成事。人"不与天争职"，圣人"不求知天"。

天情。"天职既立，天功既成，形具而神生。好恶、喜怒、哀乐臧焉，夫是之谓天情。"

天官。"耳目鼻口形能，各有接而不相能也，夫是之谓天官。"

天君。"心居中虚，以治五官，夫是之谓天君。"

从天君和天官的联系看，心是一种感性知觉的主宰者。心主宰着五种感觉。

天养。"财非其类，以养其类，夫是之谓天养。"

天政。"顺其类者谓之福，逆其类者谓之祸，夫是之谓天政。"天以对人类福祸的赏罚来行使它的政治政令。

天是人格化的神。

（4）能参。"天有其时，地有其财，人有其治，夫是之谓能参。"人不超越自己的本分去代行自然的职能，只要顺应天时地利并采取正确的应对措施，不把自己的意志和能力强加到自然上，这就叫"能参"。人的职能就是这种"能参"。

（5）"在人者莫明于礼义。"

（6）"故人之命在天，国之命在礼。君人者，隆礼，尊贤而王，重法、爱民而霸，好利、多诈而危，权谋、倾覆、幽险而尽亡矣。"

隆礼、尊贤为头等要事，重法、亲民为其后继。

（7）"大天而思之，孰与物畜而制之？从天而颂之，孰与制天命而用之？望时而待之，孰与应时而便之？因物而多之，孰与骋能而化之？思物而物之，孰与理物而勿失之也？愿与物之所以生，孰与有物所以成？故错人而思天，则失万物之情。"

这段话充分体现荀子循自然变化规律并尊重之，又主张发挥人的积极能功性"骋能而化之"的天人思想、以天为根据而积极有为的人生进取思想。反对消极观望，反对空想无为，反对敬颂盲从。主张"制天命"、"骋能而化之"，以人的创造能动性驾驭自然规律使之服务于人类。

在《天论》中，荀子在天人关系上，主张"大天"和"从天"，即人以天为大，以天为从。在《荀子》篇又讲，"君子大其心则敬天而道"。敬天、大天、从天，是人对天的基本态度和立场。

第四节　中国没有宗教?

一、中国没有宗教?

回答是否定的。中国的宗教是对自然的崇拜,即对天的信仰。天有意志、有意识,是主宰者、是创造者,是有生命的、有道德的神圣力量。人可以和天化为一体,可以辅助、参与天的创造,天为人间立德、立信、立法并赏善罚恶。这与西方宗教观念很不一样。

二、中国文化的宗教问题

对中国文化的"天地人神"世界观——或者说,中国人对世界的"主观关系"的把握问题,其实是从我对西湖文化及其美学的研究中逐渐明朗的。西湖景观文化的建构就和"天地人神"世界观、中国文化的神学性和宗教性有血肉联系,无法分开。西湖文化及其景观,呈现出一种广泛的关联性,即它与中国文化相关,与中国文化的宗教性相关,与佛道相关,与人们的社会生活相关,与人们的思想文化相关,等等。

我认为,现象的背后隐藏着的本质不是别的,而是事物之间的广泛的和特殊的关联性,也就是某一事物与其他各方面的多元多样的联系。这种广泛或特殊的联系,证明了它的存在和变化。对关联性的研究有助于对事物及问题的认识、理解。在事物的各种联系中,由于人的产生和介入,就多了一种人的关联性因素,人与其他事物的联系是很特殊的联系,其中就包括了人与世界的客观关系和人对世界把握的主观关系。人对世界的科学把握或宗教把握,就是典型的主观把握、主观关系。这种主观把握及其主观关系并不是人的错误,而是人类发展的必然,这个过程将伴随人类的始终,它在人类最初时期还是一种先进文化和生存优势,正是在这个基础上人类才能走向文明、走向理性。人类没有关于神的梦,就没有关于理性和科学的梦,人类的文化也会因此十分暗淡无光。

三、中国文化讲的是"生的宗教"

南怀瑾在《易经系传别讲》一书中说中国不是没宗教，中国文化讲的是"生的宗教"，和西方概念中讲"死的宗教"不一样。他指出，中国文化中生死没有什么区别，生如寄旅，死若归去，并且讲"生生不息"，讲"轮回"，讲"三生"（即前世、今生、来世）。古话中有"视死如归"、"三十年后又是一条好汉"。《周易·系辞》中有"原始反终，故知死生之说"，生是"原始"，死是"反终"，即回到起点就是终点。古人常有人生"飘蓬如寄旅"的感叹，就是由于这种"原始反终"、"生生不已"的观念。南怀瑾又说，中国人没有死的问题，他们关心的是生的问题；而西方人关切死的问题，因此要借助宗教去解决死的问题，让人们相信，洗脱罪恶、与人为善，人死后就上天堂享福去了。中国人认为，从最根本上讲，生来自天地，死则魂归自然，人的本根在天地自然，如何活着才是人生的问题。

四、梁漱溟的宗教定义

梁漱溟对宗教的基本定义是"出世"。因此他认为"周孔教化"不是宗教。"周孔教化"很世俗，很人文。他还据此认为中国文化不是宗教的，尤其是周孔以后才真正形成的中国文化亦是如此，儒文化占据主导地位，后来的许多宗教都认为自己与孔儒在精神上是一致的。梁先生说它们对孔儒之学的基本关系是"帮腔"。他指出，中国文化以周孔为代表性标志，分前三千年和后三千年。前三千年具有明显的宗教性，以祭天祀祖为要。后三千年，特别是后二千多年，祭天祀祖成为礼乐教化的一个部分，从周公制定礼乐制度到孔子创新礼乐教化，中国文化便走向了世俗、人文，它虽含有宗教因素但不是主体。

对于中国文化是否是宗教这个问题不能简单地以西方概念为标准。如果宗教的基本性质是出世的，那就过于简单了。孔子之教追求理想人格的升华，从贤人、君子到圣人，确实是"在世的"崇高者，但成贤、成圣都是"在世的菩萨"，和佛教"立地成佛"的悟道见性之理是一样的。出世是一种超然。那么成贤成圣也是一种对世俗的超越，他以圣贤指引世俗的方向。因此，

"出世"并非宗教的要义,比"出世"更准确的概括是"超越"。从这个意义上讲,宗教是对暂时、有限、相对等站在对面的永恒、无限和绝对的超越。还要说明的一点,"周孔教化"所信仰的是昊天和祖先,祭天祀祖即其基本的信仰仪礼。天和祖先具有神性。特别是"天",具有至高无上、主宰一切、化生万物的神圣性,无形不可见却无处不在。周孔教化以敬天祭祖为信仰力量,借天地祖先的信仰来推行他们的思想主张,即所谓"神道设教"。首先是"神道设教",然后才是在这个基础上进行的"人文设教",故有"法天道"、"立人道"的精要概括。这说明,孔学儒家有宗教性,只不过它的重点放在"人文设教"上面。

我的基本看法,是中国文化具有宗教性。以"天"为根本信仰的宗教乃是将中国文化一以贯之的东西。宗教的东西在孔子那里实现了一个转变,即"在世亦有用于世的人的道德超越"。孔子以天地祖先的名义、以道德教化的主张、以经世致用的方向、以大道周行的哲学,开创了"儒学之教"。儒学的教化,那里面有对天的坚定和神圣的信仰。

五、中国文化不是例外

在世界许多文化传统中,宗教是其文化精神的基础,其文化以宗教为中心即以神权为中心。欧洲文化就有一个从宗教到科学、从神权到人权、从信仰到理性的突破过程。宗教显然有一种似乎先天的强大统摄力,从统摄文化到统摄政治,即宗教文化和政教一体。梁漱溟和冯友兰都认为,中国文化是个例外,梁认为是由于"道德代宗教"之故,冯认为是"哲学代宗教"之故。梁先生还认为,中国文化有前三千年和后三千年之分,前三千年生成于宗教,以周孔为标志,后三千年生成于道德礼教,并且中国文化真正形成始于周孔,以儒家文化即孔孟思想学说为代表和主流。

我感到两位先生讲的都有道理,各成其说。但是中国文化的精神基础有着宗教的因素,这是个历史和文化的事实。中国人对于典型的宗教如道教、佛教、伊斯兰教、基督教的接受,说明中国人对超然的需求也是根深蒂固的,这种心灵超然、灵魂超越的人生需求是天然的、强烈的。不然,这些宗教何以在中国生根发芽并蔚为大观?其实,中国人本土的宗教信仰就体现在敬畏"天地祖先"，人生的一切都和天地祖先密切相关。中国文化的宗教主题，是对"天"的信仰。一部《周易》，就是一部关于"天"的"圣经"，它很好地解释了宇宙何来？万物何由？人从何来，向何去？人和天以及人和地是什么关系？人怎么在变化莫测的天地万事万物中把握自己的行动？等等。《易经》就是关于天的学问。孔子删定《周易》，就是说天、语神，创新了"天人"学说和"天命"思想。到董仲舒则有"天人合一"、"天人感应"的思想贡献，被上下各阶层所接受，影响深刻而久远。

我要讲的观点是，中国文化的精神基础和基本模式是一种综合体，即宗教＋哲学＋道德＋政治。对天的信仰，对人生的反思，对道德的重视，对政治的关切，构成了中国文化的精神基础。对天的信仰构成了中国文化的思想体系，它以宇宙人生为对象，以"天人合一"、"万物一体"为核心命题，以人文的、入世的指向为特点，以宇宙中的人为中心。仁义忠孝的道德教化构成了中国文化的理性体系——一种"人文理性"为特色的规范体系。其中，对"天"的信仰具有根本的意义，在哲学上有本体论的意义。道德礼教则是这种本体论之下的一种"则天之轨"、"经世之用"。哲学则把中心注意力集中到人自己身上，有显然的人文主义特点，孔儒之学正是如此。

六、从《周易》看中国的宗教信仰

《易经》的卦象是"六而两之"，包含了天道、地道、人道。天道曰阴阳，地道曰刚柔，人道曰仁义。天高统物，地广载物。在六十四卦中可以参知宇宙天地的变化，从中了解人应何为。在这里，是一个"天地人"的结构。实际上天地即宇宙并具有神圣义、主宰义，因此有"神"的性质。西方人说中国人没有宗教信仰，错误。中国人有宗教信仰，只不过不是基督耶稣那样的崇拜对象。中国人的宗教信仰是天的崇拜和信仰，视天地为一神灵主宰着万事万物和人类的力量。《易经》就深刻地反映了这种信仰，它支配着人的思想和行为。天在中国人的心里具有至高无上的神圣地位，做人行事要敬天地顺自然，遇事要以仪礼祭祀天地，从中得到某种指示。

七、"天人合一"首先是一个宗教命题

"天人合一"的要义，就是人听命于天、顺从或服从于天，与天取得一致。在这里，天是人格化的神，主宰着一切，是万事万物的根本。天作为大自然的天、物理性的天，位居其后。天的神圣义高于它的自然物理义，但是中国文化在神圣义的前提下也相当重视天的自然义，比如天的天然纯真、自然无为、自然而然。总之，"天人合一"有明显的宗教色彩、神学色彩。张其昀《孔学今义》里讲得好，中国无宗教，却有宗教精神。这句话使人豁然开朗。他还讲到，天人合一的观念包含着天定胜人观念，也包含了人定胜天的观念。中国文化不走偏执、极端，更加讲互依互存、相生相胜、对立统一的辩证。

天人合一的思想观念自唐虞时代就有了。这说明，天人合一的观念来自于远古人类的宗教信仰，至少和灵魂观念、万物有灵有关，与把天看作有灵魂、有知觉、有意志、有情感的看法有关联。天人合一的概念重心不在要求人服从自然、与自然和谐，重心在天是一切（包括人）的根本、主宰和创造者，因此人不能不听命于天、服从于天、与天保持一致与和谐。

我们要特别注意，"天人合一"之说也旨在提高人的价值。想一想，与天合一的人是什么人？是非同一般的人，在佛教成佛，在道教化仙，在儒教就是成贤、成圣，是人的神化、仙化、圣化。到这一个境界，有知于天、法于天、合于天（或化于天）的步骤。孔学的思想体系就可以以"法天道、立人道"来给予概括。"天人合一"的这种可以使普通人神圣化、神性化的提升，正是一种宗教精神，即人的超越，尤其是人在心中的那种精神超越。佛教、道教、儒教等都有这种使人神圣化的努力和方法。

"天人合一"更深刻的思想基础是"万物一体"。整个世界，从最根本的本源的发展变化来看，就是所谓的"一体万化"、"一体万殊"。还要特别注意，在"万物一体"的背后，在中国文化辞典里，天就是神，它主宰着一切。天具有"万物一体"或者"一体万化"的那种统摄力。显然，这都有一个宗教前提，即对天的神学信仰。不明晓这一点，就会对中国文化的认识产生困难。

"天人合一"延伸下去，就是"心物合一"、"人我合一"（又称"群己合一"，"自由与规律合一"）等内容。（见《孔学今义》）

八、追求生命有限性的超越

在中国传统哲学中，有限和无限是一对重要的概念，并且有很重要的意义。中国传统文化表现出这样一种努力，就是在哲学上、宗教上或者说在精神上，努力寻求一种从有限的生命超越到永恒的无限世界之途径。在儒家追寻成圣之途，在道家追寻成仙之道，在佛家追寻成佛之路。总之，追求生命的神性升华。这种从有限超越到无限的努力，中西方文化的需求是一致的。简言之，追求永恒。有限性，指个体生命的有限，是有形有象的经验世界。无限性，指终极的永恒世界，是无形无象的本体。这两个世界的关系，似乎是经验与抽象、现象与本体、暂时与无极的关系，双方对立又互相联系和依凭，构成一种整体。这个整体的世界，是有限与无限的结合。在有限性的经验世界里，也可以追求一种永恒的无限性存在，即孔孟儒学追求的成圣、成贤，并且鼓励人们仰圣敬贤，以圣贤为"万世师表"。

如果讲有限性是现象的经验世界，那么无限性指示了一种理念的本体世界。这种分析把事物推导到一个终极的本体理念，一种普遍的抽象存在。这个抽象的理念世界，又是人们向往的地方，人们把信仰建设在那里，成为努力的方向和目标。从有限朝无限的向往和努力，就是人类持有的一种超越精神。没有这种向上的超越，就没有人类真正的精神王国。有限生命或者有限事物的任何程度的向上升华，都是一种超越。中国国民性特有的那种"精神胜利法"，也是一种超越——当然，这种超越落入滑稽可笑。何谓滑稽？就是在嘲笑中被否定，在可笑中否定的一种戏剧性方式。

有限和无限的世界，用另一对概念来表示，就是现实与理想。中国传统文化中的这种无限性的终极世界，即是世界的根源、本体。由之出入，也是理想，一切由之而幸福。这种无限性的终极，最常用的术语，就是天道、天理、常道、太虚、虚真、虚极、无极、元气、本元，有时称为天、天帝、上帝。

九、礼的神学义和伦理义

《说文解字》中释礼，"礼，履也，所以事神致福也"。由此可知，礼的本义，是举行典礼仪式，祭神求福。中国文化有着深刻的"巫史传统"，对神灵的崇拜和祭祀,深刻影响了中华文化和中国人的思维。到了儒家,礼包含上下、尊卑、长幼、主次等含义,被引申为一种社会关系的规范,特别是社会的伦理规范,创造社会的"差别之中的有序和谐"。这种礼,产生了上下、尊卑、贵贱等身份关系的社会定义,由此产生了"身份"意识和"安分守己"的社会要求。总之礼的本义是神学义,演变为儒家的伦理义。它传达的是一种"有节制、有限制"的道义要求。

十、荀子《礼论》

(1)礼之所起,基于人欲且无度致乱,"先王恶其乱也,故制礼义以分之,以养人之欲,给人之求,使欲必不穷于物,物必不屈于欲,两者相持而长,是礼之所起也"。

礼,法度,法律制度。义,伦理道德。

(2)荀子认为,礼的要义在一个"养"字,"故礼者,养也"。礼给出的制度,主要是满足人的给养,即有限度地满足人的物质需要。这是礼的第一层含义。

礼的第二层含义,是"君子既得其养,又好其别。曷谓别?曰:贵贱有等,长幼有差"。礼制以人的社会等差有区别地满足不同人的物质需求。这里"等差"的概念很重要,等为贵贱之分,差为长幼之分。礼的一个重要规定,就是"按等差分配"的原则。给养人人皆有但以各自的社会等差地位获取相应的份额。人们一旦接受了这个礼的社会公约,就会得体知足,遵守这一社会规则。因此,礼在人类社会中以"等差分配",建立起人的有层次、有规则的生活。承认差别而不是简单的平均,并且反对无视差别的"公平",是一个古人都懂得的社会政治道理。在中国,在没有消除人类的社会差别与不平等之前,这个法则是有效的。

在这里面包含着这样一些重要方面:其一,有一个按照"等差分配"的制度,故人称为"礼"。其二,人们对这个制度有社会认同。社会认同是这个制度有效执行的认知前提和心理前提,由此制度成为"社会公约"。没有认同,制度就不能通行。其三,人们相信各自的命运。就是人们相信"富贵在天"的天命观,相信人的身份地位是上天安排的。人们相信,就像人有长、幼的年龄的自然区别,贵、贱之别也是天生的命定。人的前世、今生、来世,皆由天注定好了的。当人们发出了"王侯将相宁有种乎?"的疑问时,这种天命观就受到质疑,人就会不安于现状而去争取更高、更好的地位。所以,古代中国人的天命观,是礼制得以实行,社会能够相对安定的重要文化思想和人生观念。这种天命观念与现代社会竞争状态下的人生观念大不一样。

礼的制度和"等差分配"原则,是中国古人的文化智慧。与此相关,人生的天命观、社会的公众认同,以及人对"天"的高度敬畏,构成了这一制度体系的文化与心理支持。

(3) 礼之三根本。荀子指出,礼有天地、先祖、君师三本。天地是生命之本,祖宗是种族之本,君师是治理之本。没有这三个根本,则无法安定人类社会。"故礼,上事天,下事地,尊先祖而隆君师,是礼之三本也。"荀子这个"三个根本"的思想,正好是一个"天地人神"的结构,即天地、先祖(鬼神)、君师(人)的关系结构。上天、下地、鬼神、君师这四个方面一起统治管理着人世间,并且是礼的根本。

礼的三个根本,正是礼的三位一体的文化结构。对天地的信仰、对祖先的敬仰、对君王和老师的服从,是礼制度在人民和社会中立足的三个立足点。没有这三个基础,礼无以实行,无以建立。

礼的三个根本,简略地讲,其一就是对神灵的信仰和敬畏,因为天地和祖先都是无形但无处不在的神的存在,使人敬畏和遵从。其二是对现世中领导者和教导者的遵从和敬畏。君王手握行政权力,导师握有话语权力,他们都是社会生活中有权力的主导者。师,有能士、贤人、圣人之分。孔子说"本立而道生",礼的人文之道就建立在天地、祖先、君师所代表的信仰和权力基础上。

在天地与祖宗的关系上,君王政治又将两者紧紧联系在一起,荀子指出"故王者天太祖",即君王把自己的祖先与天相配,是天命所决定的天之子,是承天所御。所以,君王以天子称。这是借助神圣的天学信仰来强化自己的权威、增强自己的力量。当祖宗与天配合在一起,其地位自然显现为至尊的崇高。这是古代政治借助神灵信仰玩弄的一种把戏,它所具有的威力完全建立在人们对天的普遍信仰和对祖先的种族崇拜上。

（4）荀子指出，贵贱之分，首先就是从祖先上相区别开来的。"王者天太祖"，以太祖配天，因此君王的贵位从一开始就决定了。所谓"别贵始"，所谓"贵始，得之本也"。当自己的祖先与天联系，或者与神联系、与先圣相联系，那就决定了其后人尊贵的等级和地位，决定了贵族身份。

（5）在礼的制度里，君王有祭天即"郊"的权利，诸侯则没有，他们只有祭地即"社"的权利。士大夫有立"宗"的权利，而劳动之民不得立宗庙。

由此可知，礼制社会是一个等差社会，在天神、祖宗、君王面前，要承认人与人之间、种族之间的等级差别，并且根据这种差别来进行物资需求的分配。因此，在礼制社会中，按等差分配被认为是公正、合理的。

共同富裕不是人人一样平均获得，不是一样拥有同等的财物，而是在人际差别的基础、承认有差别的基础上进行有等差的合理性分配。均贫富只是一种理想，实际上不可能做到。公平、正义、平等，要承认差别的正当合理性，绝不是平均惠及。

（6）《礼论》："礼者，人道之极也。然而不法礼，不足礼，谓之无方之民。法礼，足礼，谓之有方之士。"

（7）"礼者，以财物为用，以贵贱为文，以多少为异，以隆杀为要。"这段话讲明了礼的基本作用机制，包括了物质分配、地位区别、赏罚措施等。礼的基本点是根据人们的身份地位（贵贱）的等差来进行财物分配，各得其份。身份等差的区别有两个方法，一是以本族旗章等"文饰"加以区别标志，二是以所得财物多少厚薄的分配来区别。荀子指出，财物分配上的"隆杀"即升降、赏罚，是依据人们表现进行调节的重要手段。

（8）"礼者，断长续短，损有余，益不足，达爱敬之文，而滋成行义之美者也。"这里讲礼有调节收入分配的作用，不至贫富差异太大，又有教导仁义之德的教化作用。

（9）"性者，本始材朴也；伪者，文理隆盛也。无性则伪之无所加，无伪则性不能自美。性伪合，然后圣人之名一，天下之功于是就也。故曰：天地合而万物生，阴阳接而变化起，性伪合而天下治。天能生物，不能辨物也；地能载人，不能治人也；宇中万物，生人之属，待圣人然后分也。"本段讲性和伪，即质与文的问题，即质朴的本性和人为的文饰，犹如天地、阴阳相反相成的配合，才能生成万物、变化发展一样，人因性伪的配合才能得到治理，形成等差有别却井然有序的社会。

荀子认为，人的本性追逐利益，逐利求益是天性，因此人性本恶。这和孔孟认为人性本善相反，成为儒学的另一派别。性恶抑或性善，都是不同学派的理论假设，这种理论假设依据一定的事实立论，形成了对人和社会生活的解释，形成不同的指导和对策，用以为人的问题、社会问题，提供解决的思路和方法。荀子的主张，显然以礼治为核心，提出"隆礼""尊贤"的政治措施，并且辅以"重法""爱民"。总的来看，荀子着重的是制度建构，其要义是根据人们等差进行分配的社会制度，使人的欲求有一定的限制和满足。其次是贤人治国，使用有道之士来治理国家。其三是法治，用法来禁止罪恶、保护善良，用刑律惩治来管理国家、制约人的社会行为。其四是爱民，善待人民，取得民众的拥护支持和人为资源，这是政治很重要的一个方面，要懂得"失民即失政"的道理。孔子学说的核心是"德治"，《论语·为政》有"为政以德，譬如北辰"。和荀子在礼中看重制度性的东西不同，孔子在礼中看重的是道德行的东西，即人心中比较内在的价值诉求，这种内在价值具有社会的公约性、共同性。荀子把礼放在了法的基础上，孔子把礼放在了仁的基础上。

十一、蔡尚思《中国礼教思想史》

这是一部填补中国思想史在礼教方面空白的力作。对我来讲，该书最重要的一点，就是明确了"礼教即宗教"、"礼教宗教化"、"礼教代宗教"的观点。由此而明，孔子创立的儒教，在思想理论上奠定了宗法礼制的神圣化、宗教化，同时也奠定了宗法礼制的伦理化、政治化。礼教是宗教化、伦理化、政治化互相结合的一种制度文化，它深刻影响了中国两千多年，至今仍然以各种面目存在，已经和中国人的精神生活、社会生活融合在一起。礼教宗教化或礼教代宗教，对我来讲是证明了这样一个重要观点：礼教为代表的中国思想文化，其背后所依托的世界观，或者其思想文化所建立的思想基础，就是"天地人神"的思想观念。在这里，中国传统文化最根本的关系是人神关系。中国文化非常重视人与自然的关系、人与人的关系。但是，人与自然的关系可分为天人关系、人地关系，但以天人关系为根本总括，人地关系从属于天人关系。在以天为神圣信仰的古代文化中，"天人关系"就是"神人关系"。"天"在中国的文化辞典里无疑就是"神"、"上帝"。中国人的宗教信仰是什么？回答就是"天"。中国传统文化中，第一信仰的是"天"。这在中国文化礼俗中到处可见并且可证明。从蔡先生该著作中可以看到，礼教完全建立在对"天"的虔诚信仰之上，对礼的制度规范的执行和执行的心理动力，与人们对天的信仰和敬畏不能分开。我可以这么讲，礼制在人世直接作用的是人与人的关系即人际关系，这种人际关系的制度规范又建立在"天人关系"这个思想信仰基础上，而"天人关系"并非单纯的人与自然的客观关系，它实质是"神人关系"。神人关系是人对世界把握的一种主观关系。它又跟原始人类及其原始文化血肉相连。有关学者比如李泽厚已经提到，儒家文化与巫史文化等原始文化有血缘关系。巫史文化是中国文化的一个重要源头。一部《周易》，就可以看到之间的血缘联系。蔡先生这本著作，以十分专业的研究，对"中国文化的神学性、宗教性"研究，有着很大的贡献，对我的启发很多。在生态文明的背景下，中国文化中的"天人关系"以及所谓"天人合一"的命题被凸现了出来，但作了不尽恰当的解释。殊不知，从这一重要文化命题的本原来看，天人关系实质是神人关系，天人合一实质是神人合一，人与自然的融合与和谐，其本质是以自然天地为神灵，就是与神灵的融合与和谐，与人的终极本原或最初本体的融合与协同。天人关系的现代解释是一种科学化的解释，在诸多环节中去掉了"神灵"、"宗教"、"信仰"这个重要环节。这不是中国文化所理解的东西，它只是中国文化丰富内容里面很表层的部分。

蔡先生在该书绪论中讲得十分扼要，中国礼教的形成过程，包括三个阶段，第一阶段是先秦儒家以礼教代宗教，第二阶段是汉代的礼教天神化，第三阶段是宋元明清的礼教天理化。宗法礼制的宗教化、天神化、天理化这一历程，深刻影响了中国社会及其思想文化的方方面面。

十二、礼教概说

礼教除了具有以对天的信仰与敬畏为宗教基础的特点外，还有以对仁的信仰与阐释为理论基础的特点。礼制经过儒学的陶冶，不仅有宗教性，还有深刻的理论性，它是伦理与政治的高度结合，还具有伦理政治性。它与西方等宗教很不一样，成为两千多年来稳定中国社会的文化稳定器。与道教、佛教相比，它有政教合一的官方性质，并且深入社会风俗习惯中，化为民众的日常生活轨则。

礼教的主要精神，可以用"三正"、"三顺"、"三纲"来概言，即君为臣纲、父为子纲、夫为妇纲。君臣、父子、夫妇的关系"名正言顺"了，整个国家社会的秩序也就有了基本的准则，有了"大一统"的社会规范。

礼教的"五常"，即仁义礼智信，或者忠孝节义信。

礼教最主要的行为典范，是忠臣、孝子、贞女、节妇、义士。再简化一点，就是忠臣、孝子、节妇、义士。忠孝节义四个字，简单明了，告诉人们该做什么。在礼教中，"忠孝节义"有着高于生理生命的精神生命特征，为此可以牺牲自己的生命来维护这种道德生命的纯洁和庄严。义，指符合礼教伦理规范的社会公认的规范，它具有社会正义性。

十三、蔡尚思的几个主要观点

蔡先生《中国礼教思想史》绪论有以下几个重要观点：

(1)中国礼教是宗教，是具有中国特色的一种宗教。

(2)礼教的宗教基础是对"天"的信仰。

(3)中国礼教的发展变化经历了三个阶段：其一是先秦儒家"以礼教代宗教"；其二是汉代礼教的天神化；其三是宋元明清礼教的天理化。

(4)中国礼教起源于古代的宗法礼制。

(5)礼教制度和礼教思想是中国思想文化的中心，渗透在中国思想文化和中国社会生活的各个方面。

(6)礼教在孔子儒学阶段进入了理论化发展的新阶段，其理论基础建立在仁的思想学说之上。礼学是孔子儒学中的重要内容，"天"的概念由

"天帝"、"上帝"被人间化,相对于臣、子、妇,君、父、夫就是各自相对应的"天"。

十四、礼教有三大根本依据

一个是"天",即天人关系的宗教神学依据;另一个是"仁",即人际关系的人性心学基础;再一个是"血缘",也就是人际关系中的"父系血缘"这个人性生理学基础。不然就不好理解"三纲"、"五常"的体系何由建立,不易理解"君为天子,臣以君为天,子以父为天,妇以夫为天"的礼学逻辑,也不易理解封建理教体系的政治目的何在。

十五、礼教的四个特权

蔡尚思讲到礼教的四大特权,认为神权是虚的,君权、父权、夫权是实的,人们看得见,摸得着,体会得到它的存在。但这虚的神权却十分重要,没有这个神权,礼教的神圣性、权威性就失去了根本依据,人们在信仰上就找不到着落。礼教若没有神人关系的思想观念在信仰上的支撑,它就站不住脚。人际关系的礼教制度建立,没有对神的信仰和敬畏——对天的信仰和敬畏,是不行的。由此可见,"天地人神"的文化世界观及其文化结构,是人类世界观中很基础、很根本的东西,它是人类历史十分原始和悠久的一种对世界的主观把握和理解,其中神人关系是它的基本关系。人的存在跟他的意识有关,人的意识也与他的存在有关。这两方面都在互相作用。人在很多时候,能意识到的就是他的存在。这句话用另一种方式来讲,就是"人生活在自己的文化中"。人并不是直接生活在大自然里——虽然看起来是。

十六、礼教客观化和主观化的双重建构

这里又有一个问题。孔孟礼学乃至宋明理学具有强烈的心学特征,十分强调"心本体"的根本思想,但是孔孟礼学也有着强烈的"敬天"、"法天"思想,接受了客观的、形上的、超然的"天"作为道德礼法最深远的根据,把道德礼法视为客观形上的"天"之律令和准则,即"法天"的思想。这就是孔孟学

说中的"天本体"思想。这种客观、形上、超然性的"天"已经不是俗称俗知的天。大自然的天被神圣化、哲理化、人格化，它具有哲学义和宗教义。是否可以这么说，不论在理论上和逻辑上是不是成立，至少在信仰上和学术上需要"天本体"和"心本体"的配合与支持，礼学方有可信可靠的基础。因此，孔孟礼学由五大系统建构，一是"天"的信仰系统，二是"仁善"的人性论系统，三是"心"的心理学系统，四是"礼"的制度系统，五是"缘"的亲缘系统，人性论和心理学两个系统之间的关系非常紧密。就此而言，孔孟礼学就此可分为两大核心命题，即"天人之际"和"心性之际"。"天人之际"强调"天本体"，讲的是"天道之学"或"天学"。"心性之际"侧重的是"心本体"，所谓"明心见性"，讲的是"心性之学"或"人心之学"，也可简称为"心学"。从周礼到孔孟及其后传，关于中国宗法礼制的理论基础逐渐丰满厚实，甚至不容置疑。理论建设大大强化了礼的制度建设，并致力于封建社会的宗法礼制天理化、永恒化。

孔孟之学这种客观化和主观化的奇妙结合是有历史原因的。礼的制定与对天的信仰密切相关，与宗教文化传统有关。信仰是一种理念的执着，它不需要论证，它是"自明"的，只需要相信和服从。同时，这又和一切源于"天"并主宰于"天"的思想认知密切相关，因为"天"是在"人之外"并且在"人之先"，"天"对人来讲毫无疑问是超验的、客观的、本源的。这是孔孟之学求助于"天本体"之"天学"的重要原因。实际上，在中国文化中，"天人"是"一体"的，它的根本思想基就是"万物一体"的宗教——哲学思想，"天地人神"是贯通的、可转变和转化的，它们之间并不存在绝对的界限，具有相对的、辩证的思想色彩。我觉得，这是中国文化和哲学中为什么"客观论"与"主观论"没有决然的对立，却有辩证结合的原因之一。中国文化中"万物一体"和"万物有灵"的思想观念很强烈，孔孟之学的"天人之际"、"心性之际"的背后，除了"天人合一"，还有这种"万物一体"、"万物有灵"的深层思想和文化内涵。应当知道，万物一体、万物有灵是宗教的根本思想，是宗教文化的起点。我感到，"天人合一"背后更深层的文化依据，就是"万物一体"。孔孟、程朱、陆王之学所阐述的"亲亲、仁民、爱物"，正是一个"由己及人"、"由人及物"的"天人合一"论和"万物一体"论的儒学思想表述，它统摄于"万物一体"

的宗教世界观。由此可见,中国文化是一种十分奇妙的文化形态,它没有脱离宗教核心观念的统摄,宗教信仰与人文理性互相结合着,但距离科学理性还很遥远。这是中国传统文化的重要性质之一。

第五节 "天"即神圣自然

一、中国文化所理解的"天"

中国哲学"天人合一"的学说由《周易》所开创。据汤一介分析,"天"有三义,即主宰天义、自然天义、义理天义。与西方上帝与自然二分不同,中国文化中的天一般是主宰之天和自然之天的结合,兼有道德义理之天的意义。到了宋明理学时期,天倾向于道德义理之天。并且,天与人具有内在的有机的生命联系,天的存在与人的生存密切相关。在这里面,"天人合一"的文化实质,就是"天地人神"的有机结合,人的意义指向和向往的最高境界就是天。西方人与自然的二分,首先是上帝与自然的二分,然后是哲学上的主体客体二分。

二、有机自然观

中国传统文化为何没有西方文化意义上的科学? 很大一个原因是中国传统文化秉持世界观的特殊性,即所谓的"有机自然观"。中国文化"有机自然观"最著名的命题,就是"天人合一"、"天人感应",还有董仲舒讲到的"天人同类",其最显著的信仰,就是对"天"的信仰。中国传统文化的主流儒家文化,就以"天"为最高信仰。"天"是儒学文化信奉的最高神,是一切的根本所在。因此,儒家文化思想及其实践形态具有宗教的性质和意义,儒学亦称儒教,与佛教、道教并称"三教"。这决定了中国古人的传统认识论是宗教性的,以神性有机自然观为哲学特征。

有机自然观认为人是自然的一个有机的组成部分,同时自然也是人的有机部分。这就导致了人以自然为根据的同时,又以自然的人格化来认识、理解自然,即对自然的认识呈现出人格化倾向和神化倾向。对自然认识理解的人格化倾向、以人释天的倾向，还向人的内心、主观的方向深入，即以人心格物，将人的主观内心向外物投射，所谓"中得心源"、"因心造境"。这种认识的路径，第一表明了中国文化的内向性，即中国文化心学倾向；第二表明中国文化的人文性，即人化倾向的"以己度物"、"以人比类"的推论倾向；第三表明中国文化的浑然性，所谓的整体性、合同性，所谓"你中有我、我中有你"的物我融合、求同存异，乃至所谓"万物一体"、"一体万化"。这都是有机自然观的结果；第四表明了中国文化的泛神论文化背景，其哲学上之有机自然观具有泛神论的显著特征，或者说其有机自然观建立在有灵论、泛神论的原始文化基础上，具有神学的性质。中国文化具有神学性。

总之，中国文化的人化倾向决定了其心学倾向、诗化倾向，中国文化还有相应的人文性、心学性、浑然性、神学性，等等。这种性状下的中国传统文化，在哲学上看，就不可能把自然看成具有独立性的客体——独立于人和神之外的客体，不能把自然看成单纯的研究对象，而对自然的观察、认识、理解往往倾向于人格化的心学认知，这就妨碍了科学认识所必须有的客观精神和认知态度，更多地引向神学、诗学、宗教、伦理、政治等人文认识之途。中国传统文化也不具有"主客二分"的哲学世界观和方法论。

在自然观方面，中国文化与古希腊文化、基督教文化不一样。前者奉行的是"有机自然观"，人和自然相互关联，人被决定，自然也被人格化，研究自然就是研究人，即研究人文、人事，所以有"天人合一"、"万物一体"的哲学命题，并且认为人与自然是"同理同质的同类"。古希腊及基督教文化奉行的是"神性自然观"，它不认为人和自然是"同质"的，上帝创造了自然，又按自己的模样创造了人，又把理性投入自然中，自然事物又有对应的神灵。这样，第一，人和自然是异质的不同类事物，这就给予自然以独立的实体地位；第二，它在自然中设置了理性和神性的矛盾，为人探索自然的理性留下了一个契机，最终引来科学对神性的质疑和否定；第三，自然的客观实体性和理性的存在，奠定了科学的可能，同时科学首先被定义为"自然科学"，探求自然之法、自然理性，成为重要的人类认识领域，并产生了研究自然所必要的科学精神，即"客观、独立、存疑、实证、求真"。

三、"天地君亲师"

天的范畴以天、地为主,人的范畴以君、亲、师为主,天又在地之上,君又在亲和师之上,君亲师又以天地为重。祭拜天地是国君的权利,是其政治权力的象征。庶民尊天地首先是尊君王,因为君王是天地在人世间的代表。只有在婚仪和拜师仪中,百姓才有拜天地的许可。在人类中,地位及关系排位就是"君亲师",即最重要的人际关系依次是君臣关系、父子关系、师生关系,所谓以君父相推,君为国父,师为师父。对君王和教师以父礼对待。在亲人中最核心的是父子关系。

在天地人神的关系中,四者实际上是一个整体,所谓"万物一体"。相互有区别和联系,因此又有"和而不同"的概括。天地是万物之本源,人服从并尊崇天地。天地本有神性灵感,天地是最高最伟大的神,人以天地为神灵,故有自然崇拜。中国宗教以自然崇拜为特征和核心。神介于天地和人类之间,天地是神灵,人亦有神灵。在天地这边,在天上谓神,在地下谓祇。在人这边,依气谓魂可上天,依形谓魄可入地,又人死曰鬼,不善者谓精灵妖魔。这四方中就人来看,人分君亲师,又分士农工商。从四方总体上看,人面对的是天地和鬼神,天地的情感意志以鬼神现象昭示于人,人以敬鬼神来影响天地对人的情感和行为。天地鬼神作用于人类的一个重要媒介,就是巫卜,通过巫师和卜算来昭示人们。夏商周就是一个很重视巫卜文化的时代。在这样一个天地人神的文化结构中,人类不仅直接与自然打交道,更重要的是人通过自己的文化信仰与自然打交道,并且通过自然跟自己的信仰打交道。人类在最初以及很长时间里是以自己的文化信仰观察和理解这个世界的,包括自然界和人生世界。人类真正看清世界真相,是很迟的事,直到文艺复兴、启蒙运动和工业革命,人才以科学理性在古老信仰之外逐渐看清世界为何物。但是科学理性十分发达和伟大的今天,人的神圣信仰仍然十分固执,宗教和科学处于一种均衡状态,人更多地在精神上需要神圣的信仰来支持、填补和调节。科学涉及的是人类可能知的事物——人至少在有限的范围由于科学理论和科学装备在不断扩大和深入。宗教涉及的是人不可能及并且千变万化不可捉摸的事物,这正是人最感困惑不安的东西,是人很想掌握并适当控制的事情。

四、远古的"绝地天通"

中国原始宗教信仰至夏时（传说尧）发生了一次重要变化，《尚书》记载，皇帝派重、黎"绝地天通"，即把祭祀天地的权利划归上层垄断，统治者对天地日月、山川社稷的祭祀权利不能由百姓进行。由此，原始宗教信仰一分为二，犹如以昆仑山为源头的长江、黄河，上层宗教信仰和民间宗教信仰各自分流、各成体系，不得逾越。百姓所祭为土地、城隍、灶神、财神、宗祖等。远古"绝地天通"的事件，表明上层统治者对"天人沟通"、"人神对话"权的收归和垄断，是一次有神权意义的政治行动。由于中国文化起源较早，富有人文精神，其政治管理以国家机器和道德伦理为主要手段，宗教信仰没有成为重要的统治工具，其观念是政治和伦理治人治国，没有国教作为治国工具，因此没有"政教合一"的政治形式。但是从天子、士大夫到民间百姓都共同信仰"天"、"鬼"、"命"（天地、鬼神、命运）。

五、自然规律的道德转化

有句西方古谚语说，"化为德行"（见《笛卡尔思辨哲学》，九州出版社2004年版，第237页）。规律性可以转化为人的德行，或者人可以从自然规律的逻辑必然中汲取人的道德准则和道德规范。这个思想，与中国文化中以天地自然为"不言之教"和"道德楷模"相当一致。中国古代文化建基于对天的信仰，即对神化自然的信仰，强调"天人之际"，强调"与天相知"、"与天合德"。天地自然作为一种被神化了的规律和必然，被奉为"道"、"理"，即所谓"天道"、"天理"。以天地自然为师，是中国文化的智慧。

六、道教的天学主张

道教主张"观天之道，执天之行"。

七、天论的心学化

在孔孟儒学中，出现了两个基本点，天本体和心本体。这两个基本点的确立有一个过程。就孔子而言，他无疑从外在的方面即"天"寻找思想理论的客观根据,但孔子讲的"天",是有神性的主宰着一切的"天"。主张"天本体",表现出"敬天"、"畏天"、"以天为根据"的思想。孔子有"巍巍乎唯天为大"。《礼记·礼运》有"先王以承天道,……是故夫礼,必本于天"。孔子以"天论"做自己的思想基础,孟子则以"心学"做自己的思想基础,但孟子仍然尊重"天"的客观形上神学根据,他在《尽心上》的那段著名论断中,把心学和天论糅合在一起,建立了孟氏的"心、性、天"三者的关系论思想。这可以看作孔子"天论"的心学化倾向,并进一步推向了宗教化。这是一个很有意思的情况。心学的开端,启于孟子,大成于陆王。孟子的心学存在两个基本点,即天本体和心本体,因此在心学上还没有彻底,到王阳明这里已相当彻底了。

八、"天命论"

《郭店楚简》中有一篇《命自性出》,有"性自命出,命自天降"一句。《礼记·中庸》有"天命之谓性"。天命,是说天生人,天在冥冥中决定着人的生存、性格、命运。这个说法有二义,一是"性自命出,命由天降"是"天人合一"的人生论解释,即人由天出亦由天定。二是使人畏天、敬天并且知天、知命,树立对天的神圣信仰和敬畏。总之,由"人从何处来"的问题解答来确立人对天的信仰和敬畏。因此,此种说法具有宗教训谕的味道。

在中国哲学来看,人与天有着相即不离的内在关系。

九、关于"天命论"

天命论在中国文化中占有重要地位,儒学和礼教也是如此。它体现了中国人对"天"的崇拜和信仰。简单讲,"天命"就是天的命令、天的命定、天的决定、天的定数。在这里,"天"是有生命、意志和权威的至上神。人间事务的神圣主宰"天命论"兴于周代,它一开始就具有"革命理论"的政治色彩。根据这个理论,周兴殷亡、周灭殷商,是"天命"所系,执行了天的意志,因此具有了合理性、合法性。这是周灭商取而代之的"革命理论",当然也是"革命"的理由。《尚书·泰誓上》有"商罪贯盈,天命诛之",《武成》"我文考文王克成厥勋,诞膺天命,以抚方夏"。天命论在改朝换代的"革命"以及皇权统治中成为重要的理论根据和政治根据。所谓"天命不可违"，所谓"命由天定"。

　　天命论的新阶段发展见于孔子、子思、孟子的思想学说。孔子接受了"天命"思想，将它融入仁学礼教思想学说，"天本体"成为其思想学说的形上根据。礼以"天"和"仁"为根据，即天命、天道和人心、亲情为根据。这里面包含了"天人关系"和"心性关系"等理论命题。孟子《尽心上》则提出了"尽其心，知其性，则可谓知天"，以及"存其心，养其性，则可谓事天"，把心、性、天三者关系联系起来考释"命"的问题，"心性"与"天"一体贯通。这里面就有"心和性"、"性和天"两层分析，包含了"明心见性"和"性自天赋"的"天命"理论。孟子以人性论、心性论把天命论推向了更高的思想水平，指引了一条"天学心学化"的思路，影响十分深远。传为子思所撰写的《礼记·中庸》，开篇第一句就是"天命之谓性"。郭店楚简《性自命出》提出了"性自命出，命自天降，道始于情，情生于性。始者近情，终者近义"。郭店楚简此文明显与子思"天命之谓性"一脉相承，对"性命论"做出了很清楚的解释。《性自命出》可以看作子思的思想体系，他与孟子"心性论"关于心、性、天论说的不一样处，是提出了"性命论"关于情、性、命三者关系的论说。特别要关注《性自命出》这段话对"情与性"、"道与义"的思想言论。按照作者的叙述，情生于性，性出于命，命自天降。那么"性自命出"为性之始，"命自天降"为命之始。根据"始者近情"的说法，那么"天"、"命"都是"近情"的，推论开去就是"以情为始"，这与孔子主张仁学之道"由情及理"的"情理主义"是相通的。后面讲到"始者近情，终者近义"，不就是"由情及理"或者"由情及义"的道理？从终者看，自天而命、自命而性、自性而情，终于"情"，那么作为最终之端的"情"又是"近义之情"，也就是"自性、自命、自天而来的情"，为合道合理之情，有天之义理的"情"。这种"性情论"是《性自命出》显得特别的地方，可以看到从孔子到子思等人对"性情"的重视。从心性论的角度看应当这么讲，性情论属于心性论的一个方面，问题的分野就在于对"心"的理解是什么。子思在这里把"心"理解为"情"，其他人则有"心即性"、"心即理"和"性即理"的不同解释。我觉得，孔子对"心"的理解模式是情理主义的分析模式，主张"由情及理"或"由情及义"以及"由理及义"的"心路"。这种类推还见于"由己及人"、"由人及物"的"仁之方",所谓"近以取譬"的设身处地。从《性自命出》里面,可以估量到"天"和"情"的重要性,这是心性论的一种别论——如主张"心即情"。从中还可以看到,"天"是根本,"情"的始端以天为根据、以情为起缘的过程趋向于"义"和"理"。因此,"情性"涵有"天命"、"天理"。从理论上说,在自己的情和性上面可以体认到"命"和"理"。这是中国文化的一个重要观点。所以孟子讲"尽心可以知性"、"尽心知性则可以知天",是心性论对天命论的一种解释。

关于天命论还有一个有意义的问题。现代科学认为,所谓"天命论"只是一种有宗教色彩的假设,是"唯心论"的不真假设,应当受到批判。这是我们科学性的现代批判,是对的。但问题不那么简单。如果我们用文化的眼光来看天命论的思想学说,就会发现它在中国历史上有重要的作用,对政治、社会、文化、风俗和人生等有特殊意义。在政治上,天命论起着合理合法性根据的作用。在伦理上,天命论是客观形上的神学根据。在人生上,人们接受天命论的观念而产生宿命论的人生态度,等等。这说明,"天命论"在中国是深入人心的一种思想文化,在人们生活的许多方面发挥作用,影响人们思想和行为。显然,对"天命论"这样的思想文化,不能简单地用"唯心论"一棒打死,要看到它活的方面。对"天命论"等要有历史眼光,要有审视的"作用论"评价。要看到和评价它们在历史过程中、在人类生活中所起到的作用和影响,特别在政治、伦理、法律、社会、文化、习俗等方面产生的积极促进作用和消极负面影响。有一个相似的例子。19世纪初在美国产生了"超验主义"文化思潮。按照中国官方的意识形态来看,它是典型的唯心论思想,是相当负面甚至"反动"的。超验主义认为,可以不通过感性和理性就直接认识真理,世界存在着一种客观的理想精神,存在着超验的神灵,并通过自然直接显示;人的灵魂具有这种神灵,因此人也可以像上帝一样伟大,等等。代表作家是爱默生,他以"自然文学"著称。这种超验主义文化思潮被称为"美国的文艺复兴",对美国的文化风俗形成和美国自由独立精神的确立,起了不能低估的促进作用。可见,对"天命论"、"超验主义"等等"充满唯心主义"的思想文化,一定要把它们放在时代历史上、放在社会环境上、放在特定的民族和社会精神上来评价它们的实际作用和历史影响。因此,文化的历史眼光是必需的，以作用论评价是必需的。我们以"历史的作用"论价值。如果采用简单的"唯物"、"唯心"来评价，那么历史上许多文化现象就会不可理解，不能解释它们为何会有这么大的历史作用？为何这样"错误的东西"居然也有不小的文化价值和历史贡献？"唯物"、"唯心"的评价模式，其作用或适用范围是有局限性的。很多事情，除了科学性以外，还有文化性。文化性的作用力和作用面更大。任何一种文化思想或文化观念，不论它是否"科学"，它的产生和应用一定有它的历史的积极意义和进步意义，但也会随着时间的历史验证，显露出它的缺点、不足甚至有害，从而被另一社会时代所批判和否定。这是一个有道理的结论。

十、"天命"的阴阳五行说解释

阴阳五行说是中国传统文化必修的课目，它对许多现象和问题是一种十分独特的解释，并且按照阴阳五行说加以理解，得出处理问题的方案。比如中医的诊治，必须有宇宙人生之阴阳五行的学问辅助。对于"天命论"的解释也用到了阴阳五行学说。首先要注意，阴阳五行学说，一般认为，是子思、孟轲学派创立的。《韩非子·非十二子》一文里面，就批评了子思和孟轲的"五行"思想。郭店楚简中的《五行》，汉墓马王堆出土的帛书《五行》，都被认为是儒家文献典籍。

关于"天命"的解释，还是缘于《中庸》开篇的一句话："天命之谓性，率性之谓道，修道之谓教。"性、道、教三个字，留下了很大的解释空间。《礼记·乐记》就有阴阳五行解释的行迹："是故先王本之情性，稽之度数，制之以礼义。合生气之和，道五常之行，使之阳而不散，阴而不密，刚气不怒，柔气不慑，四畅交于中而发作于外，皆安其位而不相夺也。"郑玄注，"五常，五行也。"孔颖达也指出，道五常之行，"谓依金木水火土之性也"。在这里，已经用阴阳五行说来解释"天赋人性"，认为人性有"五性"，即金木水火土五性。在一些典籍中，"五常"或者"五行"，有用"仁义礼智信"定义，有用"金木水火土"定义，还有把两者结合起来解释，如《中庸》郑玄注："天命，谓天所命生人者也，是谓性命。木神则仁，金神则义，火神则礼，水神则信，土神则知。"郑玄的解释包含了这样一层意旨，即天命谓之性，指天通过阴阳五行之气化生为人。所谓"天赋"、"天授"于人的性质,就有五种不同秉性,或属金,或属木,或属水,或属火,或属土。当然天赋予人的阴阳五行俱全,只是不同的人在某一种属性上比较突出、比较主要。每一个人阴阳五行的主次强弱配合,是另外一个细化的学问。比如,有的人偏刚强,属性金但性命中缺水,就在名字上取一个有水的字来补救。这正是《乐记》讲的那个道理,性命"合生气之和,道五常之行"。我们看到,这是对"天命"解释的另一种认知维度,它以阴阳五行学说为指导。不同于"天命"解释的天人之学和心性之学的认知维度。"天命"、"性命"的阴阳五行解说,到后来以"风水文化"的形式深入人心,流传到今。

"天命"的天学解释、心学解释有明显的形上色彩,它的阴阳五行解释则具形下特征,广为民众接受。

还有这种情况,不仅"五常"和"五行"互训,还有以"五性"释"五常"(即金木水火土五性,仁义礼智信或仁义礼智圣或仁谊礼知信五性)。还有结合"五藏"来讲,如《白虎通必·性情》有"五藏,肝仁,肺义,心礼,肾智,脾信也"。

朱熹《中庸章句》中对"天命"的解释更为清楚:"天以阴阳五行化生万物,气以成形,而理亦赋焉,犹命合也。于是人物之生,因各得其所赋之理,以为健顺五常之德,所谓性也。"在这段话中得到以下要义。其一,"天以阴阳五行之气化生万物",这是"天"的生化机制,阴阳、五行、气、理是关键词。这里面有"天何以为本体"的权威性回答。其二,天的阴阳化生、气的成形、理赋其内,是对"天命"相当清楚的原理性描述。它也回答了"天何以生人?"和"人从何处来?"的问题。这是一个比父母更为根本的来处。其三,"健顺五常之德",即健顺是乾坤代称,亦是阴阳代称。五常之德即仁义礼智信五德,总之是"阴阳五行之德"。可以看到,阴阳五行的概念,可以用乾坤、健顺、刚柔、动静等概念代入"阴阳",因此阴阳是一个最为抽象的总结概念。"五行"可以用金木水火土、仁义礼智信、肝肺心肾脾等概念代入,用以解释宇宙人生的各种现象。"五行"也是一个抽象的一般概念,可以用具体事物给它具体化或肉身化。其四,回答了"人物之生"的基本原理,是"各得所赋之理,秉受健顺五德之性"。人因天而生,得理而来,秉德为性。

这就是"天命之谓性"的阴阳五行说和理气说的综合解释。总之，人是天理化生、天德赋性。这里面显然有"天本论"的天学思想，也有"性善论"的人性思想，两者通过"阴阳五行论"得到了"完美"的解释和结合。其五，由上可见，人的"性"，是天理化生、天德赋予。由此可见，朱熹对"天"的理解，持"理气"说和"阴阳五行"说。天为主宰，理为天之必然，阴阳为天化生之气，五行为天之所用。其中"天"是"本体"，是一切的主宰和原因，理气涵于其中。

对"天命"最通常的解释，指人的穷通、夭寿等有先天的定数。一般讲，在中国传统文化概念里面，命是先天决定的，因此要"听天由命"，但后天的行为因其善恶性质可以益损，其理论就是"天人感应"、"人天相通"。它表明，后天的行为可以影响先天的定数。这也是儒学文化劝人向善的理由。天命论体现了对"天"的信仰，是儒教的重要观念。生死有命，富贵在天。不能不对"天"敬畏。随着"天"的观念在现代中国逐渐淡化退隐。随着科学和唯物论的广泛教育，人们对"天"的敬畏之心也在弱化。传统文化中"天"的观念，不再被认可和信奉，同时也消除了"天"对人心人性的内在约束力量，人少了一根精神的支柱。这种进步是必要的，但付出了传统文化的代价。有意思的，现当代人类的生存危机，特别是环境危机、生态危机、能源危机，迫使人们又想起了对"天"的神圣和敬畏，觉察到人与自然要有一种调和，人对自然要有尊重和敬畏，对自然要有环境伦理和生态道德，意识到破坏自然就是危害人类自己。这是一个真正的进步。

第六节　天人关系

一、"天人合一"的多层含义

"天人合一"的思想，除了"天人感应"之外，还有"心物交融"这一层含义。

二、"天人关系"有不同的理解

有"天人相胜"、"天人感应"、"天生人成"、"天人二分"、"天人一体"等。

三、天人关系的一种定位

在中国文化中,天人之间是一种创造者与观察者、欣赏者、参与者的艺术对话关系。作为创造者,天地生生不息,所谓"天地之大德曰生",天地创生世界万物。作为观察者的人,以欣赏的态度赞美天地造化,把它看成是伟大的作品,人天关系即我你关系,天人之间是一种对话关系。"天人合一"体现的是我中有你、你中有我的一体意识,天的作品也是人参与者的作品。有"天地生之,圣人成之"。作为参与者的人,是天地生化的参赞者、欣赏者,而天是创造者、立法者、神圣者、示范者和赏罚者。儒家文化既非人类中心主义者,也非纯粹自然主义者,是尊崇自然的人文主义者。

这里要注意,作为参与者的人也是天地大化的共同创造者。确切地讲,人是观察者、欣赏者和共同创造者,这就肯定了"人文世界"的价值创造,也肯定了天人之间相辅相成的关系。

四、天下一家

张载《西铭》开篇第一段,表达了儒家"天下一家"的重要观念。该文以《易传》"天父地母"的传统思想为依据,把天地万物比作一个大家庭,世间众人都是我们的兄弟姐妹,宇宙万物都是我们的同胞朋友,我们要以血亲关系的眼光来看待众人和万物。这就是"天下一家"的思想观念,也是博爱精神的体现。"天下一家"的观点在张载那里表述为"民胞物与"的思想,即"民,吾同胞;物,吾与也"。

大同社会——天下一家——民胞物与——万物一体。这是一个有机的思想链条。

五、"天人一体"

在《易·说卦传》中讲到,天地人三才,以乾坤两卦统一,阴阳为天道,刚柔为地道,仁义为人道。张载认为,天地人三才是统一的"天人一","阴阳其气,刚柔其刑,仁义其性"。天包含了地和人,地包含了天和人,人也包含着天和地。人是天地合德、阴阳化生、刚柔相济、五行之秀。程颐认为,天道、人道不是各自分开的,天道即人道,人道即天道,它们是一个东西。朱熹也说,天即是人,人亦是天。总之,天人一体是最基本的原理。

六、关于人的解释

《礼记·礼运》:"故人者,其天地之德,阴阳之交,鬼神之会,五行之秀气也。……故人者,天地之心也,五行之端也,食味,别声,被色而生者也。"

七、人性受之于天

这是人性与天道、天理。朱熹《论语集注·公冶长》:"性者,人所受之天理。天道者,天理自然之本体,其实一理也。"

八、人法地

中国是农业大国,土地是命脉所在,土地的重要性不言自明。中国人的生存受之于天、得之于地。因此,中国文化就有着深厚的敬尊天地的传统精神,有着效法天地的传统思想。当在《周易·系辞》中读到"安土敦乎仁,故能爱"时,忽然意识到,孔子倡导的仁爱,不仅仅是受之夏、商、周三代文化传统的启迪,还来自大地厚德载物、生生不息的文化启示。完全可以这样讲,仁爱首先是中国人深切感受到的大地仁德,仁爱的根就深深扎在土地里。仁爱就是大地的德行。"安土敦乎仁",大地供给人类的需要却不求回报,最具有仁心和慈爱的品德。这种只奉献不求回报的无私和大公,就是仁。仁的真正出发点,就在山河大地。仁,因此首先是一种效法大地的思想精神。老子说过"人法地",就是这个精神。南怀瑾说,人类是地球文化,离不开地球,离不开土地,中国人有很深刻的土地情结、乡土情结。而人的仁慈心理从何而来? 就是从土地的法则中来的,"仁慈是效法土地的法则而来的"(南怀瑾:《易经系传别讲》)。孔子要人们效法土地的原则而有仁爱之德。仁,是土地的精神,是人效法土地的原则,因此仁是一种无私奉献的博爱精神,即"安土敦乎仁,故能爱"。这里也很好地诠解了"爱",爱也是一种仁德,即无私的奉献、不求回报的那种热烈而真诚的感情。

中国文化除了重视人的现世今生,还重视人的生存所依赖的山河大地。生命和土地,对中国文化具有根本性,同时从中引申出"人法地"的行为原则,这种行为原则以人效法土地仁爱之德为核心内容。

孔子充分意识到大地的文化意义,包括道德意义、哲学意义和人生意义。孔子的哲学,是生命和土地的人文哲学。完整地讲,孔子的文化哲学,是天、地、人的哲学,天人关系、人地关系和人伦关系是互相联系起来的三个重要方面,有天人论、人地论、人伦论三大思想理论。这三论中还暗含了天神论,即孔子所讲的天具有神圣义、宗教上的主宰义。

九、"人能感通天地"

天地生人,与天地化生万物是一样的。人与物比较,人以智慧和灵性卓立,所以人为天地之心,能够代天地言、替天地思。天、地、人、物是一体的,或者说是一个大道自然的整体。从另一个方面讲,人与天地万物是相互感通的。在儒家,人以悲天悯人的无私之心如仁民爱物之心感通人我、心物。孔子讲仁者爱人,不仅爱自己的父母兄弟,还把爱扩大到非亲非故的他人,关心、帮助、怜悯他人,还扩大到自然,爱惜万物生灵,这都是以战胜自我的无私之善心感通天地宇宙、人生世界。因此,仁具有感通性、类推性、扩充性。仁心、仁性具有感通性,对此谭嗣同有深刻见解,他在《仁学》中指出,"仁以通为第一义",以"通"解释仁,体现为人我通、上下通、内外通、中西通,呈现出一种革命的开放意识。总的来看,在儒学认知范围内,以仁心感通天地万物,乃是"一体归仁"的证明。"万物一体"与"一体归仁"是相反相成的,万物一体是天道,一体归仁是人道,人道以天道为则,人道总归天道,所以它们是一而二、二而一的,也是在这个意义上讲"天人合一"。

十、董仲舒的"天人感应"

董仲舒的"天人感应"说影响极为深远,很重视言行居处与天的关系及感应。由此可以看到,中国人信仰的是"天"。董氏在《春秋繁露·为人者天》中很明确地说过，"天者，百神之君"，即天是众神的统帅、领导者。董氏把天人关系具体为"天人感应"之说，大大促进了天人论的神学化进程，并使其成为中国传统社会政治生活乃至民间生活的重要思想支柱和行为要则。

董仲舒的天人感应说有以下要点：

第一，天人关系更加明确为神人关系。天作为百神之君，不仅是万物的主宰，也是人的根本，即"人的曾祖父"。天人关系即神人关系是整个中国传统社会的意识格局或信仰格局。传统文化中关于天地人的"三才说"，可以简缩为"神人"二元一体说，后者有更大的包容性，既包括自然的天、地，也包括神性的天、地，也包括在天地之外的其他神祇。

第二，天作为神是制约人世的一个重要力量。董氏的"天人感应"论事实上将帝王置于天的制衡之下，天以自然的灾异祥瑞来警诫或赞许帝王的言语品行，儒士也可以通过对"天意"的观察解释和人们对天的信仰敬畏来制约帝王。人们相信，君权固然神授，但违天则天不能保佑国君并会使其受到惩罚。因此天人说乃至天人感应论，是儒家孔学手中有力的武器。这种对君王的制约，也同样影响到对平民生活言行的制约。

第三，董仲舒"天人感应"论有力地促进了儒学的宗教化进程，在儒学的神学化方向上迈出重要一步。研究孔孟儒学，不能忽视它的儒教性质，即儒学的神学倾向。

第四，董仲舒推进了儒学神学的系统化建构，建立了天人感应论和三纲五常的理论架构。把孔子的五伦（君臣、父子、夫妇、兄弟、朋友）简要为"三纲"（君臣、父子、夫妇），把孔子的五德（仁义礼智信）规定为"五常"，成为整个中国传统社会的伦理纲纪。

第五，董仲舒的思想学说被政权所接受并且奉行，确立了儒学在国家政治生活中的正统地位，儒学正式成为国家的思想文化。这和董仲舒的思想学说综合各种学说，总结出天道为本、天人感应、君权神授、应命改制的思想并使其深入人心，得到广泛认同有直接的关系。

第六，董仲舒的思想学说，在理论上和政治实践上把人们的意识纳入以天为核心的神学信仰的轨道，并且成为一种传统和习俗，得到很大的成功。

十一、中国艺术家与世界的关系

在中国文化中,艺术家(包括诗人、画家)与世界的关系不是站在世界的对岸,而是在世界里面,艺术家是自然中的一分子,仰观俯察,比类感兴,求诸己身,感悟体会和自己的生命时空整合在一起。这种"心灵之境"就是在"天人合一"的世界观影响下产生的。

中国艺术是"站在世界之内体会世界和人生表达心灵感情"的艺术。

十二、人与物关系的东方观念

东西文化都重视人在万物中的特殊地位,但对人与物之间相互关系的思想观念十分不同。西方奉行的是人类中心主义,认为人是唯一依其自身而善者,人是自己的目的,人之外的物具有工具价值,只能作为人的手段而获得价值。因此,人以自身为目的,物以人的需求而具有使用价值。在儒家看来,人是天地之心、万物之灵,这并不意味着人有自我独大的优势,而是表明人的一种自觉担当的宇宙人生责任,不是物为人所用,而是人帮助物成其为物,这就是中国文化所表达的,人是天地的一部分,人参赞天地助其化育。《中庸》说,天下之至诚为尽其性。尽性,首先是能够尽人之性,能尽人性然后就能尽物性,能尽物性就可以"赞天地之化育",赞天地之化育则可"与天地参矣"。(此论点见刘梁剑《人性论能否为美德伦理奠基?》一文,载《华东师范大学学报(哲学社会科学版)》2011 年第 5 期),这个概括比较切当。中国文化奉行的是自然中心主义,以天地自然为生命的根据,以应天顺地合于天地之道为基本准则,显示了对天地自然的尊敬、信仰、顺从乃至崇拜。中国人信仰的是天地自然,天地自然是神灵主宰,是一切合理合法性的根据和来源。

十三、"天地人神"的文化世界

在中国传统文化观念中,人与自然的关系细化为人与天地的关系。自然就是天地这两部分组成的。从阴阳学说讲,轻气为天,浊气为地,乾天坤地,为太和浑沦之气化分阴阳之变易,所以有天地之分。在天地与人的关系中，天地生人，人在天下地上，通常以"天地人"称之，称为三才，有时以"天人"简称。实际上，中国文化的天地代表自然，有时以"天"代表整个自然。天，除了其他含义之外还有神圣义，它具有生命、灵性、意识和人格，常常称为帝、上帝等，具有至上神的地位。因此，在天人关系中还包含着神人关系，其心理背景就有信仰的要素。从这个分析来看，天地人的世界格局实际上就是天地人神的格局。在天地与人的关系中还存在神这个环节。由此说来，天地是神，人也能成为神。人成为神的途径，一是人死了成为鬼神，比如祖先神，二是通过道的学习，由凡人而成圣贤、成神仙、成佛。商周就有天神、地祇、人鬼的分类。天神以日、月、星、风、雨、雷、电等为对象。地祇以山、川、河、海、土、石等为对象，尤以四方、五岳为重心。这种天地人神的文化结构、世界格局，在中国文化中深入人心，它也以万物有灵论、有机生命论为基础而建立，与宗教文化有密切关系。中国的伦理学、地理学、天文学、医学、建筑学，当然也包括风水学等传统文化，都有"天地人神"的深刻背景和重要影响。

十四、"意义世界"和"事实世界"

关于"天地人神"结构的文化世界，还有一个必要的说明，即"意义世界"与"事实世界"的区别。"天地人神"建构的文化世界，显然不是可以游离于人的存在而客观独立存在的"事实世界"。这是一个典型的"意义世界"，是人类自己编织的"意义网络"。人的存在是这样的，基于事实世界，但生活于文化编织的意义世界，并且通过文化的意义世界理解和感受事实世界。正如人与自然的一般关系那样，人类的生存以自然为基础并且是自然的一部分，但人类并非如动物一样直接生活和融合于自然环境，而是生活于人类特定的文化中，通过文化与自然发生相互的作用。文化就是那种人类自己编织的"意义世界"。在很长的历史阶段中，人类就生活在人对世界的宗教理解中，即"天地人神"所建构的那个观念化世界。人把自己生存的世界理解为神的世界。也就是说，人类有很长的历史是生活在自己的宗教意识中，生活在对"神"的观念信仰里面。具有革命性的历史时刻，发生在欧洲，以"文艺复兴"、"启蒙运动"和"工业革命"为代表的那个时期，理性主义、科学文化和工业力量突破了神权主义和宗教文化的观念禁锢,解放了人,解放了作为个体存在和个性生命的人。理性和科学所理解与认识的世界是另一种"意义世界"的建构,它更接近"事实世界",以事实世界为感性和理性的真。

从上面所讲的来看,"天地人神"的世界建构,是一种历史文化、历史传统,它不断被理性、科学和人本的现代文化消解,被证明为幻和假,但作为人对世界的宗教掌握,它仍然在现当代和将来继续存在并发挥独特的作用。它的历史地位可以用这么一句话表示:宗教文化与人类共始终。人类不存,宗教亦亡。实际上,对事实世界的信仰之虚幻建构,对客观事物的信仰之主观解释和意义创造,是人类特有的行为,是由于人类有意识有目的的实践能动性和思维能动性,是人类面对的世界的变化莫测,充斥着偶然性和不确定性,人作为个体难以掌握自己的命运和生命。这种意义建构,是人类基因的那么一种内在的本能,一如人的生物基因。这种基于物性事实的观念和意义建构,可以称之为"人的文化基因"。人的生物基因的基本功能,是向周围世界取得生命存在所必需的物质材料。人的文化基因的基本功能,是对周围世界和人的存在做出意义解释、观念定义、价值判断和行为建构。

还要补充一点,即人类建构的"意义世界"是一种"心理现实",不是"物理现实"。这种"心理现实"是人们行动、感知的一种"内在的依据和尺度",它体现了人对世界的思考、想象、情感、认识和意志,并把"心理事实"判断为信仰的真实。人类有能力把自己的"心理现实"转化为"物理事实",即通过实践能动性的创造或变革以某种方式实现。由此可知,在人类看来,事物在意义中体现它的价值和变化方向。

第七节　"法天道、立人道"的孔孟儒学

一、"法天道、立人道"的儒教

张其昀在《孔学今义》一书中讲道:"儒家整个思想体系,可以用六个字

代表之，就是'法天道，立人道'。"并认为"儒家'法天道，立人道'，以建立其天人合一的思想体系"，"儒家所建立的人道以力行仁道、仁政为极则"。（均见该书第189页），张的分析很准确到位。他还指出，在儒家的思想里面，理性的自觉和宗教的情绪合而为一，自然有致。

中国的宗教是什么模样，读了张其昀在《孔学今义》第189页的第一段话，就可以明白了。中西文化是两大文明的独立系统，两者差异性很大。在何为宗教的问题上，孔学之儒教就是宗教的中国模式。孔学之儒教到西汉董仲舒这里，已基本确立了它的宗教性质和它在国家政治生活中的主导地位。儒教具有综合的特征，它不但与思想学术文化结合在一起，还和政治权力结合在一起，政治的行政架构成为其借助的组织架构，政教一体。此外，儒教经董仲舒的努力，把阴阳、五行、天文、地理等各种学说整合起来，确立了兼收并蓄的主体地位和完整体系，科学、文艺也是它的组成部分。

从儒教来看，其文化的心理结构以理性的伦理认知和宗教的情感信仰为组织结合，其中又以信仰为主导要素，即信奉天是一切根本和主宰，主张效法天道以建立人文人事之道。由此来看，导致情感具有优先的地位。对天的信仰和情感、对祖先的尊敬和情感、对父母的感恩和亲情，是儒学的思想起点，并且孔子的仁学，就有"由情及理、由己及人"的显著特点。我们讲孔学是情理主义的，就是这个原因，他在情中看到了蕴含其中的理，从情感中引申出所谓的天理。"常情常理"、"天理人情"、"天理良知"是不能分开的。

儒教的道德理性与宗教情感的结合，表明这种理性属于"宗教理性"的范畴，信仰是首位的、决定性的因素，因此它和"科学理性"根本不同。科学也有信仰，但信仰的不是神灵、上帝，而是存在于人之外、世界中的事物本身的自然规律和客观真理，客观、观察、质疑、分析、实证、求真是科学认知的基本精神。没有怀疑和质疑，就没有科学，而宗教不允许怀疑。

不能说中国传统文化没有理性，它的理性主要是宗教理性和道德理性，可称为实践理性，但绝不是西方文化遵奉的科学理性。科学理性是工业文明的思维基础。科学理性的思维模式和基本方法，在明清时由西方文化输入中国并产生革命性影响。

儒学为教,在学理上看,有经学、理学、心学、气学的区别,但以经学为主。在信仰上,以昊天上帝、祖先神灵为"一统"的虔诚信仰,配以其他各种神祇的"多元"崇拜,如先师崇拜、领袖崇拜、英雄崇拜、道德崇拜、行业崇拜等。

二、仁行天下

西方价值观的核心是人权的价值,阿拉伯人价值观的核心是神权,人可以为神而献身。中国价值观从传统来看,核心是人性。仁行天下,和为贵。

三、以仁为主导的博爱

在中国传统文化思想中,人要克服或者战胜的是私心和物欲这两样东西,否则无以达到道的生活境界。私心,就是以自我为中心的价值尺度,即所谓"一己之心"。孔子说"克己复礼为仁",仁有两个要点,一是起点开端,以"亲亲"为原则,即爱自己的血缘亲人,是在自己血亲范围里的仁爱,这种爱超出了自我个体而涵盖了亲缘群体,这是仁的第一步。第二个要义就从亲缘范围扩大到社会范围了,就是"博爱"的原则,即"泛爱众",产生了"仁民"和"爱物"的推广义和政治义。因此,仁的全部要义可以用以下概念系列来表述:亲亲、博爱、仁民、爱物。其特点,一是从自我个体扩大到亲缘群体,这是"克己"的功夫;二是从亲缘群体扩大到社会民众,这是"比类"的功夫;三是从人类扩大到自然事物,这是所谓"感通";四是心同万类、万物一体,人天、人我、心物、心身的大一统或"大同"。这就是"克己为仁"的完整内涵,充满着"天下一家"、"万物一体"的博爱精神。

所谓物欲,即人们生存所必需的物质需求和生活利益,包括一己之利和物质利益。总的来讲,是人的"欲求"之心,以"利"的概念表示。儒家的文化原则,在义和利冲突时排斥利,主张以义取利,不能见利忘义。王阳明认为,心里面无私无欲的时候,心最澄明,这个心就是天理了。天理就是人心中无私无欲、无善无恶的一种单纯和明净。他说"无善无恶心之体",无善恶亦无私无欲。人一旦有了私和欲的念头,就有了善恶之分,所以有"有善有恶意之动"。宋明理学最极端的体现就是"存天理、泯人欲"的说教。何谓"天理"，在王阳明看，无私无欲亦无善无恶就是天下的规矩方圆，这种无私欲善恶之心所洞见烛照的普遍必然规律，就是天理。在仁的博爱精神中，也融合了"无私无欲"的心地澄明，并且无私无欲才会有如此博大的泛爱之心。这是一种很崇高的精神，是中国文化的高尚之处。

在日常生活中特别是当今社会乃至国际社会角力中，无法排除人的自我利益和物质欲求。这不是人的缺点，是人的生物性特征决定的正常的人类生活，这是人生存、生活的基点。无私无欲的道德要求和道德标准是一种道德乌托邦。正直的道德伦理应承认人性的这个特点、人性的真实状态，在正当与合理的尺度下尊重他人、尊重道义，赞成利己不损人的条件，赞成我利人人的道义，赞成仁民爱物的大爱精神，赞成在道义条件下获取个人利益的合理性。我们看到，孔子道德学说根本不反对"有限度的自私"，即在"亲亲"原则指导下的对父母兄弟的血亲之爱，大力主张的孝、悌伦理。他在这个基础和起点上，主张人的"博爱"精神，把血亲之爱扩大到对社会大众之爱，还扩大到对大自然万事万物的爱，提出了"战胜自己"（克己复礼）的伟大思想。我们说，孔子伦理具有"公私兼顾，利亲利人，崇尚道义"的特点，不是彻底无私的，也不是完全无欲的。他把私和欲放在道义的合理与正当的范围里来考虑，这是对仁的博爱精神的一个必要补充说明。

四、以亲和为基本立场

张载《西铭》："民，吾同胞；物，吾与也。"讲的是"万物一体"的道理，其一是自我与他人的一体关系，其二是自我与自然的一体关系。总之，世界是一体的，是一个整体，由此可知，中国文化在人与人、人与自然的关系上不采取对立冲突的态度，以亲和为基本立场。所以有"四海之内皆兄弟"的名言，有"天人合一，物我为一"的命题。

五、"天地境界"和"孔颜乐处"

"天地境界"有"孔颜乐处"思想的特点，孟子说，"万物皆备于我矣。反身而诚，乐莫大焉"《孟子·尽心上》，这种天地境界中的孔颜乐处或观物之乐，就是万物一体神秘体验所得到的精神愉悦。

观物之乐,在邵雍等宋理学家来看,就是在万物一体、物我交融的状态下观万物之生意。在"观生意"中与万物一体、与天地同乐。

六、上古商周之变

中国上古时代是神权社会,实行的是原始宗教礼制,实行的还是巫政。徐复观说:"从甲骨文中,可以看出殷人的精神生活,还未脱离原始状态;他们的宗教,还是原始性的宗教。当时他们的行为,似乎是通过卜辞而完全决定于外在的神——祖宗神、自然神及上帝。"(徐复观:《中国人性论史》,华东师范大学出版社 2005 年版,第 10 页)"殷人既然如此,那商代之前,因不可能超越神权至上的思想观念,所以,自商代上溯,是一个神权独尊、以神为本的原始宗教礼制时代。"(叶修成:《论上古礼制与文体的生成及〈尚书〉的性质》,载《中国文化研究》2008 年第 1 期,第 6 页)在神权社会里,巫觋宗社是知识者和思想者,精英文化都掌握在他们手里,以"语言行为巫术"沟通人神、协调人神关系。

从殷商到姬周,社会经历了一场巨大的时代变革。王国维《殷周制度论》说:"中国政治与文化之变革,莫剧于殷、周之际。……殷、周间大变革,自其表言之,不过一姓一家之兴之与都邑之移转;自其显言之,则旧制度废而新制度兴,旧文化废而新文化兴。"(王国维:《观堂集林》,河北教育出版社 2003 年版,第 232—233 页)

王晖说:"周人走出了商代神权至上、王权神权合一的统治模式,代之而起的是集权化的官僚统治模式。"(王晖:《商周文化比较研究》,人民出版社 2009 年版,第 346 页)

七、孔孟思想的出路

对孔孟之学的解读,汉唐以来注重训诂、注疏、考据,落入细碎烦琐。宋明理学反其道,注重从义理疏解孔孟之学,但落入了心性之论的玄谈,孔学成为一种心学。明末清初,不少学者恶其玄虚,重入汉唐的章句考据训诂之途,称之为朴学,但依然细致入微不见大处。孔孟学说的现代出路,不在训诂考据,也不在心性玄理,在于其解决现代之宇宙人生问题的思想、途径和方法,在于其思想学说及途径方法的历史合理性和科学合理性上面,在于一种伟大精神的现代建树,使人对现今与未来有信心、信仰和力量。要在合理性上面、在现代性上面、在精神建树上面审视和整理孔孟学说,用于现世和未来问题的解决。这当然也是一种义理的现代性疏解,但和宋明理学绝不相同。我们要从《论语》《孟子》中,获得一种指引现世与未来的伟大精神,找到现今和未来要走的路线和方向,这才是最有意义和价值的事情。

第八节　儒道释

一、儒道释各有宗旨

儒主张成仁爱,成圣贤,途径在亲亲、尊贤,其要点在明心见性(又谓明德见性)。道主张求长生,成为仙人,在虚无静净中反归本性本真而获得飞升和长寿。佛主张脱离,即脱离欲望,也就是脱离人生利欲苦海,以一切放下为要点,可以超越生死轮回,往生极乐净土。儒是入世的,在现实中治理人、治理社会,以治人为根本,以大同社会为宏愿。佛是出世的,否定现在、现生,仰望天上和将来的世界,其根本是灭人欲,其宏愿是普度众生、光明世界。道在本质上是出世的,但并未放弃现世现实现生,主张在现实中修炼、在心灵上超越、在现世中成仙(即长生长寿,既得寿又不离世,但在心灵在精神上已经出世不在世)。道家还主张“即身医世”,即通过人的身心改变(德化和仙化)来改变现实的社会和人生。

二、儒道释的“理想国”

古代中国儒道的理想社会,即“大同”与“小康”(儒),“小国寡民”(道)。佛教提出的是以“弥勒净土”和“弥陀净土”为代表的理想世界。这些不同的理想国,有的在过去,有的在现在,有的在未来;有的在地下,有的在天上。

三、使平凡的人伟大

中国传统文化走的不是理性路线,没有科学理性的传统。科学理性在明清时期从西方并经日本传入中国,开始改变了中国知识分子的思维方式、认识立场和思想观念,五四新文化运动则从根本上加以改变了。因此,中国传统文化不很适合从唯物与唯心的方面加以判断分析,它不是分析中国传统文化的主要原则和标准。中国文化有鲜明的心学的特征,到清代及民国时期受到科学理性的沉重打击。这种心学特征最终到达了"以心为证,心外无物"的荒谬境地,否定认识要以客观事物为根据、为本源,满足于向心的内向性认知,排斥向外的客观性认知。在中国传统文化中,也许更中心的问题是自我的超越问题,儒道释都在这个问题上做文章,表达各自的思想和方法。西方文化相比较来看,似乎相反,它更中心的问题是自我的实现,黑格尔的哲学史就是阐述自我如何在世界发展过程中不断在否定中实现的历史。中国文化不是西方文化意义上讲的那种"自我实现",讲的是"自我超越",在社会中(儒)、在自然中(道)、在心灵中(释)实现这种使自我伟大、非凡乃至神圣的超越——圣、仙、佛。中国文化在这个意义上又可以讲是如何使平凡的人伟大起来的一种文化。

我对孔孟儒家文化的解读:一种使平凡的人伟大起来的文化学说,要义在于"自我的超越"。

中国人相信人的生命具有存在超越的可能性,能够突破人的局限性和生命的短暂性,到达圣、仙、佛的境界。中国文化中,一向有圣贤崇拜、神仙崇拜、佛崇拜的精神走向。

关于圣,《论语》里有太宰问于子贡:"夫子圣者与? 何其多能也?"以孔子"多能"为圣。这里的"能"指对宇宙人生奥义的充分觉悟和广泛认识。《韩诗外传》指出"仁道"有四种境界,即圣仁、智仁、德仁、磏仁。其中的圣仁即"上知天能用其时,下知地能用其财,中知人能安乐之"。《荀子·哀公篇》有"所谓大圣者,知通乎大道,应变而不穷,辨乎万物之情性者也"。朱熹说"道便是无躯壳底圣人,圣人便是有躯壳底道"(《朱子语类》卷一百三十)。说到底,圣人便是得道者。孔子说过:"朝闻道,夕死可矣。"

四、儒家人文主义的特点

以人为本却不是以人为中心,以自然为中心却以自然为神圣,可见它是具有辩证、兼容特点的文化主张，不走极端，在哲学上持一元论的辩证立场，可以用"和而不同"、"合二而一"、"万物一体"来表达，也可用"阴阳一气"、"一体万化"表示。

五、儒学之教

儒学之教并非简单的人伦教化，它在"神道设教"的思想指导下，借助神圣化推动理性化，又在神圣化和理性化的作用下，经由孔子、孟子等使儒学走向政治化、民间化（或曰"大众化"）。儒学的民间大众化，是孔子的伟大目标和杰出贡献。儒家思想学说，正是通过"天人合一"的神圣化和"克己复礼"的理性化，为中国社会及其政治提供了一整套信仰体系、价值体系、人伦制度，其思想学说沉浸于社会、生活和人心，形成了很有自性特征的民族文化性格。

我们可以这样概括，以儒学之教为代表的中国传统文化，第一层次的特点，是"天人合一"的神圣化，"克己复礼"的理性化，"仁义忠孝"的伦理化，"亲亲仁民"的人文化，"常用不知"的民间化（或生活化）。第二层次的特点，是儒学之教的包容性、渗透性、主体性等。所谓主体性，指儒家文化始终是中国传统社会的文化主体，是主流的、主导的。

六、孔子的理想社会

孔子的理想社会首先是"天下有道"的社会状态，有无道义是关键所在。

何为"有道"，《论语·季氏》："天下有道，则礼乐征伐自天子出。天下无道，则礼乐征伐自诸侯出。""有道"指有一套稳定的社会等差秩序。"无道"就是《论语·子路》中说的："礼乐不兴则刑罚不中，刑罚不中则民无所措手足。""礼乐征伐自诸侯出"就是失去了伦常的秩序，失序失范即失道。

孔子眼中的理想社会范本就是西周社会，"郁郁乎文哉"的周礼盛行的周公时代。孔子并没有因袭周礼，而是注入了他的思想解释，即把"仁"的思想与"礼"的形式结合起来，把礼放在仁的思想基础上形成了新的"仁义礼"思想学说和信仰体系。《论语·八佾》谓："人而不仁，如礼何？人而不仁，如乐何？"所谓"文质彬彬"（《论语·雍也》），就是指礼仪是出于人的本心情感所为,不是简单的上制下或下从上的权力地位关系。

孟子提出了"仁政"思想,即以爱人不忍之心为基础的社会政治,以"仁政"为"王道",建立"王道乐土"。

秦汉儒家承孔孟思想,提出了"大同"和"小康"的理想社会。《礼记·礼运》:"大道之行也,天下为公。选贤与能,讲信修睦。故人不独亲其亲,不独子其子。使老有所终,壮有所用,幼有所长。矜寡孤独废疾者皆有所养。男有分,妇有归。货恶其弃于地也,不必藏于己;力恶其不出于身也,不必为己。是故谋闭而不兴,盗窃乱贼而不作,是谓大同。"这是一个出于公心而有公道正义的人性善良的伦理社会。

小康社会则是"今大道既隐,天下为家,各亲其亲,各子其子,货力为己,大人世及以为礼,城郭沟池以为固,礼义以为纪,以正君臣,以笃父子,以睦兄弟,以和夫妇,以设制度,以立田里,以贤勇知,以功为己,故谋用是作,而兵由此起。禹、汤、文、武、成王、周公,由此其选也。此六君子者,未有不谨于礼者也。以著其义,以考其信,著有过,刑仁讲让,示民有常。如有不由此者,在执者去,众以为殃,是谓小康"。这是一个以礼义刑罚制私的社会。

在这里,远古社会为"大同",夏、商、周至孔子时代则为"小康"。这里注意"大道之行"的大同和"大道既隐"的小康。何谓"大道"? 就是人心公、人性善、仁义行、礼有序的人伦之道。

七、礼乐文化

礼乐并作、化文成人,是孔子儒家学说的重要思想。孔儒学说认为,人受到内外两种力量的制约,一个是外部性的伦理规范,一个是内在性的个体性情。所谓"礼崩乐坏",是指社会的伦理规范遭到制度性破坏,以至伦理秩序陷入混乱,而个人的性情不再受到礼制规范的约束,人放纵个体情欲,走向失范,走向人伦的丧失。周公"制礼作乐",创造了人伦教化的"礼乐文化",把人从禽兽状态导向人文理性,是一重大贡献。孔子努力恢复礼乐制度文化,并提出与此密切相关的"仁"的思想学说,推行"仁德"、"仁政",就是谋求重建社会的礼制秩序与和谐稳定状态。

礼乐相对而言,礼是一种外在的制度规范,但基于人们内在的仁德行情，它也有待于人的内心接受，也在于人们认为礼是一种"天理大道"，相信它、信奉它。乐的根据在于人的个体情欲这种感性需求，包括追求个体的快乐和利益。《周礼·乐记》中明确地讲，乐是情之不可变者，礼是理之不可变者，乐统同，礼别异。不可变易的东西就是"道"。情有道，理是道，两者都应当得到同样的尊重和贯彻。情是"感同身受"的，理即"别异守常"的。情由中出，礼由外作。礼乐文化突出地体现了孔子的"情理主义哲学"。孔子重情但不滥情，主张的是情的快乐要合乎礼的制度规范，其中音乐、舞蹈是最为典型的情感艺术。礼是理性生活，注意人伦之间的等级差别和安分守己的理性态度。乐是一种情感生活，尤以音乐、舞蹈、诗歌为情感生活的体验形式，从中获得认同感和归属感，获得一种合于礼义的文艺教化。孔子重礼但不失"合情"，主张顺乎人情、导之以理，使情具有理的承载和价值，把情升华为理。孔子的仁学，就是从血缘亲情之爱升华为孝悌忠义诚信之理的学说。"合情合理"是孔子礼乐文化的重要尺度。情要合理，理要缘情，是中国文化的一大要义。"合情合理"也是中国人重要的价值观。中国文化的思维倾向是"合二为一"或"二元中和"，西方思维倾向是"二元背反"，一就是一，二就是二，二往往是对立或冲突的双方。中国人很不同，一和二不是截然分开的，一可以变二，二可以变一，一和二充满着变化发展的活力生机，具有辩证关系。中国文化看东西不是看死的，而是看活了，它会变易不居，有灵性和生机，更愿意相信一切是相对的、辩证的并且有生命活力。比如中国画所把握的对象，非常在意"气韵生动"的特征。

从另一个角度看，礼乐文化具有美学价值和艺术气质。礼乐文化，一方面讲究敬畏天地、祭祀祖先以及人际往来、嫁娶丧葬等一整套礼制规范，另一方面包括了音乐、舞蹈、诗歌等文艺形式。重要的是，礼制和文艺是穿插融合在一起的，任何一种礼制仪式的进行，都少不了音、舞、诗的配合。这个现象说明，礼乐文化承接了巫史传统的常规常轨，在神圣和艺术的氛围中呈现仪礼的心情。"美善合和"或"尽善尽美"，体现了中国美学倾向。就礼乐文化而言，是在尽情的欢娱释放中体现着理性的节制，"合情合理"的节制。

八、由巫史传统的进化

从"巫史传统"中进化出来的主要内容,第一是由"巫祝仪式"衍化为"礼仪制度",由祭祀演化为敬天、祭祖的一整套礼仪制度,落实到仪式、服饰、姿态、容貌等形式上,见出等差、秩序的"礼数"区分。第二,从巫文化崇拜中,提炼出"畏天、敬祖、事亲"的道德伦理内容,形成以仁为核心,以天地君亲师为对象结构的道德信仰体系。第三,从巫文化的巫祝仪式中,分析出"音乐、舞蹈、诗歌"等艺术形式,形成"尚礼、重文、乐艺"的"礼乐文化"。第四,"巫术感应"衍化了"天人感应"、"天人合一"、"神人交通"、"物我一体"、"情景交融"等哲学和艺术的重要观念和核心命题。

从巫文化到儒道文化,中国古代美学的主要问题和矛盾不是美与真的关系,而是美与善的关系,即情感的形式和艺术的教化,也就是艺术与政治的问题和矛盾。这和巫术与君王的结合而形成的巫君合一、巫政合一是相关联的。文化与政治密切结合、文化有政治要求、文化有伦理要求,是中国文化历来的传统。

九、心的四端说与佛学相通

孟子讲的心之四端,可以在佛学上得到伸展。恻隐之心可以引申为慈悲心,两者完全相通。仁爱与慈悲,都有替人着想、予人同情的通理。辞让之心为礼的发端,在儒学上,与"放下"、"舍得"相通,都是和人的个体私利或个人欲望做斗争,获得某种解脱,把自己的心灵和人格放大。辞让就要求有牺牲个人私利的精神。它在理学上,推向了"灭欲",与佛教的教义一致。羞耻之心是人类道德感的重要基础。羞耻有耻和恶的区别。恶,指向身外的不善。耻,指向自身的不善,即人之不仁和己之不仁,就是要耻恶排斥的东西。孟子称羞恶之心是义的基础,要点是人心要有赞成和排斥的两个方面,简称仁和义。人要有仁爱的心和知耻的心。羞恶心在佛学上与戒惧心相通,在佛门要持戒,对所戒的那些要有警惕和惧斥,由此导向善的一边。是非心称为智,在这里智和知相通,古人有"转识成智"的命题,说明认知与智慧有相关性。不过,这里讲的"是非"是道德意义上的对错,即善为对、不善为错。是非的科学意义是真理性的问题，是客观真理的是非判断。孟子讲是非取道德义，主要不是科学义。儒学讲仁爱、知耻、辞让、是非，佛学讲慈爱（慈悲）、善恶、灭欲，儒佛相通之处可见。这产生了儒的佛化、佛的儒化，它们都在对方身上找到共同语言。

十、"存而不论"的鬼

孔子对鬼神（人类的祖先）持"存而不论"的态度，"敬"且"远"之，更重视人的积极入世，修身齐家，平治天下。墨子则认为"鬼神能赏贤罚恶"，是支配人间的一种超人力量。

十一、何谓圣？

寂然不动，不往而到，不言而神，不耀而光，制作参乎天地，变化合乎阴阳，虽有情然未尝有情。（唐李翱：《复性书》）性乃寂然不动、广大清明。性之动即情，然性本寂然不动，因此有情又是无情。这种有情却又无情之状，就是一种"不动心"的精神。

十二、何谓仙？

东汉刘熙《释名·释长幼》说："老而不死曰仙。"葛洪在《神仙传》中描述了仙人的模样："仙人者，或竦身入云，无翅而飞；或驾龙乘云，上造太阶；或化为鸟兽，浮游青云；或潜行江海，翱翔名山；或食元气，或茹芝草；或出入人间，则不可识。"他还把仙分出等级，在《抱朴子·内篇》中讲："上士举形升虚，谓之天仙；中士游于名山，谓之地仙；下士生死后蜕，谓之'尸解仙'。"

葛洪在《抱朴子·内篇》中还讲，仙与人没有多少差异，只是要恪守更多道德规矩，行善积德要比一般人更多，标准更严格，一旦做了一点恶事就前功尽弃。他说："为道者以救人危，使免祸，护人疾病，令不枉死，为上功也。欲求仙者，要当以忠孝和顺仁信为本。若德行不修，而但务方术，皆不得长生也。""人欲地仙，当立三百善；欲天仙，立千二百善。若有千一百九十九善，而忽复中行一恶，则尽失前善，乃当复更起善数耳。"他认为，修炼成仙不仅需要方术之学，更要有救人济世之心，有积德行善之功，在伦理道德上坚持儒家的忠孝和顺仁信的规矩。看来,走成仙之路,要有心、有德、有术才可以的。心乃救人之心,德乃忠孝之德,术乃丹鼎气息之术。道教进一步发展,在这个基础上产生了"医世"的思想,不仅医人以病,而且医世以疾,即救人济世的修炼之道法。所谓"治病救人","悬壶济世"。道教多出医师且多名医。

十三、仙之美即人格美的升华

读黄桂秋《道教神仙美学思想初探》(载《钦州学院学报》2013 年第 1 期),作者提出了这么一个见解,仙之美就是人格美的升华,他称为"仙格美"。依据是,仙是凡人修真而成的,基于道,合于善,实质上就是人格美的一种升华。

从源头上看,葛洪打开了"仙"的人性化的源头,从"仙之可学"到"人人可学",为道教仙学理论做出了贡献。唐代著名道士吴筠,提出了"仙者,人之所至美者"。唐末五代道教学者杜兴庭指出,"长生之术,惟善为基","不善之人,每与教违,故远于道矣。虽欲保身倚道,解难救厄,亦不可得矣。又经或云,不善人之所不宝,言不善之人违反于道,故不宝于道也。何也? 道好柔弱,不善人好强梁;道好恬和,不善人好刚躁;道好冲寂,不善人好喧哗;道好谦卑,不善人好格悍;道好无事,不善人好有为;道好生成,不善人好伤害,行于道违,故不善之人不宝贵于首矣"。

从上可知,学仙首先要学做人,学做人首先要为善,为善的根本是"依道而行"。为善并依道而行,是人之学仙成仙的根本方法。所以,成仙者亦谓之得道者。

在这里,"道"是一个关键词。何为道? 道有以下内容:柔弱、恬和、谦卑、冲寂、无事(无为)、生成(好生)。可以发现,这些道的内容正是天地"自然之道",老子《道德经》已有叙述。我们中国人从自然中领悟出来的"道",是人生之道,也就是待人处世的生活之道。这和西方人追求自然之道的那种客观物质之道,是不一样的。中国人总是把人放进里面来评估它的价值和用处。这里讲的神仙之道就是一个很好的例子,所谓"得道而仙",即借助道去成就人的梦想。

作者认为，仙格美以人格美为参照，它的特征就在入世与出世之间，"具体而言，大致可谓：道德高尚，忠孝两全，行善人间，不惧生死，长生久视，心不为形所役，超然于物外……"（黄桂秋《道教神仙美学思想初探》）典例有关羽，他是死后升为道教神仙的"关圣帝"；另一个是修道成仙的吕洞宾。

作者认为，仙格之美和上帝之美是宗教美学中由于东西方文化的不同而产生的两种见解。仙格之美是人格美的升华。上帝之美是绝对的美，人们所见到的美都是上帝之美的分享。这两种宗教美的见解，一个从人的道德义升华为神圣义，人的道德之美被神圣化；一个自上而下，从理念和绝对到具体和形象，可以讲是理念美向具体形象的人格化。从文化上来看，我以为，前者的路数，是从人向道的飞升，得道者成仙，是人向"真理"的飞升，向"天理"的飞升。后者似乎反向，从"真理"向人的对象化，从"真理"向人的具体化。作者作了一个重要的区分，他认为，仙格美表明了"美在精神"，尤其是美在道德精神；美以人格为依据，表明美的根据在人，上帝之美表明，美在上帝，亦即美在理式或理念；它还表明，美在先天，以上帝为根据。黑格尔著名的"美是理念的感性显现"，有着这种宗教文化哲学的渊源，绝非偶然。总之，两种不同的美，一为先天理式的美，一为后天可修炼得道的美。很明显，仙格美是人格的、道德的、社会的、经验的美，是可以学习得到的后天之美。

十四、道的生命哲学

道教的生命哲学以长生成仙为宗旨，是道教最有表现力的思想。神仙信仰是道教的核心要旨，也是中华民族几千年来的传统信仰的重要内容。

神仙是人们祈望生命长存的一种理想模式，是人们在自然状态下本能地希望生命长存永恒的一种理论构想。在道教的原道论基础上，人们把求生欲望上升到宗教哲学的高度，形成了道教的生命哲学思想。

在道教理论中，道与神仙联系在一起，所谓"得道成仙"。道为一，一形散为气，聚气为形即太上老君，故尊太上老君为主神（五斗米道），与天同变化亦无所不为（太平道）。从这个角度看，神仙之说是"人道合一"的结果，神仙是得道的、超越生命局限的、现实的人，是道的化身。与此相关，有"道药相生"助人成仙的方式。更有"心道合一"的方法，即庄子所讲的"心斋"、"坐忘"等方法,即可以通过主观努力和身体力行的修炼成仙。前者炼丹服药可得道,后者是心性修养可得道。

"心道合一"是道性论与心性论的结合。道潜藏于人,人通过心性修炼玄觉悟道进之得道。因此心等于道、道等于心。这反映了中国文化的一种认识倾向,不同于西方人于外物中认识客观真理,而是主张从自性自心中认识"道"即宇宙人生的规律法则。这种内省的认识倾向也深刻体现在道教思想中,即所谓"心道合一"的道性与心性的内省结合,从心性论对道性进行诠释。比如清静虚无之心亦谓之道。张伯瑞认为,欲体夫至道,莫若明乎本心。金代道士王重阳认为,道本是心。心即是道,心外无道,道外无心。南宋道士白玉蟾提出"心即道"的思想,推此心与道合,此心即道也可以;体此道与心会,此道即心也可以;道融于心,心融于道。在此可以看到宋代陆九渊的心学思想"心即理,理即心,心外无理,理外无心",在道教中有深刻影响。

"心道合一"的最终目的就是"生道合一,长生成仙"。

十五、道家思想的理论维度

道教理论有如下思想维度:信仰之维,人道相合;炼养之维,道药相生;心性之维,心道合一;伦理之维,善道同际。

十六、道家的社会文化批判

道家的社会批判和文明批判,揭示了文明总是与负面的东西互相联系和依存的。道家的思想表明,他们向往的是公平、和平、自然淳朴的社会,是排除了道德和知识的、大道自然的社会。

道家的核心思想:大道自然。

老子对社会的不公、贫富不均、虚伪等现象进行了批判。

十七、庄子语录

《庄子·大宗师》:"天与人不相胜也。"

　　十八、道教的"身世同治"

　　道教的重要理念："身世同治，即身医世。"道教认为身、世即人身和人世同根同源，修身亦为治世，医人亦是医世，从人的心性道德的修养锤炼来入手治理身心所处的社会。"身世同治，即身医世"的理念包含了"关注生命、关注社会"的伟大思想。这种身世同治、即身医世的思想理念，在老子《道德经》中就已经有了确切的表述，是中华传统文化的重要思想。《道德经》："修之于身，其德乃真；修之于家，真德乃余；修之于乡，其德乃长；修之于邦，其德乃半；修之于天下，其德乃普。"又有："是以圣人处无为之事，行不言之教，万物作焉而不为始，生而不有，为而不恃，功成而弗居。"是说修身、和家、化天下乃至陶融万物，都是因循自然大道而"由一己化成天下"。后人将此总结为身世同治、即身医世、即身化世的思想理念。这是中国文化十分重要的社会政治思想，它的基本思路是治世，重点是治人。治人就是在根本上治世，人善化了，社会也必然善化。而治人的重点是治心，治心的要点是人的道德教化、循天道天理而行，此亦可谓治德，也可称之为"艺德"、"医德"——艺和医做动词解。所以，这里面包含了这样的思想：一是身世同根同源的理论假设，二是天人合一的理论假设，三是万物一体的宇宙观，四是心性决定的心学倾向和人性论主张。总之，可以归结为这样一句话，救人心即是救世。

　　西方文化着眼于人的利，中国文化着眼于人的心。对人的利益的控制着力于法律的调节使人共处。对人心灵的控制着力于道德的调节。西方文化假设人是自私自利的。中国文化，特别是儒家文化，假设人是天性善良的。因此东西方文化的社会政治思路很不一样，各成一体系。西方注重人的自由，同时又强调法制，使人的利欲有限定。中国文化注重人心的忠孝仁义礼智，强调的是德治，奉行救人救心、救心即救人、救心即救世的思路。

　　儒、道、释三教有着十分一致的救世情结，都有各自的治世之方。救世在于救人。儒家以德救世，三纲五常是它的药方。道家以道救世，以自然无为、虚静恬淡、返璞归真为宗旨，以静、虚、退、下、谦、和六德为药方。佛家以解脱为宗旨，小乘以解脱涅槃为法门，大乘以往生净土为法门。可以看到，他们都认定,心的改变才会有人生的改变和社会的改变。因此,中国文化有着十分独特和重要的心学传统,儒道释都有着十分突出的心学倾向。也可以看到,宗教本身负有一种救世的基本使命,有着深刻的救世情绪和治世企图,是人们在这个世界中企求从心灵上开辟生存之路的一个重要选择。

十九、守静致虚

大道虚无。从何可得? 要点在一个静字,虚从静中生,静方能虚空。由此理,大道之悟亦从静定入手。静则专于一,一则生气而得气。静一得气,是无中生有的机制。因此守静致虚而得气机,无中生有,似有却无,并非真空死寂,而是充满了活泼生气生机,有生生化育的功能。由此可知,静具有很大的潜能,静是一个十分重要的起步。

第九节　宋明理学

一、汉学与宋学之分别

汉学从微观的方面,即从经的章句训诂来解释、理解问题。宋学是从宏观方面,即从经的要旨、大义、义理读经、通经,两者思路和方法完全不一样。宋学开创了新儒学学术研究的新局面,在哲学上达到一定的高度和深度。

二、宋代的气学、数学、理学和心学

张载的气学针对佛老宗教崇尚虚空的学说,提出了虚空即气、气为宇宙的终极实在的观点,从根本上驳斥佛老学说,为儒学提供一种宇宙论的论证。

以邵雍为代表的"数学"进一步研究宇宙过程、历史过程的规律性,但其寻找宇宙、社会演进规律的努力未能摆脱数学的神秘主义色彩,"数"只能反映宇宙历史演进过程中兴衰的周期。

气学、数学关于宇宙实体与宇宙规律的学说未能与儒家的核心伦理法则结合起来,程朱理学则克服了这个不足。

程朱理学则将儒学伦理法则上升为宇宙本体和普遍规律，又吸收了气学、数学的合理成分，为儒学建立了有力的本体论基础。但程朱理学把伦理原则更多地作为外在的力量和权威，忽视了在道德实践中人作为实践主体的能动作用。这种外在性和能动性的不足为陆王心学所弥补。

心学认为，人的本心作为道德主体，本身就是内在地决定的首要法则，强调了道德实践中的主体性原则。（参见陈来：《宋明理学》，第13页）

在这里，孔孟儒学提出了其思想学说的基本命题、概念和法则，定下了基本思想和大方向，是所谓的原儒精神。到宋明理学则是一个解释阐发其义理的过程，相当的细致。从气学、数学、理学、心学以及外部的佛学、老学，彼此之间在学说思想上呈现着一个互相对立又互为前提、补其不足致己深思的互推互促而有进步的学术思想局面。这是一种良好的文化学术发展。另外，从气学、数学、理学到心学，儒学最终的归宿为"天理"和"人心"，特别是其学术思想从客观、宇宙、外部转向主观、主体、内向，至明清已铸成中国学术思维的内向性心学特点，重视主体内心世界的东西，忽视了客观外在的世界，在道德理性上越走越远，而在科学理性上面几无建树。直至西学东渐到鸦片战争，才补上了思维方式上缺少科学理性的不足，客观理性渐超越主观理性。也可以讲，儒学走到心学这一步，既是中国文化的必然，也是它的莫大悲哀，天理人心敌不住科学技术。到现在，我们既要讲天理人心，也要讲科学技术。这两个方面结合并且摒弃各自的不足、发扬双方的长处，才是我们的出路。

从历史教训来看，我们民族一向重视人文的意识形态建设，所谓"天理人心"无非要人做个规矩的良民，要人从内心接受社会之于他的管理。但是西方文化崇尚的是批判主义的理性，在否定中得到合理的肯定，这和中国传统文化排斥异端和融化对立的文化倾向大不一样。一个强调和合，一个强调斗争。因此，强调意识形态的人文建设而忽视科学理性的发展，是中国传统文化的一大弊病。现代中国，既要成为礼仪之邦，也要成为科技王国。

三、理学的"理"

理,在理学中主要指事物的规律和道德的法则。但是理学认为,人生的道德法则是宇宙的普遍法则在人类社会中的体现。二者是统一的。

四、"理"的五种含义

(1)宇宙的普遍法则,可称天理;(2)作为人性的理,可称性理;(3)作为伦理与道德规范的理,可称为伦理;(4)作为事物本质和规律的理,可称为物理;(5)作为理性的理,如理气问题所讨论的,可称为"形上的理"。

五、宋明理学的共同性

一是为先秦儒家提供了宇宙论、本体论的论证;二是以儒家的圣人为人格理想,以实现圣人的精神境界为最终目标;三是以儒家仁义理智信为根本道德原理,以不同方式论证儒家道德原理具有外在和内在的基础,以"存天理、去人欲"为基本原则;四是为了实现理想价值的精神境界,提出了各种修养方法,尤其是心性的功夫,重视知行合一、修身养性的践履。

六、"禀理为性"和"禀气为情"

朱熹禀理为性说是讲人有先天的善的品质,禀气为情是说人也具有先天的恶的品质,即气质之性。但气质之性也有清浊高下之分,它可以通过道德修养得到改变。

七、"天地之性"和"气质之性"

中国传统文化无论何种学派,都有一个共同的认知观念,即每一个人都具有天命所赋予的人的本性。这就是人的天性、天地之性、自然本性。与此相应,又承认人因受环境、教育、风习等原因的影响,又有后天习得的不同性格气质。因此,每个人既有先天之性又有后天之性,甚至后天之性遮蔽了先天之性。北宋张载的学说就有"天地之性"和"气质之性"的区别。孟子学说有先天善良的本性本心与后天传习所得的人性的区别。

八、格物致知

格物有三个要点：一是即物，指接触事物加以体察；二是穷理，即研究物理；三是至极，即在所接触的事物中研究追寻事物之理到极尽之处，就是"理之极至"。格物的基本意义，就是在具体事物上穷理到底。"格，至也。物，犹事也。穷至事物之理，欲其极处无不到也。"（《大学章句》）

"致，推极也。知，犹识也。推极吾之知识，欲其所知无不尽也。"（《大学章句》）。格物是即一物而至一理，致知即格物之极所获得的知识成果，是格物的目的，致知形成关于事物之理的深刻的广泛知识。

格物即体认事物之理的途径，主要有读书、接触事物、道德实践。

格物致知的目的，是达到对物之"所以然"、"所当然"的了解。"所以然"指事物的普遍必然之理，"所当然"主要指人类社会行为的道德法则和规范，它们都是天地之理。

在格物与致知的关系上，格物穷其理方能致知。朱熹讲，人心莫不有知，事物莫不有理，没有格物的功夫何以有知识于事物普遍必然之理。

格物强调的是人的直接经验，穷理指示的是从特殊事物的经验中认知事物的普遍规律，因此其过程从特殊到一般、从经验到理知。这种认识过程有客观经验论的色彩。但是在朱熹的观念里，事物之理即格物致知之理是先验存在的，是一种客观的先验论存在。

九、本心就是"先在的理"

从孟子到陆九渊都强调，本心就是先在的道德意识，它就是人心的本来状态并永恒存在。陆九渊指出，孟子讲的四端（恻隐、羞恶、辞让、是非之心）就是人的本心。这实际上是平常所讲的"良心"，是人的良知良能，可以不加学习不加思考而存在于人的心性意识中。他认为"心既是理"。

十、"天地万物以为心"的王阳明

王阳明说："大人者，以天地万物为一体者也，其视天下犹一家，中国犹一人焉。若夫间形骸而分尔我者，小人矣。大人之能以天地万物为一体也，非意之也,其心之仁本若是,其与天地万物而为一也。"(《大学问》,《王阳明全集》卷二十六,第968页)又说:"故夫为大人之学,亦惟去其私欲之蔽,以自明其明德,复其天地万物一体之本然而已耳,非能于本体之外而有所增益之也。"又说:"圣人之求尽其心也,以天地万物为一体也。……盖圣人之学无人己,无内外,一天地万物以为心。"(《重修山阴县学记》,《王阳明全集》卷七,第257页)。

第一,其乃"大人之学"、"圣人之学"。荀子称为"君子之学"。第二,仁者即大人。第三,"爱人"即"以天地万物为一体者"。第四,"以天地万物为一体"即视"天下一家"。第五,"大人"者不仅仅是"去私欲之蔽者",重要的是"复其天地万物一体之本然"的人,能"自明其明德"的人。"大人"即前贤所谓的"君子"。第六,"尽心"即以"天地万物为一体","一天地万物以为心"。第七,"万物一体"即是"无人己、无内外",有一颗视天地万物为一的心。王阳明把"万物一体"的观念推向了心学。

何谓"明明德"?"明明德者,立其天地万物一体之体也",何谓"亲民"?"亲民者,达其天地万物一体之用也。故明明德必在于亲民,而亲民乃所以明其明德也。"(《大学问》,《王阳明全集》卷二十六,第968页)

孔子所谓的"修己",在王氏即为"明明德"。孟子所谓的"亲亲仁民",即是王氏"亲民"。王阳明为"亲民"的政治学说找到了"万物一体"这个理论根据和它的"必然性"。

王阳明将"万物一体"贯彻到仁学中,以"仁"为"一体之仁",视为是从家庭到社会"修齐治平"的根本原理。

孔孟的重要思想:亲亲而仁民,仁民而爱物;情有亲疏,爱有差等。王阳明以万物一体论仁,流于空泛,陷入了道德乌托邦。

第十节　"万物一体"

一、世界是一体的

儒家学说以人与人的关系为思想重点,也包含了人与自然的关系问题,并且人与自然美的关系问题是阐述人与人关系问题的前提和基础，天人关系是人际关系的理论框架。

二、"万物一体"的人文推衍

"万物一体"的思想还体现在"由己及人"或"推己及人"以及"由人及物"的类推中，体现在"己欲立而立人，己欲达而达人"，体现在"忠恕"，体现在"仁民爱物"，体现在"恻隐之心"，总的体现在人际关系中和天人关系中，当然也体现在"顺因自然"、"因借自然"、"师法自然"、"宛若天开"的艺术思想中。

三、"万物一体"的人伦整合

自己和父母兄弟的关系不仅是血缘的亲情关系，也是互相联结并且人我相通的一体关系。自己（或自我）与君王、与朋友等都是一种超越血缘亲情关系的一体关系，自我与他人、与民众也是这样的一种超越亲情的一体关系，自我与自然也是这么一种具有亲情感的一体关系。从纵向看，天地人神是一体的，从横向看，自我与他人、自我与自然万物也是一体的——有异质和等差但不失一体之整合。这就是"万物一体"的世界格局，在一体中有差异、矛盾，但这种差异和矛盾是互相联系的、可以互相转化的，也是相反相成的，变化着而生生不已。

万物一体的观念，在古人的心目中，有助于克服人际疏离的社会问题。一般地讲，人际关系以血缘为起点，由亲到他者，由亲密到疏远，人际关系在初始层面呈离散状态。在现代社会中直系亲属有凝合性，非直系亲属并不能完全保持这种亲密性，甚至在直系亲属中也常见亲情关系的破裂或丧失。儒家企图凝合这个社会，提出的基本方案就是"爱人如己"，他人也同样如此对待周围的人。我们可以看到，通过亲情的伦理化、扩大化使社会成为一个有差别和矛盾但仍然是一体化的和谐整体，其中"万物一体"的观念整合作用就体现在里面了。在这里，人类社会的"万物一体"的儒家途径，就是以仁爱引领社会达成的整合与和谐，即"一体归仁"的思想路线。

"万物一体"的宇宙论证明"一体归仁"的必然和符合道义。

四、"万物一体"也是一种认识论

"万物一体"的观念在于解除事物的隔阂,在时间上绵延,在空间上扩展,在心灵上扩大,从而消除事物之间的对立、局限,人在认识上可以由此看得更广更远。在这种情况下的人往往摆脱了个人闻见的直接、狭窄、自私和利欲。可以看到,"万物一体"不仅是一种带有原始文化、古老传统的世界观,还是一种认识论态度,它引导人对事物的认知向心向内求证,而不是向外求证,一直发展到陆九渊、王阳明的心学。

五、大写的一个"我"

程颢提出:"仁者,以天地万物为一体,莫非己也,认得为己,何所不至?若不有诸己,自不与己相干。"(《二程遗书》卷二上,载《二程集》)

在宋明理学中,"万物一体"的独立语词,是程颢《识仁篇》中提出来的,被宋明儒学普遍接受并成为一个重要的思想观念。

这段话很重要。第一,这是程颢对孔子"仁者爱人"思想的深刻阐述,抓住了其要义所在,推进到了"万物一体"的宇宙秩序这层面上。应当说,孟子的解读深入人性本善的层面上,把仁爱扩大到爱人及物、物我为一的深度。程颢则推进到宇宙论的万物一体,推广到爱人如己、爱物如己实质是万物一体的深度。程颢在这里把"万物一体"和"大写的我"联系在一起,所谓"以天地万物为一体,莫非己也"。实际上是人的心灵在天地万物中对自我的认同,是我的一体万化,也是世界万物的"我相"。

第二,这种"万物一体"的博大精神是以"己"即"吾人"、"我"为认识立场的。这一点程颢讲得非常清楚。正因为"认得为己",把他人和万物当成是自己有亲情血肉联系的事物,才可能"何所不至"。如果事不关己、与己不相干,就不会有万物一体的那种气度与胸襟了。可见,在万物一体的世界观中不能排除自我的人,不能排除他人与万物对自我的认同。因此在天人关系和人我关系、心物关系中有主体自我的中介参与是必要的,一如"天地人"的传统观念,天地生人的同时人就在天地之间。这里就有了一个问题:孔子仁学思想很明确地说过,"克己复礼为仁",要义就是仁爱之心,以战胜或者制

约自我为根本要求,孟子阐发为战胜、克服自己的利欲之私心。从孔孟的思想来看,达到仁爱的生活境界,一要把自我放到血缘家族亲情上,以父母兄弟为先;二要放大到跟自己没有血缘家庭关系的他人身上,所谓"泛爱众"、"博施于民";三是排斥个人利欲,社会道义优先于个人的私利。这就是"克己"或者"战胜自己"的基本含义。在这里,人是大写的人,人回归了本性的善良,人与天地自然的根本道理是符合的、相配的。程颢却明确指出,万物一体的仁爱精神不能离开自我的切身感受,正是把他人和万物看成了自己才会有视天下众人与万物为一家的胸怀。不仅不能排除自我,还必须"有诸己"才行。孔孟程的思想中,其实有"小我"和"大我"的分别义。小我即以一己为私心的物欲之徒。孔孟程一致否定的是"小我"之人。他们一致认同的是"大其心"的自我,既有鲜明的自我意识和个体意识,又有明确的社会意识、群体意识和道义意识,因此是战胜自私利欲的那个大写我。程颢那种"有诸己"的我就是这个大我。

程颢的"仁者以天地万物为一体"是典型的"有我之境"。

第十一节　道论

一、道的文化

中国文化是道的文化,教导人求道以生,在道的路径上获得更大更真的生命价值,使生命的个体成为一种道的存在。道是天地的根据,也是人的根据和人的本性所依。中国文化教导人们,心灵不要被物质的欲求所役使,摆脱人成为物的奴隶困境,回归到天真的本性,让心主宰着物,让心灵获得自由和真诚。总的讲起来,中国文化宗旨,是精神战胜一切。再具体点,就是"德行战胜一己之私"。这种精神是以自然大道为根据和本体的,以对天的信仰为支持。进一步引申,就是"精神胜利"。鲁迅先生《阿Q正传》中以"精神胜利法",指示了中国国民性格的一大特征,并批判了它的消极面,十分的深刻。此外还表明,中国文化有一种既是优点也是缺点的特质,即崇尚心灵和主观,试图从心灵上和主观世界中解决问题,也就是中国文化的心学倾向。这种倾向妨碍了中国文化的科学理性发展,即从客体出发的客观性思维,建立不以主观为转移的对客观世界的科学知识系统。

二、道的教化

孔子思想学说的要点在哪里?我看就在"教化"这两个字上面。人心被教化,这个世道社会就从最内在和最本质的方面被改善了。真正的和谐是心的合唱。大道教化、传承先圣,就是孔子的人生理想和社会目标。孔子学说可以这样概括:传承先圣之道,教化人心,自立立人,治平天下。这一过程,完全立足于先圣之道的人心教化。当然,先圣之道可追溯到夏商周三代,特别是周代的帝王之道,这种先圣之道正是秉承天地自然的大道。道的教化,是孔子的神圣使命。

孔学的人性假设是性善论,一如禅学的佛性论,是人本有和本真的东西。人性本善,是孔子思想学说的理论前提性假设。此外,孔子的思想学说落实在人的日常生活之中,最终成为人们日常生活中的行为规范和道德准则,甚至沉淀为中国人的民族性格特点。孔子的伟大之处,就在于他的思想学说成为中国人的行为规范和道德准则。人性善假设和落实日常生活,是孔学的两个重要特点。

三、不可名状的道

道的本体是虚无,是一气圆融。中和状态就是道。"一阴一阳之谓道",指道的运用和变化,道的本体"不可说,不可见",但可以在运用和变化上面体认这个"道体",即"体寓于用中"。《易经》又说"阴阳不测之谓神",是说道的那个本体具有的神性,是能阴阳者却非阴阳能测知之不可思议者,就是那个不可见、不可知、不可触摸、不可名状然而一切因此而变化的那个东西,是宇宙人生最根本的那个东西。

四、"天道无亲"

《老子》七十九章:"天道无亲,常与善人。"为何"天道无亲"?这与周人崇拜的"天"只是"至上神"有关,《老子》传承的"天"的观念来自于周。与周不同，殷人崇拜的"帝"或"上帝"，既是"殷人"至上神，又是他们的"祖先神"。区别就在这里，"天"或"至上神"与周人没有血缘关系，故有"天道无亲"之说，而在殷人观念却是与殷人有血缘亲情关系的神。因此，在周人观念里，天道与人为善是一视同仁的。由此可知原始文化及宗教信仰对古人"天"、"道"观念的影响。

从"天"或"至上神"的变化来看，从殷商到周代有一个从"亲缘"到"无亲"的转变，神的善惠从亲族扩大到世人，体现了天对人的"泛爱"、"普善"、"公平"。孔子并非"天道无亲"，他主张的天道结合了亲与疏两大部分，承认大道有亲疏之分但超出了亲缘关系、超出了利己自私的局限。这反映在他关于仁的思想上，即"仁者爱人"，即爱自己的父母兄弟，但经过类推扩大、由己及人，也爱其他的人，从"亲亲"到"泛爱众"、从孝悌到忠信都是如此。实际上孔子也实现了一种超越，把仁爱从亲人扩大到他人、从利己提升到利他。孔子坚定地认为，首先要做好家庭伦理的功课，才会向社会伦理进步，做不好前者也就做不好后者。

五、"宗故道而达变"

智圆，杭州人，北宋名僧，居孤山玛瑙寺，通佛、儒、道，有诗文。

（1）他认为古文"宗故道而立言"。所谓"故道"即孔子之道，"要其所归，无越仁义五常也"（见叶朗主编：《中国历代美学文库·宋辽金卷（上）》，高等教育出版社 2004 年版），即"仁义纲常之道"。

（2）他认为研讨传扬"仁义纲常之道"，要"不失于中而必达乎变"（同上书）。要注意"不失于中而达乎变"，这是基于原则、原理却不教条、在时变中求适应发展的"治学"和"传道"精神。

六、诚信为道

诚者，天之道也。思诚，人之道也。要树立诚信第一的价值观。

七、"有""无"相对论

周敦颐的世界本源论主张，是"无极而太极"。翻译过来，就是主张"无形而有形",即"无中生有"。中国哲学史论者定论为"客观唯心主义"。当这种主张在美学和艺术的范围里加以审视时,对于"因心造境"、"师法心源"等美学和艺术见解,就不是没有道理的。即使从宇宙论的视野来看这个主张,它也有一定的道理。我们人类的肉眼有不能看见的极细的微粒,这种"看不见的极细微粒"就相当于"无"的概念。它说明,有和无在一定条件下是相对的。人类最初对"有、无"的概念是以肉眼能否看见为基本的判断标准。在这个视觉认知标准下,"有、无"的概念是成立的,有日常生活的经验基础。比如,风就是这种"无",但人的肢体和皮肤感觉可以知觉风的动向、力度、速度、温度等,在"无"中感知到"有",在哲学上可以证明"无的存在"。我们还可以从云的动态和形态、水的波浪、草木的动荡等迹象中,直观风这种"无"的活跃生命状态。每一种学术上的见解、主张都有它的正确部分和不足部分,不能加一顶"客观唯心"就枪毙了它。不然,周敦颐及其弟子二程为何会成为极有影响力的中国哲学思想家?他们的思想怎么会源远流长直及元、明、清?这说明他们的思想主张有价值、有道理,不能用"客观唯心"将其全盘抹杀。其实,这种"客观唯心论"是对世界本体性起源的一种天才猜测,是一种有艺术价值和事实道理的假说,它对于中国文化,特别是中国思想文化有积极的建树。就算像王阳明这样彻底的"心学",他该戴上"主观唯心论"的帽子,他的"心学"学说在我看来,是用哲学语言和概念反映出来的人的一种存在状态,一种真实的人生状态。这种主观性的人生状态,是诗人气质的、精神超然的、主体性的并且张扬个性和人性的真实。它作为一种人的文化现象的文化学说,是有思想和价值的。我们已经长期习惯了一种"极端性否定的思维方式","不是白,就是黑"的思维方式,我们应当有辩证的文化背景和学术语境,注意它相对的思想价值和文化贡献。

八、虚是实的根据

"求是"的思维是西方传统哲学的思维,追问的是"是什么"。中国哲学是关于"虚无"的,它包括了不确定性、变易性、辩证对立性和非逻辑性。"是"则与"实"相关,它包括了确定性、实体性、实证性、逻辑性。但中国哲学认为,虚是实的依据、根本、本源。虚是实的根据,这正是"天"论的哲学版思考，是对"天"的神圣信仰的哲学解释。

对于这种"虚"的终极本体的思考和研究，除了非逻辑的思维方式，它还包括了直觉、顿悟和类比、象征等思维方式。中国文化思维显然具有重视悟性、灵感、类比、象征、直觉的特点。

在景观问题上看，也可以轻易地看到这种影响。中国的景观文化美学，就很注意欣赏景观的不确定性、动态变化性，以及它对太虚本体之气的体会和感悟。中国景观之美，就在于它的自然、变化、象征（意象）、会意和虚实显隐之间的趣味。

九、终极世界的无规定性与不可知

终极视域的阐述、研究具有本体论的意义。中国哲学对终极视域的把握具有无规定性、不可知性的界说。终极视域或终极世界的这种无规定、不可知，并非不可认知、研究。老子对于"常道"，庄子对于"天道"，周敦颐、邵雍、朱熹对于"太极"，张载对于"太虚"的研究，都是对终极世界本体的研究。只是相对于有限生命的经验世界来讲，终极视域的内容不是对象。通常认为，像"道"这样的终极本体，经验、语言、形象、逻辑思维等难以把握。这正是有限视域的有限性不能与无限视域的终极本体相对称。

中国传统文化哲学关于终极本体的研究思路，是非逻辑的思维方式。典型范例是老子《道德经》关于"道"的解说描述，揭示了道的非现象性、非显现性、非实体性、非感性、非语言性以及虚静、本原的性质。中国哲学对终极本体的研究，是对"不确定性"的研究，或者讲是模糊学研究。它确定的是，这种终极本体的存在，具有根本的主宰地位和决定性，是起始和归宿的那个存在。但它同时还肯定，它是什么又不是什么，在是与不是之间。它还肯定，这个终极本体是难以确知、确认、确定的，难以用"是什么"的问题回答和描述的，即不可知、不可见、不可闻、不可嗅，即所谓"大音希声"、"大象无形"、"大智若愚"、"大巧若拙"。这种哲学思维特点深刻影响了中国人的思维。

与其不同，西方传统哲学思维的研究对象是可知的、可验证的确定的存在，这种超越与一般存在不同，它具有必然性、普遍性的抽象性质。西方传统哲学的研究问题是对"是什么"的追问,称"是论"或"存在论"。它努力弄清楚某事某物"是什么"、"不是什么",给予确定性的明晰概念。因此它是一种关于确定性客体的研究,关于存在的理性研究,关于普遍和必然的逻辑研究,是关于客观性真理的科学理性研究。这种研究导向了科学。

中国传统哲学关切的最终视域是非逻辑的视域,是"不是"或"不存在"的非逻辑形态。西方则关注的是"是"或"存在"的逻辑形态。

第十二节　易与阴阳五行

一、"易"这个字

《易经·系辞传》有"生生之谓易",又有"天地之大德曰生"。此外,虞仲翔注云,易字从日月,以正易名。《道藏》云:"日月为易,象也。"《参同契》:"日月为易,阴阳推移。"再有,易之为易,不仅有"变易",还有"不易"、"简易"。变易是现象,不易是法则。上面这些对易的解释有以下重要提示:第一,易总结的是生命的现象和法则,即易是生命之学,从宇宙、自然、天地到人类社会。宇宙、自然、天地被理解为生命。第二,易总结了生命的变化。因此"生生之谓易",乃是生命的变化从现象到法则的总结。易,变易是也。第三,易是德的体现。生生不息就是天地之德,创生天下万物却不言、不自恃、大公而有信。第四,易也是不变的法则,是天理所在、为天地准。易既是变化的现象,又是不变的法则,是道与器、体与用的结合。变化中有不变的道理、法则。第五,易取象于日月,以阴阳为推演和表达的基本符号。总之,易是宇宙生命的变和不变、阴柔与阳刚、现象与法则、道德与神明。应当知道,易是通神的。易不仅是关于生命、关于天理、关于道德,还是关于神明的。易有神性的特征。生命、阴阳、感通、变化、法则(即天道、大道)、道德、神明,是易的七个关键词。

二、"易"的形而上本体

《周易·系辞传》上有一段话:"易无思也,无为也,寂然不动,感而遂通

天下之故。非天下之至神，其孰通与于此？"这里讲易的形而上之本体，是
"无思"、"无为"、"寂然不动"的。也就是那个形上的、自然万物之本体、根据
（体、根），是不可思议的、安详无为、寂然不动的，但不是空虚无物的，也不是
死寂的，它是有生命有灵魂的活体。因此，当产生感应就会发生变化，天下
万物就是从易之本体的感应变化中产生发展的，是一切事物来源和变化的
根本所在，犹如一生二、二生三……或者太极生两仪、两仪生四象、四象生八
卦……这里，易本体的要义在无思、无为、寂然不动和交感变通（感通）。所
以，易学讲的是交感的哲学，爻就表示阴和阳的交互影响和交感作用。

在这里我注意的还不是上面所讲的东西，是最后那句："非天下之至神，
其孰与于此？"要点在"天下之至神"上面。整段话讲明了这么一个要点，易
的那个形上的本体，不但"无思、无为、寂然不动"，还是"天下之至神"——这
个形上的本体具有神性。这个形上的神明是不可思议的、自然无为的、寂然
不动的、感通交变的——这才是这段话最重要的含义和真谛。当然，这个
"神明"有中国文化和哲学的特定含义，指一种心物一元的、有灵性智慧的形
上生命活体，不是佛、仙、上帝等有形象的神的概念。中国易学文化一再强
调它的不可知、不可见、无可名、没有形象的不可思议性质，但它又是世界万
事万物的根本，故称神妙。这个神性的形上本体，倒有些像黑格尔描述的那
个世界的"客观精神"、"世界理念"。实际上，这个神性的形上本体，中国文
化和哲学给予了它最形象和贴切的概念，那就是"天"的概念。可以推测，那
个神性的形上本体，可能从古人对天的观察、感受、体认、思考、理解中逐渐
形成，当然还加上远古人类对自然的崇拜和关于灵魂的信仰与观念。在后
来的"天"的概念上，天不仅有一切事物的根本义、道德义，还有神圣义、主宰
义、至上义。因此，中国哲学对"天"的理解就包含了宗教元素，孔子的"天人
论"也自然包含了宗教色彩。

所以，我感到，中国文化和哲学中讲的"本体"，不但是形上的、根本的、
决定的，还是生命的、神性的、主宰的，因此是不可思议的。从这一点来看，
中国文化和哲学是有神的，但不是西方所理解和想象的人格神，这个神就是
"天"，对天的崇拜和信仰就是中国特有的宗教。说中国没有宗教信仰，那是
大错特错了。中国的宗教观念与西方宗教有很大不同，不可以拿西方的宗

教概念去套中国的文化和宗教,毕竟是很不一样的两大文化系统。不能拿西方的宗教标准来衡量。中国的神,无形、无象、无名、无思、无为、寂然不动,是有生命、感通变化的,因此不可思议,只有天可以形容和代表它。

还要讲一点,中国文化是天地人神的文化。天、地、人、神,这四个方面及相互关系所构成的文化世界,特别是其中以"天人关系"为核心,决定了中国文化的独特价值和地位。其中天是根本,地和人是重点。在人地关系中,人又是关注的中心。因此中国文化重视人生和生命,神则是天的一种性质,天人关系又是人神关系。

三、"易"的解释

易反映的是道。《周易》云:"易与天地准,故能弥纶天地之道。"易学的精华也是一种道论。《系辞传》又讲到:"夫易何为者也? 夫易开物成务,冒天下之道,如斯而已者也。"易这个东西作用在哪里? 开创一切并且成就一切,把天下的道理真谛都概括和纳入它的范围里了。易这个东西,总的来讲,反映了道的真理性、创造性、指导性、普遍性和实证性。

四、"阴阳五行"说

阴阳五行说是古代中国文化所理解的"自然之道"。

阴阳五行无善恶之分,以求取两种力量的平衡为要论。

阴阳之间是一种共生关系。阴阳之间也并不是矛盾关系,它们两两为一,对立又互相依存,互相冲突但又相生互融并互相转化。

五、气与阴阳

气即阴阳运动,四时五行都包孕在气的阴阳变化之中。在中国哲学中,气论具有理论的优先地位。《黄帝内经》的全部中医理论,主要建立在"气"的学说之上。

《黄帝内经》中《素问·宝命全形论》:"人以天地之气生,四时之法成。"

六、阴阳五行说的观点与思维

在阴阳五行学说思维模式中,体现了这样一些思维特点:第一,将宇宙理解为二元对偶、辩证对立但互相联为一个整体的世界;第二,天地是根本,阴阳一气;第三,阴阳之间是对等、齐平、互依的关系;第四,五行之间按照四季的自然变化流转,没有主次之分,只有应节当时为主要,如春以木为主德,夏则为火;第五,任何一个要素只有在相互关系中和整体中才有意义,否则没有意义也不存在;第六,观物取象的一种意象思维,离不开直观和感性经验。

第三章　文艺美学

第一节　关于美学

一、换一种眼光看世界

诗和艺术,使人从现实的、物质的生活惯性中跳出来,换一种思想和心情去看世界。

二、美学泛论

美学研究是一种多元研究,产生不同的学说就因为选择的研究方向、方法和着眼点不同。主要有:

(1)文化论美学。主要从人类学,特别是人类特性即人类的创造性去研究美学现象。这里的"文化"是一种哲学的概念,即人类活动及其创造物和意识形态。

基本观点:美是人类学现象,美是人类文明现象。没有人就没有美的存在,人是美的创造者和接受者。美在人类以外没有意义,美的发展正是人类发展的表现和结果。

文化论美学有力支持了关于人工美、社会美的解释。

文化论美学主要学派:人类学美学、实践论美学。

（2）形态论美学。

形态论美学十分古老,历史悠久。它的另一名称即形式美学。

文化论美学从人类特性、人类创造活动出发研究美学现象。形态论美学从事物的具体形态寻找美的原因。形态论美学实际上的前提是把事物感性形态置于人的审美感知的关系,实质是寻找产生美感的形态学原因、感性事实原因。

形态论美学研究涵盖了自然现象和人类现象,即把自然美、社会美、人工美等都纳入研究范围,找到形态上的共通或共同的原理。

形态论美学发现了:变化统一律、主从律、黄金分割律、对称均衡律、对称轴律,曲线美、圆形美、节律美等等。

形态论美学主要学派有:和谐论美学、生命论美学、实验美学。

和谐论美学认为形态的美在于和谐,即在于对立和变化中的统一,形态结构的和谐状态。

生命论美学认为形态的美在于生命的张力表现。中国古典美学有气韵生动、生气灌注的观点。美在于气韵、生气、灵动、性情等等才是生命论美学观点。和谐论关注的是形态本身的内在结构、内在整体,关注无机性构成这方面。生命论美学则注意到形态的生命活动和生命表现,即形态的内在生命、内在性情,注意到形态的生物活性方面。

和谐论美学在建筑方面得到很好的应用。生命论美学在自然美的欣赏和诗画创作鉴赏方面得到发挥。

（3）心理学美学。

心理学美学从主体的心理出发研究对美的创作、感知、接受的心理内容。可以简单地讲,心理学美学研究的特定对象是美感问题,包括审美感知和审美创作的心理学问题和哲学问题。

研究主体意识,研究主体心理,研究主体能动性,这是心理学美学的主题。这是西方美学的优势方向,其基础有二:一是基于哲学研究的深入和充分,二是科学尤其是心理科学的壮大发展。心理学美学伴随哲学和心理学的深入发展,从心理学深入到生物学,从意识深入到潜意识,从神经生理深入到脑生理。

（4）宇宙论美学。

宇宙论美学实质是哲学美学，相应的历史古老久远。它的特点是以宇观、宏观探讨微观现象——比如美的现象，或者说美的现象是宏观、宇观的逻辑必然和题中应有之意；美的现象是某一宏观、宇观过程及其原理的逻辑发展和历史环节。以大观小，或者以小观大。柏拉图、奥古斯都、康德、黑格尔、中国的老聃都有这种研究倾向。美就是宇宙终极真理的一种具体表现形式。

宇宙论美学具有深邃的理性思维精神，以哲学观照大宇宙，以包容万象细微的气度审思美的存在和表现。

宇宙论美学的哲学起点：柏拉图的"理式"；奥古斯都的"上帝"；康德的"先验概念"；黑格尔的"绝对精神"；老聃的"太一"、"气"。

（5）相互位置。

第一层次：宇宙论美学。以宇宙真理、宇宙的统一性为研究起点。美是这种真理、统一的特殊存在或特殊表现。从这个角度探讨美学现象，给予解释。

第二层次：文化论美学。从人类特性及创造活动解释美的现象。美和审美是人类文明现象之一。美是人的、历史的、文明的现象。着重美的人类学意义、文化学现象，关注美的产生、变化和发展。

第三层次：心理学美学。研究主体意识与美的关系，特别是审美感知和审美创造的主体心理现象及其规律。

第四层次：形态论美学。研究美的对象因素、客观因素，侧重对象、客体、事实、规律、可量化性和数学表达性以及实验可证性。

宇宙论美学——宇宙真理。

文化论美学——人文真理。

心理学美学——主体意识。

形态论美学——客体机理。

三、关于美学

美学，有 Aesthetics（感性学）和 Callolgy（美学），而 Aesthetics 成为美学

这一学科公认的名词。鲍姆嘉通在定义美学时，就主张美学是一门关于感性认识的学科。这个定位是有道理的。

审美不能离开感性这一范畴。感性，是美的首要特征。感性可以分为具体的感性和抽象的感性，现实的感性和理想的感性，自然的感性和人文的感性。在美学的视界里，感性的美学意义在于显示了人的特殊价值及观念，感性是人的一种语言形式，是对人说的话语。比如，感性的那些和谐形式就是一种重要的美学现象。比如感性的艺术创造形式，也是极重要的美学现象。

和谐是客观存在的一种感性存在特征。和谐是一种具有个性特征的协调统一性现象，在认知感觉经验上有高度的客观一致性、普遍性。人们在感性事例中发现，和谐可以在相同或相似因素的组织状态中获得，也可以在对立的、矛盾的因素中组织中获得，即和谐的"对立统一律"、"多样调和律"。人们在艺术中把这种具体的和谐现象高度概括、抽象出来，形成一种理想化的、更凝练的抽象和谐形式，即理想美、纯粹美。但这种抽象状态的和谐形式仍然是一种人文化的感性存在和感觉对象，即一种非客观的、非具象的、高度理想化和抽象化的感觉对象——高度艺术化的主体存在形式，它表明了人类审美能力的高度和深入。

美的感性特征是人类审美活动得以进行的基本根据，无此则无美可言。美首先是感性的事件而非理性的概念。审美首先是从感觉、情感的层面上入手，而不是从抽象、思维的层面上入手。这是美学的基本知识。

黑格尔对美的定义，就是这样一句话：美是理念的感性显现。"美"如脱离了"感性显现"，那"美"就变成了"真"，进入了哲学。美如果脱离了"理念"，那"美"就成了机械的、物理的、生物的自然存在，离开了人而无意义可言。所以，感性现象具有人的意义与价值意象，并且就在感性现象中被具体地感觉到、体会到、经验到，那才是美的存在。因此，美一定存在于人与对象、主体与客体的依存互动关系中，不能离开这个特定的文化情境。

显然，美学也必然是人的一种文化研究，与文化哲学相关。人是文化的动物。人的感觉认知也必然是一种文化的感觉认知，必然会在对象中感知人的思想、目的、价值、情绪、创造。人对自然的文化积淀、文化经验是审美的前提条件。

美的感觉和创造,是人类基本文化现象之一,也是人类基本的文化需要之一。(有人称这为"美欲",与食欲、性欲、物欲、权欲等等并列在一起。)

所以,在我们了解里面,美学应该是关于感性经验的学问,而 Aesthetics 这个词是恰当的。因为,感性是美和审美的基点。

再说一个相关的问题,即什么是"美"。可以很简略扼要地讲,美就是"感觉良好"!这是美的主观状态,其自由度和个性化程度是相当大的。因此有人说,美其实是人的知觉意象及其愉快的感觉经验。美如果没有这种主体的情感体验的确证,其可信度就有问题。尽管审美具有强烈的主体性、主观性、个性化特征,但美在客观上具有很强的形式性规律,即形式美的规律,它是美感同一性的一个基础。

四、古代美学和近代美学的不同

以古希腊艺术为代表的古代美学阐述了审美的形式原则。美就是和谐、规律和恬静,它们总的精神可以归结为"多样化的统一"。

和谐、规律、恬静,是古希腊艺术的基本特征。美被理解为一般性样式,表现为部分与部分、部分与整体之间的关系,表示这些基本关系的术语是"和谐"、"对称"、"平衡"、"节奏"等等。这种形式原则的人性根据就是心理的情感愉快,乐于观赏和表现,形成一种形式性模式。

古希腊艺术另一个动人之处是心境的平和、自由、庄严、安详,有静气。古希腊艺术以雕塑最有代表性,它有两大特点,一个十分优美——造型的优美,是和谐规律、多样统一性的典范。另一个是恬静,就像温克尔曼讲的那样,"静穆中的伟大"。外在造型的优美与内在精神的静穆祥和是一致的,互为表里。这是内与外、神与形、意与象的和谐——内容与形式的和谐。

近代美学是以欧洲浪漫主义艺术为具体内容的。近代美学的审美学说是突变性的,其基本理论是"特征原则——个性化的本质表现原则"和"意蕴原则——表现力、生命力原则"。

审美突破了四平八稳的和谐性、规律性形态,走向更加自由、更有精神气质的不规则状态。浪漫艺术强调个性特征和思想观念。个性化、观念化是一个重要的艺术表现倾向，其艺术形式更自由、更具情感性和生命活力。

浪漫艺术推动了对"崇高"、"丑"的审美发现和审美欣赏，使人们对美的感觉范围大大扩展而丰富了。

崇高、丑都是个性特征鲜明并且强烈、不规则、激发思想情感的一类审美对象。古希腊艺术表现的是和谐的规则之美。近代浪漫艺术表现的是个性的不规则之美。这表明，人的审美感受能力在变化、扩大、丰富，对美的感觉更深刻了。

近代审美表明，人们更注重审美对象的个性特征和表意形象。现代艺术是极端富于变化和创造的新阶段。

近代艺术精神更为自由奔放，更富于创造力。表意性原则的总纲是人的自由的创造精神，这是现代艺术的灵魂，不拘一格，自由发展，奇形怪状，多姿多彩，观念变异，等等，构成了眼花缭乱但十分精彩的艺术世界。

总结：

古希腊艺术是以和谐、规律、恬静为代表的多样性统一。艺术精神：理性的、科学的艺术。

近代艺术是以个性化原则、意蕴原则为代表的"多样化创造"。近代艺术精神：情感的、思想的艺术，不规则的艺术。

"多样化创造"包含了多样化统一的基本内容。不规则、自由性、表现力仍然接受整体统一的美学基本原理，它在不规则中包含了法度。

从古代美学到近代美学，是一个从抽象到具体的发展过程。从一般到具体，从普遍到个性特殊，从和谐到冲突。

现代美学又区别于古典美学、近代美学。现代美学以艺术本体的纯粹性、抽象性、变幻性、科技性以及探索实验性为基本特点，表现了人类的非理性、迷惘、异化、机械。

五、现代美学与意识深处

现代艺术美学已经深入人类意识或精神生活的深处，即潜意识、本能等层次。它表现为一种努力摆脱理性与逻辑力量控制、呈现非理性自由精神的形象显现。这种深层意识的形象显示一般表现为"幻象"、"幻觉形象"。

现代艺术的对象,把"心理现实"列在与"外部现实"或"物理现实"同样重要的位置上。针对"心理现实"的表现,弗洛伊德的精神分析学说成为现代艺术借用的利器。这一学说揭示了人类隐秘的、深层的、非理性的心理世界和心理真实。

另外,现代艺术突破了古典的和谐整一原则,在艺术中引入了不和谐、矛盾性、非现实性、非客体性的构成因素,把"丑"的因素引入艺术。

六、生命美学的基点

在美学的各种学说中,有生命美学认为,审美及审美活动以人的生命存在及其需求为中心展开它的丰富多样的人生体验。这里有问题要解决,那就是在人类生活中,生命有着不同的含义,生命美学以何种生命含义做自己的理论基点?

第一种含义是"肉体的生理生命",它体现了人的基本生存和生活需求,以维持肉体生命的存在为目标,比如食物、繁殖、安全的生命欲求。这是与肉体生理密切相关的"有限生命"。如果生命美学以此为研究内容,这可以称作"有限性生命的美学",它接近于动物性、生理性的研究维度,涉及人类原始的本能的生命动力。

第二种含义基于人类特有的对生命之无限性的追求,可以称之为"关于无限性生命存在的美学",或"超越性美学"。儒学、道学、佛学所建立的美学都有"超越有限性"的特点,体现出对有限生命的精神超越。也可称此类生命美学为"精神美学"、"超越美学"。在这里,人的生命不局限于当下的个体生命存在,已经扩大到生命的当下、过去、未来,企求的是生命的永恒存在,是生理生命的另一种形式的存在。这种新的生命存在形式,儒称为圣,道称为仙,释称为佛。在儒学,除了圣,还有贤、士的存在等级。所谓圣人、贤者、君子。

我想,生命美学有这样两点很重要,一个是注重最原始、本能的生命存在以及它的体验和感悟,这是人皆有之的生命美学问题。这种原本的生命体验可以从人扩大到物,特别是自然物。很多对自然美的体验就基于人作为生物存在的生命体悟。这种研究很有意义。另一种是关于精神生命的存在及其体验和感悟的研究,它具有精神超然的性质,是一种相对比较高级的生命体悟之研究。它不仅涉及人的过去、当下、未来,还涉及此岸世界和彼岸世界,涉及人的物质存在和精神存在,涉及人的道德伦理和宗教信仰。这是有深层意义的美学研究。如果有一个"礼教美学"的名目,那么我们清楚地看到,在礼教的伦理价值中,人的肉体的生理的生命只是人的第二生命,第一生命是忠、孝、节、义,即以人的儒学伦理价值为第一生命,精神的道德生命高于肉体的物质生命,具有人格的崇高性。要之,道德生命高于肉体生命。一个失去了道德的肉体生命,已经等同于死去。因此,此种生命美学的研究又会涉及人格的美学问题,特别是道德人格问题。中国人的民族性格有着这种"精神高地"。可以看到,这种"人的精神存在"是中国人民族性格中的优秀部分,但它的弊病也在于"精神大于物质"的儒学偏颇,精神价值被过分夸大,就有鲁迅所批判的那种"精神胜利法"。提高生命的质量、人格、境界、修养等,是生命美学的重要方面。与此相关,与人的生命提高相关联,人的社会环境、生态环境、人文环境等,也是生命美学要研究和阐述的问题。因为生命存活于一定的环境。生命与环境是相关联的。

生命美学还可以从"非理性主义"和"理性主义"不同的方向进行研究。前者是弗洛伊德、柏格森、叔本华、尼采等人的路径,后者是康德、黑格尔、马克思等人的路径,都有各自的洞见和研究价值。在中国文化的范围里,儒、道、释关于生命美学的思想主张,相比较应属于理性的一边,不仅道德理性色彩很明显,而且具有理想主义的风采。

七、关于美

(1)生命与美的关系。只有当人类所必需的生命需求得到满足时,才有审美与艺术的精神需要。美是以某种不同的方式超越其他生活的,生活先于美和艺术。

生活属于必要性范畴,美属于或然性范畴。

"美体现整个生活的不可分割的一部分。"(德·舒里安:《审美感知心理学》,第4页)

(2)"环境具有物质的、形态的、井然有序的、层次分明的结构,我们一旦掌握了这一结构,环境就成为我们的环境"(德·舒里安:《审美感知心理学》,第 2 页)。

(3)"美在变化之中、在有机生命的过渡之中显露出来。而且可以体验地、可见可感地作为渴念的一部分在现实中直接显出来。"(德·舒里安:《审美感知心理学》,第 5 页)这段话概括得很好。所谓美在变化和生命过渡中显现,即指美的生动性这个特点。"生动性",包含着在静态形式中见出的变化和包孕性运动,是一种变化、运动、有活力的幻象;或者就是某个变化过程中包孕下一个变化动势动态的那一个最有表现力的瞬间。其二指出了美的具体可感性。第三指出了美的理想性,即"渴念在现实中可感可见的显现"。美,往往是人在现实中见出观念中的理想,是理念的现实化、对象化。西湖山水就极具"天堂"理想,是观念中"天堂"理想的一个典型与范例。当然,西湖风景极具生动性,每天都不一样,时时富于变化,充满生机。

(4)"美……是事物的部分、时间的部分,美就是时间。美不仅具有可逝的特征,而且还是时间的表述,是流逝的时间。……形象只不过是美的代表而已;美形成于同时间的密不可分关系之中,是不可反复的历史恒量,即所谓的不可逆性。这样,美便处于进化的关系之中,它是生命的组成部分,是发展的表述,错综复杂的现实的一个方面。"(德·舒里安:《审美感知心理学》,第 5 页)

(5)美有以下准则:

形态准则(如形式美规律、黄金分割关系)。

社会准则(如特定时期的社会兴趣、风尚、政治教化,这也是文化的准则)。

心理准则(以感性认识为特征,感知的直觉与想象,无关私欲功利等)。

创造准则(形象的、情感的、符号的、感性的表达或表现的规则与技术等)。

关系准则(美的呈现存在于相互联系并互相作用的关系中,从因素论转向因素之间的相互联系和整合)。

(6)"要像罗伯特·穆西尔说过的那样:'音乐的秘密并不在于它是音乐,而在于它能指引我们通过一条纤细的羊肠小道达于上帝。'"(德·舒里

安：《审美感知心理学》，第 10 页）

"如果说人的活动一般听命于功能法则和经济法则，那么审美活动便听命于要求和渴望——渴望了解别的看法，渴望寻视别的东西。"（德·舒里安：《审美感知心理学》，第 12 页）这在"寻求他者"这一节里。审美指向在感性呈现中人所希望的、与众不同的视觉经验与心理体验。应当如此的独特性，是美的一个重要方面。

"美作为心理的感受、行为和要求，是一切生活关系的一个完整部分，因此也是心理学的一个对象。再者，美是此岸的具体事物，虽然其他的、'彼岸的'范畴也能在美的范畴中表现出来。此外，美是生产力一般发展的一个特殊部分。最后，美是生气勃勃的一个运动关系的一个表达；美是演进的一个方面。"（德·舒里安：《审美感知心理学》，第 17 页）

八、美是价值命题

从休谟提出"是什么"无法推出"应怎样"开始，以"事实与价值二分"这一观点出现为标志。"事实与价值二分"理论认为，人类的哲学思想分为两个方面，其一探讨"事物是怎样"的问题，这是一个认知判断问题，也称事实命题。其二是探讨"人类应当怎样"的问题，这是一个价值判断问题，也称价值命题。多数学者认为，不能把认识论问题与价值论问题混为一谈，将其区分开来是有科学意义的。

美有赖于价值认知和价值经验。桑塔耶纳在《美感》（1996 年）一书中开门见山地说"美的哲学是一种价值学说"，"美学是研究价值感觉的学说"，明确指出美是一种价值。

斯托洛维奇（苏联学者）在《审美价值的本质》一书中开篇就说，"人的审美历来是价值关系"。

蔡元培首开美学之风并首先开设主讲美学，认为"美是一种价值的形容词"，"与道德宗教，同为价值论中的重要之问题"。

价值论美学把美和审美问题定位于价值论哲学，运用价值分析方法探讨美学，但它不排除价值认识问题，反对的是对美学问题做片面的认识论模式的研究。

　　价值论美学的一个基本立场,认为价值现象产生于人类主体与客体世界相互作用,是相对于人并且由于人而产生的事物的一种属人的关系属性,它基于事物的物理属性但不同于物理属性,它指示人"应当怎样"。美就是事物对人所呈现出来的一种价值属性,它建立在主客体关系化的哲学基础上,因此价值论美学是一种相对论美学。

　　价值,一般指事物相对于人类主体的需要所呈现出来的属性或功能效用属性。在这里面,需要是一个"需"和"要"分裂的结构,需要可以分析为需要、想要、偏好等不同方面,可以表述为"需求—偏好"结构。这一"需求—偏好"结构是动态的,受到环境、社会、文化的影响。在价值关系中,存在着主体、客体、主客体相互作用的活动这三大要素,离开这三个要素,价值就不存在。

　　事物的属性分物理属性和价值属性。其中价值属性又分实用属性和精神属性。精神属性主要有道德价值属性、审美价值属性、宗教价值属性。

九、意象——美学意义上的美

　　彭峰在他的《完美的自然》一书中,区分了"日常生活的美"和"美学意义上的美"。这个区分很重要。以我的理解,日常生活所见出的美就是事物的美,即物象之美。而美学意义上的美,就是老庄所说的"大美",即意象之美。彭峰认为,意象才是真正的美,而且意象就是一种人与世界一体的本然存在,是人在主客二分之前就已存在的本然存在状态,自然也以本真呈现自己。

　　彭峰还指出很有意义的一点,即意象的产生并非"直觉",而是"感兴"。意象,就是感兴所致,有物动心而感兴,有感动而化物象为心象、意象。

　　我非常赞同"意象之美才是美学意义上的真美"这个判断,赞同"意象是感兴的生发",赞同"意象揭示了人的本然生存状态和自然的本然存在状态",以及"意象呈现着人与自然本来的"天人合一的状态。

　　彭峰认为,意象是一种情景合一,而情景合一是人生的当然状态。因此,意象不仅是诗的本体,美的本然状态,也是人生的本然状态——人是自然的一部分,天人合一是人与自然的本来状态。

十、音乐的美

张前等著述的《音乐美学基础》一书给我留下深刻的印象。这是一本讨论音乐美的很有见地并且易于理解的书。

以我的认识来看，讨论音乐的美，首先要注意音乐的这样几个特殊定性：第一，音乐是声音的艺术；第二，音乐是听觉的艺术；第三，音乐是时间的艺术；第四，音乐是心灵与情感的艺术。

这四个特征勾画了音乐美的基本轮廓和本质定向。它用艺术化的音响组合描述或表现的对象是在时间运动中显现的心灵动荡，这种心灵动荡就是运动的生命、情感的体验和思想的闪烁。在这里，艺术的音响、音响的艺术化贯穿一切。可以讲，音乐是最艺术化的那种艺术，它直接诉诸人的心灵并直接表现心灵，因此音乐是最伟大的艺术。在音乐中，艺术因素、心灵因素都是最为本色和纯粹的。

什么是艺术？艺术是创造的、表现的、虚拟的、有意味的感性建构，满足精神的需求和心灵的升华。艺术最终达到的是人的精神的享受和升华。

音乐的音响是非自然的、非语义的、非对应的创造性和表现性的声音。这是音乐美的特殊性之一。

音乐的音响作为表现的媒介或媒体，它本身不是自然音响，也不是语言音响，而是经过艺术化处理的非自然、非语义的非对应的音响。

音乐特定的表现对象是在时间和运动中展现的心灵状态及情感体验。

音乐的形式要素主要是：音响的旋律之美、节奏之美、音色之美、音调之美。

音响与听觉是互为关联的对象性关系。运动和时间是不可分的一体，运动和情感具有同构性。

"心与物"是音乐最基本的现实关系和哲学命题，"心感于物"是音乐的根本所在。

音乐和语言的联结点是语言的情感音调，音乐与自然的联结点是运动和声音。

十一、"大乐必易"

古书关于音乐有"大乐必易",它有两种解释,其一是简单、简易,即伟大的音乐是简单的,和真理是简单的、平凡的意思一样。就是说真正的音乐简单明了、直击人心,不绕来绕去,不玄虚作态,不摆架子吓人。这种风格可贵,这种叙述方式直接。其二是作"变化"解,即伟大的音乐富于变化,变化是一种动态,富有生机灵动,这也是美的一种伟大的风格。

十二、和谐与优美

和谐是优美的本质。

崇高——无限性的超大尺度,不完整。

优美——有限性的完整、小尺度。

和谐是一个有限性的完整的整体。

和谐与优美都是无冲突的静态结构,有一种静气、和气。没有冲突、矛盾但不等于没有力量或无力,相反,和谐、优美的事物有着充满生机的特征。中国有"和乃生"的见解。

和谐、优美包含了主客观的无冲突状态或调和状态。在客观上是各部分之间及部分与整体之间的协调状态。在主观上,是感性与理性的协调状态。在客体上,是观念与形象的协调一致。

十三、和谐论的中西比较

(1)和谐是美的基本特征。

(2)和谐是美的本体范畴。

(3)西方和谐论是科学主义的。其核心概念或基本原理是"多样统一"。其具体表现在几何形式的美,对整齐一律、平衡对称、符合规律等,都是西方美学对美研究的重要成果,比中国更明晰。

(4)中国和谐论是生命的、社会的、人生的理论模式,寻求在对立情况中的中庸状态,在对立两极的结合中领悟生命和发展的真谛。所以,中国和谐论比西方和谐论有更高的哲学意义。

中国古典和谐论的核心概念是"中和"。

(5)中国古典和谐观的基本原理是"相反相成"及"执两用中"。

中西和谐观念的本质界说：

西方的和谐观念是部分与整体、部分与部分、整体与各部分之间关系的一种适当的比例关系。

西方和谐概念的核心是"比例"、"关系"。狄德罗提出"美在关系"的解释。应当认为,西方和谐观念本质是"比例关系"。

西方的和谐在于比例关系的传统观念,又与数学科学、理性思维、几何图式结合、联系在一起。

中国的和谐概念不在于对不同因素之间关系的比例处理,而在于对对偶的、差异的、矛盾的关系的化解或和解,基本思想是"左右逢源,兼顾得惠",反映这一思想的核心概念是"中和",即"阴阳交合"、"相反相成"、"执两用中"、"中庸之道"。

中国和谐论也讲整一律,比如"万取一收"、"抱朴归一"、"物我为一",但主旨是"太和"、"中和"、"合二为一"。

西方和谐论主要在于使不同要素结合为一个整体,方法是比例关系的处理得当、平衡对称、符合规律、节奏韵律等等。

中国和谐论主要在于矛盾的和解,使个体与社会、身体与心灵、物象与自我、情与理等等处于整一的和解相安的状态,方法是抱拙、守静、寡欲、恬淡、谦和、辞让、守中或中庸。

因此,中国和谐论具有更大的涵盖力,它包括了以下关系的和谐状态：

人与自然（天——人）

个体与社会（独——群）

灵——心灵（肉体——心）

物质——意识（受——识）

情感——理性（情——理）

外物——自我（物——我）（物——心）

阴——阳（柔——刚）（静——动）

(6)"和"是一个普遍的范畴。

哲学范畴：表示生命产生、发展、存在的状态，表示事物的本质、本源。

道德范畴：表示一种社会的秩序或有序状态，在这种秩序下达成各阶层、各方面的共生互存。

美学范畴：表示美的本体特性。

政治范畴：表示大一统及众星拱月的政治状态。

人生范畴：表示"和乃生"、"和乃畅"、"和乃安"。

医学范畴：表示一种生理的健康状态。

可见，"和"或者"中和"是中国文化的一个核心范畴，以此解释万事万物的本体、来源、存在、发展、变化、状态。

十四、丑的独特之美

西方人对丑的审美价值认识及艺术表现，应该以 19 世纪浪漫主义文学艺术为代表，亦从此由古典美进入现代美的新艺术审美形态。这种现代美尤以张扬个性美为旗帜，反古典、反传统、反常规，表现出一种破坏性的创造精神，求新求变，并适应时代社会的精神需要和物质创造。在这一时期，丑的审美价值及艺术美学地位有了很大的提高，也从中体现了新的时代的艺术精神和美学趣味。

其实，对丑的欣赏，对个性的欣赏，在中国春秋战国时期就已经发生了，尤以庄子为典型。庄子对丑的独特个性之美的欣赏，是建立在他的"道"的哲学基础上的，即著名的"齐物论"。在"道"的眼光看来，宇宙万事万物都是等齐划一的。所谓物无美丑、贵贱、大小等等差异性，而是特别地从"道"来看问题。从道的统一性来看，凡物没有差异、多归于一、异归于同。所以，对丑的独特个性欣赏也就自然列入了"道学宇观"为基点的审美欣赏中，丑具有同样的美学价值。这一文化现象尤以对石头的欣赏及艺术表现为典型代表。对石之美的追求，其实是对丑的独特个性之美的欣赏和艺术表现。它表明，中国人的审美领域相应宽广，对矛盾性质具有各求其胜的包容性，具有感受能力。清画家郑板桥有一段话很能说明问题。

《郑板桥集·题画》中说："米元章论石，曰瘦，曰绉，曰漏，曰透，可谓尽石之妙矣。东坡又云：石文而丑。一丑字则石之千态万状，皆从此出。彼元章但知好之为好，而不知陋劣之中有至好也。东坡胸次，其造化之炉冶乎！燮画此石，丑石也。丑而雄，丑而秀。"

石头的这种个性之美、独特之美、怪异之美、反常规的不俗之美，以及从这个独特个性形象中所体现的生动活泼、千变万状的生命意象，就是丑石之美。这种情状不是一般的美。在诗歌中，特意不守韵律、不守常规、用俗语粗语、求其怪异等，都是一种求变求新的以丑为美的创作倾向，追求不美之美。

因此，在中国古典美学里，美与丑这对范畴并不是一个高级范畴，比美丑概念更高的，是"自然"、"神韵"、"气韵"、"韵味"、"意境"等。西方人在意事物形式性的美与不美。中国人更在意事物的生动性、精神性、独特性、情趣性、意象性和自然性，而美丑之别都在其后。

第二节　艺术问题

一、艺术问题越来越是一个文化问题

当代艺术最大的一个特点，是艺术在文化的大框架下容纳了原先非艺术的成分，打破了艺术与非艺术的界限，扩大到人们社会生活的日常需求与消费之中。有人称之为"艺术的泛化"。

从总体看，随着这一变化，美学也从艺术哲学转向文化哲学。

艺术更趋向于商业文化、消费文化和大众文化。

艺术的社会、政治、伦理、认知、展示真理等功能泛化。原有艺术特征与功能丧失。

当今主流艺术是商业的、消费的、大众的视觉艺术。

艺术问题越来越是一个文化问题，这是十分明显的。

二、尼采关于艺术与哲学的文化关系思想

尼采着眼于艺术的肯定性（创造性）和哲学的否定性（批判性），把艺术、哲学视为文化中的两种基本力量。希腊悲剧文化之所以达到希腊文明的最高峰，是因为在悲剧文化中艺术与哲学这两种力量达到了控制性协调。这

种思想被海德格尔接受。海德格尔认为,诗与思——艺术与哲学是"近邻"关系,他们应存在互相交织、亲密区分的理想状态。海德格尔的写作就是这种"诗与思"相互交织的典范。

三、诗 与 思

海德格尔认为,诗和思都是人"应合"、"响应"于存在(本有)的方式,是"以……而来"的方式,而非"对……"的方式,是"存在之真理"的发生方式。"一切凝神之思都是诗,一切诗都是思。"

荷尔德林认为,诗人是介于民众与诸神之间的半神。

四、视 觉 哲 学

从柏拉图特别是笛卡尔起,世界被二分。在哲学上,这种二分或二元论观念统治着人们的思想,即我们面对的世界被区分为可见的事物和不可见的事物、内部与外部、可感与不可感、语词的物质性声音和它所代表的非物质意义、外部形象和内部观念,绘画也被看作是不可见的真理的外部符号,可见的画面背后隐藏着不可见的东西。在摄影发明之后,特别是图像技术的发展,使这一传统二分法观念被改变。照片不再像绘画那样被看成是指示看不见或抽象的东西的符号,而是纯粹的物体本身,至少是看得见的物体表面,它与物体表面紧紧联系在一起。

视觉哲学,第一不再追寻图像后面不可见的思想,而直接追寻图像中"可见的思想",或"图像自身的思想"。第二,在图像中思考,或者直接运用图像思考。第三,这一假定又产生另一个假定,即必然有一种"外部思想",它在于外部的图像世界中,它是超越于人类的、存在于图像世界的"外化的思想"。

视觉哲学是媒体哲学的核心,视觉哲学与媒体与人体之延伸的观点联系在一起。

视觉哲学的主要意义是:第一,打破了笛卡尔以来世界二分法的传统观念,发现了世界本身的一元性。第二,科技进步,特别是图像技术的出现和发展,改变了人们的思想和哲学观念,发现了世界本身的更直观、更深刻的东西。第三,视觉哲学最主要的发现是,思想不独立于视觉。换言之,思想、意识是可见的。第四,视觉哲学发现,口头语言并不是思想的唯一工具,思想也未必只与语言联系在一起。同时,在口头语言框架内发展的各种概念和逻辑思维也并不是人类唯一的思想方式。这里表明的是,图像也是人类思想交流的一种工具,有着语言性能,图像的运用也是一种思维方式。这是具有革命性的思想。第五,再继续深入下去就得出另一个结论,即图像的性能作用,证明思想与语言和语言能力的联系不是唯一的。由此推断:人类也不是唯一的思想和知识的独立中心,外部图像世界或视觉世界本身也存在着不直观的思想和知识——通过电影或电视的镜头。思想,既发生在我们的语言当中也发生在我们外在的图像世界当中。

图像有机器技术和数字技术两种形成方式。

图像技术是思想表达的语言方式之外的另一种科技发明所产生的外部表达方式。

思想和知识,除了人体的所有形式,还有外部图像的存在方式,它并不一定为某个人体所有。

图像是美学与技术交织的成效。德国哲学家洛伦兹·恩格尔认为,在包围着我们的可见世界里,很可能就有某些图像,不但能形成思想的条件,而且反映思想。这种图像作为思想的反映,就能够把它当作思想和知识来阅读,正是在反映过程中,这些图像才得以形成。他得出的一个重要结论是:图像不仅仅影响到思考的过程,它们就是思维本身。图像甚至可以看作是思维实体,它们对我们的依赖,犹如我们对它们的依赖。(参见洛伦兹·恩格尔:《不可见之见——从观念时代到全球时代的德国视觉哲学》)

对语言与图像问题的全新认识,对文化、美学等产生变革性影响。不可见的内部的东西通常被认为是本质、本原的东西。在视觉文化中,本质就是直观图像的呈现。相应的逻辑认知是,本质是可见的存在。此外,美学表达方式不再简单地被看成是一种外在的、表面的、形象的表达方式。美学表达方式作为图像呈现,本身就是本质的直观。在这种新哲学里,世界不再被二分,不再被分裂,还原为一元浑然整体和意义的显示。我们通过图像这一窗口,去直接阅读自然、宇宙、世界、事物的思想、知识、意义、本质。这令我想起中国哲学"万物一体"的一元论思想。与"世界二分"观念比较，"万物一体"否定了现象与本质的分裂，否定了可见与不可见之间的分裂，它应当承认"现象即本质"，"存在即本质"，"不可见是可见的"，"直观或者直觉可以直达事物的真实与含义"。古人有"立象尽意"、"象以尽言"的名言，所谓"惚兮惚兮其中有物"。蕴含在"万物一体"观念里面的"本质直观"和"直觉本质"，可能阻断了以"世界二分"为认识前提的科学认知，满足于现象本身和事物本身直接呈现在视知觉和心直觉的东西，在理性方面满足于实践理性、价值理性等与主体产生直接关系的关联性意识，却止步于科学理性——尽可能减少或避免主观性，尽可能就事物本身的客观性观察分析其普遍必然性。因此，"万物一体"更具有美学和艺术的意义，缺少科学的意义和价值指向。

视觉哲学应放在媒体哲学的框架里进行考察。

五、符号的生产

卡西尔是德国视觉哲学的祖师之一（另一是尼采）。他认为，符号的生产——尤其是象征符号的生产，是人类文化活动的中心。在人类进化过程中，人类被越来越多的复杂的符号所包围。他认为，文化演进以两大过程的交织运动为特征，一个是人与自然的直接关系向中介化关系转化，人更直接地生活在自己创造的人工环境里——跟自己创造的符号而不是自然打交道。另一个过程以符号自身生产方式的转变为特征，这一过程有三个发展阶段，第一阶段是符号作为图标被制作出来，图标是自然的复制；第二阶段是图标不再是经设计制作的复制关系，而是因果关系、创造关系，从美学、感觉、物理的领域转入抽象的逻辑领域，它与自然断然不同；第三阶段是严格意义的符号生产。这些符号是独立的纯粹的创造物，是思想和精神的物化或外化，其来源不再是自然和外部现实。他认为，这三个阶段之演进对应了三种文化实践，即宗教实践、美学实践、科学实践。

六、艺术是理性活动的一种形式

阿恩海姆认为，艺术是理性活动的一种形式。知觉具有理性功能，是"感知的思维"。艺术之所以被忽视，是因为艺术的基础被认为是"感知"而不是"理性"。事实上，感知与理性思维不可分割，而理性思维也离不开感知，感知觉并不是心灵中低级的部分，感知觉也并非不可信任。关键在于，阿恩海姆认定"知觉与思维是一体化的"、"知觉具有理性功能"，对感知觉给予新的地位和定义。因此，"视觉思维"概念在逻辑上成立。

阿恩海姆认为，认识不等于思维这样一种心理能力，认识因此也不能排除感性活动，感性认识也不能排除在认识活动之外。他指出，"认识"指它接收信息、储存信息、加工信息时所涉及的一切心理活动，包括感知、记忆、想象、思维、学习等。(《视觉思维》，第 56 页)由此，第一，不能从认识活动中排除感性活动。第二，不能把知觉与认识相分离。第三，知觉也是一种认识、思维，因此视知觉亦即视学思维，任何一种思维活动都可以在知觉活动中找到。阿恩海姆的这一思想，肯定了思维与观看不能分离割裂。观看也是思维。在我看来，"观看"有两种不同倾向，其一是从感知的对象获取一般性特征的知识或必然性本质知识，其二是从感知对象的特殊性相中获得价值体验或意义经验，它指向事物的形象、意义、特殊、多样、生动、变化、情态等品质。这两种知觉的不同倾向是否可以混为一谈？还是以不同区别作论？阿恩海姆比较偏向第一种知觉倾向，可称为"认识性知觉"，后者可称为"评价性知觉"。

外部世界在心理中的意象和视网膜上的投影极为不同(第 57 页)，视网膜的投影是生理性映象，而意象是这一视网膜映象经大脑心理加工过的东西，它含有主体的意识内容。两者区别是，被接收映像和积极加工映象。

视知觉对外部世界的反映是在注意力机制下选择的，因此知觉的反映是一种有注意力选择的探索活动。(第 57 页)知觉所涉及的世界是其中很小的部分。

七、惊奇感与艺术的开始

(1)黑格尔认为：艺术观照、宗教观照乃至于科学研究一般都起于惊奇感(《美学》第二卷，第 22 页)，此为艺术产生的主体条件。

(2)没有惊奇感的两大极端性原因：

第一，处在朦胧状态——还未能把自己与客观世界区分开来，未能区分其中的各种事物,没有什么事物是为他而存在的。

第二,将世界已经看得一目了然,也不能产生惊奇感。

(3)惊奇感产生的条件。(第 23 页)

当人已摆脱原始的直接与自然相联系在一起的生活——跳出动物性生存活动。

摆脱了对迫切需要的事物的欲念——跳出狭隘物欲。

由于上述,在精神上跳出自然和他自己的个体存在的框子——跳出物质与个体局限。

在客观事物里寻求和发现普遍的、如其本然的、永住的东西——意识从个别走向普遍,从具体走向抽象。

"只有到了这个时候,惊奇感才会发生,人才为自然事物所感动,这些事物既是他的另一体,又是为他而存在的,他要求这些事物里重新发现他自己,发现思想和理性。"

(4)惊奇感的直接结果。(第 23 页)

其一,"主客二分"——"人一方面把自然和客观世界看作与自己对立的一种威力来崇拜;⋯⋯"

其二,"内求外化"——"另一方面人又要满足自己的要求,把主体方面所感觉到的较高的真实而普遍的东西化成外在的,使它成为观照的对象"。

黑格尔指出,"主客二分"与"内求外化"这两方面的统一,出现了把个别自然事物,特别是把河海、山岳、星辰之类事物从整体的把握中上升为一种观念、意象,观念或意象的功能获得了一种绝对普遍存在的形式。

其三,黑格尔给艺术的产生提出了一些必要的条件:

第一,跳出动物性生存状态;

第二,跳出物欲的狭隘局限;

第三,跳出物质与个体的局限;

第四,从个别、具体的意识走向对普遍、抽象的意识;

第五,主体与客体的分裂与对立(主客二分);

第六,内在需求的外化或对象化(对象化或观念化)。

由此看来,艺术是一种实践掌握与精神掌握双重作用的人类活动,创造和观照是艺术本质的两个方面，艺术的媒介形式是表意性形象。

因此，艺术的基本美学范畴有：

主体—客体、本能—意识、自然—社会、个别—普遍、具体—抽象、内蕴—外化、创造—观赏、意义—形象、思想—情感、再现—表现。

(5)黑格尔认为：艺术把普遍的观念表现于形象(创造)，让直接的意识(即感性认识能力)可以观照，使观念以对象的形式呈现于心灵。(第23—24页)

(6)对自然的意识和感受乃至艺术表现，也是在上述必要条件下才会产生的。

八、机器生产或工业生产引起的艺术美学革命

在物质生产领域，从手工生产到机器生产是一次重大的工业革命，人类的生产活动由此进入了现代工业社会，工业制造和科学技术成为社会生产活动的主导因素。这一变革也在艺术活动中引起重大的变化。

艺术的革命性变化就来自于一个事实：手工制品和机器(机械)制品之间审美价值的巨大差别。早期工业化生产的机械制品粗制滥造、丑陋不堪，其产品外观的审美价值几乎没有，其低廉的经济适用性充斥着市场和生活，把人们的审美趣味引向了低级、粗糙。这个现象首先发生在英国。罗斯金、莫里斯强烈反对机械和机械化生产，号召回到手工艺制作，回到中世纪，主张艺术和手工制造的结合统一。"工艺美术运动"就是因此而起。

罗斯金、莫里斯的基本主张是反时代、反工业化的，但他们唤醒了人们对工业生产物品的审美意识和艺术要求，在日常生活中追求有质量的美和艺术形式。

随后在欧洲大陆上兴起的"新艺术运动"致力于机械制品审美价值的提升，创造一种与工业生产、技术形式相适应的新风格、新装饰、新艺术，探索艺术形式与技术形式的结合统一，探索在技术合理性和产品功能性要求下的美的艺术创造，探索适合于工业生产的艺术风格。这样，工业生产、机器制造导向了美的创造，工业产品的审美价值成为产品质量与价值的一个普遍要求和标准。新艺术运动倡导的工业设计，使机械产品也可以与手工产品相媲美。

新艺术运动,使人们从对机械产品的否定走向了对工业化生产的机械制品的肯定。这是一个重要的转折。

新艺术运动促进了设计与制造的结合,促进了科技与艺术的结合,促进了现代设计美学或技术美学的形成。

它们表明,艺术是开放的、生活的,具有科学性和技术可能性,生活的艺术化和艺术的生活化是现代社会的基本走向和特征之一。

艺术从此从文学、音乐、舞蹈、绘画、雕塑、建筑走进工业生产,走进日常物质生活,扩张了艺术的范围并提高了社会生活的质量。

新艺术运动创造了一种符合时代精神、符合工业科技特性、符合社会生活实际需求的"工业风格",一种标准化规范的新艺术风格。机器产品,或者工业生产,给艺术美学带来哪些问题呢?

(1)在理性原则和合理结构的基点上创造符合功能要求的作品(美)。

(2)艺术形式与技术形式的结合统一。

(3)机制产品的艺术风格问题。

(4)工业产品艺术化的可能性和标准化问题。

(5)确立一种符合现代工业化社会与时代精神的技术美学理念和艺术精神(自然、率真和精巧的技术之美)。

(6)使工业产品的社会价值、经济价值、使用价值、审美价值成为产品综合的普遍价值要求。

工艺美术运动和新艺术运动的主要战场是家具日用品设计、工业产品设计、建筑设计(包括室内装饰设计)。

九、现代艺术发生了哪些变化?

打破了艺术与非艺术的区别与界线。现代艺术对此不作区别。

艺术的表现从艺术作品扩大到艺术创作过程的本身即艺术行为。

通过弗罗伊德精神分析学说发现了人的心理现实,即潜意识的、非理性、本能的精神活动。并且,外部现实与心理现实都被理解为自然。人的心理现实之非逻辑、非理性的幻象表征成为艺术的触发点。

艺术从古典的、逻辑的、理性的、透视的、可见的、再现的、美化的、和谐的、整一的、理想化的特质,走向非逻辑、非理性、非客观、非实在、不和谐、矛盾的、荒诞的、变态的、幻化的、异化的创作方向。

十、美术的"科学写实"

五四运动带来的新文化是西方的科学文化,它对美术的冲击很深刻,主要体现在对科学主义的热烈提倡,在美术创作上主张"科学的写实"并成为创作的审美标准。在这里,科学写实与现实主义是相等的,现实主义精神等于科学写实主义再加上反映现实生活。因此,形成了对传统中国画的否定和批判。

到 20 世纪 50 年代政权更替后,政治因素对美术创作的影响变得强烈,受苏联文化艺术(也是西方文化之一种)深刻影响,五四以来的"科学写实"主义持续推行,文艺为大众服务,反映社会现实。

十一、印象主义(从绘画到音乐)

(1)19 世纪出现于巴黎。

1874 年巴黎的一次向传统的绘画原则挑战的画展,突出并引起极大非议的是莫奈的《印象:日出》,人们称之为"印象主义者"。

(2)印象主义艺术特点:其绘画以光和色为主角,借助光和色的变幻表现作者在一个飞逝的瞬间所捕捉到的印象。——这一艺术观点与当时的光学研究相关。

印象主义以绘画渗透到其他艺术门类,成为一个时代的艺术特征。

(3)印象主义音乐

印象主义音乐是在象征主义文学和印象主义绘画影响下产生的。

印象派音乐的艺术主角是音响和音色(相对于绘画的光和色),音响强弱是自然界中光线强弱的音乐表现,而音色的变幻是光线照射物体时的音乐描述。

值得注意的是,印象派音乐最初以此为追求的艺术目标,并形成了独特的音乐风格。这说明,"追求什么或表现什么以及怎么表现",正是艺术风格之所在。

（4）印象派音乐的反叛对象是浪漫派音乐，其音乐语言、音乐风格迥异。

浪漫音乐表现模式：

从紧张到松弛。

从不和谐到和谐。

音乐的表达从呈示、发展到再现。

作品受自然音阶所包含的几个音的制约。

印象派音乐对这种传统形式和艺术风格表示了决裂。印象派音乐是从浪漫派音乐过渡到现代音乐的一座桥梁、一条纽带。

（5）印象派音乐的特点：

第一，将追求音响和音色作为艺术追求的目标。

第二，捕捉瞬间的印象，暗示或提供一种意象，在音乐中反对故事性、文学性。

第三，主张用织体、色彩、音乐力度来代替调式原则、和声进行规则、音乐发展模式。

第四，相互毗连配器手法细腻、雅致，打击乐器成为主要的音乐色彩表现手法，而非以前的点缀性的。

第五，在音乐力度上，突出了音乐的恬淡、纤巧、妩媚以至略带伤感的情调。弱奏作为音乐力度变化的基础，力度高潮仅闪现于瞬间，很快就回到弱奏的基调。

第六，"不协和和弦"的运用，不协和和弦之间的连接根本没有要达到谐境的痕迹，而是不协和和弦并列起来构成一个音乐色彩的织体，产生音色效果。这犹如绘画中色彩并列所产生的光色效果。

第七，追求旋律线犹如一股清泉，柔和地从这一小节流动到下一小节，音乐在这一流动中展现了印象派音乐持有的清美。

第八，喜欢表现微妙和难以捉摸的东西，不喜欢堂皇、不朽的雄伟气派，喜欢隐喻、暗示，不喜欢直率、过分夸张。

第九，印象派音乐在音乐表现上创造了一种朦胧的色彩、模糊的轮廓、难以分辨的色调变化，表现了一种幻想、印象和气氛。

第十，印象派音乐的精致、优美，正好与浪漫派的夸张、洪亮相反。

十二、日本园林艺术美的特点

（1）日本美的特点参见小形研三、高原荣重《园林设计——造园意匠论》一书。

其一，艺术美的感情性。日本的艺术美具有纠缠于情感细节的强烈倾向。情感的对象具有局部、片断、细节的特点。东山魁夷在《风景的对话》中说，日本美所表现的情感是十分敏感而细腻的。

其二，对朴素而单纯有特高的评价。

这种朴素、单纯是情感性的，又与寂静的思想结合在一起，成为一种素淡静寂的境界或趋向。

朴素性、单纯性是日本美的指导性原理。

其三，对枯寂素净情感的肯定。在贫乏、灭亡中发现美，也就是对病态、寂态的美持肯定态度，但对健全之美持否定态度。

其四，美的"图像形式化"。即日本美有一种承续传统的程式化倾向，有比较稳定的格式、式样或形式，呈现保守泥古的古典倾向。

其五，具有象征性。即日本美具有意境的表现性。

（2）日本园林的特点。

日本古典园林基本风格是写实的（摹拟自然）、自然的（不规则性）、象征的（表现、意境）。

对自然的摹拟采取"自然的抽象化"样式。

在园林意匠上受到禅道与茶道的影响。"自然的抽象化"表现就是受到参禅的影响而发展的。

日本园林造园手法相当洗练。

《园林设计——造园意匠论》一书中指出："日本庭园式样的特征概括的说是，'任何时代都赞扬自然的美，并可看到适应自然的遗迹'。……日本庭园是顺应自然的，且是没有脱离过自然的。但其中有仿照自然的写实和抽象的多样变化。"（第 27 页）

日本庭园的缺点是有形成"盆景式庭园"的一般倾向。小巧、精致、装饰性，洗练的概括和表现，形如巧智的细致摆设。

日本庭园的特点：

第一，热爱自然，顺应自然。

有消极的、阴性的、不开朗的（封闭的）倾向。

第二，日本庭园反映的自然是相当主观的自然。

梦窗国师在《梦中问答》中讲："山水无得失，得失在人心，……诸法无大小，大小在人心。"（第 29 页）

小形研三等指出："所以，若想了解日本庭园的特点，其捷径是研究日本人的美的主观状态。"（第 30 页）

这是讲，研究日本园林特点，要从研究日本人关于美的文化观念、思想观念入手。这个论点具有方法的性质。

作者进一步指出："日本人关于美的主观状态——总是强烈指向负的方向，认为越细小的事物越纯粹，对无生命的美作高度评价，喜欢抹杀有生命的东西……"（第 30 页）

第三，有爱好古老事物的倾向。

第四，"擅长从低的视点对小的部分进行静止的观赏手法，而缺乏广大的具有生命力的表现。擅于用低音旋律的表现，而缺乏大平原黎明时分的朝气蓬勃的表现"。（第 31 页）

第五，擅长内部秩序空间的表现，但对外部空间秩序的表现较生疏。

第三节　艺术意识与审美

一、关于感知

阿恩海姆认为，感知以基本要素和历史形成的感知形式为基础。卡西尔认为，感知由不断演进的抽象的理论图式引导才能发展。沃尔特·本雅明认为，要把视觉哲学放在媒体哲学框架内来考察，只有考虑到感知的工具，在这样一个更大的框架之内，感知才能被理解。现代感知手段和各种创造产生了新的感知模式。他认为，随着技术图像的出现，不可见的领域消失了。他认为，建基于现代图像工具和对技术图像特别是对活动图像的认识论基础上的现代感知过程，不再依靠传统的主客关系了。现代交流也不依赖这种主客关系——技术图像更多的是参与的方式而不是再现的方式。

二、感知与思维不可分

阿恩海姆《视觉思维》一书的重要观点之一，是把始自柏拉图"知觉与思维的分裂"转向了"知觉与思维的联系与不可分割"，对知觉或感知进行了深入而有启发的分析。不仅如此，他把以往传统认识论的数学和语言基点引向了"视觉—图像"这一文化与哲学新方向。古希腊文化哲学里面，所谓的"自由艺术"就是运用数学和语言的那一类技艺，包括语法、辩术、修辞、天文、算术、几何、音乐等，而绘画则属"机械艺术"。柏拉图推崇音乐，因为音乐能达到宇宙的数学秩序与和谐，其认识论基础建立在数学和语言逻辑之上。到20世纪末才革命性地转向图像——视觉文化领域，打破了知觉与思维、本质与现象、不可见与可见、直观与本质等的分裂，意识到它们的一体性联系。

三、图像意识

（1）传统图像研究大多停留在视觉层次上，侧重图像的意义和象征，忽略了观看者观看图像的意识过程这一层面，缺乏对观图的意识结构的了解，而这一维度对图像意义的提示很重要。

（2）胡塞尔的图像意识理论，认为图像意识由三种客体和三种立义构成。三种客体：图像事物即物理图像；图像客体即精神图像，它含有感知想象的成分；图像主题即主题或题材，它意味着被图像客体再现或被映像的客体。三个立义即对图像事物的感知立义、对图像客体的感知立义、对图像主体的感知立义。在图像客体和图像主体的规定中都贯穿着想象行为。胡塞尔现象学中的图像意识是基于想象而完成的。在视觉文化中，图像意识则基于知觉这一感知形式。所谓感知，就是对事物的直接拥有、简单把握。想象则是当下化的行为，是对不在场当下化的把握。

（3）胡塞尔、海德格尔的图像意识的核心都是一个不断超越过程的展示。

（4）图像意识依赖的逻辑基础，一是图像与非图像的区分，二是图像与实在的区分，三是图像与实在的相似性。

图像与非图像的区别首先是图像与文字、语言的区别。

图像与实在的区分，首先是一种摹仿关系。西方古典艺术向有"艺术是对自然的摹仿"观念、在柏拉图哲学中，区分了神造的床（理念、原型）、工匠造的床（摹本）、画家画的床（摹本的摹本）。这种摹仿关系是原型与图像的关系，此理论对图像意识的确立奠定了基础。

但是在理论上有两类"实在"，即柏拉图的理念性存在：一种具有普遍形式的客观精神的实体性存在；一类是亚里士多德的感性的现实存在，即个别的、特殊的、具体的物质性实存。这两类"实在"可称为神性存在与物性实存，一般性存在和特殊性存在，超然性存在和时空性存在。

然而还有一种实在，即内在于人类心灵的"实在"，如关于事物的思想、情感、意志、欲望等，艺术也是人类这种内在实存的一种形象化表达。这种内在实在与艺术图像之间的关系就是表现关系。

总之，图像意识所依据的实在，不仅存在于物理界，亦存在于观念界（概念认识）和心理界（情感体验）。观念的、心理的那类实在，是物理世界中被人类及其生命个体"我思我觉"的客体。在图像意识的构成过程中从图像物（材料、色彩、线条、形状等）指向上述实在（在艺术图像中，古典绘画忠实于自然的视觉神形，印象派忠实于自然光色的主观印象）。

（5）图像与实在的相似性关系。图像与自然、图像与事物、图像与实在之间的相似性关系，构成了艺术作品的基础。但现代艺术、后现代艺术解构了图像与实在的这种相似性关系，即现当代艺术以非对象性的形式表达了艺术自身。伽达默尔认为，这种非对象性艺术依然具有模拟的终极对象——主体精神的力量。

这种图像与实在的相似性关系是传统艺术的基础，是从实在角度出发的视角。现当代"非对象艺术"是从主体这一角度出发的，更强调非再现、非对象、纯粹形式、艺术独立、精神象征、抽象化。

（6）上述图像与非图像、图像与实在的类似性关系的区分，是有适用的限制条件。首先，这种区分适用于以理性为文化特征、以拼音文字为语言特征的西方人，对图、字、意一体的中国语言文化却不适用，这种区分在中国也不成立。中国文字具有表意意识与图像意识相融合的特点，文字书写是一门书法艺术，也含有绘画因素。但这里所讲的"图像意识"对于问题的分析很有启发，因为景观也是"图像意识"的一种。

四、没有感动就没有审美

我们写诗看诗，不是看美在哪里，而是看是什么感动人、吸引人，然后和诗人一起感动、一起思索。艺术审美一定是美感为触发点的，没有感动就没有审美。在事物中寻找美的行为，是哲学家、科学家做的事情，是理性思维的驱使。大众的、艺术的审美，是情感的、形象的直觉思维。

五、审美解决

审美领域所产生的文化是人生问题的一种象征性的揭示和解决，人由此得到一定的精神满足。美指向人生和生活。生存问题需要各种方式的解决。一种是根本的解决，比如革命性的暴力方式，那就是推翻一种被否定的制度，改变被质问的社会。但这种方式对有限的生命个体来讲不是求之可得的。人们更多采取"微抵抗"的象征性解决方式，比如在文学艺术中得到体现和满足，它可以在虚拟的状态中缓和矛盾、象征性地解决。文学艺术在这方面有显著的功能，我们可以称之为"审美解决"。由此看来，审美文化也有一定程度的对抗性，只不过是相当和缓的"微抵抗"。对美的追求在很大程度上是"理想批判"，现实在理想中具有被批判、否定的性质。审美"在批判中展现理想、走向应当的完美"。审美也是文化的创造动力之一。

六、审美体验的心理学分析

有学者指出，审美体验属于认知学研究，是一种"意识流体验"，即多重感觉、心理想象和情绪反应的综合。马斯洛认为，审美体验是一种"高峰体验"。

七、审美感知的两种情况

现代美学转入审美经验的研究，但审美经验研究又要以它的典型状态即艺术经验为重点。这是肯定的。

艺术审美有这样两种情况：一种是获得对艺术作品或审美对象实际具有的感知性质，即"物象"；另一种是知觉这种感知性质所呈现的感知状态，即由"物象"引起的"意象"。而真正的审美，不是感知审美对象的感知性质，而是它的"感知状态"，即我们对意象的感知。如果问什么是审美，那么，人的感知从物象向意象的转化与体会就是"审美"。

此外同一审美对象的感知性质可以产生不同的感知状态。同时，在不同的艺术范畴中被知觉，会产生不同的感知状态，出现常项、变项和反项的三种感知状态。即不同的艺术观就会产生不同的审美感知状态。例如，毕加索《格尔尼卡》一画中的立体形状，对立体派感知为常项，对抽象派则是变项，对印象派则是反项。它说明，不同的艺术观就有不同的感知方式和感知状态。

八、审美新概念

要突破科学认识论加在美学上的迷雾。

审美不是一种供求关系，也不是反映关系。

审美的本质是一种构成关系，创作如此，欣赏也是如此。

审美的构成关系，就是主体与客体的双向构成活动和本质的同一过程。

主体通过意向性活动创造审美客体，这一审美客体成为主体生命的本质表现和存在方式，是人的意识与生命的物化形式。同时，审美客体的建构过程也是审美主体意识与生命、审美能力与审美感知的建构过程。这就形成了一种审美活动中的主客体双向建构。这种建构不可能是单向的、片面的。

在这里除了"双向建构"以外，还有一个"本质同一"的重要概念。审美，无论从创作过程还是从欣赏过程，都呈现为一个主客体双方实现本质上的同一过程，都是向对方的深度的本质浸润，都是向对方的移入。这种同一程度不管达到何种度量,始终是向对方本质的前进,都是与对方打成一片,天人合一,物我一体,主客统一,等等,都是审美现象中的"本质同一"的不同表述。

关键词:意向性活动,主客体的双向建构关系,主客体的本质同一。

九、审美化

沃尔夫冈·韦尔施在《重构美学》一书中指出,2000年以来,"审美化"已经成为一个全球化的过程。他指出"审美化浪潮"、"全球审美化",从城市到乡村都在经历一个美化的过程。

在我看来,审美化具有以下特点:

(1)美的原则普遍化。创造美并且获得美感,成为人类的生存必需和生活方式。美文化渗透于一切方面。

(2)设计成为创造美的技术途径。世界的美化,不如说世界被设计,世界在设计中被美化。美走到哪里,设计也必然追随到哪里。美化不能离开设计这个环节。

(3)现实的装饰化。美化的另一个表述也就是装饰化。世界被打扮,被"涂脂抹粉",进入优美舒适的感觉中。世界在这种设计、装饰中被表面化、被非本质化。这种倾向被人们批判、诟病。

(4)与审美化的设计、装饰相伴而来的哲学性质,就是世界、现实、生活、意识等等被建构、重构。审美化引来这样一个哲学判断:现实是建构的、审美本身就是一种建构的行为过程。没有什么东西不能被设计、装饰,它们都可以按照美的要求发生预定的改变。世界是建构的。

(5)虚拟化。审美化必然具有虚构的性质。审美的生活状态也是一种虚拟的生活态度和虚拟的存在状态。人们在自己优雅美化的虚构状态中生活并愿意这样生活。这种审美文化的精神需要,这种"审美虚构和如其本然"的东西是相对的,和自然美是相对的东西。自然美相对来讲是一种如其本然的美。人类对如其本然的美,有着强烈的感情倾向和特殊爱好。

(6)科技化。科学技术的因素成为审美化的重要构成和支持。美与真的结合、艺术与技术的结合,成为审美创造的最新发展和必要条件。从另一面看,科学思维与技术中审美因素的加入与渗透也成为科学认识和技术实践的环节不能缺少的要素。科学技术的新发展、新创造也为审美化带来不可思议的惊人成就和崭新视界。

审美化成为人的生活要求,是生存的要求、行为的要求、生活方式的要求、意识的要求、用品的要求、环境的要求、科技发展的要求、生活质量的要求。

十、人对自然的介入和科学对审美的介入

自然是一个复杂的概念。当自然介入了人类活动,就更为复杂了。自然与人有两种重要的状态。一种是自然处于人类审美的状态,人是自然的鉴赏者。一种是自然处在人类生活中的状态,人以实际的需求和目的介入自然,因此人是自然的改变者,或者按中国文化的说法,是参与造化者。人介入自然有两种情况,一种是以旁观者或鉴赏者姿态的介入,比如审美静观。一种是以改造者或变革者的姿态介入自然,比如植物的种植、矿藏的开采、房屋的建造。

在自然的审美状态中,传统的介入模式是视觉的、艺术式的。自然的视觉特征和如画性艺术特征决定着自然的审美价值。通常欣赏自然,就像看一幅画那样去看,并且寻求其中的诗意感动。这种对自然的观赏模式是传统的、人文的。自从科学因素的介入,情况发生了微妙的变化,尤其是自然科学、环境科学、生态科学的影响,对自然的审美有了更广泛的着眼和意义。在我看来,科学因素对审美的介入,最重要的有两点。第一点是科学对审美介入的同时,积极地把人的实际生活更直接地引入了审美,将审美的高尚性即无利害性纳入人的日常生活轨道,这首先是审美与实际目的的结合,适用、有益于人类生存发展,成为审美的一个维度和标准。这是美学在当代的新发展。这个发展,可以称为"美学的生活化",或者"生活的审美化"。第二点,科学因素的积极介入,使得审美的客观性把握更趋加强,有所谓"审美的科学主义"。比如,在自然审美中强调"客观性原则",观赏自然对象的本体、本真、本相之美。总之,倾向审美的客观性把握。在传统上,审美的主观性把握占据着很崇高的地位,这种情况在现当代有所改变。

十一、虚静——哲学静观和审美静观

虚静是中国美学的一个重要概念,指一种冲和、虔敬、静寂的感知心态。

(1)老庄的虚静说。

老子:虚静是"道"的本体的一种形态,即"道冲"(冲,虚空)。他认为有生于无,即有生于虚,动起于静。从虚静作为道的本体来看,"虚静"是一种客观的存在,本体性的客观存在,因为物质、万物、生命皆起于无、虚、静和一。

如何认识这种本体虚静? 老子认为,其认识方法是"致虚极,守静笃,万物并作,吾以观复。夫物芸芸,各复归其根"(《老子·十六章》)。这个方法是使内心处于虚空寂静的状态,不为万物浮象所动摇,保持虚静至极至笃,可以使万物归于根本,犹如百川入海,贯于大化,收万归一。这就是"虚静得道"的认识方法。

要特别注意,老子"虚静"之观是一种与外在隔离的内审、内视。实际是"虚其外,静其心"的体认过程。在这一点上,庄子更为具体地提出了"心斋"、"坐忘"之法:"堕肢体、黜聪明、离形去知,同于大通,此谓坐忘"(《庄子·大宗师》)。《庄子·天道》:"夫虚静恬淡,寂漠无为者,天地之平,而道德之至。"

"虚静体认"的基本方法是:

至虚:放弃对外界观照的感知,以及自身身体生理的感知。("堕肢体、黜聪明、离形")

去知:排除思维思想。

恬淡:排除对内对外的任何欲念。

无为:放弃所有行为或行为意志。

总的特征是,虚静表现为排除感知、思维、欲念、行为等能力,与外界和自我阻断绝缘。这和佛学中的"禅坐"、气功中的"守静"基本是一回事——无知、无思、无欲、无为的体认。这完全可以认为是古代人所要求的"哲思"或"哲学认识方法",一般人难以做到。

(2)但是在美学上讲的"虚静"和老庄所讲的有不小区别。"虚静体认"

或者"心斋",在美学术语上叫作"审美静观"。审美静观与"心斋"相通之处是:忘形、去智、无欲、无为,即要求在审美状态中暂时把自己的存在、欲念、思维、作为放在注意力之外,全神贯注于审美对象上。不同之处:一是,审美静观仍然需要耳目之官的观照能力,不可能"黜聪明",耳目身体之感觉在审美中是重要的、必不可少的。审美观照(或者美感能力),一般只要求感知能力与对象保持直观的感性联系。二是,审美静观有具体的客观事物为感觉对象,因此"心斋"是内收内视的,"审美静观"是"外放内收的"——从外界对象上得到特殊的精神体验。"心斋"是由内而一、融会大化。审美静观是由外而内,由形到神,由象而韵,即会形于神,味象于心。

因此,"虚静之观"要把哲学静观和审美静观分清楚,找出异同之处。不少学人把哲学静观和审美静观混为一谈不加区别,谬矣!

哲学的特殊规定性,是抽象性思维,从抽象分析到理论综合。

审美认识的特殊规定性,是感觉和体验,从具体感觉到情感体验到想象创造。

中国哲学认识又和西方哲学不同。中国哲学讲的是"收视反听,心领神会",讲感悟、讲悟性、讲感通,表达上侧重形象喻示、形象概括。比如,中国哲学家表达"哲学静观"的概念和方法时,他们的话语形式就是:收视反听,虚静恬淡,堕肢体、黜聪明,离形去知,万取一收,同于大化(大同、大通)。西方哲学则以抽象概念和逻辑分析为特点。

(3)哲学静观和审美静观的目的性境界。

哲学静观的最终境界是"天人合一"、"万物归一"。

审美静观的最终境界则是多样的:

物我为一或天人合一。

(4)相关虚静论。

宋钘、尹文:"天之道虚,地之道静。"

《荀子·解蔽》:"人何以知道?曰心。心何以知?曰虚壹而静。""心者,形之君也,神明之主也。"

心主神明。哲学静观在中国哲学里因其特殊认识方法,可以很确切地称作"神明"。

神明，其实和"心领神会"、"感悟"、"悟知"、"神会"等等是意思相同的。神，即中国哲学静观特有的玄妙通幽的认识方法，因其玄妙而称"神"。明，明了于一得。神明，就是以静观之玄妙融贯于太一（大化、大和）。

老庄的认识特点是以人心之虚静体悟天地之虚静，具有神秘直观的性质，所以"神明"乃切辞也。

（5）老子哲学静观论与艺术美学的相通之处。

老子静观论的以下特点为艺术美学实践所接受并产生深远影响：

去智（超越理性、概念）；

去欲（超越功利物质欲求）；

虚怀（精神自由和超然开放）；

黜形（忘我、物我皆忘）；

凝神（凝神专注、注意力高度集中）；

同通（即"同于九通"，归一、神明、得意、得一、化归）；

静观（以虚、静的态度认识体验）。

这一些特点无不和审美观照、艺术创作相通。

（6）虚静的人生意义和艺术意义。

魏晋时代的士人，崇尚"以虚待世、以静制动"，在玄谈、山水、茶酒中避世自保，隐逸自救。嵇康放浪山水、陶渊明归隐田园。老庄之学和佛教由此兴盛，人们注意到山水之乐、草木之兴、田园之逸。自此，"虚静"之说从哲学形态走进审美和艺术的殿堂。

魏晋时期的艺术表现为审美的觉醒和独立，山水诗的出现标志着山水审美的开始。人们开始以虚静之心体验感觉着山水之和美，审美和艺术开始以中国方式按自己的特性独立。

主要代表人物：

陆机："伫中枢以玄览，馨澄思以凝虚。"（《文赋》）

宗炳："圣人含道应物，澄怀味象。"（《画山水序》）味，观赏、体验。象，物形之象。

"澄怀味象"这句话标志着哲学虚静观向艺术审美的转化，成为艺术审美的重要原理。

刘勰《文心雕龙》："陶钧文思，贵在虚静。"

王国维《人间词话》：虚静与境界。

十二、"静"是回归自然、返璞归真

《老子》第十六章，认为动是变化的、暂时的，静是永恒的、根本的。

"静"的概念——观察到万物发展变化周而复始，回到原来的出发点。他认为万物复归其根（出发点、本然的东西）就叫作"静"。

归根为静又叫"常"，即永恒。可见老子认为"静"是回归自然、返璞归真，是永恒的。

（1）"归根"（回到出发点，化归，归一）。

（2）归根又是"复命"（返真，回归自然）。

（3）"归根曰静"（静是反真）、"复命曰常"（静是永恒的）。

总之，静，就是回归本然的永恒真实。

十三、古希腊人的艺术美感

（1）引自英国荷加斯《美的分析》一书。

（2）16世纪的洛马佐在《绘画论》中转述米开朗琪罗的一段谈话。米氏教导他的学生说：一定要以金字塔形、蛇形的和摆成一种、两种或三种姿态的形体作为自己构图的基础。（见《美的分析》第4页）洛马佐立即评论道："在这条规则中（照我看）包含着艺术的全部秘密，因为一幅画所可能具有的最大的魅力和生命，就是表现运动，画家把运动称为一幅画的精神。再也没有像火焰或火这样的形式能更好地表现运动了。"（第4—5页）

西方文化审美具有很强的几何形体概念，重视审美对象的几何形体关系的形式美及其规律。这种几何形式美是可以观察、测量、计算、推演并列出数学公式的，有科学的价值和可能。从古典审美向现代审美，或者说古典艺术向现代艺术（指绘画等视觉艺术）的一大转变，就是以平面几何转向立体几何为标志之一的。艺术的审美能力和创造能力从单向的平面几何视觉转向了多元的立体几何视觉组织。与米开朗琪罗提出的这一被洛马佐称为"包含着艺术的全部奥秘"的"原则"相呼应，法国印象派画家塞尚，则提出了以圆锥体、圆柱体等立体几何形态观察和表现事物的革命性绘画观点,绘画从此进入现代形态,有了以毕加索立体主义为代表的现代艺术高峰。

（3）洛马佐又指出了西方文化审美的另一个相关的要点,即几何形式之美的生命和精神,在于表现"运动"。他关于米开朗琪罗的评论,清楚显示了这一点:形体构造要有活跃动变的生命感! 艺术要求在几何形体的构造中表现活的生命运动。洛马佐关于火的描述,就十分典型了:"火舌的形式最宜于描绘运动。火焰具有角锥体或尖物的形状,它好像是以这种锋芒劈开空气,以便上升到它所固有的领域。因此,具有这种形式的构图,将会是最美的构图。"（第 5 页）

运动就是一种变化状态,生命存在于运动之中。生命存在于运动和运动形式之中。因此,在绘画、雕塑中,常常选择最有故事性情节发展的那富有包孕性的片断,或运动过程中最有包孕性的动态瞬间。它的艺术美学要求,就是表现"静中涵动",以静态画面表现动态的内容。这样的创作才有意蕴性,才有想象性,才有趣味。

（4）金字塔形是一种渐变的形体,从基部最大化向中心逐渐收缩,上升至上苍。因此,金字塔形是运动变化的形体。

蛇形线就更富于运动的变化了,是典型的"时时都在变化中的运动的形",并具有柔和与灵活的性质。金字塔形的运动变化是稳重的、僵硬的、机械的。

（5）从画面效果来看,西方绘画相对重形的几何构成,中国绘画相对重意的建构与滋味。

第四节　艺术形式与方法

一、形式

形式,也就是事物各构成要素的组织和安排。

构成要素之间的手段有多种途径或组织方式。构成要素通过不同的组织手段产生不同的形式样态或组织状态。

组织手段对结构要素的具体组织处理又是通过形式美法则这一中介进行的，即按照形式美的规律加以组织建构艺术的形式样态。

举音乐为例。

音乐形式的基本构成要素：音色、音高、音程、力度、速度、节奏等。

音乐形式的组织手段主要有：旋律、和声、复调、曲式、调式和调性、配器等。

音乐形式的组织手段按照这些形式美的一般规律去组织各要素：和谐、整一、调和、比例、对称、均衡、多样统一。音乐形式诸要素是在形式美法则的引导下合规律、合目的地加以组织安排的。

二、形式美法则的变化

形式美的核心法则或审美准则，从古至今经历了三大变化。

最初的形式美审美准则是"和谐的"美学理念，形式美的典型形式就是和谐美。

后来，特别是浪漫主义艺术的创作与审美，"对比"的概念成为形式美的时代审美准则。形式美的基本模式从和谐美（整一、有序、协调、静态、消解）所综合的美变为"对比统一"或"对比整合"的美，简称"对比美"。这种从对比的动态与矛盾中求得统一或均衡的美，是浪漫主义艺术的一个显著的美学特征。其中，对比或对照的那些因素之间是一种共生共存的关系，各对比因素都有强烈的个性化特征。

在对比中，美—丑、动—静、张—驰、高—低、雅—俗等等极端性对偶因素进入艺术创造和观赏。这种新时代的美突出了内在的矛盾、冲突、比较，使人类审美能力向前推进了一大步，深入矛盾的运动与整合中并作为审美创造和观照的内容。

再发展下去，人们又从"对比统一"跃进到对"多样统一"的追求。"多样统一"成为现当代形式美的审美准则。人们在形式美中产生了新的要求，是形式美组织、创造与观照在内容上的多样性、多元性、丰富性，向更复杂的美学形式变化。"多样统一"更是一种"个性化群体的整合"。

和谐一律——对立整合——多样统一，这是形式美基本法则的变化的延展。

和谐——古典主义。

对比——浪漫主义。

多样——现代主义。

整齐一律　　AAAAA……　　（一部曲式）

对称均衡　　A—B—A　　　（三部曲式）

对比　　　　A—B　　　　　（二部曲式）

调和对比　　AB AC AD　　 （回旋曲式）

多样统一　　AA^1 A^2 A^3……（变奏曲式）

三、节奏

节奏是一种通常在时间上把握的运动秩序。古希腊音乐理论家阿里斯托克塞诺斯将其定义为"时间的秩序"，哲学家柏拉图将其定义为"运动的秩序"。

节奏是音乐的基本要素之一，是根本性的东西。

音乐作为时间艺术，它就是通过节奏把握时间并且形成运动秩序感的。事实上，节奏在音乐中起到一种组织和统一作用。节奏，建立运动秩序。

四、百尺之形与"人的空间"、"神的空间"

"百尺之形，千尺之势"属于富有人情味的"人的空间"，即建筑空间尺度是宜人的。一些宗教建筑尺度超大，如体量超大、高度超高、内部空间超广超深，这些建筑都属于礼佛性质，是与人对立的"神的空间"。这种建筑表现了与人和世俗的对立或对照，表现了神的神圣和超然。

在风景园林中，佛教建筑物往往以其大体量、超高度（如寺庙、佛塔）成为全景、全园的景观控制中心，利用"神的空间"控制超大尺度风景区，如以佛香阁为构图中心控制了万寿山、昆明湖、颐和园全景，以白塔为构图中心控制了琼岛、北海全景。这是典型的"神的空间"为"人的空间"服务。

就西湖而言，保俶塔为景观控制及构图中心，控制了西湖北山风景，而雷峰塔作为构图中心控制了西湖南山景观，"双峰插云"则是西湖远景即西山景观的构图与控制中心,古时南北高峰都建有塔,"双峰插云"实际上是南北高峰上的"双塔插云"。因此,西湖景观在总体的画面构图和空间控制上,都以佛文化之代表性建筑为核心枢纽,是"佛的灵山水"。

总之,西湖风景区以湖中湖畔为视点,有三大控制及构图中心——北山保俶塔、南山雷峰塔、西山"双峰插云",它们在中近层次和中远层次上呈现景观的控制与观赏节奏。这是有效控制大型风景区的方法。西湖山水也可以因此划分为三个相对独立的单元——南山片、北山片、西山片,它们都有各自的景观控制中心及其建筑标志物,并和西湖南、北、西等山水脉络形势相联系。

五、怎样获得整体的统一感?

统一是一种整体感、秩序感。人的审美感觉天然倾向于秩序和整体。秩序和整体是事物的审美价值之一,事物的美学构成之一。一件艺术品没有这种统一感,就不成其为艺术。一件艺术品不容许在整体上杂乱无章,在局部上支离破碎。统一感是审美的要件。

六、数学协调与有机协调

这是东西方两种风格。

(1)西方追求的是数学秩序,设计者的智力和技术很朴实地表现在外部,人的理性创造力相当表面化,富有理性,其秩序总是以数学的协调为主流。

风格特点:理性、技术、创造力表面化,以数学的合规律性协调为主,相对乏味,缺少情感性和亲切性。

(2)东方追求的是自然的有机秩序,尽力避免"创造力的表面化",以自然、古老取胜,具有情感性、亲和性、自然趣味;藏巧于拙,其基本美学观念是"美在自然"。其主流是自然的有机协调。我们应该想一想,现代的西湖是否陷于"创造力的表面化"了?古代留给我们的"有机协调"法则是否丢掉了?

(3)两种统一或协调形式:

人工的数学的协调——美在和谐。(西方)

自然的有机的协调——美在自然。（东方）

（4）什么是秩序？

秩序是部分对于整体的关系，同时又是整体的一种自然发展状态。

有秩序的东西具有整体感、协调感，具有统一性。在其内部各因素中，具有主从关系、比例关系、均衡关系、韵律关系、互补关系等。

七、趋同式协调和对比性协调

中国建筑师对环境中建筑关系的协调性，多采取"趋同性协调"方式，新建筑要求与周围建筑有一种近似关系、相同关系，或有某种文化元素的喻示。这是一种趋同思维，这种思维与"一风吹"的建筑克隆大有关系。

欧美建筑设计师在设计思想上对环境协调关系的处理与中国正好相反，他们追求的是"对比性协调"，是在矛盾与创新中求得统一。他们的设计目标仍然是追求环境中建筑关系的协调，只不过其协调方式和中国建筑师不同。

我更倾向于在一种平衡的协调状态中追求创新、变化、发展，倾向于对比性的协调。

西方则自古希腊以来，从梁架结构向拱券窟窿结构发展，形成了突破，向前跨进了一大步，在历史发展中出现了拜占庭式、罗马式、文艺复兴式、巴洛克式、洛可可式、古典复兴、现代主义、后现代主义等多种风格。这就与欧美设计师的创新思维、技术进步有关。他们是向前看的，走向未来的。

我们对对比性协调的建筑设计与建设有一种恐惧或反对的心理，似乎对在一个环境中出现十分不同的新型建筑体反感，认为是冲突、矛盾。这是一种妨碍发展与创新的保守文化心理，一种文化趋同性心理。这种观念与心理状态强烈地妨碍了中国建筑的正常发展。

八、对比的运用

对比的运用是中国画的一个重要法则。"矛盾的对立统一"具有形而上的精神意味。主要对比要素有：虚实、黑白、开合、动静、疏密、长短、显隐、刚柔、纵横、奇正、浓淡、繁简、干湿、阴阳、晦明、宾主、聚散、巧拙、质华、松紧等,具有辩证法的哲学精神。其中最重要也最有哲理意义的,是虚实、黑白、动静、显隐、刚柔。虚实是超越关系,黑白是世界的创生与构成,动静是浮力与生气,显隐是含蓄,刚柔是气性。对比因素在绘画中去除凝滞僵化而使景象活泼生动、富于美感。

第五节　中国美学与艺术

一、中国美学史的发端在哪里?

大致有魏晋起点说、春秋起点说、史前远古说。这里有个问题要厘清。何为美学史? 我赞成这个界说,即美学是审美意识的思想理论形态,因此美学史应当是审美的思想理论史或审美的理论思想史。实际上有这样一种区别,一种是前面讲的审美的理论思想史,简称审美思想史,另一种范围更广大,即审美意识史。审美意识史包括了不具理论思想色彩及文字表述的审美现象,和具有思想理论价值的审美活动两部分。也就是说,后者包括了审美的意识史和思想史,一个是生活操作层面上的审美现象,一个是含有思想理论倾向的美学主张。一般讲,中国古代审美意识的发生及最初形态,可以追溯到旧石器晚期山顶洞人的装饰物,但它很难说是"美学"的起点或发生。春秋时期老子的《道德经》就具有美学的思想理论价值,提出了对后世影响很大的美学主张。

在审美意识的发生发展中,器物的生活实用功能和宗教的象征仪礼功能起着突出的作用,即生活生产文化和宗教精神文化起到重要作用。它们表明,后人所谓的艺术、审美等,都结合在生活、生产和宗教活动之母体里面,还不具有独立的价值,只是一种附属的价值。生活生产是为了生存,巫祝宗教是为了信仰。

二、儒道美学概述

(1)儒美学

儒家文化的审美意识与社会政治和伦理道德紧密关联,对美的社会功利性高度关注,体现出积极入世、乐观进取、建功有为的现实主义精神。

孔子的主要美学说是"尽善尽美"的审美理想、"兴观群怨"的审美作用、"兴于诗,立于礼,成于乐"审美教育。这些构成了孔子美学主干。诗、乐应合于礼的社会准则,符合政治教化的要求,建立了美的道德伦理标准,因此审美也是道德规范、政治教化的一个有机部分,是社会政治伦理文化的一个子系统。

诗具有感动人心(兴)、了解社会(观)、和谐众情(群)、表达心声(怨)的作用。通过"诗"的感动、"礼"的规范、"乐"的熏陶实现人和社会的和谐。

(2)道美学

道家美学以形而上的思想推究为旨趣,寻求人格精神与天地自然的同一,寻求人在精神和人格上对世俗与物质的超越。因此,道美学具有形上论色彩和人生论色彩,追求与世界终极原因的同一(得道,玄览),寻求人的解放和自由(超然与浪漫)。

道是自然的本体,也是理想人格的体现。它要求冲破社会和人为的束缚,追求精神的解放和自由以及人性的自然复归。

道家推崇天地自然之"大美"。庄子《天道》曰:"夫天地者,古之所大也,而黄帝尧舜之所共美也。"《知北游》曰:"天地有大美而不言。"《刻意》曰:"澹然无极而众美从之。"《山木》曰:"既雕既琢,复归于朴。"

道家美学注重美与真的密切关系,因此"真"包含真性真情,包含自然本体本原之朴素、平淡、天真、无为、无善恶等等。因此,道家美学在美与真的方面对儒美学美与善学说的一种补充,道美学在浪漫情怀方面对儒美学现实态度的一种补充,共同塑造了中国人的民族文化性格。

三、自然风格

自然风格是中国文学艺术的最高品格。中国第一部画史《历代名画记》的作者张彦远就说:"失于自然而后神,失于神而后妙,失于妙而合精,精之为病也甚成谨细。自然者为上品之上。"

自然又称天真,它往往和老庄哲理相联系,体现一种淡泊名利、自然而然的价值观。在绘画中,那种"平淡天真"就是自然风格,气度中和,不刻意雕琢,平心静气,取境平远,朴实隽永。庄子曾说,"虚静恬淡寂寞无为者,万物之本也",又说"朴素而天下莫能与之争美"。"平淡天真"的关键词,是虚静、恬淡、简朴、自然。因此,在绘画的自然风格中,就有追求荒寒、简远、超逸、天真的审美趣味。

"自然"又称"逸格",黄休复《益川名画录》中说:"画之逸格,最难其俦。拙规矩于方圆,鄙精研于彩绘。笔简形具,得之自然。莫强楷模,出于意表。故目之曰'逸格尔'。"

很明显,在画论中这种"自然"高于"神似",而"神似"又高于"巧妙","巧妙"又胜过"精致"。西湖之品不在精致和谐,在于自然冲和。精致和谐是现代西湖的一个过于雕琢的发展趋势。

自然、神似、巧妙、精致,是中国艺术的一个从高到低的价值序列。

四、儒学对"自然"的认知

儒家学说中关于"自然"的讨论,是在自然与人的价值联系中进行的,着重点是事物在人心中的主观感受、评价、体验、知觉和唤起的道德概念,主要不在事物的客观性质、客观情况。在儒家文化中,自然不仅具有人的亲和性、一体性,而且还有神圣化、人格化的生命灵性,并和对"天"即"神化的大自然"的信仰联系在一起,被赋予神性的理解和感觉。因此人们很关心"自然"对于心灵的象征、意义、作用、情绪,持一种价值论、意义论和形象论的理性态度,不能把人自己从自然中撤离、清除出来。西方人曾批评中国文化的自然观是一种泛灵论,这个批评是有道理的。当人把自然看作神灵,就无法游离宗教观念而持客观理性的态度看待自然本身。把自然看作神灵和把上帝看作神灵,两者在文化上的意义很不一样。上帝创造自然,就给自然留下了客观独立的认识空间。自然的神化实质是自然的人化,它诱导人对自然的认知走向人的内心和自省。在中国文化中,自然是人化的自然,即被视为具有人格、意识、生命、灵性、智慧的自然,不是纯粹的、与人对立的客观自然。只有当自然成为如其本然的、与人相对立的客观自然,才会有近现代意义上的科学。人化自然产生的只能是宗教——神学、艺术——审美、道德——伦理、政治——权威。人化自然首先产生的,是神话、巫术、宗教,最高形态是宗教，理论形态是神学。宗教是人类文化的母体和源泉。我是否可以这样说：中国文化关于自然美的思想理论，具有主体论、人性论、神学论和形象论的色彩。建立在天人论、心性论的哲学基础上，并与对"天"的神圣信仰密切相关。

五、"素"的中国美学概念

《礼记·礼器》中提到"素"这一重要的中国美学范畴，"以素为贵"。素，指质朴无华的自然本色。在哲学思想上，与"太极"、"太和"、"太一"、"返璞归真"，与事物的最初起源和最终归宿等有关联。它有宇宙论本体含义，也有发生论本源含义。《礼记·礼器》中说："以素为贵者，至敬无文，父党无容，大圭不琢，大羹不和……此以素为贵也。"《周易》中的贲卦，《序卦传》讲："物之不可苟合而已，故受之以贲，贲者饰也。"而贲卦之极，是"上九，白贲，无咎"。贲是讲纹饰的，就是说，纹饰之极归于朴素。在朴素之美中，儒家尤其推崇朴素中有色泽之美的玉，这是玉与珉的区别。不仅如此，玉的朴素之中材质和色泽之美，还在于它能体现儒学要义，即仁、义、礼、智、忠、信的气质，能体现天地精神。总之，玉的朴素之美，包括了它的材质之美和色泽之美，并且具有儒家教义的象征意义。从中可见，孔子关于美的看法，包含了这样几个相互关联的概念（或要点），即朴素、材质、色泽、象征。可以扩展为：朴素之美最为可贵，它包括了朴素之美、材质之美、色泽之美、象征之美。这种朴素之美都是视觉化的具体物和具体义。美是视觉的和有意义的。这种视觉肯定和意义指示是社会性的，具有普遍的价值。关于玉和珉的这段孔子与子贡的重要对话，见之于《礼记·聘义》。子贡问于孔子："敢问君子贵玉而贱珉，何故？"珉和玉皆为朴素之石，但珉缺少玉的气质之美，即朴素中亦有色泽之美，这种色泽呈现着玉不同凡响的气质。

六、李泽厚谈中国艺术特征

李泽厚《美的历程》一书中有一段话要重视，他说："中国艺术和审美的重要特征在于孔子（儒家）不是把人的情感、观念、仪式（宗教之要素）引向崇拜对象或神的境界。相反，而是把这三者引导和消融在以亲子血缘为基础的世间关系和现实生活之中。……中国艺术和审美重视的是情、理的结合，以理节情的平衡，是社会性、伦理性的心理感受和满足，而不是禁欲性的官能压抑，也不是理智型的认识愉快，更不是神秘性的情感迷狂或心灵净化。"中国艺术和审美有着明确的道德要求，即美和善的融合，而且善在艺术与审美中有决定性的作用，即不善非美。它一开始就有道德的社会功利要求，因此不是"纯艺术、纯审美"。中国艺术和审美走向纯粹化是比较迟的事情，这种艺术与审美就是康德所讲的那种"非功利"的艺术和审美。这种纯艺术审美，只考虑艺术和审美本身，道德的社会功利要求被淡化或排除。很明显，中国传统的艺术和审美（以儒家为代表），要求的是艺术和审美对道德和社会有促进的作用，也就是艺术和审美接受道德观念的社会规范。这是一个要点。第二，中国艺术和审美指向世间关系和现实生活。尤其以儒家为代表的艺术和审美，带有明显的入世和伦理的社会教育特征，一般讲，它不指向理性的抽象，不指向宗教的神秘。它起的是对社会和现实的伦理建设性作用，以艺术和审美的途径把道德伦理的规范导入社会关系和现实生活。中国艺术和审美的这种重要特征，从文化上看，是中国文化的实用主义特征所决定的。中国文化还有重情感、重仪礼（仪式）、重伦理的特征。在道家和佛教的深刻影响下，中国文化还有重虚静、重辩证、重运动变化的特征。

七、读《中国艺术精神》之前言

徐复观著的《中国艺术精神》（春风文艺出版社 1987 年版）已读过一遍，再翻看一次多有感动。要研究西湖这样的风景美学问题，此书在必看之列。不通中国文化、不通中国艺术，何敢妄言西湖之美？我从一开始就感到，西湖并非简单的自然美，它是中国的一种人与自然相融合的文化景观。这是一个很重要的性质，不明乎此，只能是在皮毛上做花样了。徐复观的许多见解令我心与之合，得益匪浅，更添自信。以下摘录的是该书的前言部分，提纲挈领，中肯精要，豁我心目。所以，此书多读常有新得。

（1）在道德、艺术、科学三大文化支柱中，中国古代的道德文化、艺术文化不仅有历史意义，还有现代意义和未来意义，都是高度发展并有盛大成就的文化。科学文化没有得到顺利的发展。

（2）"中国文化的主流，是人间的性格，是现世的性格。"

（3）"中国文化，毕竟走的是人与自然过分亲和的方向，征服自然以为己用的意识不强，于是以自然为对象的科学知识，未能得到顺利的发展。"

（4）中国文化，其贡献在于，它在人的具体生命的心、性中，发掘于道德的根源，艺术的根源，人生价值的根源，使人在自己一念自觉之间，"即可于现实世界中生稳根、站稳脚"，解决人类自身的矛盾，以及由这种矛盾产生的危机，把握到精神自由解放的关键。

（5）从魏晋玄学追溯到庄子上面，然后发现庄子之所谓道，落实于人生之上，"乃是崇高的艺术精神"（第3页），把庄子通过"心斋"的工夫所把握到的心，"实际乃是艺术精神的主体"，"由老学、庄学所演变出来的魏晋玄学，它的真实内容与结果，乃是艺术性的生活和艺术上的成就"。历史上大画家、大画论家所达到、把握的精神境界，都是庄学、玄学的境界。宋以后对画的影响，主要是庄学、玄学对画的影响。

（6）到了魏晋时期，因了玄学之力，而比西方早了一千多年，引起了艺术的自觉。"尔后中国的绘画，始终是在主客体交融、主客体合一中前进。"

笔者认为，魏晋时代在中国艺术上是一个十分重要的转折，它有三大现象发生，其一是对自然美的醒悟和发现，山水诗、山水画产生并很快成为独立的诗科、画科，尤其是山水画成为中国画的主流和代表。其二，生活的艺术化、人格的艺术化，人格与艺术在生活中的一致和表现，生活的理想化、艺术化，成为一时风尚，成为一种生存的手段、生活的方式。其三，就是对艺术的自觉，发现心与物、性与情的交融与合一，是艺术能够达到的对于人性人心的解放与自由，是艺术所能创造的一种人的存在方式和精神境界。因此，道德和艺术在人的心、性中起着不同的作用。道德使人的心、性纳入秩序、规范的自觉与自控之中，纳入理性的社会要求之中，纳入有利于社会生活和个人生存的合理状态中。道德使人成为现实的、理性的人。艺术则使人的心、性获得精神上的自由、解放和创造，在一种超然的、理想的状态中达成或努力达成心与物、心与道、性与情、性与理的对话与交流，融合与统一。因此，艺术是人生活生存的一种在精神上超然的、自由的、理想化的状态。这种作用与状态就是艺术的本体，艺术有内在性质和规律。

应当这样讲,魏晋时代,在老庄玄学的哲学思想影响下,在严酷的社会生存状态下,引发了对艺术本身性质和功能作用的自觉。而且应当说,首先是艺术的自觉,才进一步引发了生活的艺术化现象和对自然美的醒悟发现;以及山水诗画艺术的创造,使游、写、画成为生活的一部分和人格心灵的一部分,一个精神上十分自由广大的自我生活空间。在魏晋严酷的生存状况下,艺术成为人和心灵逃避和自足的空间。

从这个意义上来讲,哲学意识——尤其是哲学的人生意识,以及艺术审美意识和自觉意识,是自然审美的前导和催化剂,自然审美从属于哲学意识和艺术审美,即哲学意识水平和艺术审美水平是自然审美发展的前提条件和制导因素。这是一个重要的结论。

笔者认为,在中国艺术文化中,既有从自然价值向艺术价值升华、制导的作用过程,也同样存在着艺术审美价值影响、引导自然审美价值发展变化的作用过程。魏晋时代就属于后一种作用过程,即艺术本体的自觉带引了自然美的发现,自然美成为艺术重要的创造题材。

(7)中国文化中的艺术精神,追究到底,只有孔子和庄子所显出的两个典型。孔子显出的典型,是仁与音乐的合一,是道德与艺术在穷极之地的统一。在文学方面,先是儒、道,后来又融入了佛教,三者相融相即。

由庄子显出的典型,"彻底是纯艺术精神的性格,而主要又是结实在绘画上面"。

(8)宋代形象素朴、柔和,颜色雅淡、简素的瓷器,在精神上是与当时的水墨山水画相通的。

(9)艺术的反映有顺承的和反省的两种。顺承性的反映,反映现实及其意义,对现实有如火上浇油。反省性的反映,是在自然中寻求超然,"以获得精神的自由,保持精神的纯洁,恢复生命的疲困"。反省的反映,"有如在炎暑中喝下一杯清凉的饮料",中国山水画就是反省性的反映。

笔者认为,在中国文化视线里面,社会生活和自然山水,是两个对立、对照的事物。社会生活要求的是政治的秩序、道德的伦理、物质的利益,人的存在受制于社会要求,心性系于外物不由自主。自然山水则是美好的、自在的、超然的,主体之心性具有很大的精神自由,在自然中人才可以感到自己

的自我个性存在,感觉到本然的自我。在现实社会中,人是进取和劳作;在
自然山水中,人是回归和休息。自然是人的本然状态,是人的解脱和休息。
当然,自然是人的避难所。在社会中,人的心与性被扭曲、被限制、被虚伪
化。在自然中,人的心与性才有如其本然的真实和自由。自然是社会的一
种反省的、批判的力量。

我们要充分注意,自然美具有对立于社会的批判性,是映照社会状态的
一种批判力量,是反思的心灵折射的光辉。自然美当然有强大的身心娱乐
性,有强大的美感愉悦性,但不能忽视自然美的社会批判性功能。

总的来讲,自然美有以下一些性质功能:

自然美具有形式美的基本特征和规律;

自然美具有广泛而普遍的象征性,通过象征显示社会内容;

自然美具有主体心性人格的精神性,是人类精神的家园;

自然美具有社会批判性,是对立、对照、反思的批判因素;

自然美具有理想的、超然的性质;

自然美具有身心娱乐性;

自然美具有美感愉悦性;

自然美具有一与多、有与无、隐与显、变与常、简与繁等哲理性;

自然美具有时空性、地域性和可入性;

自然美具有无意识、无目的的必然性,主要以物理的、化学的、生物的物
质作用规律自我运动和建构一切;

自然美是对于人类有意义的文化现象,是人类文化的对象性存在。因
此,自然美具有人的文化建构性。

八、中国艺术特征:线、散

线为气脉,散为灵韵。化线为散,则散有序、有情、有味。线为一,散为
多,可以致无穷变化样态。线亦神之所在,依约干线则形似散而实则神不
散,不失整体感。

中国艺术以线为表现特征,绘画、书法以墨线为根本造型状貌,音乐亦
以气为线,声气情绪意流即为贯线。风景则以山、水为脉络,园林更以山脉、

水流、路线为布置的根本和依约。

线与散,可以见出气象与空灵,在流动中见出虚实、有无、隐显。线与散的纵横交错,也是艺术结构的基本方式。

线是走向、过程、途径,散是色调、细节、光影、趣象。

线与散,是脉与象、源与流、神与形、气与体。

九、绘画的境界是审美理想的外化

绘画的境界是画家审美理想的外化,它包括创作者的心态和他所处社会时代的审美倾向。因此,作为欣赏的作品,其境界具有创作的个性特点和社会时代的特点,呈现为一种美学趣味。在宋代,宋山水画形成了风尚荒寒、古雅诗意的绘画境界。这又和宋理学思想有一定的关系。

十、画要令人思

诗、画要含蓄,即一部分意思不直接表现出来,以侧面或暗示的方法保留在观者的想象或联想里面,自己去体会。这就是所谓的"画外有画",诗画如此才有味。含蓄和意境有关联。好的意境,就是一种有含蓄之美的意境,所谓"境外之境"。

总之,含蓄之美就在于通过有限与直接的形象画面,延展于无限的、间接的方面,即以小见大,以实见虚。对于含蓄美,要有观察力和领悟力,要有静心和逸情,有悟性、参玄的能力。

欣赏山水与诗画是相通的。山水风景的优劣,有一条就是这山水是否有可供想象意会的含蓄之美、想象之美。即山水的含蓄性、想象性如何。

清代戴熙说:"画令人惊,不如令人喜;令人喜,不如令人思。"(《习苦斋画絮》第十卷),这里"思"就是联想和思索。西湖就是令人惊,令人喜,亦令人思的风景名胜。苏东坡"欲把西湖比西子,淡妆浓抹总相宜",就是西湖山水之美引起联想和感悟,从此点明了西湖山水的意境所在,恰如其分地反映了西湖的神采和性格,引起广泛的共鸣和赞同。

自然平淡之美,往往也是含蓄之美,是有神采和性格之美,是令人喜亦令人思的风景。因此,自然平淡之美,也是令人喜、令人思的有意境情趣之景。

山水通画理，画理见山水。

十一、传统中国画的特点

传统中国画有以下特点：第一，强调"气韵生动"，从传神到意境的发展。第二，具有独特的观察方法和构图表现，以"三远"为代表的所谓"散点透视"，也有称为"运动性的散点透视法则"。第三是笔墨技法，是书法与画的结合，点、线、面的笔墨造型与情感表现。第四是"诗中有画，画中有诗"的特点，即绘画的诗化、文学化，或者说诗的视觉表现。

十二、中国画和西洋画

中国画与西洋画风景画的不同，不仅在工具材料和外观，更重要的是在自然景物的观察方法和东方文化的内省气质上，在中国艺术的元气自然论哲学思想上。

中国画和西洋画在观察方法和结构形式上很是不同。西洋画的结构形式表现，在它的外向的张力上，景物的安排符合自然的物理形态，注重物理空间的表现和形式美感的视觉效果，并且这种视觉形式美感符合数学规律。中国山水画重视由表及里的内部结构，使画面景物间的内在视觉联系和意态相关联，开合结构的完整性如文章的起承转合一样严密。"三远"的散点透视法则的运用，与焦点透视法的近大远小、近实远虚相比，更具自由，画面景物设置只需合情合理，便可把自然形态转化为艺术形态，从而获得一种完美的意境表达，最终完成形式与内容的高度统一。

山水画的画面形式结构，跟从三大观点。第一是"仰观俯察，求诸己身"的运动性散点透视，远近高低尽在大幅度的看眼里面。第二是"可观、可望、可游、可居"的宜人性，观画中山水一如在画中游憩，观赏山水画故有"神游"、"心游"的说法，第三，情景与物我交融的意境表达。总之，即"散点透视"的运动组织，"游观"的特色景象，"意境"的意趣表现。

十三、水墨审美

水墨山水画在宋代已成绘画主流。在宋诗中,其诗的绘画美感塑性呈现出绘画的水墨情采,有如水墨画。

水墨画反映了宋代的一种淡雅脱俗的水墨审美趣味。这可称为"水墨审美"。苏轼《王晋卿作烟江叠嶂图仆赋诗十四韵晋卿和之语》有"水墨自与诗争妍",《次韵吴传正枯木歌》有"天公水墨自奇绝",南宋诗人王镃《山中》甚至说"有色非真画,无弦是古琴"。荒寒、水墨、淡雅是宋代诗画的特色。

水墨审美和荒寒情趣、淡雅格调,也是西湖山水艺术审美的一大品格——这里当然是指宋代以来的古西湖。

十四、山水画的体用之理

唐五代荆浩《画山水赋》中说:"大山水,乃画家十三科之首也……必要先知体用之理,方有规矩。其体者,乃描写形势骨骼之法也。运于胸次,意在笔先。远则取其势,近则取其质。……其用者,乃明笔墨虚实之法也。"此处"体用之理"即艺术的创作规律,即立意构图为"体",笔墨之法为"用"。山水画的创作主要在于立意构图,体现出中国山水画的艺术特性就是"道艺一体,以道驭艺"。

十五、画气——士夫气、名士气、山林气、俗气

此论点见范玑《过云虎画论》,载《中国古画论发展史实》,第427页。

"士夫气磊落大方",历历在目,敞朗大方,有大气。

(1)"名士气英华秀发",有秀气,才气如花开放引人注目。"山林气静穆渊深",有静气,含蓄深沉,亦有野逸气象。

总之,士夫气如官宦,有阔大之气;名士气如大家,有才气和秀质;山林气如隐逸者,有静气和内气。三气为正格。

(2)士夫气、名士气、山林气中又含有名贵气、烟霞气、忠义气、奇气、古气,此五气皆贵。

(3)尘俗气。"若浮躁、烟火、脂粉皆尘俗气也,病之深者也。"

(4)除尘俗气要点在清心,"心清则气清矣"。

(5)还有稚气、霸气、衰气。稚气可取。

(6)边地之人多野气。释子多蔬笋气(素气)。

(7)匠气不在论列。

(8)西湖有士夫气和山林气,那是说它有秀气才情,有广泛知名度,有静气和内涵。当然,西湖还含有名贵气、烟霞气、忠义气、奇气和古气。名贵气,指珍贵、富丽,如花中名贵者牡丹。烟霞气指有逸气、仙气,飘逸变幻,不可捉摸。忠义气指正气、英气,岳飞、于谦就是西湖的忠义之气。奇气,指山水王气。历史上多有望气的风水师说西湖山水有王气出现。古气,指有沧桑的历史感、时间感。

同时西湖还有脂粉气、烟火气等俗气,也有匠气。

总的讲,西湖山水有秀气、静气、雅气和灵气,这是主要的。但也有明显的脂粉气、匠气。换句话讲,西湖山水有名士气、书卷气、山林气、奇气。

十六、彩陶艺术和青铜艺术

彩陶艺术发轫于原始巫术,中国绘画也从此开始。

青铜艺术从属于鬼神崇拜和祖先崇拜。

彩陶艺术、青铜艺术所有来自于现实的图像,都被简化、抽象、规范为代表某种崇拜所需要的精神符号,写实成分不多。我们今天称之为"美术"的东西,在他们那里只是进行巫术、祖先崇拜活动所需要的工具或手段。

十七、树桩盆景艺术的造型

参见潘仲连等《盆景制作与欣赏》一书。

(1)树木的美学作用:美丽多姿,柔和景色,协调环境。树木有千差万别的个性外形与体态,随时序生长产生令人赞赏的变态与情态。

(2)树木常见造型形式:

直干式,又名立式、高耸式。树桩主干挺拔直立,或微曲而立,树体较高,树冠较窄;树叶疏落或稠密分层。有昂扬向上,振奋精神的观感。属直线之美。

蟠曲式,又名磨盘弯、曲拐型。主干由根至顶,诗有"曲曲弯弯回蟠势,蜿蜒起伏蛟龙形"。此式怀柔,但不失刚柔相济之状,如硬变与软弯的结合。中国古人以曲为贵,以曲为美,有"一曲三折"、"一寸三弯"、"曲折有致"、"曲径通幽"等等。在曲线美方面有大量艺术实践、美学经验和创作技法。"S"形的造型是中国盆艺的主流形式。

斜干式,又名俯式、飘斜式。此式主干向一侧倾斜,树冠生长均衡,枝叶分布自然,疏枝横斜,静中生动,别有意趣。

直有气,曲生情,斜有势。直以静正之气,曲以动态生变,在曲折蟠回中见味,斜则以静涵动,有动势的包孕性。

卧干式,又名卧式、横斜式。此式主干亦斜生,横卧或斜卧于盆面,似醉汉卧地之状,蛟龙倒走之势,一般栽于盆一边,取得平衡较重要,要有均衡物。

除直干外,蟠曲式、斜干式、卧干式等等,都有"龙"的造型意象,屈曲之势,有生动之气,有意志情趣,都有龙的造型隐喻。取象于龙,取神亦于龙。龙是中国曲线美的典型意象。

曲折、简朴、沧桑、洗练、古寂、动静、画意、诗味等,是中国盆景的基本格调。这里又以曲、静、古、雅、味为要点。

靠贴式,此式即补拙一路。以其缺陷配以他物(木、石等)靠贴陪附,取优藏拙,取得意外效果。

临水式,树干横逸出盆外,如临水之岸树。树形横生直上,并不倒挂下垂。

枯干式,又称枯峰式。取树桩千百年沧桑之枯、朽、洞、伤、残、空、老、瘦等病态为美,取其"外枯中膏",内孕生机萌力,有"枯木逢春"之叹,有生命力之坚强,不死之寿运。看似病、寂、枯、奇,历经沧桑走向死灭,但实是赞美生命的经历和顽强,示人以哲理禅味,感慨人生。

其他还有"劈干式"、"垂枝式"、"附(攀)石式"、"露根式"、"盘根式"、"立根式"等等。

以上诸式都属于盆景中的"自然式"大系,另一系即"规则式"。规则式有秩序感、人为感,非自然态,少野趣而多工巧。

注意，以上盆艺造型式样都是指"树干造型"，另有"树枝造型"一路。

(3)树枝造型有 10 种：上伸式、蟹爪式、悬垂式、直枝式、垂枝式、云片式、横展式、蟠曲式、剪片式、滚枝式。

十八、盆景和造园的手法

参见潘仲连等《盆景制作与欣赏》一书。

盆景与园林是相通的，手法很多，但关键的是对比手法。

对比手法即辩证的对立与统一关系，有以下八种：曲与直，高与低，大与小，远与近，疏与密，明与暗，虚与实，隐与显。

中国园林能以小见大，以少胜多，以简胜繁，就是运用这些手法的结果。

造园与盆艺的要领，就在于"曲与直"、"破与立"两对关系的处理上，如破直求曲，避免平铺与呆板。

其次是园林、盆景中对比强烈，因此要求大小之类的比例要恰当，对比协调，主从有序，这一切都贵在"自然和谐"。

第六节　宋风宋调的文学艺术

一、宋代的绘画

宋画是绘画开始走向文学化的重要阶段。

宋画介于写形之极与意趣之间的重要变化时期，从绘画的自然之理转向绘画艺术之理。

宋代画论中的"画理"说包含了这样一些内涵：(1)求画面物象的物理；(2)求物象之间的"一理统摄"；(3)绘画的伦理功能；(4)绘画诗意的象外之旨和致思倾向。

在宋画中，理学关于"理"的思维方式，如"理一分殊"、"理气一体"，渗透到绘画创作和画论中。

在宋理学"理一分殊"的思维方式和"格物致知"的影响下，宋代绘画无论是院体画还是文人画，都很重视写实，写实风格也在宋代达到高峰。

宋代绘画的特点之一是"以小观大"、"局部构图"。

二、关于宋代绘画

南朝宗炳提出山水以形媚道，览者含道应物，中国山水画就走上了追寻山水背后"道"的承载。宋代理学兴起并影响到绘画，在绘画的构图上就有了构图的伦理承载，人物、花鸟、山水都是如此，使绘画不仅与诗结合，还充分体现绘画的伦理功能。

宋代绘画在理学影响下有鲜明的写实观念和伦理观念特点。写实在宋代已经非常成熟并有向写意发展的倾向。

宋代是文诗画交融的时代。钱钟书说，将眼前风物比作某种画法或某大家画作，此风从文同开始。宋人诗词创作受到绘画的很大影响，有许多就是荒寒山水画的题咏。

三、宋代绘画的改变

宋代的绘画有很明显的改变。由于画院的设立，院体画与文人画交互作用，山水花鸟画占据统治地位。宋代文人画充分释放了艺术创作个性化的特点。瓷器艺术不再以造型之大取胜，而以小巧玲珑见爱。在绘画上，北宋山水绘画以"无我之境"为特点，南宋山水画以"细节忠实，诗意追求"为特点(李泽厚:《美的历程》)。南宋时期山水画美学风格是"状难言之景于目前，不尽之意溢出画外"。北宋山水画以浑厚、整体、全景为特色，南宋绘画则以精巧、诗意、特写为特点。前者雄浑、辽阔、壮美，后者秀丽、工致、优美。

在宋代，园林艺术臻于成熟。园林成为文人士大夫寄托情怀的场所和表现载体。

四、中国山水画的唐宋元时期

山水画的立意、为象、格局，以意境为根本。意境是中国画艺术的灵魂，分"写境"(以境胜)和"造境"(以意胜)两类。写境以客观多于主观，造境则主观性多于客观性。

山水画在技法上分青绿勾研和水墨渲染两大流派，繁荣于唐代，有李思训父子代表的北派和王维、张璪代表的南派。

唐代艺术取向，是以蓬勃向上、境界开阔、富丽堂皇为特点的。

就山水而言，五代是一个承前启后的时代，以荆浩、关仝和董源、巨然为代表。

荆浩。笔与墨并重，丰富皴法的表现力，开"全景山水"新貌。他对两宋北方山水画家的影响很深。

董源。其山水画植根于江南，表现江南"烟岚湿润"的气象，融合青绿山水和水墨山水为一体，取景有别于荆、关北方太行山那种峻拔雄壮的"崇岭崖壁、峰峦出没、云雾显晦"，以"疏林野树，平远幽深"表现江南景象，其"平远天真"的山水意境，对两宋山水画家影响极大，被奉为文人画的鼻祖。

两宋以水墨为主流，与人、社会、自然亲近融洽，其感悟自然、师法造化，呈现人生的一种体验与内省。

北宋山水画更注意主观感情、意趣融入，以李成、范宽为代表。李成追求以"气象萧疏，烟林清旷"的景色来抒发心情胸怀，以"平远"构图见长。范宽则追求"山峦深厚，势壮雄强"的"雄浑博大"的壮美气象。郭熙取二人之长，既注重自然山川的物理特性，又注重融合于自然的感情心境变化，重视观察自然的方法和态度，提出著名的"三远"透视法，重视取材的典型化。

南宋代表画家李唐、马远、夏圭、刘松年，融北派"爽利硬峭"和南派"清润浑厚"的特点，笔墨交融、线面结合、刚柔相济，创"清俊豪放"的水墨苍劲画风。在构图上，从五代、北宋以来"置景开境大，布局繁密"，向以"局部特写"为特点的一角山水，开"以少胜多、空灵深远"的新格局。

元代山水由于社会历史原因，是一个变革时期，呈现出一种无奈的出世思想，形成了元代山水画的隐逸性抒情倾向，画家参禅悟道成为时代风尚。以赵孟頫及元四家为代表，促成文人画一统天下。

五、宋诗意象的绘画趣味

宋诗富有绘画之美，是指诗的意象具有鲜明的视觉性，并具有远近高低的空间层次感、立体感和浓淡明暗的色彩感，呈现出中国画的水墨丹青的趣味，使读者感到诗人在用词语绘画，欣赏的是一幅幅图画，并且诗人融绘画技法于诗中。

欧阳修在《六一诗话》中说道:"诗家虽率意,而造语亦难。若意新语之,得前人所未道者,斯为善也。"这是诗写得好的一种"善"的情况,但非"至"的水平。他接着指出:"必能状难写之景,如在目前,会不尽之意,见于言外,然后为至矣。"这段话应当是宋代诗评价为优的重要标准,诗美学标准。这段话从字面上看有三个要素,第一是"能状难写之景",反映作者的眼光和形象表达能力;第二是"如在目前",即这种形象状写具有视觉体验性,读者可通过诗人的语言描写刻画观看事物并加以体会;第三是有"言外之意"的含蓄,由象言意,意在象外。这三个要素,一是审美的语言表达能力,二是意象的视觉美感,三是超越性意义的含蓄美感。第三点也是欧阳修在《鉴画》中讲到的"趣远之心"。这三个要素可以概括为状写能力、视觉美感和储蓄之美。从状写、视觉到储蓄,其实就是诗的一种绘画性要求。

欧阳修的诗美学主张,在司马光之父司马池《行色》一诗中最能体现:"冷于陂水淡于秋,远陌初穷到渡头。赖是丹青不能画,画成应遣一生愁。"此诗评价甚高。

顾随说:"宋诗幻想不发达,有想象但又为理智所限。"

(顾之京整理:《顾随诗文丛论》,天津人民出版社1995年版,第64页)

六、宋诗宋画的评说

宋诗荒寒之景的营造,多以消极出世的淡泊精神为基调,没有唐诗昂扬壮大的气魄。

宋文人画特别注重境界,这与宋徽宗推崇"淡雅之美"有关系。

中国文人画追求:画外之境,拙丑之境,寂寞之境,萧散之境,苦寒之境,淡雅之境,心灵之境,虚幻之境,简约之境。

唐王维、张璪开创了用水墨表现寂寥荒寒的境界。

魏晋文人深得淡雅之趣,至宋代更把淡雅推向审美的主流,宋徽宗就很推崇淡雅之美。

宋画对简约的追求有十分明显的主动性。笔简意浓、笔简韵长是文人画的追求。"多求简易而求清逸",是文人画的核心。

中国画从形似发展到神似是一个进步。从两宋开始,又从"神似"转向"灵性",即"心灵之境"。所谓"性"即自然本性,指画出自然之性。

七、宋词比宋诗更有内心化的特点

陈模《稼轩词》中说,"曲者曲也,故当以委曲为体"(《稼轩词编年笺注》,中华书局 1962 年版,第 564 页),词到辛稼轩、苏东坡,愈来愈从"诗余"、"艳科"走向"抒情"、"言志",成为宋文学的代表并被后世推崇。

八、宋代散文的新风格

宋代散文获得新的发展。其继承唐代韩愈、柳宗元的"古文运动"成果,经北宋欧阳修等大力推进,真正进入了宋代社会生活的各个方面,总体上形成了"平易畅达,从容婉丽"的散文风格。唐宋散文八大家中,北宋就有六人,即欧阳修、王安石、曾巩及三苏,其中欧阳修、苏轼影响影响最大,直接影响了此后数百年中国散文的发展。

九、宋诗画的荒寒境界

欧阳修首先提出"萧条澹泊"的荒寒境界,它具有"闲和严静"的"趣远之心",是不容易被人赏识和体会的。明清许多画家如李日华、邵梅臣、董其昌、恽寿平、华翼纶等都以"萧条澹泊、荒寒简远"为最高的绘画境界。代表画院体观点的《宣和画谱》反对黄荃父子的"富贵气",提倡崔白、吴元瑜画残荷、败柳、寒禽、野兔的"野逸"之风,虽没直接倡导"荒寒"境界,但"野逸"与"荒寒"同流,这表明它的肯定。这引起宋代画风的转变,即北宋末年起,画风从"富丽精工"的徐黄体向"荒寒萧疏"的意境体转变。在宋代人物画上,李公麟不同于五代的周文矩、顾闳中重视"富丽温柔、体态丰腴"的女子形象,代之以洗尽铅华的圣贤雅士形象。在山水画,也从唐代金碧辉煌的青绿山水,走向以寒林、雪山为物象的水墨氤氲的水墨画,如范宽的《雪山萧寺图》、郭熙的《早春图》、崔白的《寒雀图》、苏轼的《枯木怪石图》都是此类境界的绘画创作。

荒寒境界在宋代绘画中受到好评,反映了绘画的一种审美趣味和审美标准，这也深刻影响了日本绘画，如十六七世纪，雪舟、雪村画派，以凄冷为美，所谓"负面的美学"为日本艺术所接受（这当然与佛教教义与信仰有关）。

在思想上，荒寒境界与佛教思想很有关系。在看破红尘、弃绝欲求、否定现世的观念下，追求凄清冷寂、素朴简洁的境界，与绘画中荒寒境界在精神上是一理相通的。荒寒境界有脱尘、去俗、冷寂、清静、素朴、简约的思想内涵。杭州西湖的"断桥残雪"就是荒寒境界的景观。在西湖十景中，有荒寒、萧疏、冷寂、淡泊意境色调的景象，除了"断桥残雪"，还有"南屏晚钟"、"雷峰夕照"、"平湖秋月"、"双峰插云"，都是偏冷色的画面。其中最有冷热对比性冲突但终究归于寂灭的是"雷峰夕照"，特别是残塔夕阳之景是最令人感慨的。这是一种离尘出世、淡泊宁静的心灵状态，从这个意义上来看，荒寒景象也是一种"趣远意高"的雅。

荒寒境界亦与社会审美态度有关，即与宋人冲和平淡的审美心态、反观内省的思维方式、平淡恬静的审美观所形成的宋代文化特质及文化氛围有关。总之，荒寒趣味与理学精神、佛教思想、道家思想、儒学传统、宋社会审美态度和宋文化特质相关。

这里讲的"荒寒之雅"是宋代士人的心性和审美推崇。

荒寒简约与富丽精工是一对相反相成的审美范畴，前者表现为对后者的批判和否定，也是雅、俗之分。

十、中国园林的两种类型

中国园林有这样两类，一类是建筑直接与自然山水结合在一起，如王维的辋川别业，白居易的庐山草堂。另一类则是对自然山水真实而深刻地观察认识以后的概括、提炼的艺术再现，即后期城市中的私家园林。它们的共同特点是崇尚自然、师法自然。西湖作为公共游憩的风景园林，是前一类型，即与自然山水相结合并经适当改造，在自然山水中体现人的文化理想和形象模式。从另一方面看，西湖山水又是文人山水。

禅学思想的心性观、自性论，是中国山水文化、山水审美和意境美学的重要思想基础。直觉、体认、顿悟、向心向内而不是向外。禅学比玄学更向主观内心世界前进一大步。这种直觉感悟的思维方式也阻碍了中国人科学意识的发展，它与科学认识和科学精神相悖。

十一、宋代文人园林

宋代文人园林风格，可概括为简远、疏朗、雅致、天然。

宋代文人园林追求并在元明清承继的追求，是"壶天"的理想境界。

宋代文人园林体现了"中隐"的隐居思想，"隐于园"。

宋代文人园林以写意园林风格为最大成就。园林不再是简单的模仿自然、缩景山水，而是借山水表达内心的情志意趣，表达主体的个性和人格。西湖山水就有这个特点，在原真自然山水中加入人文元素，如将筑岛、筑堤、建亭、构园等手段融入自然风光里面，表达情志和意趣。

文人园林——自然写意山水。它的艺术特点，是"士"这个阶层的价值观念、社会理想、道德规范、生活追求、审美趣味的结晶。

写意，是中国艺术的艺术观念和艺术方法。艺术门类的绘画、书法、园林、戏曲、舞蹈，都有写意的倾向。

十二、苏州园林核心文化是隐逸

苏州园林的文化内涵主要是"隐逸"。它既非陶渊明在乡村田头的"小隐"，也非王维一边做京城大官一边拥有辋川别业的"大隐"，而是白居易提倡的"城市山林"式的"中隐"。其典型之作是北宋苏舜钦的沧浪亭。苏见废于官场，流离苏州，置水石作沧浪亭。他说古之士人一失而死者很多，是因为不知"自胜之道"，"既废而能获斯境，安于冲旷，不与众驱，因之复能见乎内外失得之原"。（《沧浪亭记》）

崇尚自然的审美追求和隐逸见心自胜的文化思想，是苏州园林，特别是文人自然写意山水园林的基本特点。园林，是古代士大夫阶层可资进退的理想居所，洋溢着苏舜钦所讲的"自胜之道"。

西湖山水作为一种公共活动空间、郊邑风景游览区，似乎更主要的是"与民同乐"、"与民共利"的民生型思想文化。西湖具有大众的、公共的、城市的、宗教的多元文化性质。

第四章　景观美学

第一节　景观

一、景观

（1）在地理学中，景观最初被视为一般自然综合体。

景观学派把景观看成由地貌、大气、水、土壤、生物等要素构成的各物体和现象完整而有规律地组合在一起的地表地段。

（2）景观的现代概念则有变化：景观是由自然和人文的地理事物和现象有规律地组合形成的地域综合体。重视景观的自然内涵和人文内容，重视人地互动关系对景观生成发展的意义。

（3）景观分两大类：原始景观和文化景观。后者即原始景观经人类活动改变以后的景观。德国的奥特·施吕特尔于 1909 年提出"文化景观形态"，认为景观有其外貌，在它背后又有社会、经济、精神的力量。

（4）文化景观。美国地理学家卡尔·索尔说："人类按照其文化的标准对其天然环境中的生物现象施加影响，并把它们改变成文化景观。"他对文化景观的定义是：附着了自然景观上的人类活动的形态。

（5）"文化景观"是文化在空间上的反映，是一种落实于地球表层的文化地理创造物。（《中国景观史》，第 5 页）与文化结构相适应，文化景观也分技术体系的景观和价值体系的景观两大类。技术景观，指人类加工自然而产生的技术的、器物的、非价值的客观物在地球表层形成的地理实体，如农业、工业、聚落。价值景观，指人在加工自然塑造自我过程中形成的规范的、精神的、价值的、主观的东西在地表构成的具有地域分异的意象事物，如民俗、语言、宗教。

《中国景观史》作者把具象景观分为聚落、产业、公共事业三大类，非具象景观分民俗、语言、宗教三大类。

二、景观是什么？

《辞海》（1979 年版）给出的是地理学的"景观"的概念和解释，分为以下几种：一般概念，指"地表自然景色"；特殊区域的概念，指"自然地理区别中起始的或基本的空间单位"；类型概念，指"相互隔离的地段按其外部的特征的相似性，归为同一类型单位"，如草原景观、森林景观。但景观具有复杂性，难以给出恰当的定义。可以这样认为，景观不可能下一般性定义，或者说任何定义都是不完全的。这显然是个事实，但是我们必须理解"景观为何"。

在理解或解释的方法上，有学者从"景观不是什么"加以阐述。这个理解方法的前提，就是认识到"景观"与许多要素相关联但并不是要素。比如，景观与自然有关，与风景有关，与地域有关，与环境有关，与建筑有关，但景观不是简单的自然、地域、风景、建筑。景观还与人的视觉有关，与人的感知有关，与文化有关，与生态有关，等等。我在这里看到的核心问题，是"景观的关联性"，即景观与许多要素密切的相关性问题。景观的关联性概括了景观的全部复杂性和丰富性。这是第一个看法。

第二个看法，是我们对景观的关切，出于欣赏评价和创作设计的人文立场。在观赏和设计的理解需要之下，我们在众多要素中选择最重要的那些要素加以分析，在方法上是重点论和辩证论。在这个看法上，我们的理解是应用性的、实用性的，是相对的，并与特定的研究对象相联系，比如西湖这种著名景观。对西湖景观能给出有益的理解或解释，已经很满足了。

因此，我的景观研究，重视景观的关联性特征，注意景观研究的应用性，并且和特定的研究对象相关,即西湖景观。这里面,在众多要素中持重点论、辩证论的方法,或者采用层次论的方法,即关键层、次级层。核心层的要素,是自然和人文。次一级的但很关键的要素,是地域环境、视觉感知、社会文化。核心层具有哲学义。

对景观关联性研究的首要目的,是对景观的规划、设计、建设、控制和保护有实际的帮助,并能够对景观的感知、欣赏、评价有帮助。西湖的景观工作需要这种有意义的研究。

三、说不清的景观

从事景观的研究和设计,当然也包括了对景观的欣赏和评价,都必然要问"景观是什么"。这个回答会很困难,因为它和许多存在是一样的,很难从一个简单的定义来说明。景观可以从许多方面加以说明,但每个方面都有自己的片面性。从对象方面讲,景观是事物特征的视觉显现。从景观的主体方面讲,景观是人的文化折射和心理投射,是人类文化的一种物质的、形象的反映,是人与物的一种文化对话、生活对话、社会对话、历史对话。因此,景观有人文性、社会性、对话性。上面讲到景观是事物特征的视觉显现,这种事物特征,第一是对人而言的意义指向,第二是包括了事物的自然特征、文化特征、历史特征、社会特征、生态特征、环境特征、形象特征,甚至包括了事物的思想特征、语言特征。

景观有在人工中创造的,有在自然中显示的,有在伟大的事物中显现出来的美,也有从平凡事物中展现出来令人惊奇或者赞叹的美。

景观,从总体上看,与人类相关,与文化相关,与审美相关,与事物特征相关,与人类的视知觉有直接的相关。从这个原理来讲,景观调控不仅有视觉关联性、文化关联性,还有审美关联性、生态关联性、特征关联性、意象关联性,乃至环境关联性、价值关联性。

四、景观的一种定义

参见杜卫《景观美育论》,(载《美育学刊》2012 年第 2 期)。该文有以下要点:

（1）"景观"一词的德、英拼写形式较为相近，它起先指"陆地上的景色、景物"，后来范围扩大，指"自然风光、地理形态、风景画面"。近代成为科学名词，引入地理学、生态学，"具有地表可见景象的综合与某个限定性区域的双重含义，兼具经济价值、生态价值和美学价值"。

（2）从美学意义上讲，"景观是指环境中具有美学属性和价值的景色或景物"。在美学意义上讲的景观概念，突出了景色、景物的观赏性，"并把这种观赏性归结为对象的美学属性和价值"。（笔者注：景观的美学意义不仅突出了它的观景性，即所谓如画性，还突出了景观的"游赏性"，即所谓的可行、可游、可玩、可居。我们要注意，景观是实体性的，在时间上可变，在空间上可入，这是景观与画景的重要区别。景观的观赏性和游赏性，表明了景观不仅与视觉审美相关，还与行为审美相关。景观与人的视觉和行为有关联。）

（3）景观作为一个美学范畴是晚近才出现的。由于近现代景观建设的需要，美学与其他科学、社会科学互相交叉影响，形成了新的学科——景观科学。景观美学和地理学、生态学、环境学、文化学关联十分密切。景观这个范畴作为科学研究的对象，是地理学、生态学、环境学、文化学、社会学、心理学、旅游学、美学等学科的重要概念和研究内容。

（4）作者指出，美学意义上的景观，与地理学、环境学讲的景观有区别。美学意义的景观，与审美主体密不可分，它总是与主体的情感体验、主观评价相联系，不是纯客观的、科学化的。（笔者注：这个特点很重要，可以称为"审美的景观"、"美学的景观"。在美学意义上，景观是一个典型的文化概念。它不是简单的物理现象。美学景观具有意象的特征，具有情感体验和形象创造的特征。古人有"情生景"、"景生情"的总结。景观的审美体验，有着景象的灵性化、人格化、情感化的倾向，景观是因人而异的"活的形象"。）

（5）区别了景观和自然美。认为景观是审美的具体形态，与观赏主体相对。自然美是抽象的哲学概念，与审美主体相对。（笔者注：景观不是抽象的，它很具体，处在与各方面的密切关系中，又跟观赏主体当下的情志、状态、感知密切相关。景观是活生生的具体形态。）

五、景观角度

景观角度的研究就是从地理现象,特别是地理区域或地理单元角度探讨自然与文化性状特征。例如,把中华文化作为一种地域现象加以考察,就是景观角度的研究。在这里,地理单元、区域分异等概念就很重要。这是一种文化的景观研究,不同于一般的文化分析,它结合了文化学、地理学、景观生态学,并有历史、社会、环境、生态四个维度,重视人地之间的互动关系。

六、文化景观

人类所创造的物质或精神劳动的总和成果在地球表层的系统形态,称为"文化景观"。(吴必虎等:《中国景观史》,第 3 页)

七、景观语录

景是有形物,也是有情物。

八、学院式景观与乡土式景观

景观与自然、与风景、与建筑、与地域、与环境、与场所、与文化等相关,它包含上述诸因素。

景观的最一般分类,通常划分为学院派景观和民间性景观。所谓学院派景观,通常指经过专门技术或艺术人士设计、知识人士参与并欣赏、反映着他们的思想、情感、设计规划。民间性景观,又称作乡土景观,则显然不同,它们更多地反映大众的社会生活和文化习俗,没有专业的设计师、建筑师或艺术人士的直接参与,往往是工匠的程式化匠作,却充满大众的民间智慧和地域风情,独具地方性特色。实际上,学院式景观和乡土式景观是互相影响的,你我互渗,吸收对方的某些元素。在中国传统景观中,就没有西方文化意义上的"学院派景观",没有近代意义上的建筑师、规划师、设计师,往往是文人与工匠的结合,甚至只有匠作,按照某种程式、某种规则、某种需要和趣味、某种习俗及环境的要求进行。因此,中国景观更倾向于乡土性,从帝王、官僚到士夫到百姓都是这样的。相对来说,民间乡土景观比较自然和自由，更有民族特性和地域特色，更为大众化、生活化、风俗化、本土化。

景观这个概念反映的，是人以审美的观赏态度感知事物的情状，首先是人的视知觉，也包括听觉、触觉、嗅觉和语言表现。有一句话说得好，环境反映的是生物性的人，景观显示的是文化的人。

从根本上讲，景观属于审美，首先体现在人对可见物的文化创造和审美欣赏。但是，从更大的角度来看，景观属于文化和审美的范畴，是生活、文化、审美的混合。

九、景的中国风

中国景观，讲主次、虚实、显隐、疏密、聚散、曲直、雅俗等等安排，以及移步换景的丰富变化，以小观大和以大观小的概括，可观、可游、可居的多重价值，平远、高远、深远的仰观俯察，注意时间和空间变化所产生的情趣，以及如画、如诗的景观属性。但景观的中国风，最核心的特征是如诗如画的自然风格。中国山水美学和诗画美学，有力地揭示了景观的美学属性和价值。有关意象、意境的审美及"天人合一"、"万物一体"，都是景观美学的重要贡献。

十、中国建筑的"乡土景观"

英美有关研究者把景观分为"学院式"和"乡土式"，又称为"伟大的"景观和"民间的"景观。它们的重要区别，是"学院式"的景观经建筑师等专家的规划设计，遵循着有意识的现代科学原理。后者出于民间的传统习俗和土木匠作。20世纪下半叶，乡土建筑获得重视并风行。

分析认为，中国传统建筑在这种分类中属于"乡土景观"，在20世纪之前的中国建筑都属于这种"乡土"类型。在20世纪，由于西方科技文化的深刻影响，中国传统与现代科学技术原理走向了相互的融和。

我感兴趣的问题，是这种有意义的分析。它表明，传统文化缺少西方的科技自觉和科技理性，主要依凭经验知识和实践总结。科技理性及其自觉是中国传统文化的薄弱部分。从文化的心理结构来看这个问题，中国文化在知情意的结构中，属于情感—意志型，而非西方文化的认知—意志型。前者以实践理性和实践经验为特征,后者以科学理性和学科知识为特征。西方科技文化在 20 世纪广泛影响中国社会,并上升为意识自觉,有力补充了中国传统文化的不足。目前,科技理性及其自觉,已成为中国当代文化的主流。这是一个很大的进步。这一进步改变了中国的命运和在世界的地位。亦从此开始,中国大地上出现了受科技文化影响的"学院式"景观,即由工程师、建筑师、规划设计师主导的建筑物,所谓西式建筑景观。

由以上可知,中国文化应区别为传统型和现代型。传统型以 20 世纪以前为时间段。现代型以 20 世纪为起点,它从现代科技原理与传统文化的对立、冲突,逐渐走向融和,并且以现代科技理性自觉为主导。从概念上讲,"中国文化"可以分为"传统文化"和"现代文化"两个历史阶段。

从这种分类可见,中国传统文化具有"民间性"、"乡土性"的整体特征。当然,这个判断是以世界文化为分析背景来讲的,以科技文化为"学院文化"背景来讲的。站在了欧洲中心主义的立场,以西方文化为标准,只是一种可供了解的分析。如果从中国文化自己的立场来分析,也有"雅"与"俗"的分野,有帝王和平民的制度建筑,文人与乡野的生活建筑。这里也有"伟大"与"乡土"的区分,但这种分别不是以科技理性和自觉为标准,而是以制度等差和文化等差为区别的标准。从西方的观点看,中国传统建筑都是"乡土景观",用我们自己的话来讲,是"民族建筑景观"。

可以把中国文化放在世界文化特别是欧美文化的宏观背景下分析,作为第一分析层次。第二分析层次,是讲中国文化自己作为中观分析对象。

第二节　景观的理论思考

一、景观是空间的突出现象

当代的美学研究,已经从古典形而上学美学的本质主义形态,转向了以审美经验为核心的历史主义形态,再转向了今天的文化研究和生态研究,即文化美学和生态美学。文化美学和生态美学十分关注"空间"的研究命题,深入社会关系和相互的关联性,深入人的发展和生存问题。美学关注的问题，从"美是什么"，变为"审美经验"，再变为"人的审美存在"，最后的问题可以换成"人的审美生存"。西湖的文化美学研究和生态美学研究，或者两者联系起来的综合研究，其逻辑主线就是关于杭州西湖这一景观文化地域中人的发展和存在的研究。景观，正是西湖文化——生态美学研究的一个重要着眼点。景观是空间的突出现象，也是人类生活的一个重要方面。景观，从不同角度看，既是视觉的感知对象，又是文化生成的创造对象，也是人所在的有审美意义的环境空间，或者人所处的生态空间，它们都有形象性的特点，具有人类的文化投射和需求。

二、景观空间控制的文化关联性理论

对西湖东岸城市景观控制自 20 世纪 80 年代起至今 30 年，一直以物质景观与视觉关系为主要的控制思想和手段，着眼于西湖视域范围内对建筑体量、尺度、高度与西湖及其周围山体尺度及轮廓之间的适当比例的尺度控制和范围控制。比如要求湖东建筑不能很高、体量不能太大，临湖建筑及近湖建筑不能破坏山体天际轮廓线，保持自然的完整性和单纯性等。随着西湖作为文化景观申遗成功，城湖景观空间控制的思想和方法也产生了相应的变化。黄文柳提出了很有见地的文化关联性的思路和方法（见《西湖学论丛》第 4 辑），即以西湖景观文化和山水美学理论为根据调控湖城景观空间关系，即景观空间关系认知和调控的文化性要求和可能，补充视觉审美关联性的不足。我把两者称为景观空间关系调控的视觉关联性理论和文化关联性理论，后者是一个新的发展，表明了景观空间关系调控理论思想和方法的进一步成熟。

文化关联性理论。它要解决的问题在于，景观空间关系的视觉调控不能满足西湖作为文化景观的内在要求，景观空间关系的文化性关系之认知及其方法，成为进一步的深刻要求。也就是讲，物理性的景观视觉关系调控，还需要人文性的景观文化关系调控，这两方面的综合运用能够较好地满足西湖文化景观的特殊要求。可以简称为物理的视觉调控、人文的文化调控。

西湖东岸湖城景观空间关系控制的文化性根据，来自于西湖景观文化和西湖山水美学理论，来自于历史文化及其美学传统。所谓景观空间关系的文化关联性，就是指景观空间关系包含了传统文化和山水美学的基本要求，不仅仅是单纯的物理的视觉审美关系。西湖景观空间关系有这样一些根本性的文化传统和美学要求：

（1）以自然为中心和主体，表达对自然的尊重、赞美和欣赏。

（2）人文处在辅助的位置，起衬托、赞化等作用。如陆游讲的"因以自然，辅以雅趣"。

（3）从上述两点来看，西湖景观文化秉承了中国文化以自然崇拜为特征的人文主义文化传统，自然与人文有着一种主宾关系的交融。景观中突出自然、突出山水，敬畏自然、寄情山水就成为必然的空间关系文化要求。

（4）"天人合一"的景观文化理念。这个理念正是以自然崇拜为特征的人文主义中国文化的思想结晶。"天人合一"完全渗透在西湖的景观审美和创造中。

（5）景观意境的创造和欣赏。西湖景观的意境，是西湖景观文化的重要内容。因此，城湖景观空间关系的文化关联性，也体现在湖城景观空间关系的意境建构，西湖之山水空间关系的意境就是"二龙抱珠"或"层尊涵露"，原湖东之湖城空间关系是"水天一碧"、"红尘世外"、"三面云山一面城"（城区因建筑低矮比较隐蔽，在视觉中是一个想象空间。这一旧时的湖东景观现已被高楼大厦改变）。

（6）"人间天堂"的形象展现。体现了西湖景观之"天地人神"的文化格局和诗意形象。杭州西湖本是"东南佛国"，本是"神的居所，人的觉场"和"人间的天堂"。

一般地讲，上述反映的是景观的文化性及其文化要求，文化的东西都和传统有联系，因此景观的空间关系也必然有特定的传统的文化要求，像西湖这样的中国山水文化及美学典范和遗存，更是如此。我们应该懂得，景观的视觉规定和视觉控制的背后，是文化的规定和控制，视觉控制往往是文化的特殊要求。视觉控制满足并体现景观的文化要求，尤其是传统文化的特殊要求。

三、在人类之外和在人类之前

在西方环境美学中，卡尔松和柏林特代表了两种学术派别。卡尔松以"肯定美学"知名，重要观点有"自然全美"。他的基本看法是，审美鉴赏与审美对象知识相关联，即审美建立在认知和知识的基础上，亦称"认知派"。柏林特以"参与美学"知名。他认为，审美建立在人类的参与（介入）和感性体验的基础上。他批评卡尔松"自然全美"观点，认为对自然的审美，只有在人类的参与介入并在感知体验的基础上才能成立，在人之外和人类之前无所谓"美"。柏林特可称为"体验派"或"非认知派"。

我觉得柏林特的看法比较合理。美是在感性体验基础上呈现的一种价值属性，审美也是典型的价值评估和价值感受。作为价值评估当然也存在着认知及其知识的因素。从这一点来讲，在人之外和在人之前并不存在这种"美"的价值对象，因为在人类之外和之前的自然缺少一个对象性的意识主体，也就是说，缺少与之相对并且相关的意识性关联方。价值活动是一种关系双方的互动，没有双方的相互关系就没有这种价值活动。价值关系如果缺少了对方这一环节，就不能建构起这种价值关系，价值评估和价值感受也无从谈起，价值属性和价值亦缺少言说的对象而失去意义。因此，人的参与介入和人的感知体验是审美的一个必要前提。

四、自然蕴含于人的存在

这是一个很重要的哲学观点，它把存在理解为人的存在，认为存在问题的实质是人的存在，存在是"与人的关系"。马克思在《德意志意识形态》里讲过，人之外的自然，实际上对人来讲就是无。他承认人之外的纯粹自然，承认不依于人的客观存在，但他注意到人类产生以后的世界格局，更加核心和有意义的是"人的存在"，"与人产生关系的存在"或者"属人的存在"，"人化的自然"。我一直有这么一种思想观点，即人是自然的有机部分，人蕴涵于自然之中。这是自然中心主义的思想。现在这个观点转过来了，是自然蕴涵于人的存在之中。人类中心主义的思想观点，确认了人类在世界的主体性地位。从这个观点去审视人类的历史和活动，审视人类出现以后的世界,情况大不一样。这种思想引发这么一个见解:人的存在决定了自然在人类意识中的理解和形象。人的原始状态的存在,决定了自然是原始人类神灵信仰的神灵世界,决定了自然的神化。人的存在状态是决定性的因素,即一定历史条件下的人的存在状态是决定因素。自然呈现的样态不完全取决于它本身,起主要作用的是一定历史状态下的人,取决于他的存在状态及其意识形态。也就是讲,自然呈现的样态,是以人的历史存在折射的,尤其是通过一定社会历史条件下的人的文化信仰来折射的。人的一定社会历史下的文化存在是个关键。人把自然看成是神圣的存在,看成神灵的世界,那是由于人类的原始生存状态下的原始宗教文化的意识影响。因此,人的原始存在决定了自然的神化状态。自然的存在样态和文化样态,一定是从人的历史存在状况及其意识中找到原因,即从人的存在中找到解释的。对自然的宗教理解及其宗教映象,只能从人的原始存在状况中找到解释。自然的科学掌握及其科学映象,只能从人的现代存在状态及其文化意识中找到解释。人与自然的关系取决于人的存在状态处在历史的何种发展阶段。"天地人神"构建的文化世界,决定于人类早期的原始生存及其意识形态。因此,"自然蕴涵于人的存在",是"天地人神"文化世界观的重要理论基础,它可以从这个观点中得到解释。

自然蕴涵于人的存在,有两种状态。其一是人与自然处于对立对抗的矛盾状态,人作为主体征服自然、改变自然。这是极端的人类中心主义,它已造成人类的生存危机,比如环境危机、资源危机。其二是觉醒的人类中心主义,它以生态文明为旗帜,强调人是自然的有机部分,人与自然的和谐,自然的独立价值和伦理尊重。要保护生态,保护环境,重视人类的可持续的健康发展。自然蕴涵于人的可持续存在。

五、景观与人类知情意心理结构

知、情、意,即认识、情感、意志,是传统的人类心理结构观。在人类心理结构中,不同的历史时期,某一心理特质比较突出,构成当时意识形态的主导性倾向,从理论上讲,人类心理特征有三种类型,即情感型、认识型、意志型。相比较而言,中国传统文化倾向于情感型,其理性路线走"由情及理"的模式。西方文化，特别是欧洲近现代文化则是认识型，亦可称理知型，崇尚理性和人权，科学和民主是其重要成果。其理性的路线是主客二分、由理及真。中国传统文化崇尚的是情感和自然，其理性路线除了"由情及理"外，更核心的文化哲学是"天人合一"。

从景观角度看，亦有情感型景观、认识型景观、意志型景观。情感型景观是体验性的，是灵性的、物我不分的，对景观的理解往往与恐惧、喜悦等情感评价混合在一起。也许，宗教景观是其显著的体现。宗教之美和自然之美，是比较主要的内容。认识型景观中，人在景观中看到的是客观性景象，努力不加入或少加入主观情感的因素，保持景观对象的独立性、客观性和原真性，更多从事物本原或本真的状态去理解和阅读。意志型景观有自己的行为意向，主要是人试图在对象中实现目的需求。如果说情感型是体验者，认识型是旁观者，那么意志型就是改变者。意志型景观最具有人为性的特征，并且有着"合目的性"的评价标准。意志型景观主要是人工建造物。

人在情感型景观中看到神灵的伟大，在认识型景观中看到真理的伟大，在意志型景观中看到人类的伟大。

意志型景观的逻辑，是"把理想变成现实"，是"梦想成真"，是"创造自己的现在和未来"。在这里，人是第一位的，人是世界的中心。

六、目的性审美：环境美学对康德美论的超越

康德提出的"审美无目的"论，被认为是关于审美的经典观点。什么叫无目的？实指审美的非功利性或非功能性，因为事物的功利或者功能都指向一个目的。比如，锤子的功能目的不是为了美观或者好看，而是锤钉。衣服的功能目的从根本上来讲也不是为了好看、美观，而是为了穿，遮蔽身体，美观只是附加的功能或后来的文化功能。铁锤的审美却并不在意"锤钉"的功能，只关心是否美观有特色。衣服也是如此，"蔽体"在审美关心之外。因此说"审美是没有目的的"。"无目的性"是审美"非功利性"的一个目的论说明和理论根据。当代美学，尤其是环境美学、城市美学的发展，已经在理论上和实际上打破了康德的这一经典论述。在审美鉴赏以及审美经验来自于对象的内在价值还是功能性价值问题的纠结上，新的美学理论建树已经超

越了这个问题的选择性思考,即跨越了这一问题。美国马凯大学教授、国际美学学会主席柯蒂斯·卡特在《花园·城市·自然——环境美学理论的实践性运用》(载《郑州大学学报(哲学社会科学版)》2013 年第 4 期,第 88—92页)一文中指出,审美的愉悦既基于对自然风景或建筑艺术的审美鉴赏,同时也基于这些风景和建筑的生态环境价值以及有利于城市整体环境构造这样的实际目的。概括地讲,审美愉悦来自于两个基点,即审美鉴赏的肯定和实际目的肯定。这个观点说明,审美基于对象的审美价值和实际的目的功能价值。这就是环境美学、城市美学的发展带来的美学思想新贡献,它来自于城市与人居环境的建设实践和反思。其实,在审美鉴赏及审美经验中,存在着大量“目的性审美”。这种目的性审美现象和人类的日常实际生活及人类建设活动紧紧联系。柏拉图曾经批判“适用的就是美的”这种目的论美学观点,认为“美不是适用的”。康德更是指出“美不是合目的的快乐”。事实上,在人类的审美生活和审美经验中,既有“非目的性审美现象”,也有“目的性审美现象”。就中国审美文化来看,儒家提倡的“尽善尽美”的美学观点,就把符合道德的“善”列入了审美标准,并且把合目的的善视为最重要的内容加以肯定,否则就是“尽美矣,未尽善也”。在孔子看来,美具有合目的性,这样的美才是最有价值的美,即“在美中见出善”,或者“在善中呈现出美”。这个例子有力地支持了柯蒂斯·卡特的论点。总之,审美具有多元性和多样性。当然,孔子讲“尽美矣,未尽善也”时,语句中的“美”主要指表面性的形式美,也可叫作“纯粹美”。

　　在现代城市的审美经验中,风景、艺术、生态是基本的审美要素。风景(或“景观”)、艺术可以“非功利目的”,但“生态”于人类的生存利益至关重要,它维系着人类的生存、发展、安全和健康。生态的要求具有非常强烈而直接的人类功利目的。这是在人类付出沉重代价后醒悟过来的。当代的城市美学,毫无疑问,它的三大要素是:自然风景、建筑艺术、生态环境。“花园城市”的概念,就包括了这三个主要方面——风景、艺术和生态。因此,当代城市美学奉行着“多元和多样的美学观念”,是一种开放性的美学观念。也就是讲,它基于传统的审美鉴赏,基于城市生态环境,基于城市环境整体构造的实际功能。这种城市美学不把内在价值和功能价值对立起来,而是辩证地综合,考虑了这两方面的现实需要。

但是上述的"城市美学"仍然不充分。我认为,当代的城市美学还应当在上述三个要素上加上"文化"这一要素。风景、艺术、生态、文化,才是当今城市美学的四要素,有了这四要素"城市美学"的构架才算比较完整。美学,已经从"美的本质"形上阶段、"审美经验"形下阶段,走向了当代的"生态"科学和"文化"人本的统合阶段。城市美学不能滞后于美学本身的科学发展。这是理由一。理由二,城市本身是文化的集中和代表,它本身是一个社会文化综合体,既有纵向的历史、现代与未来的维度,也有横向的多元、多样和发展的维度,城市美学不可能忽略"文化"这个重要方面。风景、艺术、生态每个元素,都包含着丰富而深刻的文化内容。这个基本点是我要予以补足和说明的。就杭州这样的历史文化名城而言,杭州的"城市美学"构架,包括了自然风景、建筑艺术、生态环境、文化发展这四大要素,这显然符合杭州城市的发展要求。杭州的许多荣誉,比如"花园城市"、"森林城市"、"旅游城市"、"最佳人居城市"、"生态示范城市"、"文明城市"、"生活品质之城"、"历史文化名城"、"七大古都之一"等,都说明了这些。我们会问"杭州美在哪里"?我想,杭州的美就在它的风景、艺术、生态、文化、历史所熔铸的整合模式中。这种模式所贡献的美,是一种"天堂之美",逼近理想的美。杭州城市的美学建设,也在这四个方面的综合努力之中。

在上述的概念中,风景指自然景观,它不仅具有视觉特征的审美意义,还具有自然和环境的生态学意义。自然作为一种特殊的存在,它在审美鉴赏中的意义和在人们生活中的意义是不同的。可称为"自然的审美状态和自然的生活状态",但是这两种状态可以相互交叉和渗透。艺术指建筑艺术,生态指生态环境,文化指以人的价值为尺度介入自然并创造生活的人类活动及其创造物。

七、景观的中国古典美学背景

(1) 中国美学脱胎于哲学,它的最初形态是哲学美学。例如,易经和易学美学,道学与老庄美学,儒学与孔孟美学,玄学和魏晋美学。

(2) 中国美学以自然与人的关系为基本总要,其哲学命题是"天人合一",其方向是如何"顺天和地",重视对自然的观察、体验、感悟、总结,其思维特点倾向于经验悟性和形象思维。

特别要重视的是,中国哲学对自然的认识和理解的独特性——以"神圣化的自然"为"天"并建立信仰,以"气"论自然之"道",以"阴阳"论自然之"德",也就是以"气"的观念解释自然的本体和规律,以"阴阳"解释自然的变化、创造和发展,并且以特定的形象符号系统(两仪、四象、八卦、四正、四隅、四时、五味、五色、五行、六维、八音等等)演绎自然的本性、特质和变化。

(3)因此,自然与人的关系,就具体为气与人的关系、天地与人的关系、时空与人的关系等等,所有这些都指向人的生存和利益问题,因此人的生存都要服从自然对于人的这些特殊关系的控制、调节。

在中国哲学里面,关于自然的哲学思想既是本体论的,又是人生论的、道德论的、社会政治论的。

(4)在中国哲学里面,第一大问题是"天人关系",即自然与人事的哲学认识。第二大问题是由"天人关系"派生的,即"心物关系",这个问题又具体分为"情与物"、"意与象"、"意与言"的问题。

(5)在中国哲学美学里面,经验悟性优于逻辑理性,实践理性优于抽象理性,形象思维优于概念思维,自然经验优于艺术经验,艺术以自然为榜样和灵感。从对自然的玄观,到比德,到直观,到情观,到神观,到空观,到性观。

(6)"七观"要素:

玄观——老庄。由多而一,实而虚,哲学方式、经验理知。属于哲学观照。

比德——孔孟。观物比类,仁者乐山,智者乐水,观山水实为观人德行。道家观物参玄,儒家观物品德。"比德"以"品德"为本质。

直观——魏晋南北朝山水审美。是对自然特色的直观映照。写物之形色声气,写目中所见,玄观和品德的趋向淡化,自然景象反映在诗里见出自然清新如其本然。优点是在自然状以形色,但缺点也是这个,这是由于时代相对性造成的。

情观——唐宋诗词。是自然直观的情感化,"情景相融"、"情境会一"。

是对自然直观的情感体验和情感想象，使人对自然的直观充满了主观性和创造性，这转化为诗歌创作的灵感、趋向和发展。自然在观者、写者、读者心中别出一层色彩，自然更加美丽、神奇、深刻、五彩缤纷。这样，在自然的直观中更多地看到人的色彩情致。

神观——魏晋南北朝画论。对自然状以神情气韵，以形写神的趋向。这是对自然状以形色的批判。这种审美趋向仍以自然本身为审美关注，心如镜子照神采。直观观照其形色，神观观照其神韵。

空观——王维、韦应物诗，中国艺术美学加入禅学思想、道禅合流成境。这一审美趋向对日本艺术影响巨大，至今仍是日本传统诗与画及园林艺术的一个特征。在自然直观中，感悟有即无、色即空、动即静，以空、寂、幽、枯为兴趣所在，体验自然的另一面。在这时出现了"意境"，即空寂枯幽的精神境界。空观几乎等于以诗画形式参禅自然玄机渺茫虚无。

性观——明清诗文。在自然的直观中见心性见真，拥有充满了主体精神的个性和心灵，强调直观的个性、真诚、特殊、灵感、才气。在这时，哪怕丑、病、怪，都可以由性灵烛照转化为诗和美，见出人格和思想的力量。再细微之物，亦可触发大美的心灵感慨。这样，大大拓展了人在自然中的审美范围和审美深度。

上述"七观"，反映了审美能力的发展、提高，审美的扩大和深化。这些情况应该是中国美学的研究对象和理论源泉。

八、中国景观美学的一些特点

中国文化中的景观美学是天学、地学加人学和文化学，有下面一些特别之处：

（1）拟人化。景观分析的人格化是十分明显的。首先，把自然看成是有生命活力、有意识灵性、主宰与自律的有机存在。这是景观美学的天学信仰基础。其次，地学分析如人体分析，以人为喻来显示机理，如以人的气、神、形、色、相、肤、骨等等来分析自然现象及其内在机制和相互关系。在这里面，相人术与相地术是互相互通互喻的。相人术，常以自然现象、自然机制来分析喻示人文机理。

（2）阴阳五行学说的思想理路。阴阳二气学说，金木水火土五行相生相克学说，贯穿于景观分析，是景观学说的基本哲学理论与技术分析框架。景观分析，必然要先弄清楚气属、气质、气相、气合，五行的配属和空间方位和时间定位等等。景观学以阴气论为根本的方法，是气论学说的具体与展开。

（3）伦理色彩。中国景观学说具有浓厚的伦理学文化性质，它的景观价值取向有三，一是阴阳五行思想所指导的价值取向。二是以人文伦理纲常观念制度为准绳的价值取向。中国景观美学的基本取向来自哲学和伦理学，其基本分析概念范畴就是"道"和"德"。在中国文化中，景观负有"教化"的功能。三是美学的艺术审美价值取向，通常形式是结合着哲学之道论和伦理之德论来阐述的一套思想观念，如刚与柔、雄与秀、清与浊、古与新、雅与俗、怪与常、奇与端、简与繁、虚与实、曲与直、朴与华、文与质等等。

景观分析的伦理色彩，一般可见之于：主从关系以君臣关系见理，左右有护卫，前有朝揖后有倚仗依靠，要有怀抱之状和拥护之形，在景观中见出主从、秩序、等级、控制、统一、整体等等伦理仪制。合于此理则可以称美称胜称佳。

景观分析的伦理性，十分典型地反映了自然美在中国人眼里其实是伦理价值的一种地理现象的表现。这也表明，美是人的一种价值形态、观念形态的具体化。黑格尔说"美是理念的感性显现"，很有道理。

自然美，当然也包括了人类对自然的哲学观念和价值取向。比如以自然为母、为师、为友、为喻、为隐、为逸、为志、为乐、为正、为和、为仁、为德……这些都深刻地影响着人类对自然的感觉和体验。

似乎，中国文化奉行的是人文理念，它的自然分析实质是人文分析，这种自然的人文原理又被当成一统天下的自然原理、自然之道，贯穿于人类社会分析和人文理解。西方不同，它们以科学理念分析自然和人类，出现了物理学、化学等等自然科学，引导人们认识自然和利用自然。这两种文化很不一样。中国文化的主旨，似乎引导人们掌握人的命运和福利，意识自我存在、责任和使命。西方文化的主旨，似乎是引导人们认识自然而利于人的生活及提高物质文明。

西湖风景的美学分析，不仅仅是一般美学科学原理的分析，还应当是中国文化的那种文化美学分析，不能排除这种民族文化的景观美学分析。这是合乎情理的。西湖风景本身的建构与观审、评判，在明清以前甚至远至秦汉，都是在中国文化及审美观念的支配下进行的，根本就没有西方的科学概念。西湖一直是人文的，而不是科学的。这是一个重要的历史事实。西湖是中国的文化景观，因此，西湖是人文的、历史的。不然，就不能接近西湖山水美学的本相。

九、自然之美与中和之美

自然之美是中国传统美学的最高境界，自然之美源于道家哲学的自然思想，中和之美源于儒家哲学的中庸思想。

"中和之美"表现为多样的和谐统一，"多样统一律"是基本理论框架，现实精神是"中和之美"的人文着眼。中和之美具有伦理性，之于道德规范，其价值取向即"尽善尽美"。

"自然之美"表现为整体的浑然天成，"真实自然律"是其基本理论框架。浪漫精神是自然之美的人文取向。

"自然"与"中和"是中国传统美学的两大支柱、两大核心范畴。

"自然"要求真，真性、真情、真实、真境、真意、真神，反对过分的雕琢、过度的人为。

"中和"要求善，反对杂乱无章，反对偏执偏激，主张对立、冲突、差别之中的理性调和，形成一个有秩序的合和状态，共存而互不相害。

"自然"强调的是本体性，"中和"强调的是组织性。"自然"是本体的一种状态。"中和"是组织的一种状态。

十、自然美与艺术的关系

（1）就像科学揭示了自然的真，艺术揭示了大自然的美，科学和艺术都是使用自己独特的方式洞察并发现自然的真和美。

真是科学实验和逻辑理性的认知对象。从感性到理性的过程是科学求真的过程。

美是感觉与想象力认知的对象，情感、悟性、想象是审美的必要条件。

（2）不仅仅是艺术，哲学、科学、生活实践都有发现美、认知美的功能，艺术只不过是其中最有代表性、典型性的一种方式而已。我们说，艺术是审美的高级形式，但不是唯一的审美方式。

（3）同样，自然美的认识方式除了艺术方式之外，还有哲学方式、科学方式、生活实践方式乃至伦理方式、宗教方式等。

老庄从哲学方面阐述了"美在自然"的原理，从自然哲学中引申出美的自然价值观念。

孔孟从伦理哲学中阐述了"美在和谐"的基本理论，确立了和谐论美学思想的价值观念。这些都是哲学对美的发现和阐述。

美学史上对形式的研究，则比较突出地反映了科学对美的发现和解释。古希腊毕达哥拉斯学派认为"数是万物的本原"、"数的原则是一切事物的原则"，认为美是和谐与比例，而和谐与比例是一种基于数的关系。又比如，"黄金分割律"，线或形的大小之比在 $1：1.618$ 左右是最美的。这些都是科学意识对美的发现和总结。

（4）科学认识与美的本质之所以隔了一层，是因为科学对事物的掌握方式强调主体认识的客观性、真实性、逻辑必然性，排斥主体的情感性，主观性、表现性。因此，最富有科学规律性的几何图形之美，往往是生硬的、乏味的、缺少情感与生命表现力的。

（5）在艺术掌握方式里，主体的认识是感官的、情感的、想象的、悟性的，或者说感性与理性结合在一起，既可以客观地审知美，也可以主观地审知美，可以"澄怀味象"地静观美，也可以"物我为一"地在想象中认知美。这就是审美自由的特点，人在审美中是自由的、解放的。

（6）要建立一个观点：自然美的发现和感受在认识类型上完全是多样化的，其中艺术方式是主要的、典型的方式。并且，艺术本身并不是以美为唯一认识、发现和表现的对象。艺术的使命是在对象的个性特征中发现并且表现人的心灵——情感的、思想的闪光，发现和表现对象本质的特征。

（7）自然美的逻辑展开是一个社会生活（人的生存）、社会实践（人的变革）、社会认识（人的意识、思维和感受）逐渐打开的过程。

因此，自然美的发现、欣赏乃至艺术表现，是和一定的社会生活、实践、认识相联系的。

（8）自然美的发现、感受有一个从生活、实践、哲学、科学、宗教、伦理有阶段地向艺术方式过渡的历程。

（9）西湖——从自然到艺术

西湖必然有一个从自然向艺术过渡的过程，这就像自然向生活功利的转化一样，这个过程已基本实现——从自然风景向山水园林和人文山水的变化。这个变化以人为原因和动力，与城市的建立、建设、发展相关联。

这个变化方向就是西湖自然山水的园林艺术化，简称"自然艺术化"，或"山水园林化"。

第三节　景观与自然和生态

一、自然景物的特殊经验

（见 R. W. 赫伯恩：《当代美学》，第 356 页）

（1）人是自然景物中的一部分，同时又玩味自己作为这一组成部分的感觉。这种审美经验是一种审美超然的经验，也是人与自然一体化的整体意识和自我意识。（人与自然一体的经验）

（2）艺术品如美术作品的经验对象是有框架的，自然景物没有这种"框架"，自然景物有的是空间感，以自然呈现的空间为经验对象，这种感觉经验是比较自由的、超然的、随机的，如平原的空间感、山峰的空间感、山谷的空间感、森林空地的空间感。（自然景物的随机空间作为审美经验的对象）

（3）这种随机的自然空间具有很大的容量，包括了视觉与听觉对象、动与静、虚与实，甚至包括人的身体感觉（冷热、湿燥、爽涩等），这些组成了丰富多样的感觉经验。（自然审美空间的丰富性、多元性）

（4）自然审美空间是没有边缘的、随机的，内容具有不可预料的丰富性，这又表现为自然审美的开放性。（自然审美空间的整合性——人作为空间的一分子，并感受作为组成部分存在的整个环境。）

自然的审美空间的随机性、自由性。

自然的审美空间的丰富性、开放性。

自然的审美空间的自我意识和整合意识。

相对于自然审美空间的随机、丰富、整合、开放、自由的性质,对自然的审美设计在于设立适当的观景点,提示人们此点的优胜,引起人们注意,使设计者与游览者找到共同的审美经验。

(5)自然审美与人的视野及距离有关。近距视野小,远距视野大容量亦大,但景物变小。

(6)自然审美的对象特质是暂时的,变化的。(时间性变化、生命性变化。这种暂时性又随距离远近和环境大小而变化。这种暂时性造成了自然审美对象的不定性、活跃性和不断更新。)

(7)自然审美的想象性(联想性、直观喻象)。

(8)自然审美对象的生命性(活的形象)。

(9)自然审美的对象形式性(几何性、装饰性、抽象性)。

(10)自然审美经验是以超然心态观赏自然景物的结果。

(11)人对自然的审美应注意到以下方面:

色彩的形式与组织;结构的形式与组织;形象的独特和生命活力;环境的结构形式和组织状态;自然的统一性和人与自然的同一;自然的奇特状态与和谐状态;自然的象征性、象喻性、象形性;自然的神秘性、恐怖性、无限性;自然的理想性、社会对比性;自然的质朴性、单纯性;自然的生态性、生命活力;自然的天然艺术性(鬼斧神工);自然的科学性、规律性、必然性;自然特质的移情现象或知觉对象化,人感觉到对象的活动、情感、思想同一;人与自然整合的情境性、整体性。

二、自然的给予

对自然美的欣赏与沉醉,是人类生命的一种补偿形式。在大自然中,人生的漂泊、命运的无常,可以由此得到一些安顿和抚慰。

自然给人恐惧,给人灾难,给人痛苦,给人震撼,给人神秘;也给人伟大,给人美好,给人安慰,给人济养,给人智慧,给人博大。当人们从审美方面观察自然时,从中得到的是心灵的安慰和喜悦。

三、"自然"这个范畴

（1）"自然"源于道家哲学，是一个本体论概念。

道的品格是"自然"。

自然是万物之根本和来源，也是自然规律本身。

自然的本质是"渊静无为"、"自然而然"。自然是最高境界。

（2）老子自然之说重在政治之治国。

庄子的新贡献是把"自然"理论从政治延伸到人生，主旨是寻求人生解脱之道。

老子"自然"论是一种本体论哲学思想，庄子"自然"论是一种人生论哲学思想，其妙义皆在"渊静无为"。

（3）庄子的新发展。

第一，自然论延伸为人生哲学。"渊静无为"的人生观，指示人生解脱之道。

第二，"自然"包含了"保持自然"天性（物性和人性）的观念。即"天"与"人"之别，尚天然而少人为。

第三，"自然"理念还包含了自然作为行为的概念，即"渊静无为"并非无所作为，而是"不得已而为"，即服从客观上必然性而为亦是出于无为之为。

这里讲的是"非有意识的行为"，要排除人的主观意识支配。因此，"自然无为"之为，实质是一种无意识行为，一切"安时处顺"。这又和老庄哲学"去智弃圣"的思想相一致。

（4）孔儒美学的范畴是"中和"。中和之美，美在和谐。

老庄美学思想的核心范畴是"自然"。自然之美，美在自然。

（5）自然论从哲学到文艺学。

自然的道家审美理想源自哲学认识。自然的审美理念有一个从哲学形态渗入文艺形态的过程，从哲学思想演化为一种艺术思想。这一变化期发生在魏晋时期。自然渊静的社会叛逆思想，不仅成为一种风行的行为，还成为艺术及审美的重要价值取向。

（6）老子提出"自然"的哲学理念。

老子推崇自然美，排斥艺术美（即人工之美）。

第一，《淮南子》：对庄子排斥艺术美有所修正，提出自然美而又不废人工，自然之美加上适当的人工妆饰是可以的。

第二，魏晋时期，自然论渗入文艺形态。合于自然或类似自然成为文学的审美标准。

第三，南北朝时期又有长足发展。钟嵘《诗品》就标榜"自然英旨"。《诗品》《南史·颜延之》有谢灵运和颜延之诗作的比较，一为"芙蓉出水"或"初发芙蓉"，一为"错彩镂金"或"铺锦列绣"，这就是"自然"与"雕饰"之比，时人重自然之美。

在南北朝的自然文艺论中，刘勰《文心雕龙》最为突出。"道之文"有三，天文、地文（自然之美）和人文（人工之美）。自然之美成为文学创作、鉴赏的审美标准之一。以崇尚自然来批判文学上的情伪和夸饰浮艳之风。刘勰指出创作贵在兴会之时情感自然流露而成文章。《物色》篇中有"四序纷回，而入兴贵闲"。好诗全在有意无意之间的自然兴会触发。

魏晋南北朝是一个崇尚形式美的时代。诗以"丽"、"绮靡"为特征，诗文讲敷陈铺排、四六对仗、用事用典、精制工巧。

第四，到唐代"自然"已成为普遍的审美意识。其中突出者为皎然《诗式》，他提出"至丽而自然"是"诗六至"之一。司图空《二十四诗品》中有"自然"之品。

至唐代画论中，有张彦远"凝神遐想，妙悟自然"、"自然者为上品之上"、"失于自然而后神"。（张提出，上品之上中下，即自然、神、妙三式）

唐代孙过庭的《书谱》把"自然"列为最高境界。

第五，宋代文论乃以"自然"为最高审美标准。严羽在《沧浪诗话》中说："陶谢之比以陶为上。"谢灵运虽有"初发芙蓉，自然可爱"之赞，但宋人看来，谢诗虽为自然但精工。陶诗质而自然。宋人认为"质朴自然"、胜于"精工自然"。可见自然分精工之美和质拙之美。

宋代论以"平淡"为自然是时代特色。"平淡"是道家自然哲学中的应有之义。老子："道之出口，淡乎其无味。"（《道德经·三十五章》）

自然的"平淡之美"首倡者是梅尧臣。"平淡"比之橄榄，初时不怎样，愈嚼愈有味，有回味之甘。

平淡是发自渊静、恬淡、平和而产生的深远隽永之美，并不是淡而无味，是淡泊有味。其中关键之处在创作情态的"淡静"和创作形象的"有味"或"韵味"。平淡见味，淡泊有味，机杼全在一个"味"字上。有味，才有隽永、深远、意蕴——"平淡而有思致"。

苏轼对"平淡"的内涵阐发得更为透彻，其主要观点：

第一，"绚烂归于平淡"。这种"平淡"成熟，犹如春花之于秋实。符合庄子《应帝王》"雕琢复朴"，《山木》"雕既琢，复归于朴"。

第二，"外枯而中膏，似淡而实美"。指平淡之中含有意的绮丽、丰腴、深远。所谓"意"，即思想情感。"中膏"者即诗中的蕴含的思想情感。记得有个日本学者说过，此非"目之艳"，实"心之艳"，并非枯淡无华，乃"心之华"，都和"外枯中膏"同理。

苏轼欣赏"平淡"，说无声色臭味即是淡，但讲的"平淡"不是老庄路子，而和儒家的"中和"思想相联系，即"平淡"中的中和之质。

（7）明代的自然论。

第一，李贽为代表。尚"童心说"，突出"真诚自然"，突出"真性真情"，突出从真性真情中流出为自然，"有意以为自然"是矫情而非自然。

李贽批判礼教、道学，批判"发乎情止乎礼"，冲破道学束缚，崇尚人性的真实、自然，在人性真诚自然的基点上进行文艺创作。

李贽的美学贡献是：其一，强调真诚自然，反对穷工极巧、刻意雕琢。其二是李贽的真诚自然论突破了"平淡中和"的美学思想，从不同性情出发有不同格调，主张风格多样化，反对一种模式一种风格。

老庄哲学中"真"是自然的本性、本义，老子有"婴儿"之说，庄子有"贵真"之论。李贽从哲学到文艺，张扬自然论中的"自然之真"的一面，并以此反对礼教道学的束缚限制，主张人性的真诚自然和个性解放，表现出强烈、鲜明的社会叛逆精神。李贽的一个重要思想是对"自然从何而来"的回答——发于性情即自然。

因此李贽的文艺美学思想可以概括为："真诚自然、性情自然"，其哲学基础是"人性自然、个性解放"。

第二，袁宏道也主张真诚、童心、性情。他指出了"真诚自然"的"韵"和"趣"。这种韵、趣，全都是从真性真情中流淌出来的，如童子之韵、醉之韵、童子之趣。

他提到自然之"趣"，是"山之色，水之味，花之光，女之态"，"虽善说者不能下一语，惟会心者知之"（《叙陈正浦〈会心集〉》）。文中题头即说"世人所难得者惟趣"，又说"入理愈深，其去趣愈远"。

"自然"这个概念也是"景观"的重要思想理论，它对自然审美、景观审美和景观创造有指导意义。景观也和艺术一样，在中国文化语境里，自然具有至上的美学品格。

四、对自然的理念和态度

在人与自然的关系上，人是主动者。因此，人与自然关系的协调，首先要明确人对自然的理念和态度。从理念上讲，就是"尊重自然、顺应自然、保护自然"，就是要承认"人是自然的有机部分，人与自然是一个整体"。这种理念在道德上，就是"尊重自然，自然平等，保障自然权益"。从态度上看，审美的立场也是一种必要的态度，主要是对自然持欣赏的立场，协调的立场，有限参与创造的立场，融入一体的立场，诗意的立场，家园的栖居地立场（家的立场），以及朴实简约的绿色立场。

五、自然美述要

（1）自然美具有鲜明的形式美的特征，并具有稳定性。自然之美的基本解释之一就是形式美规律的解释。

（2）自然美的形式美及特征具有自然的客观根据。如物体的对称配置，色彩的和谐等。

（3）自然美的基本要素：自然材料及其所体现的形式美规律，即自然材质的美和形式构成的美。

（4）自然美的另一重要内容，是具有物质生命性，自然的运动和变化发展。生命现象或者物质变化、生命变化。

（5）自然是世界的物质载体，是人类生存的物质环境、生活环境，因此自然美结合了实用价值和审美价值,而且实用功利价值是先导,是人类自身生存的第一要素。

(6)自然美是人类社会生活的一个参照系、一种环境背景,往往成为人类生活中社会的对立面、参照面、对照面或对比面,成为一种向往和理想,从而对人的活动和精神产生影响。

(7)自然更是人类改造加工的具体对象,因此从自然的加工改造中产生人工美、艺术美。艺术美比自然美更典型、更理想,即艺术美的两种风格样式——摹仿的典型性和创造的理想性,写实风与浪漫风。

(8)自然美另一重要特点是具有哲理性、心灵性。自然美往往与自然的神秘性、变化性、原始性、本体性的感受结合在一起。

(9)自然形式美的基本关系:变化与统一的关系。美的规律就体现在自然现象中变化与统一的关系上,即在视觉的形象基础上见出形象的统一性、整体性和个性、变化。

(10)自然美的四个要素:物质、结构、形态、生命。

六、黑格尔论自然美

见《美学》第一卷,"自然美与艺术美"。从这里可以清楚地看到,对于自然及自然美的评价,中西两大文化系统差异很大。黑格尔的观点主要包括:

(1)自然美低于艺术美。

(2)自然美是艺术美的反映。

(3)自然美是美的低级阶段。

(4)怎样见出自然美?

只有在自然形象的符合概念的客观性相中见出生气灌注的互相依存的关系时,才能见出自然的美。

见出自然美要满足这样三个条件:

其一,形象的合概念性。即形象与它特定的本质规定相一致,否则为畸丑。如鸟的概念是飞翔、马的本质规定的奔跑。

其二,形象的生气灌注。形象具有生命特征,具有活力。

其三,形象的内在结构关系。各部分之间见出协调一致,或者由于协调一致而使各组成部分成为一个统一的整体。

总之,在黑格尔看来,自然美的主要特点是:见出自然形象的内在本质定性、生命生动性、多样统一性这三点。

(5) 自然美的三种类别。

第一,从自然形象中预感生命本质概念而有美感——我称为"自然的合本质规律的美",或称"自然的本质之美"。这里区分出合体之美和畸形之丑。美的标准是事物的本质概念。

第二,从自然风景中见出的愉快动人的外在和谐。这是自然风景的美。

黑格尔认为,自然风景就是从一系列复杂的对象和外表联系起来的许多不同形体中见出动人的外在和谐。

很明显,自然风景被看成是一种不脱离真实材料的形式之美,其主要美的规律就是多样统一与和谐。自然风景之美是形式美的一种,它的特别之处是包含在自然事物的真实之中,具体、鲜活、生动、真实、浅易、直观。

第三,自然形象由于感发心情或契合心情而具有一种特质——自然的表情性。自然具有表情,具有情采。

黑格尔指出,这种自然美的意蕴(兴、比)不属于自然对象本身,而是从内在被唤醒的心情。这种情况犹如中国诗论里面有比、兴之说,即触物起情的情感兴致和比附连类的譬喻。

(6) 自然美感的三个原因:

自然形象符合自身本质特性;

自然风景见出多样统一与和谐的关系;

自然形象(包括风景)的表情性——感发或契合心情。

(7)"自然美的顶峰是动物的生命。"

动物之美是由于动物生命是生气灌注的,具有无机物和植物所不具有的灵性和浅层的意识性。

七、自然美与色彩美的审美本源性

自然美和色彩美,是人类原始美意识的最初本源。对自然美、色彩美的感觉和感动,对于审美与美意识的发生有根本的意义。在自然与生活密切联系的情况下,对自然美的意识与发现,从自然个体物象本身(如树木)到自然崇拜的神化、宇宙认知的哲理化、伦理认知的道德化、社会功利的实用化、文学艺术的情趣化和理想化,等等。

八、与自然融和的两种方式

其一是"投入自然",人沉浸、投放在自然中。其二是"吸收自然",将自然吸收、转到人的心灵里。一是人的自然化,一是自然的人化,它们体现的人与自然的关系就是"天人合一"。

九、关于"荒野"

荒野保护运动起于美国 19 世纪末,这个概念与环境保护主义联系在一起,旨在保存和保护未经人类利用和改造过的原生态自然。1964 年美国专门颁布了《荒野保护法》,该法之"荒野概念"的定义是:与那些已经由人和人造物占主要地位的区域相比,荒野是这样一种区域,它所拥有的土地和生物群落没有受到人们强加给它们的影响,在那里人们是访客而不是主宰者。

我们注意的是这个法律给定的概念在历史实践过程中所发生的概念问题和意义转型。

首先,这个概念在实施过程中对美国、澳大利亚等自然保护区里的土著原住民造成了伤害。这些土著被赶出、迁移出他们的原栖息地。这种自然保护区被批评为是一种让自然孤立、隔绝起来的"监狱"。问题是:难道这些原始部落、土著居民不是自然的一部分? 他们的活动影响并没有占该区域土地的主要地位。他们的文化、文明水平没有达到主宰的地步。他们和自然是融为一体的。按照这个荒野概念,这样非人的自然只存在于南极洲。这种做法显然对原始土著民族是不公正的。澳洲土著民族生活在那里已经有 80000 多年的历史,美国土著则有 11000 年的历史。这种去人类化的荒野自然显然除了南极洲并不存在。因此,这个荒野概念的特点是去人类化或者去人类中心主义的,它在历史实践中因为损害了土著原住民的生存和利益而受到猛烈批评。实践表明,这个概念的规定性是有问题的,是一种极端的环保主义,因内容的规定性不确切而受到质疑。

荒野概念转向了濒危动植物和濒临灭绝动植物的栖居地、生长地,它们是生物多样性的保护区域,禁止人们随意开发利用、破坏其生态面貌。这个荒野概念就比较恰当了。

可见,现实的合理性对概念的规定性有修正甚至改变的权利。现实的实践活动所显示的合理性,具有检验其正确性的促进作用,同时也推动了概念内涵及其规定性的确切发展或者改变。

此外,概念规定性的变化反映了人类认识水平的提高。

十、荒野自然与人类有许多联系

荒野不仅与环境保护相联系,反映了人类对自然的尊重和伦理,也反映了人类意识到自己行为应有限制和限度。荒野也和宗教信仰相联系,反映人类对人类生命的关怀、命运关怀和生命解释。荒野也和审美体验相联系,和心灵情感相联系,反映人类超出直接物质功利需求而展开精神文化需求。荒野又和人类的社会文化相联系,与社会历史相联系。

十一、人离不开健康美好的自然状态

人类出现于250—300万年前。地球上的生命现象出现于35万亿年前,生态现象是地球的生命现象之一。生态问题是随着人类文明的发展进步,随着人类在工业化时代产生的以环境危机为特征的生存危机而产生的。生态危机是工业文明产生的特殊问题,表现为人与自然、人与环境的关系到达了危险状态,将危及人类自身的生存和安全,人与自然的关系需要重新调整,人与环境的关系要重新考虑。人类开始认识到,人不在自然之上,不在自然之外,而是"在自然之中","人是自然的有机部分,人离不开健康美好的自然状态","人与自然休戚相关"。正是在这样的社会历史背景下,生态问题被提出,生态美学问题也应声而出。人类"在自然之中"遇到的问题和危机,实际上是人"在文化之中"的问题和危机。人在环境问题中必须调整文化的思想和理念,因为人原来的文化观念在人与自然的关系上出了问题,造成对自然和环境的破坏。

在此之前,人类尚未有"生态美"的意识。首先在自然中注意和关心到的是"自然美"的现象和问题。只是到现代，当生态问题成为生态危机，危及人类的生命和存在时，"生态美"的现象和问题才伴随着它进入视野，开始被注意和研究。因此，特定问题的浮现是由特定的历史、社会和文化决定的，是人类进化过程中阶段性地出现和向人提出的。可见，生态美的问题是个当代问题。但是，生态美现象是早已存在的，是到了工业化中后期以及人类进化到全球化阶段时，生态美才被人注意到，才进入人类的意识前沿。1962年《寂静的春天》就是这一声春雷。

生态美是和自然美有联系但很不同的概念。第一，生态美与现代人的生存状态密切联系，这个概念既有自然自我权益的投射，也有人类自身权益的投射，反映了自然是人的利益攸关者。第二，生态美是关系之美，生态美的现象是在生物之间、生物与环境之间的相互关系和相互作用之中而呈现出来的现象，这些关系又与人的利益需求和人类行为构成关系和作用，因此呈现出一种关系链和整体性的特点，这是和通常的"自然美"有区别的。生态美具有事物之关系整体性的特点。第三，人处在生态美之中。这和人"在自然中"、"在世界中"存在的道理是一样的。人不在生态美之上，也不在生态美之外，而是在生态美之中。这和通常讲的艺术美、自然美又有区别了。这个道理的进一步延伸，"生态美"与"生活美"的情况有点类似，生态美是人生活于其中的一种存在状态，就像人在生活中，大地、天空、阳光、空气、绿色、动物、水体等等，都是生态、生活的各个不可缺少的方面。在这里，美学史上狄德罗的"美在关系"说，车尔尼雪夫斯基的"美是生活"，在生态美的现象上汇合并且体现。第四，和第三点联系起来，生态美的参与是全身心的。对生态美的感受和体认，是从心灵意识到视、听、嗅、味、触等五种感官的综合作用，因此生态审美具有多方位的综合性质，可称为"全身心体验"。因为你接触的"生态美"现象是生物多样性的、品质多样性的，你是处在天地、山水、动植物、人文中间并被包围（包容）的。生态审美有参与、互动、全方位综合感受的特点，从中还感受到美好、健康、安全、喜悦。第五，生态美是健康的、安全的和美好的、令人喜悦的，这和环保、美观等需求联系在一起。第六，生态美明显有功利性诉求，即自然生态的权益和人类生存的权益都包含在里面了。这和传统美学所谓的"审美无利害"、"非功利主义"很不同。从以上几点可以看到,生态美与传统审美有很不同的美学品质,有着鲜明的时代性和当代性,具有鲜明的生态学性质。

十二、生态哲学

生态哲学的基本内涵,由生态整体观、天人合一观、生态平等观构成。

生态整体观:人不在自然之上,不在自然之外,而是在自然之中。

天人合一观:有形上学说意义、伦理学说意义、审美学说意义。天人合一的美学模式,是"以物态度人情、以人情度物态"。

生态平等观:人与自然具有平等地位,其权益对等。

生态准则,一是生态优先原则,二是动态平衡原则。生态优先是因为自然生态具有本源性,人类等生物对自然生态有依赖性,自然生态丧失之时即是生物毁灭之时。动态平衡指生态体系在生命过程中具有自我保持的稳定机制。

生态哲学的基本精神,一般来讲,就是自然生态与人类文化的协调统一。可以简称为"自然与人文的协调统一"。

生态美学在生态哲学和生态科学的方向上研究美学问题,把生态哲学和科学的内容吸收到美学而形成的一门交叉学科。生态学和美学在人与自然、人与环境的关系问题上找到共同点,吸收生态学原理形成了美学的绿色原则和相应范畴。生态美学的重要范畴有:共生、融入、场所、家园、诗意栖居、协调、和谐,参与、交流互动、动态平衡,等等。

十三、关于生态美学

景观美学不能离开生态美学的积极建设,因为景观与生态密切相关。生态美学与传统美学很不同,是美学研究的一个动向。我有个感觉,生态美学着力于"关系之美"。狄德罗曾经有过"美在关系"的著名观点。为何会有这个感觉?生态美学,简单地说以生态为指向研究生态之美,即生态美。从"生态"的初始概念定义来看,生态指生物之间、生物与它所在的环境之间互相关联并互相影响的存在状态。进一步的分析可见,这种生物之间和生物与环境之间的存在状态,在根本上有两个要点。第一是相互之间的关系,第二是它们之间的相互关系表明：它们是一个整体，一个共生共在并互相关联和影响的生命共同体。因此，关系论、整体论构成了生态现象的根本和理解。在这里，关系论和整体论的哲学、美学获得了学术的生机。从这一个简单的分析可知，关系之美和整体之美成为重要的研究着力点。这是由于生态美学研究带来的新发展和新思考。

美在关系是有道理的。比如传统美学的一些基本概念，比例、均衡、对称、协调、和谐等等，实际上反映着不同关系和关系类型，它们本来就是在相互关系和整体结构上的不同度量、不同性能，本来就可以称为比例关系、对称关系、均衡关系、协调关系、和谐关系等，当然也包括与之相反的关系，如非比例关系、不对称关系、非均衡关系、不协调关系等。这种关系不论正反，都属于美学的基本审美判断尺度。不仅如此，从关系上面更着眼于各种关系所构成的现象整体，从关系观察整体的建构，或从整体理解其中各种关系的构成。从整体观察和从关系分析，其实是一个东西的两面。从整体论和关系论去理解存在，那么存在就是一个共同体，这个共同体具有共生、协调、场所、互动、交流的特征，当然也有与之相反的对立、矛盾、冲突、变异、转化等关系特点。其无论正反，都是存在的两种不同状态。

显然，生态美学的研究对象和思维方法，不指向静止的、割裂的、个体的、没有生机的现象，它指向富有生命的、动态的、整体的、互相关联而存在的现象。它关注宏观的、动态的、综合的又有区域特征和场所特点的生命存在。这种生态学的眼光打开了一个新的境界。首先，在这个眼光看来，一切都有生命的活力。风雨、雷电、水火、日月等等，运动变化以及施与的影响和作用的应答，不都是活生生的生命运动么？在人类看来就是如此，古人以为其背后有神灵的操纵。生态学使人对世界有了新的理解。

生态美学何为？简单地说，生态美学以美学的观点和方法促进物物之间、人与人之间、人与自然之间的共生与和谐。目前生态美学的重点，是处理人与自然的关系，促进人与自然的共生共荣、和谐双赢。当然，人与自然的关系中包括了人与环境的关系，化解人与环境的矛盾。

十四、生态美学对"存在"的理解

生态美学在哲学上关于"存在"的观念与理解很关键。存在即此在与世界,所谓"在之中"。人的存在就是"在世界之中"。我觉得有道理但笼统。"在之中",是一个总的存在模式,高度抽象。就人的存在而言,"在自然中"是本源性的基础,一如动物、植物等生物,来自于自然,生存于自然,所谓"天地生生"。"在文化中"是基于"在自然中"的人的存在状态。"在文化中"是人的真实存在状态。"在社会中"是基于自然和文化的存在。在文化中和在社会中,反映了人的特性。社会是人类文化的重要一部分。人的社会存在本身就是基于文化的人的存在。因此,"在之中"即"在世界中",分为"在自然中"和"在文化中"两个不同层级。"在文化中"是人的真实存在状态,没有"在自然中"就没有"在文化中"的可能。因此,自然与文化的关系对人来讲是最重要的存在关系,也是最重要的生存问题。有"尊重自然为神灵的文化",有"尊重自然为科学的文化",有"征服自然改变自然的文化",有"融入自然生态并创造和谐的文化"。也许,生态美学就在"融入自然并创造和谐的文化"范畴中。

十五、生态学自然观包含着美学的价值标准

美国生态学家 A. 莱奥波尔德在 1933 年,试图在有机自然群落基础上创建一门维护自然整体性和完善秩序的"大地伦理学"。(其内容参见吴国盛主编:《自然哲学(第 2 辑)》,第 448—452 页)

他提出下列有机整体自然观:

(1)从生态学角度把地球自然当作一个有机整体来看待。"至少把土壤、高山、河流、大气圈等地球的各个组成部分,看成是地球的各个器官、器官的零部件或动作协调的器官整体,其中每一部分都有确定的功能。"

他把自然比喻为由不同生命要素组成的机能性整体,赋予自然以有生机和活力的生命形象,这十分类似于中国文化对自然有机性、整体性、生命活力与灵性的理解和形象比喻。

(2)大地共同体——生物圈整体:所有生命物种和自然环境相统一的互

依共生的有机体。

（3）这一大地共同体具有充满生机与活力的内在美,即自然的整体、秩序、稳定和美丽。

（4）自然中没有等级差别,物物皆平等。

（5）所有这些多样性的生物和自然物的相互合作关系,产生了自然的自我调节的整体机能。人类虽有调控生态系统的功能和道德意识,但这只是自然界在漫长的进化过程中产生的分工差异。

（6）自然的整体利益至上及维护自然整体利益的道德规范,应成为人类生存的基本意识。应当把人的经济行为和一切其他行为都纳入对自然整体利益的道德规范中去。自然的整体利益也是人类自己的生存利益。

（7）伦理学和美学的价值判断成为判断是非与利益的尺度。莱奥波尔德说:"抛弃那种合理的大地利用只是经济利用的传统思路,考察每一个伦理学和美学方面什么是正当的问题。当一切事情趋向于保护生物共同体的完整、稳定和美丽时,它就是正确的,当一切事情趋向相反方向的结果时,它就是错误的。"(第449—450页)

莱氏从维护自然整体的伦理取向出发,提出了人类善恶行为价值标准的道德标准——是否有利于自然整体的健康和完美。

（笔者按:生态、伦理、审美的价值达成新的一致,构建了一个包含了经济价值判断的新的人类行为价值观系统。由此,经济的、生态的、伦理的、审美的观念融合在一起,共同联系起来发挥作用,这是人类一次飞跃性的进步:维护自然整体的完整、稳定、秩序、健康和美丽。行为的价值判断已经向多元要素的有机构成转变。因此,在美学中,现代的审美观念也必然内在地、有机地包括了生态的价值观和伦理价值观,当然也包含经济价值和社会生活价值的观念与标准。审美观的重心,似乎移向自然保护和人的日常生活,同时更具有科学技术的意识与观念。看起来,保护自然、完善生活、科技文明这三样东西,已经成为现代审美观的三大价值意识要素的结合体。因此,这样的审美观同时具有生态学、伦理学、经济的、哲学和自然科学的意义。)

第四节　景观构成分析

一、景观的分析

景观是一种视觉概念，准确一点讲是关于视觉观赏或者视觉审美的概念，在哲学上是一种"看"的文化，一种在看中显示出来的文化。

在时间上，景观处于历史的变化状态，有古典性、现代性、将来的可能性。

在空间上，景观是三维的立体知觉，有长、宽、高或者形状、距离、位置三个维度。景观的空间性是现实的、生活的、可进入的，并有具体功能。景观是人生活于其中的一种存在和觉知。

在文化上讲，景观处在有形之物与无形之体的融合中，在心理上呈现为直觉与想象，在认知上呈现为形象和观念，在创作上呈现为思想观念和形象显现。景观的感知总是与景观对人的身体和内心感知体会联系在一起，与人们对景观形象的认知联系在一起，即在景观知觉过程中，一方面知觉到景中有话，另一方面感觉到心中有得。人与景观之间有一种对话的关系，人与景有视觉对话、情感对话、想象对话、思想的心灵对话。意境当是一种审美的心灵与想象的对话。

在文化层次上，景观可分析为物理景观、形象景观、精神景观、信仰景观。人的意识界面由物质——欲望、物象——情感、形象——思想、形象——信仰组成，即从物质上升到形象、精神、灵魂。从物质到灵魂，从有限到无限，由物到人到神，到人类心灵的终极归宿，即景观的一种至深至远的宗教性归宿。

在景观的组织要素上看，景观要素主要有：形状、名称、地点、距离、时间、视点、观念、场所、历史、故事（包括事件、传说）、仪式（包括节日、风俗）。在诸多要素中，我认为最重要的是某种特定文化中的思想观念，这是最深层和内在的东西。因为这个世界是人们理解并且给予解释的意义世界，不仅仅是一种物理的世界。而人生活在自己理解并给予物理世界以解释的意义中。

中国文化景观的基本特征就是贯穿了"天人合一，万物一体、和而不同"思想理念和哲学精神的景观，在自然景观、建筑景观，包括民居景观、乡村景观、城镇景观、园林景观、宗教景观等都是如此。中国文化景观强调人与自然有机结合的和谐，强调自然的本源、神圣和天道以及主体性，强调人对自然创造的赞化和参与，强调人对自然的亲和、服从和尊崇。

二、景观的结构分析、人文分析和类型分析

景观的结构分析，主要指出景观的构成要素和构成规则（文法）。景观构成要素有：自然、社会、历史、文化、环境、生态、建筑、语言、形象、音声、色彩、气味等。景观的构成方法，主要指景观构成的规则和不同模式及其不同类型。

景观的人文分析，主要讲景观与人类的相关性，与文化的相关性，与审美的相关性，与视知觉的相关性，与思想价值观的相关性，与事物知觉特征的相关性。

在我看来，景观的人文分析和景观的结构分析比较重要。其次应该是景观的类型分析，主要是伟大性景观和平凡性景观类型、学院式景观和乡土式景观类型，这两大类景观是交叉的，只是审视的角度不同而已。

三、风景的构成和美学要求

（1）风景的构成要素。

风景构成要素有：山体、水体、树木、花草、烟霞、岚雾、亭榭、渔樵。如果把山水看成人化的生命机体，那么山是骨骼，水是血脉，林木是衣，草植为毛发，烟霞为神采，岚雾为气象，亭榭为眉目。山无草木为穷山，山无水不活，山水无烟云则无神采，无亭榭则无面目，无渔樵则无精神。

（2）风景各因素的群体关系。

要分主次、虚实、显隐、动静，形成和谐有序的整体关系，符合中国人"尽善尽美"的思维及审美习惯。比如，山要有主宾贵贱逆顺朝护，俨然如一个人伦社会。实际上群山关系是社会人伦关系的另一版本。可见，山水审美中渗透了社会伦理意识。

（3）山水"三远"之境。

山水"三远"之境生成于视点不同。

高远——从山下往山上看（仰视）。

平远——从近山往远山看（平视）。

深远——从前山窥后山（透视）。

阔远——从近岸隔阔水看远处的山（平视之一）。

迷远——"有烟雾漠漠，野水隔而仿佛不见者。"

幽远——"景物至绝，而微茫缥缈者。"

（4）山水的审美特点：

秀——山之优美俊清者。

奇——山之瑰丽怪绝者。

雄——山之高大雄伟特出者。

险——山之崎岖夺魂摄魄者。

幽——山之深藏静僻者。

透——山之玲珑剔透多通窍者。

山之秀、幽、透，属山的阴柔之美。

山之雄、奇、险者，属山的阳刚之美。

（5）风景各要素的作用。

山为骨骼，是风景的主体。山以势、层、形、远见胜，且分主从朝护，画以传神为得。

水是山的气脉，土是山的肌肉，草木为其毛发，云雾为其神采，林木为其衣服，屋舍亭榭为其眉目、为其妆饰。林木以树密树盛为本、华茂其表为贵。

云雾以变化微妙虚幻有色感为好。

亭榭人物以传神和点缀为用。

四、景观解读的多种分析可能

景观的解读：景观的人文分析，景观的结构分析，景观的类型分析，景观的规则和方法分析，景观的意象分析和意境分析。

五、阅读景观需要学习文法

梁思成说过，理解中国建筑，需要学习构造的文法。美国景观教育学家 Peirce. F. Lowis 曾把美国景观阅读的文法归纳为七条公理。何晓昕在《景观的阅读与理解》（载《建筑师》2003 年第 1 期）中，在此七大公理基础上，结合中国景观的阅读，归纳为六条公理：

景观可以像读书一样阅读理解，景观阅读要有文法作为依据和向导。

公理 1："文化之端倪。"景观以有形的形式反映了人类的趣味、价值观、灵感和情感。简言之，景观反映着文化。景观提供了一个洞察人类的机会。（笔者注：这条公理实际上讲景观与文化的相关性。文化是景观最为重要的关联要素。生态、地理、环境、建筑、历史等都是景观的关联要素，但文化要素最为根本。自然景象被作为欣赏对象来观赏，是人类的历史发展到达一定文化阶段时才会发生的。当自然环境及其自然景象能够脱离人的直接物质需求而成为精神需要的对象物时，自然成为景观。）

公理 1 的细则 1："文化变革角度"，即"景观变革是对重大文化变革的反映"。

公理 1 的细则 2："区域角度"，即"景观的区域独特性不仅是生态的，也是文化的"。了解区域文化的特殊性，对理解景观很必要。

公理 1 的细则 3："文化传播角度"，即景观往往因模仿他人而发生变化，因此文化的交流、传播程度会影响到这种模仿。

公理 1 的细则 4："文化聚合角度"，即"文化的聚合使许多不同区域的景观看上去相似"。了解文化是如何聚合的，可以帮助理解景观。（文化的聚合，指文化的趋同，或者文化走向大同的过程。）

公理 1 的细则 5："趣味角度"，即"不同文化的趣味、喜好、禁忌会带来不同景观"。因此了解不同文化的审美趣味、喜好、禁忌，对了解景观是一个重要途径。

（笔者注：公理 1 的 5 个细则，在我看来讲的是文化与景观的关联，有这样五个注意点，即文化的发展变化、区域特性、异质融合、传播交流、趣味禁忌。从这文化的五个方面去阅读景观，会有一个比较完整的概念。我感到，这五个方面还应加上"历史格局"或"传统格局"。就西湖而言，景观的"传统格局"是很重要的一环。这一历史格局如果被破坏，将是致命性的文化破坏，西湖将是另一个模样的另一种文化，它的"历史文化遗产"的地位必然不保。）

公理 2："文化整体和景观整体对等。"这个公理说明，文化和景观是不可分离的，景观与它所传达的文化相等。

公理 3："常规法则，普通景观更难阅读。"这里讲学院教导的设计规则不能帮助阅读普通景观。但是普通景观的"常规"却体现在游记、说明书、商业广告等文体上。普通景观的"常规"是很有用的，应当从中汲取民间的智慧与营养，在日常生活中，从周围环境中，从平凡事物中欣赏美、见出美，是一种起点很高的文化活动。其实，这条公理讲的是景观与人生态度的关联。没有一种基于生活却又能超然的人生态度，很难在日常和平凡中见出美。这种人生态度可以用"生活的艺术化"来表示。（其他的分理略去）

六、空间的三种划分

法国学者列裴伏尔把空间划分为"空间实践"、"再现空间"和"空间再现"，美国学者索亚将其通俗地概括为"感知空间"、"构想空间"和"实际空间"。这正是人对于事物的三种认知状态，即感知、想象、存在。存在是实际状态，是没有主观色彩的客观实在；感知是存在的心理印象，带有人的主观色彩，往往因人因境而异，想象是对存在的意象化，即人对于事物感知的心理构想。带主观虚拟或意向虚拟，事物的实际存在是客观的、公共的，而事物的印象和构想则是个体的、文化的。空间的构想有两种情况，其一是预先的构想、规划，然后按照规划构想去实施而完成的空间。其二是从感知、审美的角度所说的构想空间，也就是感知印象的意象化，其中往往是诗歌散文比较突出。

对于景观，可以从构成的角度去分析它的组成要素之间的关联性，比如景观的视觉关联、生态关联、建筑关联、自然关联、艺术关联等。还可以从景观的心理方面进行分析，即列裴伏尔所讲的"感知空间"、"构想空间"、"实际空间"，可转换为"实际景观"、"感知景观"和"构想景观"。因为人的存在，事物才有实际的状态（物象）、感知的状态（印象）和构想的状态（意象）。这里的"物象"，类似摄像机纯客观摄取的"照相"，具有客观的忠实。事物的实际状态也可称为"物理空间"。

我们还要作进一步的分析。实际空间由于人产生感知空间和构想空间。构想空间是主体的、意象化的观念空间，是物理空间的主体化和观念化，是形而上的。感知空间是客体的、物理的个体心理印象，是形而下的。我们所处的物理空间，往往是观念文化的物理空间，受到人类文化的实践活动和观念意识两方面的影响。因此，对构想空间的研究，也就是对主体的实践化空间和观念化空间的研究，即实践建造性空间和意向构想性空间的研究很重要。

七、"主体"与"配体"的和谐概念

前面讲到，"风景指自然景观"，这还要作一点补充说明。在中国传统文化的概念里，自然含有人，自然含有人文，自然并不与人对立，自然并不与人截然分开——没有西方哲学意义上的那种"主客二分"。不然，中国文化会是另一个模样。中国文化关于"自然"的概念还可以作这样的进一步分析理解：自然含有人文，比如风景中自然山水有建筑的点缀或配置，这些人文建筑可以是一个亭子、一座寺庙、一座村落、一条街市等。从局部看，这些建筑是纯粹的人工建造物，纯属非自然。但把这个或这些建筑物放在山水构图或局势下看，从一个整体的综合性上看，比如"三分人工七分自然"的格局，比如以虚实、显隐、动静、主从的环境艺术处理，这些建筑就不再独立、不再自言自语，它们成为山水的有机部分、风景的必要部分，成为自然主体的一种有趣味的宾配（或称"配体"）。西方人有"主体和客体"的对立性概念，中国文化讲的是"主体和配体"的和谐概念（或称"协调性概念"）。这个补充说明是必要的，也是我关于"自然"的基本观念。这里面还有一个比例关系，也可叫"对比性的比例关系"。如果自然与人文的比例关系有一个倒置的情况，即人文大于自然，并且人文因素成为主体，自然成了"配体"（配角），那么在此情况下，就是"人文景观"了，不能叫作"自然景观"。风景有两个大类：一是自然景观，分纯净自然和人文自然；一是人文景观，分为纯粹人工和人化自然。在传统上，中国文化赞赏的"人文自然"，是"三分人工七分自然"，甚至人工的比例可以更小一点。

八、黑格尔论和谐

黑格尔把抽象式的美分成三个等级：其一是整齐一律和平衡对称；其二是符合规律；其三是和谐。

（1）整齐一律是同一形状的重复。这里只是量的差异而没有质的差别，如窗的重复性排列。平衡对称也属于这一类。虽有形状、距离、位置的差别，但都不是质的差别。

在整齐一律中占统治的是一致性。

（2）符合规律。其典型的线型是抛物线、波浪线，图形是椭圆形、卵形。

波浪线包含了整齐一律性，但波形在大小、幅度等方面不是同一的，也不是量的差异，而是质的差别，因此显得比较自由、活泼。

因此"符合规律"有如下特点：第一，具有重复性但显出质的差异，重复而不同质；第二，显得更为自由、活泼；第三，在整体中显出质的差异又见出统一性。补充说明"符合规律"的美，可以用数学公式表达它的规律与必然。

（3）和谐比整齐一律、符合规律更高一级。简单讲，和谐不是同一的重复，不是差异的律动，而是本质上对立的各因素之间的协调统一。

在和谐中，对立因素既是对立关系同时又是一种依存关系和整体关系。

因此和谐的特点是：第一，质的对立统一；第二，对立双方既是对立关系又是依存关系和整体关系；第三，更为自由灵活；第四，在和谐整体中对立双方消除了对立性，各因素协调在一起。

从整齐一律、符合规律到和谐，是一个从量的同一、量的差异，到显出质的差异，再到显出质的对立的过程，它们都在一致性中得到消解从而见出统一性。

（4）更高一级的和谐。

上述的和谐是对立面由于相互依存取得协调而消除了对立性，这种和谐是低层次的。

更高的和谐是心灵性的，它的特点是对立面的相互否定，对立面的扬弃所达到的，因此更为自由、活泼。

整齐一律——同一的重复，无差异，死板。

平衡对称——左右相称，只有量的差异，略活泼。

符合规律——异质的律动，质的差异，较自由活泼。

初级和谐——质的对立因素的消解达到协调一致，更为自由活泼。

高级和谐——对立性的相互否定或扬弃达到的协调一致。对立的否定，心灵性的自由活泼。此种和谐具有"超越性"品质，比如在宗教信仰中对物质性和功利性否定所达到的超越，是一种心灵和谐的自由状态。

九、形式美的品质

（1）本原美——功能美的直接表露形式，与功能发挥融为一体，是事物本身某种性质表现到外部的一种美。

（2）韵律美——形状、色彩、材质、体量的匹配关系，由一定的秩序产生悦目的外部整体形式的美。

（3）装饰美——外部之外部的美化，也是技术美的辅助成分，它既不为实用所必需，也不可能独立于产品之外。装饰美具有附属性、从属性、奢侈性。

十、景观，过分强化秩序而缺乏足够活力

阿恩海姆在《艺术与视知觉》一书中说："在一件艺术品中，规则的形状是很少被运用的，因为艺术品所要解释的自然特征就表现在多种力之间复杂的作用上。如果艺术品不能体现这种复杂性，就会导致僵化。如果艺术品过分强调秩序，同时又缺乏具有足够的活力的物质去排列，就必然导致一种僵化的结果。"（见该书第189—190页）阿恩海姆还转述霍葛斯的话，说"绘画构图的一个永恒的原则，就是避免使用规则性很强的式样"。

阿恩海姆和霍葛斯（又译荷加斯）的话同样适用于景观的设计与创造。

西湖的景观构建形式无疑日益显然地趋向规则和秩序化。这种规则和秩序化的美学趣味属于装饰化、图案化，其视觉表象是自然风景与规则装饰性图案的结合体。其优点是易于工程的技术施工处理，简便易行，环境的效果亦可。这是一种现代的、欧化的园林或环境景观设计的方法。中国古典

园林追求的是景观视觉的自然不规则性特征,像西湖山水这样的以真山水的大背景与局部有特征之细节再配以一定建筑辅景点彩为主,像苏州园林则以真山水为原型或灵感,拟形取神,配之以建筑群体,形成建筑群为主体的山水情境。在这里面,无论是西湖园林还是苏州园林,都保有自然特有的那种随机性、不规则性、不确定性、无目的性、象征性或寓意性。更重要的,它们都很着意于自然景观中具有的那种意境与趣味。

实际上,西湖衔接市区的部分吸收西方景观设计方法和技术,适当进行较规则有秩序的景观设计与铺装,还是可以的。这应当视为城与湖之间直接结合部分的一种过渡,一种城市景观方式与自然景观方式之间的调和,尤其是湖滨即湖东一带。在这一地带,自然性的缺失在地块上是明白的,它可以靠湖南、湖西、湖北的湖山大画面、大背景得到视觉与心理的补偿,从中获得一些平衡。一般来讲,人们在此地的注意力不是被湖滨景观建筑及环境所吸引,而是被它面临的西子湖山的秀色所吸引。这里是西湖风景或西湖旅游的一个展示中心,是一个风景的展示窗口,是湖滨的一个主要功能。因此,湖滨沿湖地带在功能上有三:一是西湖风景的展示窗口,二是西湖游览的一个集散中心,三是商业及休闲的公共活动中心。

十一、在静态中表现动态与趋势的幻象

一般来讲,艺术不墨守成规,要有个性的独创,要有形象的内在生命活力。景观艺术亦是如此。所以,过于工整、规矩、精致,就离那种"自然的艺术"更远了,是一种危险。

怎样做才好?有何方法?这里要具体地讲一讲,以中国书法中的草书为例。

(1)汉代崔瑗的《草书势》。

崔瑗,汉代书法大家,师承杜度,人们常以"崔杜"并称。"草圣"张芝即师法崔、杜。南朝梁袁昂《古今书评》说:"崔子玉书如危峰阻日,孤松一枝,有绝望之意。"崔书在风格上倾向于"险劲"一路,有任侠之风。崔书属于章草。

书法摆脱文字符号记录语言的实用功利主义的限制与"实用美术"的樊

笼，成为相对的"美的艺术"，与草书这种书体的出现相关。萧元认为："对草书艺术价值的认识便成为书法美学起始阶段，'中心一环'。"（见萧元：《书法美学史》，第15页）。

许慎《说文解字》说："汉兴而有草书。"汉草即章草，乃是汉代的"标准字体"，由汉隶发展而来。据称《急就章》作者史游是章草始作者或首创者，"章草"一名即由此而得。

（2）崔瑗的草书美学。

萧元认为：崔瑗是有文字记载的第一个把书法推荐为欣赏作品的人，也就是第一个授予文字书写以艺术品地位的人。（《书法美学史》，第15—16页）

崔在《草书势》中提出了草书美学如下重要观点：

第一，草书"方不中矩，圆不中规"的草书意象，是草书艺术的基本意象。

"方不中矩，圆不中规"所创造的形象远离生活物象，获得了创作的自由与抽象，但它没有产生规则、对称的几何形式，它的本性倾向于自然的多样性、随机性和生动性。在这里，"方不中矩，圆不中规"体现了倾向于自然的美学趣味，而非人工的几何趣味，与欧洲人的美术趣味大异。

阿恩海姆在《艺术与视知觉》一书中说："艺术作品如果过分强调秩序，而又缺乏活力的物质排列，那么必然导致一种僵化的结果。"（见该书中译本，第189—190页）

比起秦篆、汉隶，章草更为活泼、生动、自由，更富有变化。

相对于社会"中规中矩"的伦理规范要求，草书则显示了艺术超越生活的一种自由精神，一种有"法象"但"俯仰有仪"的不规不矩的野性，合于自然之道。

第二，草书艺术的基本特征："志在飞移"、"将奔未驰"。即具有孕育性的那种生动的瞬间姿态。

草书有更明显的活力、动势、张性与生机的神采韵味。

草书"志在飞移"、"将奔未驰"的特点，是在静态中表现出动势与趋向的幻象，它的可看处正在包孕运动行将发生的那生动有力的一瞬，它的美在于"力的生动幻象"，"力的灵动幻象"。

崔瑗以"竦企鸟跱,志在飞移,狡兽暴骇,将奔未驰"来形容这种生动的幻象及艺术价值,从自然事物的形神中获得书法创作的艺术灵感与追求。

虽说书法艺术是抽象的,但它在实际事物中又有艺术借鉴或参照的具体对象,这当然不是模拟图录天象本身的体相状貌,而是取它的神采韵致,取它的内在精神,把这种内在的神采与趣味转化成书法艺术的创造和追求。

草书的艺术价值在于不规不矩中的变化与动势,体现盎然的生命张力与自由、洒脱的气度。

"志在飞移"抓住了草书的基本视觉特征,并与其他书体区别开来。

"将奔未驰"这一草书表现方式则包含了丰富的视觉心理内容,"这一提法指出了以静态表现动态、制造运动幻觉的重要造型原则"。(见《书法美学史》,第22页)

草书是对规范形式的变形,这种变形又包含着在静态的稳定形式中产生运动张力的生动幻象,是一个纯粹直观与富于想象的形象。

在形象的内容上,许多人常以"意"释之,如"意象"、"意境",而所谓的"意"多玄虚不明确,有的甚至故作深远之玄状,令观者、读者自惭、恍惚、迷离。

其实,古人所谓的象中之"意",多为内在的生机、动势、神采、品德、情态、意趣、气氛、襟怀、性情等等,可以直觉或感知。

美的内容应当是浅显的、易知的、经验的、直觉的、可理解的。至于所谓深致、幽远、玄迷,完全是特定的人在特定状态下的个性的、个人的放大与深致,是对美的个性体验的一种方式,并不意味着别人也一定也要如此看待如此知觉。还是苏东坡讲的好:"观者无贤愚,深浅随所得。"

十二、中国绘画和景观的综合性

中国画的综合性也体现在园林景观和自然景观上。园林历来有"立体的画"一说,自然景观也被当作图画即艺术来欣赏。与"画之不足则以题补之"一样的道理,景观鉴赏之不足也以诗、词、联、匾等来补充,提示其中的意境,这些题额又以书法来表现。因此景观、诗歌、散文、对联、匾额配以诗意和书法,使人有更好的诗画体会。这种综合性显然是中国绘画的突出特点。

第五节　景观审美

一、景观的"观"

对"景观"的解释众说纷纭却无定论，只能见仁见智。单从字面上看，景观与人的观赏极有关系。进一步讲，景观与人的存在密不可分。景观存在的前提是人的存在，即景观是相对于人而言的，它是事物投射于人的一种有客观性内容的觉知。有时景观本身就是人的创造性建构物，不单纯是自然生成物。这类景观由于人的改造活动，成为一种比自然景观更复杂的观看对象。总之，人的存在是景观的前提条件，并且景观不在人之外。这个情况令人想到老子关于"有无"、"美丑"、"善恶"、"高下"等对立事物的思想，想到老子关于"道"和"观"的论述，有助于对"景观"的哲学理解。

前面已经确认，景观因人而存，没有人的相对性存在就没有景观的存在。这里的"人"指"人类"，指人类的整体存在，个体的人是作为整体人类的一分子而存在的。这就否定了"离开人类会有景观"的说法。"景观"的字面义也是人"所观看的景象"。当然，这种景象会吸引人去观看，大半由于其有观赏价值，有一定的审美意义。老子的辩证相对论对景观的这个见解提供了理论说明。在《老子》第二章，他提出了"存在是由于它的对立面的相对存在而互为存在"的辩证相对论思想，其中一方不存在，相对的另一方就失去了存在的依据。他说："天下皆知美之为美，斯恶矣。"什么意思？人们知道了怎样才算是美，也就有了丑。同理，知道了什么是善，也就有了相对立的恶的概念。有无、难易、长短、高下等等对立性知识概念的产生，都遵循这个道理。如果不知美为何物，也就不会有丑的观念产生。一切都是相对并相生相依相成的，是辩证的。"景观"现象也是同理。人存景在，人灭景亡。这充分说明，景观是相对于人类而言的对象性存在。景观是人与事物的共生现象，因此景观具有"属人的性质"。老子的智慧不止于此。他由此认为，只要"无知无欲"、"绝圣弃智"，处于"无为"的状态，人们面前的世界就是一个没有对立、没有矛盾的"太一世界"。在这种情况下，就没有美丑、善恶、有无、高下、长短、难易等等对立对抗、相反相成的矛盾烦恼。他认为,大自然就是一个榜样,"生而不有,为而不恃、功成不居",认为大自然给人的启迪是"不言之教"。因此,老子提出了"无为"、"自然"的哲学思想,"致虚"、"守静"、"持中"等都是重要的方法和策略。总之,"虚无"是解脱人类困境的一种路径,它主张"无为而治"。拿这个道理回过头来看"景观"问题,情况就变得清楚起来:假如"没有"为"无",那么"景观"因没有了它存在的对方(人),失去了对立性依存的必要条件,它也不存在,也是无。这就是"相对相抗、相生相成、互依互有"的依存原理,是辩证的。这种辩证相对论说明,一方不存在,另一方无从存在。"景观"问题完全符合这个原理。我们由此确认,景观是属人的文化现象。这是景观的一个重要性质。老子提供的原理告诉我们,在没有人类存在的"虚无状态",这个世界没有"景观"。景观言于人类。

前面,说明了"景观"的那个"观"字隐含着一个"观者",这个观者就是人,并且人的存在是景观的前提条件。这里,继续对这个原理作一点分析。我们不能不承认,《老子》里讲的"道"也有"景观"意义,并且同样不能离开人来言说"道"。在中国哲学和美学上,古人早就有"澄怀观道"之说。其哲学的文化趋向,当属老庄一路。"澄怀观道"不就是用一种虚无沉静的胸怀在"道"的景象中观察体会吗? 不就是景观中的一种"道观"吗?

从《老子》第一章可知,老子认为"道"是不可言说的。如果可以言说的就不是"道"了。实际上,他认为"道"是无法言说、无形无象的"虚无",又称作"常无"——永恒的虚无。他提出,"无名(即无形无象无概念),天地之始",即虚无是天地产生的基始,一切从无中来;另一方面,"有名(即有形有象有概念),万物之母",万物产生的载体。总之,道要从"无形无象无概念"处了解天地的原始(从哪里来?),也要从"有形有象有概念"处认识万物的承载(以什么为根本?)。简单地讲,道从无处来,亦在有处见。"无"是一切的根、一切的因。道是什么? 至此可见大概,但只是我要说的一半。值得注意的是《老子》下面一段话:"常无,欲以观其妙。常有,欲以观其徼。此两者同出而异名。"这里出现了"观",即出现了"观者"。毫无疑问,观者非人莫属。这里的"观"与景观的"观",应当同义或近义,都隐含了"人的观察、观看、观赏"义。古人亦有"道观"、"观道"形容。当然,这种哲学意义上的"观",不仅仅是"用眼睛看"，更是"用心灵去看"，所以又称之为"玄观"。老子这段话从字面上讲，指"道"可以从无形无象处观察（体认）"无"的玄妙，也可以从有形有象处观察（体认）它的终极（"有"的终极是"无"）。总之，从无处和有处都可以使人体会到"道"的存在，即虚无这个始基和终极（一切的来处和去处）。这里就出现了"道"和"观"的关系，即"道"和"人"的关系。"道"需要"观"的确证，这同时也是在讲，"道"需要人的确证，尤其是"人的心灵观照"的确证。总之，"道"不能离开人而存在，否则"道"就失去了意义。人是"道"的意义项。老子的话明摆在那里，"道"需要人"观其妙"，需要人从无形无象无概念处"观"，从有形有象有概念处"观"。人是道的意义项和确证项。除了人，还有谁能够观道？我想，至此，已经把话说清楚了。同样的道理，"景观"问题中，人是景的意义项和确证项；景观一定以人为参照的对象，离开人类，就没有景观的存在和概念。我们从"景观"和"道"的问题上可以真切地体会到，当人类出现在地球上，出现在茫茫宇宙里，人就和他所处的外部世界建立了一种特殊关系，即依存于人类存在的"主体与客体"的关系。客观事物当然不依存于人的存在。客观事物的存在，比如地球自然、宇宙自然，先于人并在人之外、人之前。但是，客观事物在作为整体存在的人类之感性认知和心灵理智以及实践活动中成为客体，事物的这种客体性依存于人的主体性存在。主客体关系不同于主客观关系。景观也好，"道"也好，都是事物与人类主体相对的一种客体性存在，它表明"事物被人感知、认知、理知的那部分"，是事物与人建立对象性关系的部分。事物的客体性表明，它打上了人的意识活动。事物未被主体建立客体性关系的部分，表明事物还未被人感知和认识到的"盲区"或"未知"的部分。随着人类感知和认识能力及手段的科学进步，事物的未知处会被人探触到、意识到并建立相应的概念。人类对物质的科学认知，从质料到分子、电子、质子、粒子等等逐层探索，从无知无觉到有知有觉，就是这么一个过程。物质的质料和类别是古代人的认知客体。分子、电子、粒子等是现代人在客观物质中建立的客体性存在。现代人建立的物质客体，已经远远超越了肉眼所及，借助科学的方法和仪器已达到了不可思议的细微程度。借助伟大的科学能力，人类把文化植入了物质最细微和极深远处。

　　"景观"的理解不止上述的分析意义。在中国传统文化中,"景观"还有很深刻的见地。我的体会是,在中国文化语境里,"景观是在人的活动中展开和变化的"。这是什么意思呢? 第一,景观的展现以人为条件和中介。景随人变,亦景随心变——景象本身当然也是随时空而多变。总之,景的动态变化也随着人的动态活动而有多样性呈现。第二,景观的动态变化性。景观本身有自然时空的动变丰富性,但景观由于人的介入又变得极具动变多样。在中国文化中,"景象之观"有仰观、俯观、平观、近观、远观、深远观等等,要点是随着人的位移活动而展开和呈现不同画面,因此有不同角度、不同视点、不同时间等等的主体性景观视像的动变。中国画的一大特点,就在于能把这种由于人的位置活动产生的不同景观视像组织在同一个画面中呈现。有人称为"散点透视法",其实这个说法不太确切,应该是"动态视像法"。它以不同的活动位移视角在画面上呈现景物的不同视像,这些景观视像各具审美趣味。所以,古人观赏山水画,有"神游"一说。一个"游"字提示了视线视像的主体动态行为,它以"人的游览"来组织视线视像于画面中。我感到,"景观"的中文语词,更能体现景观这个概念的真实意蕴。首先,它确认景观的属人性质,以人的存在为根据。其次,它确认了景观的客体性,是人与世界之主客体关系建构的一种体现。其三,景观包括了"有形有象之观"和"无形无象之观",即"物观"和"道观"、"观象"和"观玄",感性的身体之观和理性的心灵之观。其四,它包含了景物景象的"观法",即不同角度、不同路径、不同时间等等的观看方法和观看种类,特别是"动观法"和"静观法"。其五,它包含了"景观是在人的活动中展开和呈现的"这一重要含义,由此突出了景观的主体性特征。这个思想很深刻。其六,"景观在人的活动中展开和呈现的"原理,说明景观是人的一种动态掌握,以人的动态来把握物的景象变化。其七,景观是"活的形象"。其八,第五、六、七都说明,中国文化的审美善于把握并且喜好观赏事物的动态之美、形神之美、气韵之美和活的生命之美。其九,"景观"与"游"有密切的关系。景观的自然观和艺术再现,都以人的"游动"、"游走"乃至"游心"为线索。这是"景观"的中国语境的重要理解。中国文化对于"景观"的理解和语词,更能说明景观的本质性问题。

二、景观的"教化"

研究西湖文化，不能不注意"西湖景观的教化作用和教化功能"。中国历代统治者和文化人，很重视这种"景观的教化"，西湖的景观文化就是一个很好的典型。比如，西湖山水之间，有很多敬忠、仰贤、崇义、向善、重文等祭祀性建筑和学习性场所，最有代表性的诸如岳王庙、三贤祠（白、林、苏）、城隍庙、钱王祠、于谦祠、伍公祠、孔庙、万松书院等，它们实际上都属于融入西湖景观的"儒家思想教化"系统。西湖景观有三大传统的教化系统，一是儒家系统，二是佛家系统，三是道家系统。我倾向于称为儒教系统、佛教系统和道教系统，各自指向"成圣"、"成佛"、"成仙"。儒教的文化指向，是给人们指出成圣、成贤、成君子的路，成圣是最高的目标。可见，景观的教化功能，在中国景观文化中据有重要地位，是景观建设的重要内容。

由此可以看到，"景观的教化"是"景观美育"的一个组成部分，它有明确的政治目的和伦理目的，也有同样明确的宗教信仰目的。就宗教信仰目的而言，儒家文化引导人们建立对"天"的信仰。儒学文化的根本基点，就是对天的信仰，它是建基于对"天"的信仰之上的关于"仁"的思想学说和礼乐制度。我对西湖景观的研究，目前关注的有两个题目：一个是西湖景观美育的问题，即"西湖景观的教化功能"，即"景观与教化"；另一个是"西湖景观的儒教化"问题，即西湖景观及文化的儒教系统。这两个题目缺少相关研究著述。

"儒教"之"教"的含义，我倾向于"教化"义，比较通俗易明。牟宗三认为儒教是一种中国特色的宗教，可称之为"人文教"。其实"人文教"，讲白了就是通常所讲的"人文教化"，带有宗教信仰的色彩罢了。带有宗教信仰倾向的"人文教化"，这个研究很有意义。

三、山水审美的人生感叹

中国古代山水往往出现于旅况诗、怀乡诗、田园诗、说理诗、感伤诗、佛禅诗等当中。其情感触发点往往是怀乡怀人、政治失意、人生无常这三大类。在这里面，人生的漂泊无定感、命运无常感，以及渴望生命的安顿与宁静、热烈与辉煌、超然与沉着等,构成山水诗、山水审美的心理集体意识。

四、日本人最爱薄雪、晕月、樱花

日本人在自然美中尤爱雪、月、花。

雪,素白纯洁,瑞雪兆丰年寓意吉祥,能体味物哀(人生感伤)、风雅、洗练的美。雪景亦是一种空寂的禅境。

樱花,花期短暂(一周),美丽仅一瞬,使人感伤。此外樱花淡雅而不浓艳,质朴而不浮华,表面热烈而内里安详沉静。人们常以樱花喻人生,在短暂的一生中干出辉煌的事业。在樱花上面,投射的是"瞬间美"的观念,瞬间的生命热烈和哀婉之美。

日本人更倾向于在观察中,以情感、以想象去感受自然美,主观感情色彩很突出。直觉与想象触发的感觉与感动,是其审美思维方式。

五、东山魁夷谈对风景的审美把握

他认为对自然风景的审美,要把握住对象根源的生命,还要把握自己的心灵的感动。他说"没有人的感动为基础,就不可能看到风景的美",他观景、写生,都是把风景当作慈悲的母亲、生命的根源来感受的。要以洁净的心灵去感受风景所拥有的微妙神韵。(见日本画家东山魁夷《与风景的对话》一书)

六、中国文化缺"自然审美批评"?

薛富兴《自然审美批评话语体系之建构》(载《郑州大学学报(哲学社会科学版)》2013 年第 1 期)一文,提到中国文化缺了"自然审美批评"这一部分,认为是一个"历史性空白"。他指出,自魏晋以来开始有了各种文艺批评,比如评诗、评画、评书法等,却没有对自然审美之经验、技术、方法等的理性反思和理性引导,对自然有审美欣赏却无审美批评。作者可能只看到了问题的一面。应该讲,作者指出的是中国文化没有"纯粹的自然审美批评",或者相对独立的自然审美批评。但是作者提出的问题有意义。意义在哪里?中国文化中,应当清楚地看到这么一个特点,自然审美包含在艺术审美之中，因而自然审美批评从艺术批评中独立出来并自成概念体系、自成话语系统，是很迟的事情。在中国文化观念里，自然景象也是一种创造性的作品，只不过这个创造主体是"天"，即大自然本身。自然景象也是艺术作品。人为的艺术作品，如诗、画、书法、建筑、园林等，创造主体是人，但在艺术美学上仍以自然为师为灵感为模范，而且自然美是艺术中最高的美，所谓"美在自然"，所谓"师法造化"。中国艺术根本不排除自然美，而且自然之美被看成艺术美的一种有很高地位的风格，这和西方艺术不同。因此，在对自然的审美中，往往以艺术的观点去审视、欣赏、批评，并且怀有一种崇拜之情——中国文化以"天"的信仰为基础，对自然天地有特殊的感情和思想。可以讲，中国文化对自然的审美，一方面基于对自然天地的景仰，另一方面是透过艺术去看自然，去体认、品鉴和反思。在自然审美的文化传统中，最能反映其理论特点的一句话，就是"风景如画"，简称为自然审美的"如画理论"。"如画理论"，指把自然景象当作艺术品味欣赏的一种自然审美方式。从这个视角看，大量自然审美批评，存在于诗文之中，存在于艺术批评中。概括地讲，自然审美批评从属于并存在于各种艺术批评之中。在中国古代，诗歌、散文、绘画是自然审美及其批评的高级形式和载体。薛富兴这篇文章试图建立一种有独立性的自然审美批评体系，首先要从艺术批评中脱离出来。这个努力在生态文明的文化背景下是很有意义和必要的。

确切地讲，"如画"理论在中国文化语境里，应当是"如诗如画"理论，表达了以诗画的文学艺术观点欣赏和评判自然风景的一种审美方向和理论倾向。这一中国理论的复杂性还在于，自然美也是艺术审美及其评价的一个重要标准。崇尚自然也是艺术审美和创作的重要价值选择。此外，中国艺术审美及其创造的哲学基础，是对"天"即自然天地的神圣信仰，由此贯穿了诸如"天人合一"、"与天相知"、"与天合德"、"万物一体"等文化观念。因此，自然和自然美必然成为中国文化艺术的一个重要议题和基本内容。在"如诗如画"的自然审美文化中，诗以及诗化的地位比画更高更核心。

作者断定"不自觉是中国古典自然审美之实情"，认为缺少"自然审美批评"证明了中国自然审美还没有达到自觉的水平，这一判断过于简单、仓促。中国文化一贯以来把自然看作一种有生命的神圣存在，相信人是自然的有机部分,人与之合体、合智、合德,并且以自然为根本,从来不认为自然是异己的存在,也不乏对自然的自觉和反省。中国文化对自然审美的话语体系,与艺术审美一致,比如刚柔、动静、虚实、有无、形神、繁简、疏密等,构成了自然审美批评的批评术语。说中国古典自然审美缺乏"批评",不是事实。薛文的主旨是提倡一种"把自然当作自然来欣赏"的审美方式。这种自然审美方式,第一,排除自然本身以外的东西,这就反对传统的"如画"理论;第二,要求贯彻自然审美的"客观性原则",体现了科学主义的美学思想;第三,把自然美局限于自然本身的客观方面,排除了主观加于自然的其他的价值可能。当然,在科学主义主导的现代社会,这种纯粹的、客观性的自然审美方式有可能并且存在,也迎合了环境审美、自然审美的一种"从自然本身出发"、"自然全美"的主张,但这种审美方式在整个自然审美中不占优势地位,并减少了自然审美的丰富和趣味,扼杀了自然审美对于自然美的想象力和创造力。

七、"把自然当作自然来欣赏"

关于自然审美,我遇到一个有意思的问题。当今时代生态文明崛起,由自然美学、环境美学、生态科学引导着一种"把自然当作自然来欣赏"的审美主张,反对把自然以外的东西——(即人的主观性因素)强加到自然身上。它主张自然审美的"客观性标准",背后实际上是科学主义的审美立场和审美态度。这种主张声称,这是真正的自然审美,它还原了自然本身的实情并显示自然自身的本然价值。这种主张由此把自然审美分成了两大类型:一类是对自然的主观审美,也是传统的自然审美;另一类是对自然的客观审美,排除了自然以外的主观性,提出了自然审美的"客观性原则"。

我们遇到的问题,就是自然审美可以有三种情况——也是人对自然二种不同态度。第一种十分传统和主流,即"把自然当作艺术来欣赏"的自然审美模式,"如诗如画"理论成为这种自然审美的基础,基点正是"把自然当作艺术来欣赏"。第二种也很传统、常见,即"把自然看作表现",也就是把自然的对象和现象看成是人的表现或者象征,比如中国古代的"比德"、"象征",它把自然的某种性状看作人类情感的形象表现、人类道德的比喻象征。

上述两种情况都可以归为"对自然的主观审美"。第三种情况由现代理论提出并支持，即"把自然当作自然来欣赏"的自然客观性审美，它持有明显的科学主义和非文化的倾向。这是以科学家的立场对自然的审察和审美，强调与主观性保持距离的客观性态度，由此排斥了自然审美的人文色彩。第三种情况与其他两种十分不同。但是有一点十分明确：就中国文化而言，它对自然的审美基点，一是艺术，二是象征，洋溢着人文性。在中国文化中的自然，既有自然特征，同时也积淀着人文色彩，充满着对天的信仰和敬畏，充满着人的思想和情感，反映着人的道德情操和理想。总之，中国文化中的自然，是自然性和人文性的形象化结合。这三种情况，反映着对自然的审美从人文主义向着科学主义行进，后者正在被生态文明的社会时代所召唤。对自然审美的这三种情况是并存同在的，只是第三种情况有些新的意义。

从历史过程上看，这三种情况就其历史发生来讲，也许可描述为下述三种自然审美模式：对自然审美的宗教化模式，对自然审美的艺术化模式，对自然审美的科学化模式。宗教化模式的特点，是基于宗教信仰的表现和象征。中国文化的宗教就体现在对"天"的信仰和敬畏。张其昀指出过，儒家文化的核心可以用六个字概括："法天道，立人道。"中国文化的自然审美，与中国文化的这种根本信仰有极其密切的血肉关系，这一点不可不重视。

八、残缺审美

有人认为东方人没有残缺审美的传统，残缺审美及废墟文化是西方人的文化传统，其实不对。中国对残缺、病态、荒寂、枯败、古遗等，有很好的美学体验和艺术表现。如对古遗的怀旧与凭吊，对残景的审美与创作，元代荒寂枯残景观与趣味的画作，对丑石的审美和创作等，特别的还有西湖雷峰塔，其残败竟成一道景观亮色。应这样讲，残缺审美或者说审丑，西方文化突出体现在建筑艺术方面和雕塑艺术方面，以帕提农神庙和维纳斯像为代表，东方文化倾向于绘画艺术、盆景艺术、园林艺术等等。东方的残缺审美远比西方复杂得多。

九、帕提农神庙的残缺

希腊帕提农神殿,建于公元前 477—前 432 年,是残缺美的范例。它实际上是一种巨石组合,是一个从残缺向抽象的过渡组合,兼有原先的神殿造型元素、残缺元素和抽象元素,是一个三大元素的综合体。原始的造型元素向人们提供了恢宏的史诗性,残缺元素提供了神秘感,残缺元素和抽象元素激发了时空联想的再创造。

第六节　杭州西湖的文化和景观

一、世界文化遗产中的"文化名湖"

在世界文化遗产名录中有七处湖泊水体,其中五处为自然遗产,在自然属性方面具有突出的独特性和代表性,但文化价值特性不显著,不具备"文化名湖"的价值特性。其中一处湖泊类混合型遗产反映的是自然与人类进化的重要证据,也不具备"文化名湖"的价值特征。另一处文化景观湖泊类遗产的湖体基本上属于人类聚落的背景环境,不属于景观的构成要素。西湖文化景观填补了世界遗产中以突出"文化名湖"为主要价值特征的湖泊遗产的空白。

这个结果表明,杭州西湖以人类文化对自然景观的影响为线索特征,以"文化名湖"为主要价值创造,属于真正意义上的文化景观。杭州西湖有两个重要的决定性特点,一个是文化性,一个是景观性,属于文化景观类,但背后有十分独特的景观文化为依托。

二、"印象西湖"选址的文化批评

"印象西湖"是西湖夏季夜间水上文艺演出的一个文化品牌,受到人们瞩目和欢迎,丰富了西湖夜文化。"印象西湖"以苏堤跨虹桥与曲院风荷之间的岳湖为演出场所,演出时整个岳湖四周围起可移动隔离墙。其址向有妨碍景观和游览的批评。但选址的真正不妥之处,是对历史文化的尊重和景观文化的保护的欠缺。这种欠缺主要与以岳庙景区为代表的表彰精忠爱国的传统文化有关。

我们首先要了解"印象西湖"演出所在地岳湖的景观文化意义。岳庙是一个相对独立和完整的景观单元，由葛岭之栖霞岭、岳飞墓、岳王庙、庙前的旌忠牌坊和岳湖组成，处在南北向的中轴线上，依山面水。简单地讲，岳庙景区是以栖霞岭、岳庙建筑和岳湖三部分组成的山水建筑综合体。岳庙以纪念民族英雄岳飞闻名海内外，属于儒家的旌忠祠庙，属于传统的祭祀文化，是祠庙文化与山水文化的结合。要特别注意的是，岳湖是岳庙景区的有机部分，是旌忠纪念文化的组成要素，这是一个景仰民族英雄的英灵的庄重而肃穆的纪念场所。西湖这一水域之所以取名为"岳湖"，除表明对岳飞的特殊崇敬之外，原因就在于纪念性景观的这种传统文化的场所构成。清代著名诗人袁枚有"江山也要伟人扶，神化丹青即画图。赖有岳于双少保，人间始觉重西湖"的著名诗篇。这就是岳湖的历史文化意义和景观美学价值。"印象西湖"在岳湖上的文娱演出，显然于情不合，于理不入，应当移址为妥。当初选址时显然没有考虑到岳庙景区及岳湖的文化纪念氛围，没有考虑到岳庙景区及岳湖庄重的历史文化意义，把岳湖看成为"曲院风荷"的一个部分，认为岳湖水域与岳庙无关，对岳庙景区作为历史文化景观的系统完整性缺少认知。岳庙是西湖最为庄重严肃的神圣之地，中华民族的爱国忠诚精神在此彰显。在抗日战争时期，杭州即将沦陷之时，当时浙江党政军就是在岳庙岳飞像前誓言爱国抗日，然后撤往浙西。

建议之一："印象西湖"移址"新西湖"之茅家埠水域比较适当。可以考虑建设更加适合全天候水上文艺演出的固定场所，带动"新西湖"一带比较冷落的旅游景点，打造"印象西湖"的文化旅游品牌。

建议之二：重新定位岳庙景区的历史文化景观范围。在景观的规划、建设和管理上应把岳湖归为岳庙景区的景观系列组成部分，强调岳庙景区景观文化的湖山组合，并在景区介绍和景观图示上标注清楚。在景观空间中应该意识到，岳湖是岳庙景区和曲院风荷景区的共享景观和共同水域，但在历史文化性质上和传统文化观念上属于岳庙景观序列和祠庙文化范畴。

三、西湖景观创造的民族艺术文化性

第一，受到"仰观俯察、可观可游可居"动态观察事物思维习惯的影响，例如湖面增建白堤、苏堤，从景观构图到景观欣赏都发生有益的变化。第二，受"绘画的文学化"影响和"诗的视觉美"影响，西湖景观是"画中有诗、诗中有画"的一个景观范例。第三，受"一片风景就是一种心境"的意境化影响，这是"诗画互渗"之特点的深入性特征，即西湖景观的意境化。第四，受"淡雅、荒寒、野逸和水墨精神"的宋代审美趣味的影响。第五，受"局部、精致、特写"的宋代审美风尚影响，比如西湖十景的出现。第六，受儒家"敬忠、尚贤、仁民"思想的影响，如对白居易、苏东坡、林和靖的礼贤，对岳飞、于谦、张苍水的敬忠，对吴越钱镠的仁德的赞扬和纪念。第七，受到佛道宗教文化的影响，如灵隐的创建、雷峰塔的建立、湖上三岛的构思，寺观园林的遍布等。第八，是雅俗共赏的共生空间。受到雅化、俗化、神化三种力量的共同影响。第九，受到"天地人神"之"诗意栖居"的影响。西湖景观把人置于一种诗意文化中生活，称为"人间天堂"。西湖山水及园林景观最具有"人间天堂"的气质和心学文化气质。第十，受到郊野景观化的影响。古代西湖处在被城市、村镇、农田、寺观、山地等穿插包围的社会环境里，西湖山水是景观审美主体，与其他景观要素互相穿插渗透，形成与某一或某些景观要素相结合的特色景观。如九溪景观烟岚与溪流的结合，云栖景观与竹的结合，灵隐景观与飞来峰、龙泓涧、灵隐寺的结合，曲院景观与荷的结合，有"一理分殊"的理趣。

四、西湖景观发展的唐宋社会文化背景

西湖的景观建设和风景名胜的形成在唐宋之际，尤其以中唐白居易和北宋苏东坡为代表人物，唐宋之交又有吴越王钱氏家族。在中国社会和文化发展史上，唐宋是一个社会转型、文化转向的变化时期。唐贵族庄园制向平民地主制转变，文化上从外向型走向内向型，社会形态走向近世化。中唐时期在文化中发生了三件大事，一是新禅宗的创立（六祖慧能）；二是新文学的倡导（古文运动，韩愈）；三是新儒学的创立（韩愈、李翱）。在宗教、文学、

思想上发生转变，走向世俗化、平民化和合理化，这是近世化的基本精神。宋代承接了中唐以来的这种文化发展，并且始终处在儒道释三方的角力中。西湖的景观文化发展正处在这样一个社会文化环境中，这也是近世化社会文化发展的一个方面。

五、关于杭州城市色彩基调

国内从 2000 年开始了对城市色彩规划和整治工作的重视，它反映了经济社会文化升级发展后，提高城市生活环境美学品质成为迫切需求。杭州 2006 年人均 GDP 为 6700 美元，并适时提出了建设"生活品质之城"的发展目标，更应有良好的色彩形象和色彩环境。但杭州城市建筑，在色彩选择和表现上，还处在自作主张、缺乏规划管理和规范的无序状态，不利于杭州城市形象，不适应城市品质的美学要求，与杭州经济社会文化的发展水平不相称，应尽快改变。杭州在 20 世纪 90 年代和 2000 年都曾关注、讨论过杭州城市色彩问题，2006 年由市规划局和中国美院专家完成了杭州城市色彩状况调研并提出规划设想，总体仍处在色彩规划的研讨阶段。杭州城市色彩规划及色彩控制技术规范应尽快出台，使杭州城市色彩纳入有法可依、有章可循、有规范指导执行的有序管理轨道。有关建议如下：

（1）应从系统思维、整体视觉并结合杭州城市特点的角度，考虑杭州城市色彩基调的确定。城市色彩基调的确定是控制与管理城市色彩的基础和前提。目前对杭州城市色彩的考虑，主要着眼于建筑色彩及其色调选择，提出杭州建筑主色调应是"丰富的灰色系"。这是很有收获的调研成果。城市色彩，指城市公共空间中裸露物体外观的色彩总体表现，它包括人工的建筑、道路等和自然的地物、植被等等色彩构成要素。杭州城市色彩从系统整体看，是良好生态环境的自然色彩和人工环境的建筑色彩的有机结合，视觉画面印象也是如此。一般来讲，色彩规划的指向目标，是以城市建筑和构筑物色彩为重点和限定。但是在杭州这样一个自然生态良好、山水园林城市特征突出的风景城市，情况就特殊了。应注意到，杭州第一色彩视觉印象是一个"绿"字，是青山绿水碧树拥抱的城市。80％以上的人们认同杭州是"绿色杭州"。杭州生态自然的丰富绿色，是比建筑色彩更强烈、广大、占优的城市主导色彩。杭州历史传承的色彩文脉,就是融和于丰富自然绿色中平和素雅的建筑灰色系。人称杭州色彩特色是"水乡绿",而北京是"贵族灰"。

(2)有必要根据杭州的特点和情况,突破城市色彩规划以建筑色彩为目标限定的常规做法,把良好的自然生态色彩和人工建筑色彩有机结合为杭州色彩规划的目标内容。丰富的自然绿色不仅是杭州的环境色,还是城市的重要基调色。这反映了有历史流脉的杭州色彩特点。这种突破常规的方法国内已有先例,如南京仙林新市区80平方公里的色彩控制规划,就是以高大的绿色山体和覆盖良好的树林绿化为基础,形成城市最重要的色彩景观,并确定仙林主色调为绿色。这对杭州很有启发借鉴意义。这正如郑孝燮先生说的,杭州的色彩是首交响乐。

(3)杭州城市色彩基本描述。

在总体的色彩概念目标上,提出"绿色杭州,精彩钱塘"的色彩格局。可以具体表述为,融合在优美丰富的自然绿色里面的精彩丰富的建筑灰色系,即以灰为主色调的复合色。

在宏观整体上,杭州城市色彩是以自然环境(包括人工自然)的生态绿色,以及人工建筑丰富的灰色系为组合的色彩基调。在人工建筑群体环境中,丰富的灰色系为其主色调,它必须与生态环境绿色融合交织。

杭州城市色彩在总体上,是自然绿与建筑灰结合的基本架构,以红、褐等为建筑辅配色及多彩的点缀色。

在色彩品格上,应是承宋文化以来的平和、简淡、高雅,以及近现代精致、大气、清新的文化气质。这是杭州城市色彩规划应重视的一个方面。正如程泰宁先生所言,选色如穿衣,品位是关键。

(4)根据"绿色杭州,精彩钱塘"的环境基调要求,市区应进一步加大绿化覆盖面积,提高城市绿化率。"城在绿中"的绿色生态城市意境,也是杭州城市色彩规划的重要一笔。

(5)"绿色杭州,精彩钱塘",自然绿色与建筑灰色系的组合基调,是杭州城市色彩的总体格局和主导要求。在具体实施中,应根据不同地区的自然环境、建筑环境、历史环境和城市功能特点,进行不同等级的控制管理,有符合各自特征和总体规范的色彩变奏。如中心商务街区、历史街区、西湖风景区、文物保护建筑等,是严格管理的重点控制区;高层建筑则严格控制管理,而低层建筑(三层以下)可以适当放宽。

(6)建筑色彩的协调性改善应是目前杭州城市色彩整治的重点。由于建筑材料的广泛一致性,和国内众多城市相同,杭州城市建筑形成以灰色为主的多彩构成格局,主要问题是各个建筑物色彩之间缺乏联系与呼应,各行其是,一些建筑物立面色彩与周围环境不协调,在景观整体上显得杂乱无章,而城市色彩基调的风格统一还不是最突出问题。因此,对直接影响城市景观的重点街区,如延安路、解放路、庆春路、中山中路、秋涛路、武林广场地区、城站地区等,应在基调规范和专家指导下,进行色彩景观设计与调整,尽快改变色彩不协调的状况,使之和谐、美观,有特色与品质。这一初步整治的首要目标,就是对这些重要街区中突出的色彩不协调现象进行调整改善,其中包括街面广告及其色彩的整治。

六、花园城市:杭州的美学取向

随着时代的变迁、城市的变化,杭州始终相当程度地葆有"花园城市"的基本状态(其间也有过起伏和危机期),但不复南宋鼎盛期城、郊星月合体之"花园城市"大观。尤其到 20 世纪,在西方物质文明及工业化强烈影响下,近现代杭州城区和风景区从交融调和的关系走向文化的分裂与对立,境界判然两分,西湖风光与城市景象竟一度成为美感反差强烈的对比。自从 1999年市委、市政府以铁一般的坚强决心实施全城大规模的"拆违建绿",城区环境的园林绿化面貌大变,自 2001 年国务院批准杭州市区行政区划的 683 平方公里扩大到 3068 平方公里,杭州城市发展空间陡然阔大壮观。自从市委、市政府适时做出"城市东扩,旅游西进,沿江开发,跨江发展"的战略决策,自从市委、市政府推出"一主三副、双轴六组团、六条生态带"构筑的集中与分散相结合的多元组团式布局及"生态优先城乡一体"的杭州城市总体规划,杭州这座有辉煌历史的山水园林城市,又将在新的发展阶段大放异彩。

与农业文明的山水园林城市的历史形态最大的区别,是现代形态的山水园林城市的建设以 21 世纪绿色生态文明为基点,以全面、协调、可持续发展的高度现代化为动力,处在城市竞合及城乡一体的区域城市化加速推进过程中,处在全面实现小康社会及民族复兴的历史新阶段中。这就是山水园林城市建设最本质的现代内涵。

生态理念作为现代先进的科学人文理念,给美的观念及其艺术实践注入了更高、更新、更广泛的内容。所以,把握杭州城市的现代美学特征,其中根本之点就是把握住杭州新世纪山水园林城市建构的生态文明特征,把握住"自然艺术化,城市园林化和生态化"的现代城市美学理念。

"钱塘江时代"的杭州城市美学性质,就是"绿色生态文明的山水园林城市"。

"钱塘江时代"的现代城市美学理念,就是"自然艺术化、城市园林化和生态化"。

"钱塘江时代"的城市美学定位,也就是"生态文明的、高度现代化的、历史文化的、宜家宜业宜游宜人的山水园林城市"。

杭州城市美学的精神来源,是中国文化的"天人合一、人地相协、自然为道、亲和山水";杭州城市美学的时代来源,就是 21 世纪以绿色为标志的生态文明和全面、协调、可持续的科学发展观,以及生态美的文化理念;杭州城市美学的地域文化来源,就是西湖山水文化及园林艺术文化,是她的"自然艺术化,山水园林化"的价值取向和建设成就。

七、花园城市:钱塘江时代

如今,杭州山水园林城市的建设发展,已经从"西湖时代"走向"钱塘江时代",已经从历史的"黄色农业文明时代"和"黑色工业文明时代"跨进了新世纪"绿色生态文明时代",因此山水园林城市建构的许多方面都在发生与时俱进的改变,向更高级层次和现代形态升华。就目前及可预知的情况来讲,杭州现代城市美学发展还有以下一些具体特点:

(1)城市社会经济文化的生态理念及美学深化。

自唐、宋以来杭州山水园林城市所体现的"天人合一"的历史文化观念,从现代观点来看,是当今生态科学文化之哲学观念的历史版本。生物与环境之间的生态平衡、生态保护,以及人与自然共生共荣、互依互惠的平等与和谐,已经全面地从观念、行为及物质生活形态对人类的社会经济文化进行了自觉的根本改造，实现了新的文明转换。所以我们说，21世纪是一个崭新的绿色生态文明时代。"天人合一、人地相协、自然为道、亲和山水"的中国传统文化观念，已经升华为现代的生态科学及生态哲学的新文化理念。因此，山水园林城市又获得了新的现代本质定性，即"生态美"的科学内涵。时下十分流行的"生态城市"建设概念，在杭州，它实际上就是"山水园林城市"或"花园城市"建设在现代科技文化水平上的新发展，是生态意识的现代深化和表述。

由此得到这样一个重要的结论："生态美"是现代山水园林城市的内在美、本质美，是内涵之美，是现代城市之美必有的现代特征。重要的是，"生态美"不仅仅是亲和自然的大地环境艺术建构，它进一步深化到城市的社会经济文化和生活的建构过程中，交织融合于人类全部活动之内。例如，杭州新的城市总体规划所构思的杭州城市之"主副多样构成"、"多元组团构成"、"生态保持与屏障构成"、"产业结构及分布"等等，都体现了生态城市的理念和美学要求，也在传统的"山水园林城市"的思想基础上绘制了"现代城市大花园"的壮观图景。是否可以这样说：杭州现代山水园林城市的生态美建设，就是"天人和合，人地相协，自然为道，生态平衡，环境保护，多样多元，艺术建构"？

（2）生态城市社会经济发展模式的转型。

杭州这一古老山水园林城市的现代化建设，正在向"生态城市"这个新的目标和要求迈进。山水园林城市的建设重心，也顺应时代变化，从自然美、艺术美向生态美深化。山水园林城市建构固有的生态性功能被时代放大，并且以城市社会经济发展模式转型这一深刻形式凸现，最终以"生态城市"的建设概念给予定义。可以这样讲，现代山水园林城市建构的美学特征，就是在固有的自然美、艺术美建设的基础上突出了对生态美的建设，并且紧紧地与城市生活方式、发展方式、深层变革联系在一起。

"生态城市"是山水园林城市之生态功能特性的现代定义，是山水园林城市突出的现代特征。

绿色代表人类社会文明的转型。生态表征城市发展模式的变革。可持续发展表征人与自然关系的调整，从对立互害到和谐共生互利。这是"生态城市"的深刻社会内容。

生态城市的经济形态,就是以最少的能源、资源投入和最低的自然生态环境代价,为社会产生最多、最优的产品,为民众提供最充分、最有效的服务。

生态城市的科技支撑形态,就是以知识信息技术为核心,以信息、生物、海洋、空间、新能源、新材料等技术为主体的科学知识高度密集的科学技术群和产业群。

生态城市的组织形态,就是在生态环境良好保持与创造的基础上,兼容工业生产、科技文教、自然山水、园林建筑等等要素,使城市走向区域化和城乡一体化。

这就是杭州作为"生态文明的现代山水园林城市"的具体图景。在这里,生态美不仅仅是一种城市外观形式的美好感觉,更是这个城市本身的存在方式及生活方式、发展方式的深刻内容。这就是山水园林城市的现代性所在。杭州应当深深理解这个正在运作中的成长态势,把握住自己新的创造机遇,走在先进城市前列。

(3)生态优先的多元组团城市结构方式。

有中心或重心的多元、多样化组织结构所形成的张力与均衡,是和谐之美的一种有活力的样态。这种组构方式尤其适合于符合生态文化理性的、有弹性的大都市建设,扫除以前"一元扩张"所造成的城市通病,体现了集中与分散的合理结合,城市对区域空间有更大的张力和影响,也极有利于中心城市圈层城镇星月拱卫体系的有机建立,加快大都市建设和城市化进程。新一轮杭州城市总体规划及各组团城市设计,已经充分体现了这个"山水园林城市"本有的特点。可以说,它以现代人的理性方式在生态文明基点上再现南宋杭州"众星拱月"的花园城市组构样式和宏大风貌。这是一次现代形式的历史复归。

未来的杭州,将以老城区为主城,以江南城、临平城、下沙城为三个副城。其中钱塘江构成东西向的城市生态主轴线,由主城、江南城自北而南构成城市发展主轴,分布着临浦、瓜沥、义蓬、塘栖、余杭、良渚等相对独立的六个次级城市组团。同时,利用自然山水、农田绿野、各风景区等形成六条生态保护与涵养隔离带，即西湖—灵龙风景区，径山—西溪风景区，超山—半山风景区，皋亭山—彭埠交通生态走廊，石牛山—湘湖风景区，青化山—航坞山—新街绿色产业区，及东部沿江湿地。在这一多元组团城市格局中，在市区范围组织以"三纵五横"为主骨架的市区"半小时交通圈"；在市域范围组织以"一绕、十二射、三连"为主骨架的"一小时半交通圈"，并且铺设地铁快速干线贯穿全城。

这就是未来杭州"大气和谐、刚健灵秀"的现代山水园林城市，一个更加开放、精致、美丽的杭州！

（4）山、水、城景观结构关系的变化

杭州作为山水园林城市，如果分而论之，则有以园林艺术之美主导的"园林城市"之称，有以生态绿色之美主导的"生态城市"之称，有以自然风光之美主导的"山水城市"之称。因此，用"山水园林城市"来概括杭州的城市景观美学基本性质，是比较恰当的。

从自然山水和城市的结合关系来看，江（钱塘江）与城的关系、湖（西湖）与城的关系、河（京杭大运河）与城的关系最为紧密，是杭州城区地域空间构成和景观构成的三大主体元素。杭州的城市变迁都是在这个关系框架中的动变。杭城最初倚山临江而筑，有"江城"之称；城区沿运河水系呈南北轴线纵横，依河而扩展，有"水城"之称；又以西湖为向心磁场抱湖依山而建，有"湖城"之称。依江、湖、河为城邑、为居所、为街巷、为框架、为景致，所以杭州有"江南水乡城市"之称。但从杭城实际范围来看，至少明、清以往近现代以来，杭城核心的结构关系主要是湖与城、河与城的交织组构，是集一城人烟繁华之所在，其中尤以西湖山水为一城的形象和口碑。

杭州市行政区划调整扩大以后，江与城的关系才开始真正纳入一城之中，成为杭州城区空间及景观架构的内在的新元素，它的真正加入对杭州城市空间及景观的改观有巨大的积极影响，这首先表现在整个城市的空间及形态重心移向钱塘江两岸，杭州新的现代都市风采将在此一展雄姿。杭城这一跨，不但纳江于怀，而且顺势走向了大海，增加了"海与城"的远景要素。至此，杭州才从"秀气"走向了"大气"，杭州这个山水园林城市也因此而真正"境界始大，景观乃壮"。从美学上来看，这正是"灵秀"与"刚健"的平衡，城市阳刚的一面拔地而起。这个变化,用传统语言来表达,杭州正是或者将是一座"负阴抱阳,冲气以为和"的城市。

(5)钱塘江时代杭州的城市美学品质

2001年杭州市行政区划调整后,发展的地域空间骤然阔大,钱塘江从市区界河一下而成为一条城区拥抱在怀里的内河。沿江开发,跨江发展,钱塘江要像上海黄浦江外滩那样成为杭州的"金腰带"。钱塘江山水刚健之气和西湖山水的灵秀之气,从此真正相拥于一体。杭州这座山水园林城市从此始成真正的江河湖海大观。"天堂杭州"的一个更大更新的空间形象灿然现身。最具美感冲击力的两大山水名胜合璧,奏响了杭州新的乐章。

"江与城",这是杭州大都市建设中新的建设命题,新的创造空间。湖与城,江与城,这是两个全然不同的城市景观空间。前者是柔和秀美、优雅娴静的诗画山水,它的本性适合于小尺度、小体量、玲珑活泼、精致含蓄的建筑风格。钱塘江就不同了。这是大江东去、惊涛拍岸、豪气四射的雄奇山水,溯江而上,亦有俊逸秀奇的一路风光。此种江与城所结构的都市景观,十分适宜于大尺度、大体量、大气度的高层和超高层建筑群的夹江对阵,展现杭州的大气和现代性。在这里,人们可以领略震撼人心的钱塘江大潮的振奋人心的大都市建筑,以及江与城面向大海大洋的开阔胸襟、豪迈气度。江与城、湖与城、雄壮与秀美造就杭州山水园林景观的美学二元构成。

"钱塘江时代"大都市建设和城市形象的展现,使杭州的城市美学精神品质发生新的变化和充实,那就是"刚健灵秀,大气和谐"。既有现代气质,又不失古典韵致的"刚健灵秀,大气和谐",就是杭州21世纪"人间天堂"新形象的美学内涵和精神气质。刚健之英气,灵秀之才情,大气之开放,和谐之海涵,也正是杭州人新时代应有的人文品质。

(6)"现代城市大花园"和"西湖山水大花园"的整体谐美

西湖山水一向有"山水大花园"之称。古代吴越、南宋期的杭州城富丽华贵、街衢俨然,亦与西湖美景相称,具有整体相协的唱和性。但在近现代相当时期里,尤其至20世纪70年代,城区风貌因"破烂的城市"之叹而成为与西湖反差强烈的对比。这时所谓的"山水园林城市",靠西湖风光撑住门面。从1979年"旧城改造"到1999年"拆违建绿"和"美化城市"的持续大投入大努力，杭州城区面貌变新变大变美，并以"花园城市"、"生态城市"的建设理念改善城区环境及景观品质，提高绿化美化程度和环境艺术性。也正是在这一过程中，杭州自觉地以"现代城市大花园"的建设目标改善改造城区，形成与"西湖山水大花园"的合唱，从整体上增进城市相对的统一性和必要的唱和性，修正杭州作为"山水园林城市"固有的意境与美感。因此，"城市大花园"和"西湖大花园"也将是杭州城市美学品质的二元构成，是杭州城市建设的重要目标，这个目标所体现的就是所谓的"城市园林化和生态化"。这样，杭州的山水园林城市的建设和形象观感才是完整的。

第五章　西湖文化美学

第一节　西湖研究之思路

一、研究西湖实际上就是研究中国文化

要把西湖文化的研究放在中国文化的大背景下进行,并理解为中国文化研究的一个有机部分,即中国文化中的景观文化和生活文化。承接上面已经讲到的,西湖文化研究必须与古代中国的自然信仰联系在一起,与自然哲思、自然审美联系在一起(自然是中国人的心灵神圣,体现为对"天"即神圣自然的信仰)。

二、从传统文化观察分析西湖

随着对中国传统文化的更多了解,特别对儒学文化的认识加深,我感到我们对西湖的文化认知还很浅,甚至离中国传统文化还比较远。这种偏离,受到西方文化的重大影响,我们很多时候并不是用中国传统文化看西湖,而是采用西方文化的概念和标准作出判断。这当然有其必要和合理之处,也不失为一种观察分析的立场和模式,但西湖毕竟是在中国传统文化土壤中生长的景观,至少在明代还没有受到西方文化的浸染、影响。即便在当今现代文化和科学技术非常兴旺发达之时,仍有必要从历史的特定角度观察分

析西湖，由此解释、认知种种问题和现象。以儒学之教去看西湖文化，就是一个很重要的认知角度，儒、道、释三教合流并作的文化观察分析也是同样重要的认知角度。但是，我们在相当长的时间里对西湖的观察、分析、认知，总的趋向是离中国传统文化越来越远，离西方文化所代表的现代文化日益靠近。比如对"天人合一"的景观文化理解，只剩下"人与自然和谐相处"、"人是自然的有机部分"、"人对自然的尊重"等，却舍去了"天人合一"在中国传统文化更丰富和重要的内容，导致对西湖文化之传统文化的理解走向肤浅和片面。"天人合一"的生态学理解只是它的一个方面，且不是最重要的内容，不能因为生态学在当下日益的重要性而使"天人合一"迎合会通，它还有更丰富、重要的神学内容、人文内容、伦理内容、政治内容、理学和心学内容。应该特别注意"天人合一"的神学内容。同样，也要特别注意西湖文化的宗教内容。儒、道、释三教对西湖文化的影响是十分重要和巨大的。对西湖的研究，人们一般都注意到了自然影响、城市影响、水利影响、帝王影响、文人影响、名人影响、文艺影响、建筑影响，当然也注意到了宗教的重要影响。但在宗教影响中，人们更多地注意佛教和道教的影响，尤以佛教为重，没有对儒学之教——简称为"儒教"有更大的重视。这几乎是个空白。从儒教文化看西湖，将是一个认识西湖的新阶段，意义不小。

孔子的儒学之教，在对天的信仰崇拜的基础上创立仁的思想学说，把儒学推向一个新的阶段，并由孟子、曾参、子思等深化、丰富、推进，到西汉董仲舒又走向另一个阶段，即儒术成为国教，儒学之教形成完整的思想体系，占据诸家之要，并且借助政治权力作用于社会，全面影响中国人的思想文化和日常生活，获得广泛的社会认同和信仰。其后在宋代由于理学的兴起，又是儒家之学的一个新高峰。明代王阳明的心学也是一个高峰，到清代走向没落。从伏羲，经黄、炎二帝等三皇五帝到现今，儒文化及儒学之教已有6500多年的历史。从孔子创说以来，也有2500多年的历史了。这么一种十分悠久并生生不息的重要文化，在西湖文化中有重要地位和作用，怎么讲都不过分。关于儒家之教与西湖景观文化的研究，是个有待深入的研究课题，必不可少。

三、两种文化的共存

在西湖文化研究中,应当意识到两种文化的共存。一种是中国的传统文化,一种是西方的科学文化。这两种十分不同的文化在现代中国社会中,是共生共存并互为消长的文化,在矛盾中逐渐融合是它们的发展主题。西湖山水文化属于中国的传统文化。因此,对西湖文化景观的认识,不仅可以从科学文化的角度作客观的理性分析,也可以从传统文化的角度以传统的文化观念和思维方式加以解读与分析。

四、西湖景观之"天人合一"的背景

对西湖景观文化的深入分析要从"天人合一"向"万物一体"的哲学思想深化。"万物一体"是"天人合一"的基础和内核。把整个宇宙人生看成是一个整体,一种一而二、二而一、生生不息的整体,才会有"天人合一"这样的命题,"天人合一"正是"万物一体"的一个必然的方面和表现形式。在儒家看来,仁德是实现万物一体、天人合一的一种具体途径。仁德、仁心就是从战胜自己开始,从亲亲到博爱,再到仁民、爱物,以仁德之心贯通人我、心身、心物、内外、天人。西湖景观体现了"万物一体"的文化观念,还具体表现为"仁民"、"爱物"的文化行动,即"尽善尽美"的建设原则和"礼赞自然"的审美原则。仁民、爱物,深刻体现了中国传统文化"万物一体,一体归仁"的文化理念,以及"与天相知、与天合德"的文化精神。

五、西湖新说

我们对西湖山水一些非常基本的东西,应有一个总体的梳理和把握,深化对西湖的了解。

西湖首先是海的献礼、江的女儿。她出脱于海洋的怀抱,是钱塘江口的一个海湾,是江、海留给吴越大地的一颗明珠。海陆沧桑诉说着西湖古老的来源。因此,西湖山水是钱塘江山水、钱塘江海的一个最精彩的部分。

西湖又是天目山的精华。西湖以山水优美配合著称,湖光山色明媚秀丽。她外有江海交会之钱塘潮洋洋大观,内有天目山龙翥凤翔会于杭州湖

山之精妙形胜，群山环抱如"双龙护珠"，是山水大气和谐灵秀之至美者。因此，从大的地理范围来看，西湖山水其实又是天目山山水的一个最美丽的部分。

西湖山水有钱塘江山水的气血和天目山山水的风骨，虽然具有十分女性化的美丽秀气，但也拥有山海共作之合的大气与和谐。

西湖山水也是城市与湖山的亲密结合。西湖的成长，经历了一个江与海退出湖、人与城进美湖的过程，自然作用和人文作用成就了今天的西湖。西湖本身也经历了一个由城、湖比邻分疆的"郊邑风景区"，逐渐因城市扩大发展而湖、城一体的"城市大花园"的过程，是典型的"城市湖泊"、"城市山水"。就是钱塘江，也已成为杭州这座大都市的城中内河了。因此，杭州是真正拥有名胜风景的山水城市，不出城而坐拥山水，拥有江湖林泉至美者。同时西湖山水也具有鲜明的城市景观性质，城市景观无可争议的必然是西湖山水风光的一个元素、一个有机组成部分。这个对西湖的认识与理解是十分重要的。但是，我们在西湖环境的视觉直观效果上，必须严格地把城市景观立面控制在西湖东岸一线即南北两山之间，其他三个风景面必须保持自然美加人文点缀的宏观面貌。这样，湖东楼群勾出"山水城市"的城市景观立面和城市天际线，保俶塔点睛北山风景面，雷峰塔点睛南山风景面，"双峰插云"则点出湖西纯粹自然的风景面，湖中三岛三堤则呈现湖面的园林艺术化的优美画面。

西湖山水风光还是一种典型的意象性风景。一般风景以景物本身的景观表象即物象为主。优秀的风景不仅有丰富多样的景物表象，还有鲜明深刻的意义形象即意象及意境，有情理意趣的喻示、象征、表达、呈现。这就使风景有了一层文化内涵、美学内涵。比如西湖山水总体的风景意象，就是"天堂西子湖"，其宗教景观意象就是"绝胜觉场"，视觉艺术意象是"天然图画"，其山水结构意象则是"层萼涵露"、"双龙护珠"。又如湖心亭的早期风景意象就是有哲理的"太虚一点"和诗意的"在水中央"。风景有此意象点睛，立见生动的神采意趣，多了一层十分形象的美丽。"西湖十景"更是西湖风光最有代表性的十个著名风景意象，并且这种意象有意境的艺术美学深度。就拿湖上三岛来说，它们不是孤立的三个景点，而是传统园林文化中

"海上三仙山"仙化意境的建构。从美学专业角度评价,物象之美并非真正的美,它只是外表之美,而只有意象之美才是真正的美学意义上的美。可见,西湖风景有着很高的文化美学内涵与价值,她丰富多样的风景意象正是其美妙而出色的地方。(参见孙筱祥:《中国风景园林》,载《中国园林》2002年第4期)

西湖风景还具有五种重要性质。从风景演进来看,西湖风景已经经历了从最初的自然景观,到唐、宋时期进入以自然美为基础升华的艺术美而成为礼赞自然美的园林艺术景观,又在20世纪杭州由城市发展而拥湖山于城中,成为与城市景观相结合的内在部分和特色空间。因此,西湖风景必然是山水文化、艺术文化和城市文化的一种景观形态,是一种文化景观。同时,西湖山水文化是历史形成的,从唐代始有名声算起已有一千三四百年了,尤以吴越时期、南宋时期、明清时期达到兴盛辉煌,至今遗风犹在。因此,西湖山水文化又是杭州优秀的历史文化遗产,也是仍然保持文化生命力而继续发展着的那一种活的并融合现代文化的历史文化。西湖山水文化中的山水诗文、山水画作、山水园林都是突出而有很高艺术文化成就与历史影响的。总体来讲,西湖风景具有自然景观、艺术景观、文化景观、城市景观和历史文化遗产这五个重要的基本性质。概括地讲,西湖风景是以山水自然美为根本基础的、园林艺术化的文化景观,它不仅是杭州城市景观的有机组成部分和特色空间,也是杭州优秀历史文化遗产的突出方面和杰出代表。

西湖风景发展走了一条"自然艺术化、山水园林化"的景观建设道路,是源于自然、不失自然之美的艺术美升华。山水园林、山水诗文、山水绘画及历史轶事遗踪等等,又构成西湖山水的文化内涵与人文彰显。因此,西湖山水不仅是自然的奇妙作品,也是人文的艺术作品,一种出色的大地艺术、环境艺术。西湖风景是充满艺术才情与气质的风景。

西湖山水也是典型的人文山水,她展示的美是一种自然人文之美。悠久、厚重而丰富多样的文化积淀和文化氛围,使西湖风景给予人的不仅是美丽的物态景象,也是美妙的文化意象。在西湖山水风光里面,人、诗、画、故事、传奇……都化作景物的动人形象,传颂于四面八方。白居易、林和靖、苏东坡、岳飞、苏小小、白蛇传奇、梁祝情爱等等,都成为扎根西湖的风景和意象，使人从中感慨人生的美好与悲哀、伟大与渺小、欢乐与沉重，在风景的陶然沉浸中折射着自我、社会、人生和历史。

西湖风景，自然美是基础，文化是主体，艺术美点睛出彩。西湖山水自然美，经过了人化、诗化、仙化、园林艺术化的升华。西湖风景区，是高度审美化的多样性区域环境空间，钱塘江山水和西溪湿地也是它血肉相连的延展与呼应。西湖的主要功能是游娱休闲。西湖的美感是秀丽优雅、柔和娴静。西湖的形象是"西子美女"、"人间天堂"。西湖的结构特征是山抱水，湖依城，三堤分合，三岛呼应，两塔对歌，一湖镜水映天光，钱塘大江环抱，天目大山来仪。峰峦为一湖山色、依都市繁华而一湖锦绣的西湖，她的美学精神，是和谐大气、灵秀雅致。

第二节　西湖景观的特质

一、杭州城区空间特色

从总体概念讲，杭城空间关系的基本特征，可以用"山水城市"给予定性。其历史渊源可以追溯到南宋时期的首都临安，当时已经成为典型的山水城市，或山水型花园城市。杭州在 2002 年入选国际花园城市，并且桐庐、千岛湖镇也先后入选国际花园城市，绝非偶然。

从"山水城市"的空间特征和城市风貌看，杭城空间关系可以从山与城的空间关系、水与城的空间关系来分析，也可以从山、水与城的综合性空间关系来分析。

在水体与城市的这个空间关系来看，重点是西湖与城市、钱塘江与城市、京杭大运河与城市的密切关系。历史上的杭城，依江、河、湖而发展，现在因城市规模扩大了，江、河、湖已成为内江、内河、内湖，保护任务更艰巨，关系更复杂更密切了。

从山体与城市的空间关系看，重点是环湖、沿江的北山和南山。从历史到现今，南北两山抱湖、南山左江右湖，北山左湖右溪（西溪湿地），这个自然格局仍在。从历史上看，山体与城市的空间关系特征，可以用"三面云山一面城"概括(以西湖为观察点)。以城区为中心观察点,也是三面围山,东江、西湖、北河。杭州城最初是"山中小县",后在隋朝移至山前(凤凰山)江边(钱塘江),开始了沿江沿山的东北向发展,直至蔓延到西湖东岸地区。

总体上看,杭城发展特点是"依山、傍水",可以用"一城山色半城湖"来概括。

从吸引城市发展变化的动力来看,"山中小县"的择址,可能是当时杭城一片大海汪洋,浪涛汹涌,筑城于山中比较安全,亦有水陆之便。隋朝时移到凤凰山柳浦一带建城,其动力就是柳浦与江对岸西兴是两浙交通渡口,并且钱塘江作为上至安徽下出海洋的水上通道,交通、贸易的作用与地位很突出,这是杭城从山中移到江边的主要原因。因此,杭城与山水的空间关系就从"山城"变为"江城"。从山城到江城,是杭城最初的城市空间特色。

二、西湖自然人文之美

美本身就是一种有特殊魅力与价值的文化形态,区别于"真"的科学文化和"善"的道德文化。作为中国文化的一种文化景观现象,西湖的自然美也是掺以人力作为的文化之美,西湖是充满士大夫文雅之气、大众闲放之气的一件艺术作品。在这里,自然美和艺术美已经高度地完美结合,你中有我,我中又有你。因此,西湖山水之美应准确表述为"自然人文之美",而西湖山水文化视觉的主体形态也就是"山水园林之美"。这是西湖山水文化在美学上的一个重要特征。这一特点的形成,简单地说,就和中国人在宇宙上,把自然、把山水看成是与人密切相关的生命有机体直接有关。中国山水景观理论一向认为,山是骨骼,水是血脉,林为衣,草为毛发,烟霞为神采,岚雾为气象,亭榭为眉目,山水中的渔樵之人是精神,而诗文、书画、丝竹则是山水才情之代言者。西湖之美,就是这样一种极为典型的人文之美。

西湖自然人文之美最耳熟能详的状态是怎样的呢?施奠东先生的《湖上寻美——西湖美学札记》一文有这样很概括的精彩描绘:西湖是秀美的极致。山水相依,江湖并美,这是西湖的形胜。西湖不广,但波平如镜,三岛鼎立,两堤纵横,六桥卧波,水面有大小分割开合,山抱水回,委婉秀逸。西湖山不高,然龙翔凤舞,逶迤绵连,高低远近,曲曲层层;洞壑溪泉,自然天然。

西湖的群山把风景景观从平远引向高远，从水际引向山巅，展现更为开阔的空间。登山远眺，东海沧溟，钱江浩荡，数十万家灯火，使秀丽的风光平添豪气！绿树花草相映衬，朝夕晴雨秋冬之变化，西湖风景仪态万千。不止如此，在湖山园林之美中，优美的神话，动人的传说，历代英雄人物的伟烈丰功，名人志士的萍踪轶事，帝皇将相的来去沉浮……思绪飞翔在历史文化的天地。陈明钊先生在《西湖的文化品质》一文里面认为，杭州西湖有着完美典型的中国文化品质，这也是西湖独特魅力所在。西湖山水这种文化品质主要体现在这六个方面：开合得宜的结构品质，秀雅柔和的美学品质，自然自在的艺术品质，中庸平和的哲理品质，天人合一的功能品质，蓬瀛世界的境界品质。它们是以西湖山水自然美特质为基础，以中国传统文化为灵魂而加工创造的。两位先生对西湖自然人文之美的描述和分析是确切的。

对西湖自然人文之美的了解仍不能满足于此，还必须深入"西湖风景意象"这样一个新的美学层面加以解读。它的重要性在于，"西湖风景意象"是西湖景观重要的文化内涵，是西湖山水文化重要的美学内涵，是西湖自然人文之美十分突出的风景美学现象，我们可以由此产生对西湖更新更深入的全面认知，这同时也是一个对西湖很有意思的新观察。

中国文化审美很重视物态中景观的意态呈现。一幅好的画或一片动人的风景，往往是景观物态的美好和意态的美妙，也就是景观中"物象"的美好和"意象"的美妙两相融合，风景从物象层次升华为深刻的意象层次。什么是"意象"呢？人们对事物具有形象感知觉的能力，能够通过具体形象的感知觉，在思维和想象综合作用下，解读这一事物中引起注意的内容。其中，物象和意象，就是两种基本的、不同的感知觉反映形式。一般来讲，"物象"是事物在感知觉中直接呈现于意识的客体表象，如事物的外观、形态、色相等等。"意象"则是在感知觉中事物表现出一定意义的认知形象，如事物呈现着的某种情感、意趣、韵味、理义，乃至幻觉时所感知到的这一事物的意义形象。意象所反映的不只是事物的客体表象成分，还有人类主体的主观意识与情感心理，因此它是一种人的、文化的感知觉反映。如"亭"是物象，一个表象性概念，但"翼然若飞的亭子"，就是一个有审美趣味的意象了。"高高低低连绵不断的山"是一个事实的物象，但"龙飞凤舞蜿蜒奔腾的山"，就是一个喻象生动的山的意象了。这种意象,往往是诗画创作的对象、是引起风景审美注意或兴奋的亮点。可见,风景意象是比景观物象更高、层级更深的感知觉和风景审美现象,是风景本身而非外在的文化内涵。再进一步简略地讲,所谓"审美能力",就是从物象向意象的升华和转换,从物态中对意态的感知体验和创造表现。在中国风景审美中,从物象(即景象)到意象,乃至到意境的结合与升华,才是有象有姿、有品有味的好风景。"天堂西子湖",就是明媚秀丽的西湖山水的一个意象,一个十分生动美妙、广为人知的风景意象。

西湖是十分优美而典型的一种意象性风景。西湖的自然人文之美,也是山水意象之美。自从苏东坡"欲把西湖比西子"而有"西子湖"开始,西湖山水一经文士墨客感慨提点,风景意象蔚为大观,尤以南宋"西湖十景"的四字风景意象标题传名流芳,创山水文化的典范。到清代,从西湖风景区到杭州城区以"西湖十景"、"钱塘十八景"、"孤山行宫十二景"等等"意象性标题风景"称名的景点或景象数以百计,其他以诗词、楹联、匾额等为标题的就更不计其数了。西湖重要的风景意象和称号除了"西子湖"、"人间天堂"和"西湖十景"等以外,还有"绝胜觉场"、"咫尺西天"、"天然图画"、"层峦涵露"、"双龙护珠"、"歌舞锦绣乡"等等。像白居易、苏东坡、林和靖、岳飞、于谦、秋瑾等历史人物,以及白娘子、祝英台、苏小小、冯小青等等传奇人物,都成为西湖一个个亮丽的文化意象,一种精神象征,表述着西湖的千姿百态和历史深沉,表述着中国文化在西湖山水演绎的美丽和奇异。这是西湖山水让人深觉历史文化感丰富厚重而又美丽灿烂的原因之一。

我们再来简略地看一下西湖风景意象的文化生成。首先对西湖风景意象生成产生最初最直接影响的,是在西湖山水上很早就展开的佛道宗教文化活动。它们是西湖风景最早的开发建设者,可以上溯至西汉、魏晋。杭州在晋代佛、道教活动就已十分活跃了。自从葛洪在葛岭炼丹、龙井问道,印僧慧理在飞来峰下建灵鹫寺,道观佛寺散布于西湖山水清灵幽美的胜处。在中国风景史上,宗教活动往往是风景开发、风景名胜及风景区形成的先导和孵化器,西湖现今众多风景名胜也是如此脱胎而来的。从史料来看,西湖最初的风景意象是宗教意象,并非单纯的艺术审美文化活动的结果。这和西湖山水的园林艺术化过程始于西湖水利活动的道理是一样的。在晋时，葛洪曾在灵隐山门大书"绝胜道场"（后改为绝胜觉场）四字。这四个字就是西湖山水最初的风景评价和意义形象。这个风景意象表明，西湖山水，是一个风景绝佳，有江海大气、湖山精妙、境界幽绝、林泉静美、神清灵异的神性空间，是人间灵境、尘世觉场。同时，早期西湖风景意象多与神怪佛道之事相关，比如钱塘江上著名的"子胥灵涛"，西子湖上神异的"金牛出水"，灵竺山寺缥缈的"月落桂子"，大慈山下奇幻的"虎跑梦泉"等等，使得西湖山水具有了超凡脱俗而优美动人的空灵气质和神化氛围，西湖自然人文之美也由此开花吐蕊。

从唐末五代吴越大兴佛教，建雷峰塔、保俶塔、六和塔，到宋代大建道观寺院，这种"绝胜觉场"的神性意象空间更为突出和强化，奠定了西湖山水的一大宗教文化色彩和风景特质。其后，从宋代一直到清代才全面完成的西湖湖心亭、小瀛洲、阮公墩三岛所体现的"海上三仙山"意境，也是这种神性意象空间定性的传扬。因此，西湖山水文化拥有自己成一系列的宗教文化色彩丰富的风景意象群，这也是西湖自然人文之美清灵幽玄的形象表达。

对西湖风景意象生成产生巨大影响的另一重要的直接因素，就是以山水诗、山水画为代表的艺术文化。从唐白居易、宋苏东坡筑堤、诗唱西湖为突出事件起，产生了个性化、艺术化的西湖风景意象，从而超越了早期那种世俗的、宗教色彩的风景意象而成为主流。它的标志性事件，就是南宋时"西湖十景"的出现。这西湖十景，也就是十大风景意象所表现的十处风景点，它们最有代表性也最为人品味称道，也是西湖山水审美的一个文化创举。西湖山水的自然人文之美，由此之后获得了极为丰富的艺术性意态表达和创造，更为生动和美妙。

三、西湖之美的多样性

西湖可谓美的集会地。首先是"湖山美"，这是公认的第一位的美。宋仁宗有"地有湖山美，东南第一州"，这是定评，比较权威。它主要指西湖山水之美。实际上杭州还有"江山美"，也很是了得。这是指钱江山水，钱塘江北岸以凤凰山到吴山江滨为核心地带,有钱塘江涌潮奇观。不仅如此,凤凰山是隋代州治、唐代州治、吴越国都、南宋首都皇城的所在地,"一郡王气所聚之地"。从风水堪舆学来看,凤凰山和西湖都是杭州的风水要地,灵气所聚。从时间上来看,对杭州"江山美"的认知先于湖山美。对江山美的认知凭借着江干是水陆舟车交集之地,有交通要津的优势。也就是讲,对江山美的认知借助了城市之利,也借助了钱江潮水奇观之利。江山之美,主要以沿江从吴山到凤凰山这一段为精华。古人称凤凰山有左右两翼,凤凰山左右两翼的运势是从右向左即从宋皇城向吴山转移,吴山一带在晚清和民国是杭州最繁华之地,占有"登临之胜"和"繁华之胜"。杭州的江山之美偏向壮丽,湖山之美偏向柔美,具有"负阴抱阳"的"冲和之气"。杭州的山水之美有一种阴与阳、壮与美的平衡唱和,在众城市中难能可贵。

西湖美的多样性还体现在兼得"登临之胜"和"繁华之胜"。这一点是欧阳修指出来的,见于他的《有美堂记》。杭州西湖有"山水登临之美"和"城市繁华之乐",这也是杭州的特点。欧阳公此文就是评点杭州城市之胜概。他的根据是,由宋仁宗"地有湖山美,东南第一州"的诗意中化出来的。杭州是山水美与城市美的结合。从宋仁宗诗和欧阳修文中已经可知,杭州在北宋时已经是"山水城市"的优秀者。欧阳修文中把南京与杭州作了比较,指出两城都有"至美"和"至乐"交集的特点,是众城之优,但南京不及杭州。原因是南京在唐末宋初受到战争破坏,城市景况萧条不堪,失去了当年繁华之胜。杭州因吴越钱王臣顺归宋,保得了和平兴旺的繁华富足,所以在"繁华之胜"的至富至娱至乐上胜过了南京。我们真得感谢慈悲的钱王祖孙,舍王为臣,纳土归宋,有大智、大义和大德。由此可知,西湖是城市的一部分,城市则是西湖的依靠。有一句话比较准确地概括了这个特点,即"湖城一体"。总之,杭州西湖有湖山之美和江山之美,还有山水之美和城市之美的唱和。这种多样性之美的唱和,是杭州西湖的一个特征。

我们把江山美和湖山美统归为山水美、即杭州山水之美有两大形态:钱塘江畔的江山美和西湖之滨的湖山美。当然,杭州还有像灵隐、天竺一带的山林之美,还有像西溪湿地那样的山泽之美,还有大运河城区一带的河曲之美。

有一种美是最为基础的美，也称作第一位的美，它是多样态美中的根本之美，因为离了它，其他的美不知焉附。这种基础性第一位的美，就杭州来讲是山水之美，就西湖来讲是湖山之美。再抽象下去概括，就是自然美。自然美是杭州和西湖的基础之美。

市井的繁华富丽也是一种美，属于城市之美，它不同于山水之美。欧阳修说，山水登临之美的审美心理是"放心于物外"，是一种出世的精神超然之感，而"市井繁华之胜"是一种入世的感性快乐，是物质的、世俗的、生活的。这正是雅、俗的交集与唱和。西湖之美不排斥雅的出世、俗的入世，欧阳修称为"兼得之胜"。这说明了什么呢？说明西湖美的多样性有一种"唱和性"，也可以叫作"辩证性"、"共生性"。这种"唱和性"基于相互之间的矛盾性及对抗性，但在中国文化的影响下，更多体现为唱和、共生、兼容的文化共同体。这种文化基调的形成，在美学上来看，是受控于"虚实、显隐、主从、兼容"的传统文化美学观念，而且受控于传统文化对"天"的神圣信仰。何谓"天"？简言之，"天"就是神化了的大自然，或者"神圣的自然"。正因为如此，自然美是第一的，山水美是第一的，"放心于物外"的审美也是第一的。

西湖的景观之美有多种结合形态。除了山水之美本身有湖山的结合、江山的结合、山泽的结合、山溪的结合、山林的结合之外，还有自然山水与建筑的结合，山水与人物的结合，山水、建筑与人物的结合，还有山水与故事的结合，山水与诗歌的结合，山水与绘画的结合等等。其中，自然山水与建筑的结合是除山水结合之外的另一种有人文因素介入的主要景观形态。在这种景观形态中，宗教建筑与山水的结合最为重要，因为它们构成了一种建基于精神信仰的景观文化，在天地人之外加入了神的信仰因素，使景观在信仰中呈现了神圣、玄妙、空灵的氛围，成为一种景观的"心理现实"、景观的意境体会。这由山水由宗教建筑导向一种意境的美感，在西湖景观中具有重要性。这也是在讲，西湖景观的意境之美有多种结合形态，除山水与宗教建筑的结合，还有山水与园林建筑的结合，山水与民居建筑的结合，山水与诗画的结合，山水与故事的结合。后二者属于文学性的景观，比如"雷峰夕照"，比如"灵鹫飞来"。景观的意境生成，还有山水与人物的结合形态，比如"子胥灵涛"，就是钱江潮水与伍子胥的结合，西湖的英伟之气，就是由岳飞、于谦、张苍水等人的英灵伟业和忠诚悲歌构成的，"青山有幸埋忠骨"。人们一般说西湖风光有女性阴柔之美，这只是西湖景观之美的一面——当然在多样性主从结构中是主要的一面。但西湖山水始终贯穿着英伟阳刚之气（美），这种英伟之气由西湖人物的道德崇高和悲壮事迹所建立，属于景观呈现的道德之美，它以"忠诚"和"义烈"为统帅。西湖这种英伟的道德美，在"忠"字上还要加上"义烈"、"悲壮"的语词形容才准确。这些人物故事的英伟都有共同的悲剧色彩，尤以岳飞感人至深。这种道德的崇高悲慨之美，在文化上属于儒教文化，它以"忠孝仁义"为价值核心，贯穿于西湖景观之中。这是儒文化惯用的手法，叫作"景观的教化"，一种以忠孝节义为核心价值的美育方式。为何要讲"儒教文化"而不讲"儒家文化"？因为岳飞在这里被神圣化了，被神灵化了。人们不仅感其英烈，而且感其神武，感其化作天之英灵，这就有宗教信仰的因素在发生作用了。在中国文化里，天、地通神，人也可以通神。岳飞在政治教化和人们心目中，已经因其英伟壮烈感天动地，转为神灵之属。事实上，人们在岳飞元帅身上感受到的，是英勇、悲壮、神武。

四、西湖风景之美的典型意象

这也就是"西湖十景"所代表的西湖山水文化及其景观序列，反映了西湖风景平和逸致的自然之美。

五、"西湖景观"突出的特殊价值由六大景观要素承载

一是西湖自然山水，二是湖城空间特色——"三面云山一面城"，三是西湖景观格局——"五湖两堤三岛二塔"，四是西湖题名景观——"西湖十景"，五是西湖文化史迹，六是西湖特色植物。这个概括很好，一目了然。根据我的研究成果，还应加上"西湖景观的文化结构特征"这一条，即西湖山水是一个"天地人神"结构的文化景观。

六、西湖的传统建筑美学

西湖的建筑有着传统的文化指示，它作为一种建筑规范，成为西湖景观的美学规范。比如，一般民居的立面形象和建筑布局按照"平面铺展"的

传统要求进行建设，不追求竖向的高大，而讲平面的层次递进和路径的曲折幽深，讲以小见大和自然空间的插入，以及与自然环境的结合。民间建筑对高大的视觉创造，通常以"对比性比较"来显示相对的高和比较的大，在群体中有一种错落、抑扬之感。比如以周围建筑的低矮平和来烘托主要建筑的突出和高大，不同于某些西方建筑不顾一切地孤高拔峭。这种高低大小的"相对性对比"所显示的建筑群体，总体上还显示了"比较性差异"的和谐，它在伦理意义上就是所谓的"差等有秩"。它说明，建筑的视觉美感形式，具有伦理的文化含义。中国人讲的和谐，具有明显的伦理价值含义，它是伦常秩序规范在美学上的承载和体现。相对来讲，官府建筑就比民居建筑高大气派一些，但也是相对的比较而言。这和相对于民众的官府身份地位有关，在建筑上体现"等级差异"以示区别。另两类建筑就不同了。一类是皇家宫廷建筑，它比官府和民居建筑更为宏大，从规模上、体量上和高度上，都是大尺度的、高高在上的、雄壮沉稳的。皇家宫廷建筑常以"天庭"、"天苑"作比，以云的图符来表示它是"天上的宫殿"，以此表明"天子"的崇高地位。皇家宫廷非一般人能出入，称为"禁城"、"禁苑"，表明它的超凡的等级性质。

不同寻常的另一类建筑，就是宗教建筑。它介于民间性和官府性之间。也可以讲，它既有民间通俗性，又有宫殿非凡性，同时还有一种宗教神秘性。宗教建筑有着仅次于皇家建筑的高大雄伟，也有着民间建筑的平凡忍隐，这只要去看看各类佛道建筑就知道。在这里，佛教的塔，特别是西湖的塔，应当引起特别的注意。（还有一类不同寻常的建筑，就是墓葬建筑，它属于"地灵"建筑，与佛道等"天神"建筑不同，但都属于神灵建筑。）

西湖的佛塔在西湖建筑中具有特别性。特别在哪里？作为中国化的外来建筑造型，就特别在它突破了传统建筑"平面展开"的制度常规，呈"竖向展现"，不仅高耸，而且指向天空，俯瞰人世。相对于西湖的其他人工建筑物，两塔是出奇并且出格的高大且高高在上，它打破了传统建筑"差异性有序和谐"，属于"不和谐"的突兀建筑。但是，这两座塔如果以周围的山水作背景，相对而言却是相当和谐、别致的。相对于周围的人工建筑，两塔不和谐，属于孤高自大；相对于周围的西湖山水，它们却是和谐有致的，成为西湖两大构景要素,受人称赞。这两座塔与西湖山水的和谐搭配各有不同。雷峰塔远比保俶塔高大雄壮,体景也是如此,但雷峰塔近看有突兀高大的伟岸气概,高踞山巅,远看时则在南屏山、九曜山的包含下,不突显于两山的天际轮廓线,犹如被拥抱在青山的胸怀中。它所在的雷峰,只是一座很低矮的小山丘。即便是近看,它也有南屏山、九曜山作陪衬的大背景,显得有支持、有依靠、不突然。因此,雷峰塔相对于西湖山水是比较和谐的。其完美性在于,作为景观,它是不可缺少的一座山水建筑,不可或缺的构景建筑。它已经在山水中和人心中凝结在一起了,是山水的一部分、心灵的一部分。这真正到了"天人合一""与天合德"的境界了。这是西湖建筑的奇妙之处。

保俶塔高耸山头,更显纤秀俊美。雷峰与保俶二塔,古人有著名的"老衲"与"美人"之比喻。保俶塔高踞宝石山顶,无论远近观看,它都以天空为背景,潮水为前衬,显得细长窈窕,有画龙点睛的镇山之气,有风水点彩的作用。这座塔虽然孤高在上,相较逶迤的北山,在体量、规模、态势上,却显得配合有加,山水因此更有灵气和美。如果移去此塔,宝石山一角景色顿显苍白平庸。

这两座不合常规的"竖向建筑",为什么如此特别?这就要从文化原因来解释,这和中国传统文化"天地人神"的精神结构有关系。

在中国传统的建筑类型中,民居建筑和官府建筑属于人间性的物质生活建筑,但宫廷建筑、佛道建筑和墓葬建筑虽然具有物质外形和具体功用,都是人工的建筑,但是在本质上属于精神建筑,它们与人的宗教信仰紧密结合在一起,是天、地、神灵在人间的一种表达。它们的重要性就体现在精神上,特别是对天地神灵的信仰上。它们是中华文化"天地人神"精神结构的建筑呈现。

中国传统文化认为,天、地作为有生命的物质存在,具有神灵的性质,是神灵的物质形象体现。它深受"万物有灵"论和"有机自然"论的影响,在文化哲学上呈现为"万物一体"、"天人合一"的思想观念。人也是有神灵性的一种生命存在。在传统文化中,特别是儒学中,人不仅有兽性,还有德行,德行就是人之为人而区别于禽兽的真正人性。德行,则是以天地仁德为根据的一种神性。因此,人是兽性、德行、神性三位一体的。人可以通德,亦可以以德通神，其过程由士人、贤人、君子升华为圣人，在道家就是成仙，在佛家就是成佛，都表明了凡人通神的可能。所以有人神之变、人兽之变，就看人自己的道德行为的选择如何。在人群中，帝王、僧侣和故去的先人，在观念上属于有神性或通神的那一类存在。在天地人神之间存在着互相转化的关系，这正是"万物一体"、"天人合一"表达的文化观念。可见，在中国传统文化中，天、地、人三者还必须加上神的概念，来解释天、地、人的一种超凡入圣的性质。西湖的建筑大致可以分为两大类：一类是俗性建筑（包括民俗和官府等）；另一类就是神性建筑。西湖的塔属于"神性建筑"。神性建筑具有超凡脱俗的伟大性。这就是雷峰塔、保俶塔还有钱塘江边六和塔可以突破建筑制度常规而突兀高拔的原因。它符合神圣和伟大的超然性规则，由此被归入宗教美学的神学范畴。

西湖山水曾经高耸的塔，还有南高峰、北高峰上耸立的两座，小小的孤山上现在还有一座不大不小的经幢塔，无一不是佛塔。塔的孤立高标，象征着一个神性文化世界的存在，指示着佛的存在，指示着人们向上，指示着佛国杭州，指示着西湖山水是一种神性的空间存在。它所指示的，和东晋时葛洪在灵隐山门上题写的"绝胜觉场"含义是一样的，揭示了西湖山水的神圣性意境。西湖的塔，加以众多的寺庙道观、时时敲响的晨钟暮鼓，构成了佛国世界、神性空间的景观特色和文化氛围。西湖山水之间，既是民俗文化的集聚地，也是宗教文化（或神性文化、神学文化）的集聚地。它很俗，又很雅，也很神奇空灵。它是多元与有机统一的一种生活、文化、景观的空间存在。

看来，西湖的建筑有两种不同但密切联系的规则，一种是符合伦理要求的常规，以"与天地相配等差有序的和谐"为美学主导。另一种是符合宗教要求（即精神信仰的神性要求）的非常规则，它以"与天地相配的超然拔俗的和谐"为美学指导。这两种和谐，可以归纳为"平凡的和谐"，"伟大的和谐"。平凡的和谐，不仅是民间性建筑之间相比较而得到显示的协调性，还要求包容于天地山河之中，与自然相协调。伟大的和谐不一样之处，是它可以在与普通建筑区别中显出不同寻常的高大雄壮，它只和天地山河融为一体，构成昭显天地神圣的协调。西湖上的两座塔就是。

研究西湖，要注意西湖有三个品性：一是俗化；二是高雅；三是神圣。它是民生的湖,是商业的、休闲的、娱乐的;它是隐士的湖、文人的湖,林和靖、白居易、苏东坡代表了这个湖;它是神圣的湖,儒、道、释三教代表了这个湖。

七、西湖的崇高之美

这是一个少有人涉及的研究课题。西湖的崇高美,来自:(1)佛教、道教的神性世界;(2)英雄事迹,如岳飞、于谦、张苍水、秋瑾等英烈,钱王的保和功德;(3)湖畔的高大树木如杉树林;(4)塔;(5)自然的天文气象之变化;(6)逶迤的山体;(7)钱塘江及潮汐;(8)湖畔杭城的十万烟火。这些都是西湖景观中的大气、壮观之处。西湖山水总的美学格局:负阴抱阳,冲气以为和。

第三节　西湖景观的历史发展

一、西湖山水景观空间特色的演进

从最初的起点看,西湖山水还未成为人们观赏游览的对象时,它的景观空间特征纯属自然。当西湖山水由于城市的兴建、宗教的兴起,开始成为人们关注的对象,就有了景观空间的特色创造和功能定义。以我的了解看,宗教对西湖山水空间特点的影响要先于杭城的兴建和辐射。因此,西湖山水空间特点的最初定义属于神学定义,即据传是葛洪题写的"绝胜觉场"。其具体义:一是"神的居所";二是"人的觉场"。从这时西湖山水的实际利用来看,灵隐、天竺一带作为西湖风景建设的先声和起步,首先是作为宗教场所而加以开发利用的,使这一区域从农业耕作中独立出来。这一时间段从3世纪起一直延续下来,西湖山水景观空间至今仍然保有"神的居所"、"人的觉场"这个特点,我称之为"景观空间的神学特征"。直到12世纪由于湖东岸城市的建设扩展,才使西湖山水景观的视域内出现了城市建筑这个要素,致使景观空间出现了"三面云山一面城"的新格局和新特点,我称之为"景观空间的人学特征"。实际上景观的人学特征除了"三面云山一面城"的表现,还有"渔樵耕织山水间"的农业表现。

二、刘宋时期的防海大堤

西湖从天然湖泊到成为人工湖泊,起于附近的社会条件发生的变化,即设立于秦的钱塘县,从灵隐山下迁移至平原地带。至少可以确定的是,南朝刘宋时防海大堤已在钱塘县东一里的地方了。可大致肯定,作为西湖从自然状态向人工状态变化之起点的防海大堤,它的建筑时间在后汉和南北朝这一时间段,至刘宋更是确定无疑了。可以讲,防海大堤建于南北朝应当是没错的。这也就是说,西湖得到人力促进而进入人工化阶段,始自南北朝。刘道真在《钱塘记》中很明白地写到,"防海大堤在县东一里许"。

唐初,杭州户口已超十万,见《新唐书·地理志》。

随着城市由江干一带向湖东岸平陆拓展,城市供水成为问题,西湖淡水成为斥卤之地的来源,城市沿湖发展也成为必然。8世纪末,李泌从今钱塘门到涌金门沿湖一线凿六井,这一带即为沿湖城区。正是六井之凿,使西湖与城市发生了互动的联系,西湖因此显示出它对城市的意义,西湖也因供水问题而引起人们的重视和保护,由于人的利益需求及其干预,开始了阻止西湖沼泽化的过程。

白居易于唐长庆二年即公元822年守杭,疏浚西湖、重修六井、筑高湖堤。可以说,西湖与城市真正发生联系并产生重要意义的时间就在中唐,以李泌和白居易为代表人物,时间在8世纪末到9世纪初。

陈桥驿先生指出,9世纪初白居易增筑湖堤,对西湖来说是一个划时代的事件,西湖从此由天然湖泊演变为人工湖泊,性质发生改变。(见《西湖学论丛》第四辑)陈桥驿先生认为,作为天然湖泊的西湖名称,应是钱塘湖、上湖、明圣湖。钱塘湖得名为西湖,表明湖泊已成为人工湖,湖在城市之西。西湖之名始见于北宋官方文件。

三、关注西湖发展的唐宋时期

唐宋时期是西湖景观发展的决定性时期,它的特质与风貌在此阶段铸成,其中尤以南宋为突出,影响至元明清。南宋最终形成的"西湖十景"是西湖核心价值所在,达成了景观的诗意化创造,也是诗意化的鉴赏景观。宋风、宋调是西湖景观文化的主旋律。

四、花园城市:杭州南宋时期

起码自中唐以来,杭州就已具有花园城市的基本面貌,在南宋建都时期则达到一个典范性的辉煌高峰。这是杭州城市基本性质的一个重要的美学把握。所谓秀气和谐之美、湖山自然之美、园林建筑之美等等,都不过是综合包含体现在杭州山水园林城市之美里面的三个突出的方面。

花园城市或园林城市的建造,是全人类人居环境创造的最高理想。人在城市,身在山林,兼得都市繁华物质至乐和山水登临畅怀至美,是城市生活至高至佳的人生境界。杭州就是这样的一座城市。

应当注意到,杭州的自然美不是一般的自然美,她是在湖山江河大地上建有城市,是园林艺术化了的自然美,是人文的山水;杭州也不是一般的城市,她是把自然景观和园林艺境统一于城区生活空间之中的山水园林城市、风景旅游城市,城市本身就是一个宜家、宜业、宜游的风景区。这是杭州之所以成为"花园城市"的基本素质。

南宋建都时期的杭州,是世界古代和近代城市建设史上最早并且最典范的"花园城市"。孙筱祥教授指出:15世纪西方文艺复兴时期,意大利画家达·芬奇本人虽未到过杭州与西湖,但看到《马可·波罗游记》中对杭州与西湖浪漫色彩的描述后,提出了"花园城市"的概念构想——家家户户都要有具有灌溉设备的花园。18世纪末美国第一任总统华盛顿,则提出了一个要把首都建成"一个由许多园林组成的城市,或一个建造在自然风景胜地中的城市"的风景园林城市的理想。19世纪,马克思和恩格斯则提出了消灭城乡差别、工农差别的"花园城市"的新内容——这里提出了"花园城市"构成的城乡一体化、中心城区射涵城郊及农郊的组织特征。南宋时期的杭州几乎符合上述所有的基本特征。

从南宋时期典范的"花园城市"基本情况来看,杭州城市美学的特点主要有以下数点:

(1)"众星拱月"式的集中与分散相结合的城市布局。这种城市布局模式具有科学合理性,尤其有利于区域山水优势、生态优势的保持、发挥和城市组织,取得城市人工环境与自然生态环境的结合与平衡。

（2）体现了"人之居处以大地山河为主"的东方哲学的城市建设思想。山水园林城市的建构,就是以山水大地为城市的母体、为依托、为脉络、为风景、为建筑艺术造境而创造的人居环境。这是中国哲学"天人合一,自然为道,大地为母,亲和山水"思想在城市建设中的具体反映。

（3）一座建造在自然风景胜地上的、山水实行大地园林化建设的繁华大都市。她以"湖、山、江、河、海"为自然特色,以风景园林化为艺术特色。

（4）以西湖山水为核心的风景园林系统,以沿江（钱塘江）、沿河（京杭大运河）为成长轴向的地表城市化系统,以及城郊村镇田园系统,形成相对独立的三大城市组构团块,但三者结合相当紧密,关系亲和。

（5）"因以自然,辅以雅趣,精致和谐,玲珑多姿"的建筑风格。

（6）以西湖十景为代表的山水文化和标题化景观空间及时间序列,为城市景观环境的风采特征。

（7）城市核心区以城墙为边界,以狭长形棋盘式街巷格局沿南北长轴线对称展开,城市南北中轴线则以皇城大内为全城控制中心,体现了以政治王权及宗法制度仪礼与秩序为内在象征意义的规则式城市空间布局艺术。因此,整个城市形成山水园林布局的自然不规则之美和城市街巷建筑布局的政治宗法规则的有序之美结合与对照呼应,亲和自在又不失严谨庄肃。

（8）富有和谐大气、自然灵秀、繁华富丽、艺术人文气质的城市品质特征。

这是12世纪以来在封建社会农业文明和政治文化基础上创造的城市建设成就和城市美学水平,具有当时西方城市不能企及的世界卓越水平。

对南宋杭州风光绮丽、市井繁华的"花园城市"景象最生动具体的描述,可以见于元代大戏曲家关汉卿的《杭州景》。此时南宋故都风貌依然清晰：

普天下锦绣乡,寰海内风流地。大元朝新附国,亡宋家旧华夷。水秀山奇,一到处堪游戏。这答儿忒富贵:满城中绣幕风帘,一哄地人烟辏集。

百十里街衢整齐,万余家楼阁参差,并无半答儿闲田地。松轩竹径,药圃花蹊,茶园稻陌,花坞梅溪。一陀儿一句诗题,行一步扇面屏帏。西盐场恰便似一带琼瑶,吴山色千叠翡翠。兀良望钱塘江万顷玻璃。更有那清溪、绿水,画船儿来往闲游戏。浙江亭紧相对,相对着险岭高峰长怪石,堪羡堪题。

家家掩映渠流水,楼阁峥嵘出翠微。遥望西湖暮山势,看了这壁,觑了那壁,纵有丹青下不得笔!

杭州南宋古城风貌,一如画卷已尽于此。这是风景秀丽的杭州,富贵繁华的杭州,创造一流的杭州,人居之福地。

五、西湖历史状况的回顾与分析

西湖美学分析,是立足于文化研究的景观美学分析,它研究的风景现象是自然的文化现象,是以自然美为根基的文化景观,是西湖文化的美学解读。因此,首先要分析的是:在自然和人文的综合作用下,西湖美的历史演变和性质建构。

(1)西湖美学状况历史演变的三个阶段

西湖风景的美学状况,从发展宏观总体上可分为两大阶段,即自然生成阶段和文化生成阶段。自然生成阶段,即西湖湖泊的自然形成和风景形成的非人力阶段。这是一个由海到江、由江湾到湖泊的漫长历程,一直到因人类聚居、城镇出现、筑堤抗海,湖泊被纳入人的生活需求之中,湖泊风景出现和基本稳定。文化生成阶段,是人类作用于自然而生存、发展、建设的历史阶段,人力的文化因素引起了自然状态及其自然景观的逐渐改变,使自然形态发生了属人的文化形态变化,因而自然美进入了人文状态的演变阶段。西湖风景显然具有"自然风貌"和"文化风貌"两个层次或两大分析要素。还可以观察到,人类文化活动引起了本原自然风貌的改变,也同样引起了对历史文化的再改变、再创造,形成风景的文化变异、文化叠加和文化积淀。在西湖风景的文化生成的历史阶段,以我的观点看,还可以清楚地大致分出这样三个文化阶段,即西湖风景的自然拙朴阶段、园林艺术化阶段、城市景观化阶段。我们分析的重点正是西湖的文化生成阶段三种不同的历史发展状态。

　　第一，西湖风景的自然拙朴阶段。从海到江到潟湖再到淡水湖泊，是西湖形成的自然演变过程。而人工筑堤卫湖捍江海之潮的湖泊，应当是在西湖初始风景形成并开始了它的文化形态的历史演变时，西湖真正纳入了人的生活需求。这一时间末期应在隋唐之际，尤其以中唐时白居易筑堤湖东为显著标志。因此，西湖风景的自然拙朴阶段，指西湖得人力呵护筑堤后处于初步稳定，城市从山野江边逐渐移向湖东平原，风景初成但仍成一派本原的自然状态，它在美学上属于纯真质朴的自然美。这种纯真、质朴、野逸的自然状态及其审美趣味，在很长的时期里一直得到赞扬和保持，到现代阶段才在广泛的人化压力和城建压力下出现淡化。可印证的是，以唐宋诗为代表的诗歌文作，它们主要吟咏赞赏的具体对象，也是西湖这种独具特殊美感魅力的自然风光美。西湖自古来就以天然画图般秀丽多姿的自然美吸引着人们，另外，这时的西湖以城市饮用水源和农业水利灌溉为主要使用功能，兼有游冶和佛事活动功能。这一阶段的美学状况，是自然美的纯朴野逸状态，人文因素不大，但是一种不断增长扩大中的趋势性影响因素。

　　第二，西湖风景的园林艺术化阶段。这一阶段指西湖仍然保持着自然纯朴野逸的秀丽卓越气质，但在城市建设、城市生活及精神需求的强烈作用下，西湖风景的景观形态从总体上向园林化演变，开始了从局部到整体的漫长的风景园林化创造，因此形成了西湖从自然美向艺术美的升华和变迁。这一阶段是西湖相应成名和辉煌的时期。确切年代在唐末五代和两宋，标志性事件应当是吴越大兴庙观佛塔建筑，尤以雷峰塔、保俶塔的建造和北宋苏东坡浚湖筑苏堤及设三潭为开端，西湖从总体上开始了"神性的空间"和"人性的空间"的艺术创造与美的完善。到南宋，大规模的园林建设和西湖十景题名，把西湖风景的艺术化推向了一个举世无双的高潮。这个文化的创造趋势至现代，又到了更彻底、更完备的状态，今日之西湖就是真正的风景大园林、山水大花园。尤其要指出的，2003年完成的西湖南线整合工程，打破传统园林景区各自独立封闭的做法，从湖滨一公园起，把老年公园、少儿公园、涌金公园、柳浪闻莺公园、长桥公园五大景区整合起来串珠成链，并且连接雷峰塔、净慈寺等景点形成西湖南线景观长廊，这大大强化了西湖作为风景园林的整体性和连续性，创造了西湖园林"大气、雅致、开放"的时代新风格。在这个文化发展阶段,西湖风景不但从自然美跨进了艺术美的范畴,还真正成为具有艺术性特征的文化景观。这是西湖风景美学发展的一个关键时期和辉煌时期。

第三,西湖风景的城市景观化阶段。西湖的城市景观化,指西湖在与城市建设互动作用的历史过程中,从城市的邑郊外部风景空间,成为城区的有机构成和内在景观空间,成为城市景观的组成部分和形象表达,西湖风景获得了鲜明的城市景观性。这一发展变化最明显的事实,就是西湖从古代城外的"邑郊风景区"逐渐成为当今拥湖于城中的"城市大花园",湖与城已经融合为一体。"三面云山一面城"表达的是古代湖与城的基本格局和外在关系,绝不是湖与城的现代状态。西湖从"邑郊风景"到"城市景观"变化最明确的时间节点,就是民国初1912年拆去城墙建设环湖大马路,湖和城再无明确的界分,空间视觉上打成一片,市民一时欢呼"西湖进城了"。杭州被称为"山水园林城市",就和西湖山水具有城市景观性密切相关。杭州的城市有山水之胜、自然之助,杭州的山水有城市之利、人文之助,这正是杭州这座城市得天独厚的优越之处。今天,湖与城的紧密关系,又以"湖涵城中"的现代形式空前强化。因此,我认为,西湖风景的城市景观化是继西湖园林艺术化之后的一个新的发展态势,尤其在20世纪80年代进入了新的强化阶段。

(2)西湖风景的四个基本性质

长期以来,对西湖景观的基本性质的认识处于混沌状态。在做"西湖申请列入世界文化遗产名录"前期工作时,就形成了是以"自然遗产"还是"文化遗产",或是"自然与文化双重遗产"定性定位的分歧。我们已可从上述西湖风景发展的历史分析回顾中看到,西湖景观性质的形成与确定,是一个随文化活动时间展开而历史生成的过程,具有多层关系定性的综合特点。因此,西湖景观具有自然景观、园林景观、文化景观、城市景观这样四种可分析的基本性状。其中,"体现着自然美艺术化的文化景观",则是西湖景观的根本性质特征。这一文化景观是民族审美的、江南园林的、杭州地域风土的、有时代生命表现的文化景观。

(3)西湖景观变化的主要文化因素及成效

西湖风景进入文化生成的发展阶段,人类生活,尤其是城市生活的各种文化因素，深刻地影响和推进了西湖风景的文化形态变化。这些产生重大影响的文化因素，主要有城市民生的水利需求、精神信仰的宗教活动需求、城市休闲娱乐的场所需求、城市人居环境的园林艺术需求，以及近现代西方建筑文化的介入等。

第一，城市民生的水利需求形成的影响。杭州城市生活对西湖淡水饮用、灌溉、农业、运输等物质功利需求，对西湖风景的生成和保护起了积极作用，影响巨大。可以这样讲，西湖没有在自然过程中被淤塞消失，首先是人们的城市生存发展建设对西湖水有极大的直接依存性需求，被视为一城之福泽，因此得到历朝历代官方、民众的积极疏浚、建设、保护。十分明显的是，对西湖的早期开发建设，并非以美为目的的景观建设，而是取水、筑堤、灌溉、浚湖等关系民生大计的社会功利性物质文化活动。从唐代李泌置六井，白居易筑湖堤，到唐末五代吴越王钱镠疏淤，到北宋苏轼浚湖筑苏堤并置塔湖心三潭，明代杨孟瑛浚湖筑杨堤，清代阮元浚湖筑阮公墩等等，其意旨都如出一辙。其成效不仅使西湖的城市政治、经济、民生、物需功能极大地改善增强，保住了西湖，还在客观上增益了西湖景观的美化，得到艺术性的改善和提高，其中苏公堤和三潭塔就是这种"尽善亦尽美"的典范事例。我认为，自唐代以来西湖的建设保护有一个十分重要的、传统的良好建设原则，就是"民生功利需求与景观审美创造的统一"，它体现了孔子儒家美学现实精神的"尽善尽美"的创造原则。我们应当深刻认识到，这种"尽善尽美"的西湖文化创造原则及其成功的历史事例和实践经验，是十分重要的西湖文化美学遗产和建设法则，具有不可忽视的现实意义和指导价值。

第二，精神信仰的宗教文化需求形成的影响。以佛、道为代表的宗教文化活动，对西湖风景名胜的形成和建设具有十分重要的积极作用，是西湖文化的主体内容之一。"绝胜觉场"也是西湖形象的一部分。首先，佛道宗教活动及建筑艺术，是西湖开发建设的先行先导者，时间至少可上溯到汉、魏时期，如公元 328 年东晋时印僧慧理建天竺、灵隐寺，如东晋道家葛洪在龙井、葛岭炼丹传道。西湖众多风景名胜大都脱胎于佛庙道观的卜筑和传名，是优美风景与佛道文化的结合。西湖到中唐即白居易守杭后方有些名声，当时西湖风景主要游览处，也就是以天竺寺、灵隐寺、西湖孤山寺等庙观为中心的。其次从审美创造上来看，最先超越西湖的直接物质功能需求而创造精神的空灵幽玄意境的，就是佛道宗教艺术文化的无为功业。从景观意义角度来看，西湖景观有从纯朴的"自然空间"向宗教文化的"神的空间"新定义的感知意境的变化。无论是东晋时"绝胜觉场"的称号，还是吴越时"东南佛国"的成名，都是这种"神的空间"之宗教文化审美意义的具体表达，西湖景观之美多仙佛之气。"神的空间"意境创造的有规模的确定性时期，就是五代吴越时期。钱王倡佛，西湖山水之间兴建的寺院庙庵达 380 处之多，尤其是雷峰塔、保俶塔、六和塔等佛教高大标志性建筑矗立，就更直接、更形象地表达了西湖景象作为"神的空间"的隐喻和宣示。西湖山水之美由此多了一层神圣的文化意趣和精神特质。

第三，城市人居环境的园林艺术审美需求。西湖风景从自然状态真正有意识地被人类引向艺术化状态，进行有诗画意境的山水园林化人工营作，标志性事件应当是北宋苏东坡跨湖之南北筑长堤一痕，点湖心置三塔于三潭碧波，创后人誉为"苏堤春晓"、"三潭印月"的山水园林手笔，自此湖上始见园艺的景趣，令人赞赏。这就是典型的"自然艺术化，山水园林化"的西湖美学创造，开创了艺术开掘与张扬着自然的美丽，园林与山水融合相得益彰的西湖园林风格。也是从此开始，本就十分宜人游观的西湖，凭借苏堤南北相通，湖面分合、层次、叠出、远观近察的增益，更为亲切怡人，在西湖"神的空间"宗教境界中，开启了西湖艺术化的"人性空间"，从而具有了诗画意境。这是西湖突出的艺术美学成就。可以说，在风景园林史上对优美自然山水进行艺术化、园林化而走向诗情画意丰富层次的再创造，并取得典范性成就，为人们赞赏乃至仿效，应起自杭州西湖。

第四，城市休闲娱乐公共场所的大众文化需求。苏州园林所代表的是住宅私密性封闭型园林。杭州西湖风景园林则是一种可供市民公众休闲游玩的开放的公共园林空间，是宋代出现的一种满足城市民众精神文化需求的新型活动场所——"邑郊风景区"。这种"邑郊风景区"，就是州城傍于湖畔山间，集山、水、园、庙、花、木、亭、楼等等自然与人工要素于一体；有游览线 10 条，游览点四五百处（参见周密：《武林旧事》卷五《湖山胜概》），形成成组成群有组织的风景序列；以西湖为核心的风景区，范围不小但也不过分大，尺度亲切宜人，可一日往来游观。在宋代，这种"集邑郊风景区一切因素大成的，在全国首推杭州的西湖"（王世仁：《天然图画》，载《理性与浪漫的交织——中国建筑美学论文集》）。这又是西湖对中国园林艺术审美文化创造的一个突出贡献。

清末民初，尤其民国1912年杭州城区拆去城墙界隔为标志，西湖传统的古典美学文化状态发生了新的重大变化，即西方欧式建筑文化从城区南山路、湖滨路、北山路三面介入，出现了中式、西式及中西式建筑文化混合组织布列的近现代景观变化。从此，西方欧式建筑艺术文化成为西湖风景的一个新的构成元素，产生了新的状态和新的西湖现代美学课题。西湖的历史发展，也从此真正进入了我称之为"城市景观化"的现代阶段。

六、西湖的现代状况和几点分析

西湖风景在各种历史文化因素的作用下不断在变，并且在中国文化思想性格及美学气质的浸润中更为美丽而深刻了。在21世纪初，西湖风景已经有更多的显著变化了。这前后近100年的时间，是西湖风景建设发展最复杂的阶段，即西湖风景的城市景观化阶段。必须注意，这个概念和"景观城市化"或"景区城市化"不可混为一谈。这个概念特指：西湖在历史发展中，由于湖和城的天然联结更趋密合及城市的现代发展扩大，湖、城关系从一体两分的"邑郊风景区"成为湖涵城中的"城市大花园"，西湖风景真正成为杭州城市景观的组成部分和极具个性风格特色的内在空间。这个概念和风景区某些局部出现集镇化、街市化的情况是不一样的。客观地讲，这种现代性变化状态是必然的。问题是在这里：西湖风景走向城市景观有机构成和内在空间，却要避免西湖风景区的城市化建设，保持、保护这一充满时代生命活力的杭州优秀历史文化遗产。这是本书的一个重要的价值判断基点。

（1）近现代西方建筑文化的介入

西湖现状自近代以来，湖与城的关系呈现复杂矛盾性，即城市建设和西湖保护如何调和？这个表面问题的实质就是古典与现代的矛盾，而现代性是关键问题，是西湖美学状况最大的变数。现代性的表面是杭州城市自近代以来的城市现代化追求，但它的底蕴则是西方文明及其现代科技文化。

由于西湖自近现代以来随城市扩大而深涵城区之中,因此"两种文化的对撞与调和"不可避免地成为西湖建设与保护最根本的问题,以至有人感叹"西湖洋化了"、"西湖变味了"。

从客观现实来讲,这种发展态势难以避免;西湖和城区的结合过于紧密,两者之间尤在湖滨东岸一带不存在缓冲隔离的空间。因此,部分景区城市化或街区化是无奈的,但有失也有得,并非一概不可接受。这个状况要作具体的分析。

以最典型的湖滨地带来看,其现代性变化有两个明显的发展阶段,即民国初年以来的"中西结合"近代建筑阶段和20世纪80年代以来的"高楼林立"现代建筑阶段,它们所显示的美学状态是不同的。

中西结合是湖滨建筑现代性的初步形态。沿湖城墙拆除后建设了湖滨公园、孤山中山公园和西泠印社等。另一方面沿南山路、湖滨路、北山路出现大量西式、中西式商贸建筑和住宅别墅,它们与中式建筑"以一定的韵律方式复杂而又协调地混合在一起,人文景观与西湖自然景观交融,形成强烈反映出杭州风貌特质与近代史的独特景观"(王紫雯、王媛:《城市传统景观特质的整体性分析研究——以杭州市环湖地区为例》,载《城市规划》2004年第7期)。这种沿街沿湖的中、西式建筑体量和尺度都不大,楼层不高过树梢,玲珑而有情调,与西湖山水有融合性而被人们接受,成为杭州最具有代表性的近代历史文化街区建筑。

现代建筑因其"高楼大厦"林立于湖东一线,造成的局面就和近代建筑大不同了,形成了高大林立的现代建筑与优美平静的西湖山水之间的直接视觉对比和文化对话,引起广泛持久的议论。从客观上讲,这一变化还对西湖"山光水色,超然尘寰"的本原景观意境产生影响。这是一个现代性文化以对比性直接对话的复杂状态。但这一状态并非不可以接受,而且事实上正在被人们接受。这一道出现在三面青山—湖绿水之间的参差楼群构成的城市天际线,形成了一幅"山水城市"的形象画面和边界立面,形成了湖东"山水城市"的风景意象(参见拙著《解读杭州:山水城市的美学》第七章第2节)。同时,我也期望这一道城市轮廓线更有规律,建筑造型更优美生动,也不要再向两边山际坡麓蔓延开去,保持山峰天际线的单纯、清晰、完整。

再进一步来看，从近代建筑阶段到现代建筑阶段的变化，也是一个建筑与西湖两者协调方式的调整，即近代建筑小巧尺度的适应性协调，和现代建筑高大尺度的对比性协调。因此，在文化上对话，前者是温和的、含蓄的，后者是强烈的、直接的。对比性协调、非对称性均衡等状态，是现代审美体验超越传统审美意识的一般方式，人们在日常文化生活中已习以为常。因此，西湖景观中出现对比性现代元素并获得一定协调性，能够被人们更多地接受，这并不是偶然的。这说明，现代人审美心理的宽容度和感受力，大多了也深刻多了。

（2）西湖山水园林化达到空前的程度和规模

西湖风景的美是人力巧凿于自然而不失自然并融合于自然的美，也就是"自然的艺术化，山水的园林化"所表达的文化再创造。这是西湖风景创造的实践成果、基本方式和美学总结。今天的西湖，自然风光美丽诱人，不仅是自然造化的精妙杰作，还是充满中华民族古韵美意的园林艺术典范。这个开端，来源于北宋苏东坡在浚淤保湖工程中，给西湖有意无意画上的"三点一横"，也就是著名的西湖十景中的"三潭印月"和"苏堤春晓"。此后，以西湖为核心的山水园林化建设，从点状局部逐渐扩大到西湖环境整体，野逸的自然美深化为园林艺术的环境美。至1949年，西湖景观环境以散布的景点和少数公园为主，大部分为野地、坟地、洼地、农田、住宅及富豪庄园，园林化及环境美化程度不高。尤其是城区湖滨一带，更显得建筑拥挤杂乱，围合湖畔，看湖先看墙。五六十至八九十年代，才是西湖环湖整体园林化创造的起飞期，其突出特征就是西湖从局部到整体有了通盘规划设计，具体表现是大批公园成群成规模地创作、建设，如花港观鱼、柳浪闻莺、曲院风荷、太子湾、沿湖绿地等环湖公园，圣塘闸、少年宫、望湖楼、镜湖厅、岳湖湖口等五大景区整治串联，植物园、动物园、灵峰探梅公园等，以及众多名胜景点的整修扩建，西湖山林绿化造景等等，景观面貌及艺术性、优美度产生极大改变，益见西湖山水的才情雅致，令人赞赏。

西湖园林化建设从21世纪初至今，进入了新的发展状态和深刻性阶段。这就是以"西湖南线景区整合"和"湖西拓复及杨公堤复现"为代表的西湖综合保护工程。首先，西湖环湖园林景区打破原来的孤立封闭状态，整体结合串珠成链,形成大气的、开放的、自然与人文交融的丰富景观长廊,还湖于民,除了极个别重要景点外,全线免票进入。一个人民的、大气的、开放的、雅致怡人的"西湖风景大园林"就此新生。这是一个最充分、最典型又有新风格的山水园林化新阶段。其次,这是"西湖的复归"。西湖西部湖面的拓复重现,杨公堤的再现,使西湖水面积从 5.66 平方公里恢复到 6.3 平方公里,接近于宋代的 7.3 平方公里,西湖水面变大,变得更有层次。杨公堤及众多湖西自然人文景点的再现,以新生形式再现了西湖明清景观格局。此外,湖西茅家埠、乌龟潭、浴鹄湾等山际水域景观,再现了西湖的自然生态、朴野清新、风雅有致和水乡风情。因此,这是一次历史景观格局基本重现的古韵新唱。这些可以表明,西湖山水园林化已全面提升到了一个新的发展层次。

（3）西湖山水美学品质的适度改善

清末民初人袁道冲早在 1937 年《西湖旧影》一文中说:"誉西湖者,每以西子美人为喻,而点缀湖山者,亦竞以堆砌花木为务,遂令秀而不雄之湖山,益乏丈夫昂藏之气象。""秀而不雄"的确是西湖山水"美丽的缺点",西湖的本色美也确是一种女性化的自然美。不少人士评论西湖过于柔美秀气,容易使人沉醉,使人满足,消磨意志。西湖虽有岳飞、于谦"精忠报国,视死如归"贯虹之壮气,但毕竟缺乏更直观、形象并有数量集合的视觉元素和景象感觉。袁氏曾建议,西湖应多植长寿之乔木,如松、柏、槐、楠、桂、樟、银杏一类,禁人采樵,益增古色古香,资湖以雄壮苍然之气,更为美观(袁道冲:《西湖旧影》,载《越风》1937 年增刊第一集《西湖》)。这种状况现已得到适度的改善,今日之西湖亦不乏英气。在西湖沿湖的植物配置上,仍以桃、柳等娇柔秀气的植物为一线品种,二线即第二植物层次则以杉、樟、桐等壮大挺拔的植物为配合,尤以湖西曲院风荷、湖南长桥至夕照山一带高大直干之杉树密林区最为壮观,达到了真正的秀丽而不失昂藏英气的美妙和谐。从建筑上看,雷峰塔重建的壮硕沉稳造型,湖东现代高层建筑群的硬朗俊健,也在不同部位起着刚柔健秀的适度视觉均衡,各以不同的方式弹响和谐之音。所以自 20 世纪五六十年代以来以绿化配置与植物造景为代表的不懈努力,取得了很大的美学成效。西湖景观的美学品质,已经达到了"秀丽而不失英气",贴切而又适度的程度。这种状态,可以用先秦圣哲老子的话来准确概括，即"负阴抱阳，冲气以为和"的美。

七、西湖景观建设的展望

（1）坚决控制并且制止风景区的城市化。

西湖风景的城市景观化，即西湖风景区成为城区的有机部分、内在空间、特色景观和功能分区，是杭州这座山水园林城市的特征和骄傲。但是，仅仅60平方公里大小的西湖风景区城市化，却是很大的威胁、极大的损失。西湖风景区内不少地块村落化、集镇化、街区化，占领蚀食了不少十分优越而宝贵的自然风景与历史人文资源，损伤了良好的风景自然生态状况。比如在50至70年代，葛岭与老和山之间，即岳坟、金沙港、东山弄、青芝坞、黄龙洞等一带，青山相对，冈阜起伏，溪流纵横，茶坡成片，田野平铺，岳庙、玉泉、黄龙洞、植物园等名胜景点分布其间，是西湖仅一山之隔的第二层次的优越的乡野生态风景空间。推展开去，还有隔老和山西北方向的第三外围风景层次，即古荡和西溪水乡湿地。当时这一带只有50年代迁建于此地的浙江大学文教组团和古荡集镇组团及若干农居村点，城区边界在松木场即保俶路一线。按照现代规划概念，这一地区城区与各组团及组团与组团之间具有良好的生态绿色隔离空间，互相联系而又合理分散，风景环境怡人。这是现代人居环境追求的建设图景。但是大约自80年代至今，这里基本变成了各种住宅小区或文体商业设施，包括古荡地区直迫西溪核心湿地，两山几乎成为城市建筑汪洋中的两座孤岛。宝石山、葛岭等组成的西湖北山，已经沿山脚坡麓严实地戴上了"建筑项链圈"了。在西湖山地核心景区，如灵隐及天竺，满觉陇及翁家山等，农居人口及建筑过度膨胀造成集镇化、街市化，与西湖风景区争夺土地、资源、空间，损失不小，影响深远。这种状况近年已有制止减缓，有拆除整治，但仍然存在极大的城市化压力，不可轻忽。针对这一现象，我有几条建议：

第一，风景区实行坚决的"只拆不建"这一收缩、制止的简明政策，并获得地方法律程序保障。无此决心，危难不已。

第二，无关风景、旅游的单位及设施，应逐步置换或撤离风景区。存留的应坚定实施"只维修，不新建扩建，鼓励异地另建"的限制政策。

第三,制订可实行、可操作的近中期规划,逐步收缩、拆除、迁移、限制现有非风景建筑,回归自然生态,良化风景环境。

第四,对于风景旅游建筑等也应严格控制它的分布和密度,严格控制数量和体量,在布局上从疏不从密,从少不从多,从精不从杂,从素不从彩。

第五,坚决收缩、移置、限制风景区内人口,有效并长效减低人口增长的压力。

(2)正确判断风景区城市化的积极作用和不利影响。

我们要认识到,随着城市化进程的推进和旅游业的发展,风景区城市化现象成为风景区建设的普遍问题。它的不利影响上面已说得很多了,主要表现为风景区局部的集镇化或街区化,这无疑要坚决控制、压缩、疏解乃至避免。但风景区城市化也有积极的重要作用并且有必然性。这就是风景区城市化,也指风景区内农业管理建制向城镇管理建制转变,农业生产向旅游业转化并向第三产业跃迁,农村生活方式向城镇生活方式转变。这是风景区在城市化及旅游业发展过程这一大背景下必然发生的有利的积极变化。西湖风景区近几年以西湖乡转制为西湖街道和西湖区、园文局的风景区管理体制合一等为代表事件,正是西湖风景区城市化管理、生产方式及生活方式转变的重大可喜成果。当地农民,生活走向城市化,生产转向旅游业。可以预期,这一发展趋势和良性状态仍将深化、扩大。不看到这一点,十分不利于风景区建设。因此与过去片面地将"西湖风景区城市化"置于一无是处的情况不同,我对它的这种积极作用及其成效给予高度肯定,就是要这样做才好。其实过去的片面性判断,问题在"风景区城市化"的概念内涵及利弊作用都没有弄清楚,缺乏理性和必要的知识准备。所以,西湖风景区的"城市景观化"不是坏事,积极的"风景区城市化"是好事并且是重大进步,但消极的"风景区城市化"即城镇化、街市化要控制和避免。这是一个十分重要的判断和展望。这同时说明,对西湖风景区进行实事求是的科学性研究认识,相当重要。建议要组织力量,对西湖风景区发展进行多学科的认真研究,梳理和总结历史情况和现代发展,突破原有的认识,建立理性的、深入的知识层次,对西湖风景区的良好建设提供指导。

(3)降低西湖风景区的建筑密度和建筑压力。

西湖风景名胜区是以西湖山水自然之美为根本基础和生命依托的，建筑在规模、体量、造型、密度、位置等等，都有适应于自然风貌、环境、美观、意境、文化的特殊要求与限制。作为国家级风景名胜区和杭州优秀历史文化遗产大本营，尤要控制和节制建筑数量，宁少毋滥。那些重要区块的草木、生态、山体、水体、地形地貌等，都要严禁人为变动，听其自然野逸放任。像西湖风景区这样国家级的自然人文遗产，自然与建筑之总体比例应以7∶3为极限状态。像西湖湖区周围可稍高一些，山地纵深地区可低一点，如8∶2甚至9∶1。在自然和人文的关系上，人文的东西是点睛之笔，求简约、精巧而有力，自然的东西则是托住人文点彩的生态野逸、景象丰富的绿叶。像西湖里面的三潭印月"小瀛洲"，北高峰山凸深藏的"韬光寺"，群山丛中密林蔽隐的"虎跑寺"等等，都是这样的例子。

要绿色的西湖、园林的西湖、人文点彩的西湖才好，不要让泛滥的建筑、遍地的房舍过分地充斥西湖的山山水水。以近几年为例，风景区内建设项目不断增加：1998年有108个，1999年有132个，到2000年达到188个，2001年也有167个；风景区建筑总量平均每年新增13.8万平方米。这种建筑增量及其态势如不加控制，在不远的时间里必将从根本上影响西湖风景区优美而珍贵、不可再复的自然风景资源，改变自然景观。过度过量的人工建筑乃至集镇化、街区化，从宏观到局部都将不利于西湖风景名胜区的观瞻。

西湖风景区的建筑太多、太密，理应清理、节制，化繁为简，删密为疏，去芜从精，给自然生态保留更多更大的自在空间。

（4）弱化西湖风景区的城市交通功能，建立风景区内部绿色交通网络。

随着近年来风景区车行道路的建设和许多山体交通隧道的开通，城市交通功能有进一步强化的趋势，汽车流量及容量大幅上升，风景区内车满为患乃至无处停车的现象随时可见。这种状况不利于西湖风景区的环境保护、园林格调、文化氛围、游览情绪和安逸宁静度。对此，我有以下几个想法：

第一，除了城市交通干道、风景区交通干线外，其他道路应严禁或者严格限制外部车辆进入。这一范围，以北山路、灵隐路、梅灵路，再至之江路、虎跑路、南山路以内区域为控制的核心区域。

第二，在上述范围的核心区域内建立绿色、小型、多车次及服务时间、多线路层次的风景区内部自主交通网络，形成内部交通环线和射线，并且将陆上交通与水上交通联系起来，方便乘客游览乘坐。

第三，这一风景区绿色交通网络，也应保持现有公交线路网点，形成不同的交通便利层次。

第四，应建立像黄龙体育中心"五一节"黄金周"外来车辆换乘点"那样的游览换乘点，设立固定的风景区外部的游览换乘点（外来车辆由此换乘公交车入风景区）和沿风景区公交线分布的内部换乘点（由公交车换内部小型游览车进入纵深景点景区）。

第五，在风景区外围周边和内部场所，建立必要的停车场，禁止车辆无序停放。景区内部小型停车场要有隐蔽性，有绿化植物的遮蔽。

这样，可以使西湖风景名胜区在总体上建立外部和内部两个交通大层次，从根本上得到优美、舒适、安静、绿色、便利的保障，从而真正优化风景区的园林环境和人文环境，提升风景区管理水平。

第四节　西湖山水的景观文化

一、西湖的精神向往

中国文化通过西湖呈现出国人的一种心灵境界和精神向往，这是一个很重要的研究命题。

我们读西湖的诗文，不仅是看美在哪里，而且是看有哪些东西感动了人，吸引着人。我们从古今的西湖诗文里可以相当集中地捕捉到这些东西并加以分析、理解和说明。这种感动、吸引和体验，往往又和社会人生紧紧联系在一起。生命的漂泊、忧患、无常、痛苦以及生命的归宿、安顿、觉悟、思考，等等，才使得西湖山水显出特殊的历史和魅力。要特别注意的是，中国社会与文化关注的中心，是人生和情感、伦理，其对自然的关心也建基在对社会人生的关切之上。西湖风景成为一种与社会人生的鲜明对照，传递并呈现出美好、娴静、祥和、超然和如诗如画一样的亲切的特点。西湖是人生之旅可以休憩安顿的一个精神家园。到了西湖，有一种"回家"的感觉。

二、西湖文化景观

西湖文化景观有以下一些初步判断：西湖风景是中国山水文化的典范和见证，是山水美学的创造。西湖景观的文化内涵是人与自然的和谐共生（哲学）、与民众的互利共享同乐（社会）。西湖文化景观的核心是如诗如画的意境美。西湖文化景观包括湖、山、江、城及湿地，即西湖水、武林山、杭州城、钱江潮、大运河、西溪湿地。西湖风景也是杭州山水城市建构的一个部分与一大特色。西湖山水是文人山水，这是西湖文化景观的一大特征。西湖文化融入杭州生活，是生活方式的一部分。西湖文化传统：景观品题及楹联创作、赏花赏月、品茶美食、节庆游乐、礼佛仰贤、访古寻幽、踏青登山、赋诗作画等。西湖山水是文人山水、故事山水、传奇山水，是山水园林、城市园林、公共园林。西湖是和杭州、和杭州人民息息相关的历史文化遗产。西湖风景包含了中国文化的许多丰富而细致的文化信息，与生活息息相关，使人印象深刻。在西湖风景中，除了风景优美如画外，还能感受到心灵与古人的对话，感受到古人的精神意涵，这是纯自然风景中感受不到的东西。西湖山水景观中的故事与传说，是重要的文化内涵和景观深层，它连同西湖诗文，是西湖身份和价值认同的一个部分。

三、西湖风景区是怎样一种景观文化？

这种景观文化的定义是中国景观文化。这种景观文化之所以称为中国的景观文化，是因为它体现了"与天相知、与天合德"的中国文化精神，"万物一体"、"天人合一"是"与天相知、与天合德"的哲学展开和境界。它们集中体现了中国文化一以贯之的对"天"的神圣信仰。儒学的基本文化精神就是"与天合德"的那种道德精神，并且因之具有宗教意义。西湖风景就有明显的"与天相知、与天合德"的性质和特征。可以讲，西湖风景也属于信仰文化，与宗教文化天然相关，与儒学文化天然相关，佛家和道家沉浸其中也是因缘所系。西湖风景对于人与自然关系的处理，在根本上完全基于文化上对"天"即神圣自然的信仰和尊重。西湖风景的文化解释,从历史文化和历史发展上看,是以儒学文化为主导的一种信仰文化和宗教文化。晋代葛洪把西湖山水定义为"绝胜觉场"是很准确的。西湖山水,首先是"神的居所",然后是人的觉场,是个道场。我们分析西湖景观文化,不能不注意"钱江灵涛"和"灵竺佛国"的先声和开场,不能不注意从钱塘江传说到灵隐故事、从钱塘江畔到灵隐山中的发展脉络和贯穿其中的文化线索。可以看到,信仰和宗教沉浸其里。事实上西湖在国人的心中,就是一个神圣的湖,正是"人间天堂"的一个形象化身。

西湖风景名胜,是儒道释三教"化民成俗"(指思想文化的教化使民众形成生活的风俗习惯)的一个景观文化样板。

四、山水文化与西湖

"山水"一词,指以山水为主体和形象的自然景观,包括和山水相关的天文气象、动物植被,如日月风云、花木鱼鸟,也包括人类营构于山水之间的人工建筑物,如楼台亭舍、路桥堤塔、田园村落等等。"风景"词义与"山水"相近。在更原初的意义上,"山水"不仅指那种有美感特征的、有典型意义的自然景观,还是一种与世俗社会相对立对照的文化现象,它超然红尘,是人类的精神寄托、理想象征、生活乐园。

中国人的山水意识,包括山水的社会文化意识、风景审美意识及其艺术表现意识,都早于、优于西方人。比如,中国山水画的出现就比西方风景画早了一千多年,而中国第一大画科是山水画,西方人则以人物画为主。山水文化,就主要体现在对壮丽山河产生的山水意识及其物态的创造表现。山水意识,包含了中国人对自然天地的深挚情感、特殊理解和文化创造。我们对自然感悟与深思形成的哲学,对自然奇思与幻想形成的神话,对自然崇拜与敬仰形成的宗教,对自然品格节律的道德感召,以及对自然、清新、纯朴、壮美的一往情深,对它赞美而产生的山水诗,对它描绘而出现的山水画,对它模拟而创造的山水园林等等,都是中国山水文化的基本内容和深刻内涵。山水文化,以艺术文化形态的山水诗、山水画、山水园林为其历史轨迹的主要线索,以山水审美、山水旅游、山水名胜为主要行为方式和具体对象,以中华民族关于自然天地人生的哲思、神话、宗教、道德、艺术为思想文化，为性格情趣，为人文的精神背景和心理定式。山水文化是中国文化的一个部分、一大景观，也是一大意义深远的优秀历史文化遗产。杭州的西湖山水，则是中国山水文化中的一种突出的、有代表性的著名文化现象，有着深入人心、世代景仰的精神象征。正如余秋雨先生在《西湖梦》里所讲的，西湖"简直成了中国文化中的一个常用意象，摩挲中国文化一久，心头都会有这个湖"。

我们常常把穿越五千年的良渚文化、保和安民富邦的吴越文化、定都临安的南宋文化以及东南胜境的佛教文化，看成具有地域特色的杭州历史文化代表。现在则应当加上浓重的一笔：以西湖山水为突出代表的杭州山水文化，也是杭州盛大而灿烂非凡的优秀历史文化遗产！我特别注意到，西湖山水作为具体体现中华审美精神和艺术气质的文化景观，作为杭州优秀而有代表性的历史文化遗产，她依然在现代生活中发挥着巨大的积极作用，是至今仍然继续发展、富有活跃生命力的历史文化遗存。和历史定型、时间定格的苏州古典园林相比，西湖山水文化不是一块化石，她在中华文化既有的情致格调和新的开放兼容性中继续书写着美的篇章。陈从周先生在《西湖园林风格漫谈》中就说过"社会在不断发展，西湖也不断在变"。这是一种值得探讨深思的、富有活跃生命魅力和时代社会意义的文化现象。它作为历史文化，在保持和保护中持续发展，融入现代生活，融入城市发展，融入21世纪生态文明，融入新的创造升华。

西湖文化，也首先是西湖山水文化，这是种种文化之花丛生开放的土壤和母体。人们总是受着西湖山水的强烈吸引，从她的自然人文之美开始，触摸更多更深的方面。其次，西湖山水文化的基础，是西湖明媚秀丽、天赋精妙的山水风光、风景名胜，以及沉积其中的历史人文、遗事故物。在这里，西湖山水的自然之美，尤其是从这种自然之美里面彰显洋溢出来的和谐之美、精致之美、优雅之美、娴静之美，更是一种根本性的东西。西湖山水之美，是西湖文化的根和魂。人们对于西湖的审美心理历程，也正是从这里由"美"入"文"、入"史"、入"哲"，导向了一种文化的愉悦与完满。其三，在我看来，西湖山水文化的核心，应该是以西湖山水及历史人文为对象反映和创造的审美文化、艺术文化，尤以西湖诗文、西湖绘画、西湖园林为代表。西湖的自然山水之美和艺术人文之美,是西湖山水文化的精华所在。如果没有这样一个美的根本基点,西湖文化不知何来,不知何在。西湖,是美的化身,美的张扬。

五、西湖山山水水

西湖山水,首先是杭州大山水的一个杰出部分。山水文化的自然范围,可以从这一地域的山脉(山系)和水脉(河流)形势范围加以确定。杭州山水中的"山",主要是杭州西部的天目山系。古人早就在志书上说,"天目西去府治一百七十里,……周广五百五十里",高峰插入云,"蜿蟺东来,临深拔峭,舒冈布麓,若翔若舞",以杭州城区江、湖之间为形势结局,层嶂叠峦环抱西湖不释。西湖诸山,皆以天目为宗主。"水"以钱塘江、苕溪、京杭大运河水系及西湖、千岛湖为主。因此,杭州山水完全可以叫作"天目山水"或者"钱塘山水",这正是由于这一山一水是纵横杭州境域的著名大山大水,即便是闻名世界、国人誉为天堂的西湖山水,也不过是这一山水大系的一个精彩部分;像杭州这样曾为国都的大都市,也不过是这山水大系的一块风水宝地。然而,这大山水一般仍以当地大都市著其名,概称为"杭州山水"。我们从大处可知,西湖山水文化不是一个孤立的事物,它依托于杭州山水,依托于杭州这座城市。再从山水文化的地域特点和景观特色来看,"杭州山水"包括了"三大区一条线",即杭州城区的西湖山水、建德与淳安的千岛湖山水、临安的天目山生态山水三大区块,以及带状绵延两百多公里的钱塘江山水——它包括了杭州之江、桐庐富春江、建德新安江三大山水段落,风光清奇秀丽,也是国家级风景名胜区;又因下连西湖、上接千岛湖乃至安徽黄山,被誉为"三江两湖黄金旅游线"。西湖山水,是杭州山水中开放得最美丽动人的一朵鲜花!

西湖山水是杭州山水文化的核心、象征和骄傲。外有江海交会激荡之钱江潮洋洋大观,内有天目凤翥龙翔荟萃之湖山秀丽精妙,湖畔叠嶂如层萼之涵露,群山飞动如双龙之护珠。这一方山水,是"子胥灵涛"与"西子美湖"的相和对唱,她的山水文化性格是一种"和合",一种把不同的多元要素兼容并济的和谐精神,纳山与水、江与海、湖与城、古与今、动与静、雅与俗、刚与柔、健与秀等等于美的圆融之中。西湖山水也具有这样一种山水文化美学精神：刚健灵秀、大气和谐。那是"西子美湖"的灵秀、温婉、静美、雅致、含蓄和"子胥灵涛"的刚健、大气、神奇、灵动、开放化育的地气人文。西湖山水的文化视野不仅仅是一个湖，还有东去的钱塘江，还有西来的天目山，还有比邻的西溪水乡湿地……曾记否？西湖是大海与钱塘江的女儿，是天目山凤飞龙舞呵护不释的明珠。不错，西湖确是极其女性化的，苏东坡早就比之为美女西子。但西湖山水乃是湖、山、江、河、海与城的结合，是一个大的山水文化视野，她含蓄而不失大气，秀美而不失刚健，明静而不失灵动。我以为，"西子美湖"和"子胥灵涛"，正是西湖山水文化品格最形象最美丽动人的写照，是西湖山水举世皆叹、灿烂夺目的两大风景意象！

　　西湖这种山水文化的特点，是自然至美至秀、呈祥布瑞，精致、含蓄又不失大气；丰富多样中呈现着和谐、雅致与恬静；山水亦诗画，诗画传山水，是人文之美溢于自然之美的人文山水；自然山水之美升华为园林艺术之美却不失自然之美，鲜明的艺术气质导向美的感动；山水清丽与城市繁华为一体，共生共荣互为映带，造就了世界最早最典范的山水园林城市的灿烂篇章（参见孙筱祥：《风景园林》一文，载《中国园林》2002 年第 4 期）；有良渚文明的悠远、吴越保和的功业、南宋建都的辉煌、佛国仙说的奇异……山山水水有太多的历史的沧桑与传奇。应当注意到，西湖山水文化不仅仅是风花雪月、悲歌笑语、愤懑慷慨、闲适雅致，它更有一种巨大的感召力和创造力，与城市发展有关，与社会民生有关。可以十分明确地讲，西湖山水文化从它最初的开始，也就是从唐代白居易那里开始，一直到宋代的苏东坡、明代的杨孟瑛等等，它首先表现为对城市利益的关心，对民生人性的关心，是一种主观动机上关切城市民生利益、客观成效上又增益湖山生命与美丽的文化行为。他们的成功之处，就在于忠实贯彻了儒家"尽善尽美、美善统一"的文化美学创造原则。于是民生得利，湖山添美。因此，西湖山水文化始于关注城市民生的社会经济文化利益，首先表现在城市民生的水利文化、农业文化，首先从对善的需求与行为开始，而不是从对美的要求开始。这是西湖山水文化值得注意和深思的地方。"尽善尽美、美善统一"是建设西湖、保护西湖的历史经验和重要原则之一。

　　西湖山水,也是一种多样化的美的文化集合。她是以湖泊为景观主体和中心的湖山景观,湖区及其平面视域是她的精华所在。风景又从湖区引向山地、引向江滨和郊野。湖明秀而旷,山俊秀而幽,江阔而雄壮,郊野自然而敞朗华润,呈现出一幅有秩序有层次展开的景观画卷,景点相对集中又合理分散,使游人处在处处生景层出不穷、特色纷呈多彩多姿、抬头是诗低头是画的审美兴奋与情感愉悦之中。大致说来,西湖山水景观可以分出这样一些主要的特色景区:以"西湖十景"闻名的西湖水域及沿岸园林文化,以"城市山林、都市大观、江湖汇观"著称的吴山民俗文化,以"吴越故宫和南宋皇城遗址"著称的凤凰山吴越及南宋文化,以"龙井茶、龙井泉和辩才大师"闻名的龙井茶文化,以"重重叠叠山,曲曲环环路,叮叮咚咚泉,高高下下树"称道的九溪十八涧自然生态文化,以"飞来峰、灵隐寺、三天竺"闻名的灵隐佛教文化,以"水乐洞、石屋洞、烟霞洞"著称的南高峰洞窟文化,以"六和塔、钱江潮、钱江大桥"闻名的六和塔钱塘江文化,以及以"芦花秋雪、水泊乡情"闻名的西溪湿地文化等等,构成了西湖山水名胜文化丰富多彩的优美交响曲。

六、西湖山水的文化发展

　　西湖从它始有名声的千余年以来一直在变。这种变化主要是时代社会人文推动的文化变异。西湖山水不是单纯的自然现象,而是一种以自然美为根基的文化景观,时代社会的变化必然作用于西湖山水景观的文化变化。我们也要了解在社会人文作用下,西湖山水发生的文化演变和性质建构。这一历程,可由三个阶段并形成四大景观性质加以分析。

　　西湖山水风景从大的方面来看,有一个自然生成过程和后继的文化生成过程。在自然进程中,西湖经历了一个在江海作用下由海湾变成湖泊的漫长过程。这是一个非人力的大自然造化。首先,当杭州地区有了人类活动,尤其是出于生存需要对其利用并加以治理、建设,西湖山水就在自然变化的基础上进入了人文生成的变化过程。这一过程逐渐使西湖山水的自然状态发生文化形态的变化,因而自然美由此进入了人文状态的演变与升华阶段。其次,这一文化的历史进程,可以清楚地分为这样三个阶段:自然纯朴阶段，园林艺术化阶段和城市景观化阶段。

西湖山水的自然纯朴阶段：西湖在自然形成的过程中，从人力筑堤卫湖捍江海之潮开始，西湖初始风景形成并开始了它的文化形态的历史生成，西湖作为一个湖泊，不但逐渐稳定，而且纳入了人的社会生活需求中。这大致始于隋唐之际，在中唐白居易筑湖堤之前，湖东一线即原江潮出没之处已有一道"白沙堤"了，白居易当是在此旧堤基础上将其增高加固以扩大湖水涵蓄量。这一时期，杭州城区也从山地江边扩张并移向西湖东岸平陆地带，取湖水为生活水源。在这一阶段西湖风景初成并始有名声，她虽初得人力相扶，兴修水利、垦殖农业、发展城市，但仍保留一派本原的自然风景状态，它在美学上属于纯真质朴不经人工的自然美。这种纯真、质朴、野逸、秀丽的自然风景状态及其自然审美趣味，一直得到赞美和保持。自古以来，西湖山水这种秀丽动人的自然风光，吸引着打动着人们，是古代诗词绘画吟唱描摹的主要对象。在今天，作为城市湖泊的西湖，这种自然美尤为珍贵可爱，不可多得。

西湖山水的园林艺术化阶段：在这一阶段，西湖山水仍然保持着自然、纯朴、野逸的秀丽气质，但在城市生活及精神需求日益扩大的强烈作用下，开始了各种园林的持续而大量的建造，西湖本身也从局部开始直到总体走向风景园林化的再创造。这一阶段的实质，就是表现为自然美向艺术美的升华和变迁，突出表现就是西湖山水的园林化创造，同时也是西湖负盛名与辉煌的时期。这一阶段应始于唐末五代吴越，盛大于两宋，尤以吴越钱氏建雷峰塔、保俶塔所创造的宗教景观意境和北宋苏轼浚湖筑苏堤置三塔于三潭的艺术处理为标志性事件。它表明，西湖风景进入了艺术的构思与再创造阶段，注入了鲜明的人文内涵的诗情画意和大地的艺术处理。尽管这些行为的主观目的均出于非艺术的实际功利诉求，但无不是"尽善尽美"的景观艺术典则。到了南宋，大规模的园林建设和"西湖十景"题名，把西湖山水风景的艺术化推向了一个举世无双的高潮。杭州也在南宋时期，成为地地道道的世界上最早也是最典型的花园城市或园林城市（参见孙筱祥《风景园林》一文，载《中国园林》2002年第4期）。这个山水园林化的文化创造趋势，经明、清而至现当代，又到了更彻底、更完备的典型状态。今日之西湖，就是真正的风景大园林、山水大花园。尤其要指出的是,2003 年完成的环湖南线整合工程,打破了传统园林景观各自独立封闭的做法,从湖滨一公园起,把老年公园、涌金公园、柳浪闻莺公园、儿童公园、长桥公园五大景区整合起来串珠成链,并与雷峰塔、净慈寺等沿湖景点连成一体,形成西湖南线优美的景观长廊,这大大强化了西湖作为风景大园林的整体性和连续性,创造了西湖园林"大气、雅致、开放"的时代新风格。在这个文化发展阶段,西湖山水风景不但从自然美一脚跨进了艺术美的殿堂,还真正成为具有强烈艺术性的文化景观。这是西湖风景文化美学发展的一个关键时期和辉煌时期。

西湖山水的城市景观化阶段:西湖山水的城市景观化,指西湖在与城市建设发展互动的历史过程中,逐渐从城市的外部邑郊风景空间,成为城区的有机构成和内在的景观空间、功能空间,成为城市景观的组成部分和形象表达,西湖山水风景由此获得了更为鲜明的城市景观性。这一发展变化最明显的事实,就是西湖从古代城外的"邑郊风景区",逐渐成为当今之拥湖于城中的"城市大花园",湖与城已经融为一体,西湖也成为真正的"城市湖泊"。从"邑郊风景"到"城市景观"变化最明确的时间节点,就是 1912 年拆去城墙建成环湖大马路,湖和城再无明确的界分,空间视觉上打成一片,市民一时欢呼"西湖进城了"。杭州被称为"山水园林城市",就和西湖山水具有鲜明的城市景观性密切相关。北宋欧阳修在名篇《有美堂记》中早就指出,杭州特别优越之处,就在于它是一座兼得都市繁华至乐和山水林泉至美的城市。今天湖与城的紧密关系,又以"湖涵城中"的现代形式空前强化。这是一个既成的现实。因此我认为从现实状况客观地看,西湖山水风景的城市景观化,是继西湖园林艺术化之后的又一个新的发展态势,尤其在 20 世纪 80 年代后进入了新的强化阶段。这里也有必要指出,"西湖风景城市景观化"不是"风景区城市化",它们不是同一性质的概念。风景区城市化,特指风景区资源被集镇化、街市化、住宅区化及产业厂区化等等。这种状况对于风景是破坏性的,要加以控制和避免。前者是一种良性状态,反映了山水园林城市的建构深化,而后者是不良状态,表现为城市膨胀及其功利需求对风景资源的消耗。

至此,我们已经可以从西湖山水发展的三个阶段的分析描述中看到,它同时也是西湖景观性质发展、形成和确定的一个历史过程，具有多层关系定性的综合特征。显然，西湖山水从自然景观走向并升华为不失自然之美的艺术的园林景观；同时这种艺术人文也使它成为中华民族优秀而典型的文化景观，自然的艺术化也同时是山水的人文化；西湖山水孕育了城市，走向了湖山与城市人地相协、互为依存的共同体，最终投入城市张开的巨大怀抱里，造就了西湖山水另一重要性质，即城市景观性，成为杭州城市景观的杰出部分和内在功能空间。因此，西湖山水景观具有自然景观、园林景观即艺术景观、文化景观、城市景观这四个基本性质。我深以为，这样从历史和逻辑的角度来分析与认识西湖山水的文化发展及其景观性质建构，打破惯常的浅表，透过景观和文化的美学新视线，才能更好地理解西湖，读懂西湖山水文化。

七、对西湖景观和文化产生重要影响的人物和事件

从中可以看到西湖景观文化发展的大致脉络。主要分唐以前、唐宋、明清、民国四个时期。其中明清之前为西湖古典期，民国则为西湖向现代变化的转折期。把唐宋放在一起是由于唐、宋是西湖从野逸走向雅致的大发展期和高潮期。西湖的艺术化和景区化就是在这一时期开始和成型并达到一个高峰的。此外，中唐至北宋在中国文化发展史上是紧密联系的文化转型期，从古文运动到宋理学、从韩愈到欧阳修到周敦颐到二程、再到南宋朱熹，都是相连贯的，包括了"新文学、新儒学、新禅学"的三大文化事件。因此中唐到宋代可以说从思想到文化是一脉相承的，是中国传统文化的一个新发展期。从西湖景观和文化的发展看也是如此，始于唐、成于北宋而盛于南宋。西湖的美学格调和情调受到了宋文化（宋风宋调）的深刻影响。宋文化传统是西湖文化的重要文脉。明清承其发展。所以，唐宋时期是西湖景观文化最重要也最有影响的发展时期。

（1）唐以前。

a.战国时期的吴越文化，以钱塘江"子胥灵涛"为原创性的文化影响。景观的神灵化，反映儒家文化的忠信之义。西湖前身是钱塘江的一个海湾，江与湖有天然联系，至今也是西湖风景相关的外围景观，以九溪、六和塔、闸

口、凤凰山、吴山等与钱塘江景观相互呼应。"江湖一体"也是西湖风景的一个特点。所以,江湖不仅有地理与水系的联系,还有以"子胥灵涛"为代表的文化联系,即神的文化和忠的文化联系。西湖向来是神灵鬼怪与忠臣义士的家园。

b.金牛湖、明圣湖的神话传说,亦属神的文化传统。

c.西湖受道教神话故事和道教文化浸染,代表人物是晋代葛洪,时间在公元 4 世纪。

d.佛教的传入。时间也是公元 4 世纪晋代,以印僧慧理公元 326 年以"灵鹫飞来"的神话故事建灵隐等寺庙为代表,以葛洪题灵竺山水为"绝胜觉(道)场"为重要标志。灵竺山水宗教圣地的创建是西湖风景的开端,也是西湖神的文化传统的重要发展时期。灵隐地区是西湖山水的灵地、灵境,其历史与文化地位十分重要。

e.南齐时期的苏小小传说。孤山西泠桥,是西湖爱情传统的开端。

f.汉代华信筑钱塘,开启了西湖的治水传统。

神灵传统、忠义传统、爱情传统、治水传统是唐以前这段时期西湖景观和文化的主要特点,是西湖景观和文化发展的四大重要线索,都具有重要意义。其主要文化特征是山水景观的神性化(儒教、道教、佛教)和德行化(儒教),而晋代是这一阶段最重要的历史时期。

(2)唐宋时期。

a.中唐代表人物白居易。反映的是儒家文化精神:民本、农本和民生、民惠。西湖首次被大力治理和大力歌颂。西湖景观文化的诗画传统从白居易这里开端,他书写了西湖艺术创意的新篇章。西湖之名声也是此时开始。

b.唐末宋初,吴越国时期,代表人物钱镠。反映的是佛教文化,是西湖神灵文化的一个重要发展期。西湖终成佛境,杭州因成佛国。塔是这个时期的地理和文化的标志物。佛教至此在杭州深入人心,杭州也因钱王祖孙的"保境安民"和"纳土归宋"而获得和平发展机会。这个时期杭州和西湖的发展都是有里程碑意义的。此外,钱王因其"保境安民"、"纳土归宋"的和平主义功德,被宋及历代帝王视为"仁义忠信"的典范,倍受表彰,成为儒家文化教化的范例,钱王祠因此香火不熄。

c.北宋初。代表人物林和靖。反映的是儒家思想的隐逸传统,这和钱塘江文化中富春江严子陵的隐逸事迹有联系,也和唐代的白居易"大中小三隐"的思想有联系。隐逸孤山的林和靖,成为西湖景观文化的一个经典和仪范。

d.北宋苏东坡。苏东坡对西湖的大规模治理和对西湖景观的改造,是尽善尽美原则的又一次体现,"西子湖"从此得名。对西湖山水风光的诗歌赞美和文学传播,是儒学文化的又一次重大浸润。苏氏对西湖景观的改造可视为西湖园林化过程的开端,西湖诗画传统的一个高峰。

e.南宋画院及"西湖十景"的题名,是西湖诗画传统的又一杰出贡献。

f.南宋建都杭州,以凤凰山为皇城。开启了西湖的帝王文化传统。这种帝王传统可以上溯到吴越国钱氏五王,下及清代康熙、乾隆。

g.白蛇传奇。这是神话传统和爱情传统的合流,促进和加大了西湖风景的广泛传播和文化魅力。

h.岳飞事迹和岳王庙。这是忠义传统的一个高峰,儒教文化的又一次重要浸润,西湖山水的英伟壮烈之气由此昂扬。

(3)明清时期。

a.明代于谦、张苍水。他们是忠义传统的重要浸润,"赖有岳于双少保,人间始觉重西湖"。

b.明代杨孟瑛疏浚西湖并修筑杨公堤,堤有"外六桥"景致。治水传统和诗画传统从此并行。

c.康熙、乾隆游西湖,建孤山行宫,列行宫八景;御笔题名西湖十景,"西湖十景"因清帝南巡而得到全面的整治修缮。这是帝王文化的浸润。

d.阮元疏浚西湖,筑阮公墩。西湖三岛"海上三仙山"的意境完成。神话传统和诗画传统、治水传统和诗画传统从此并行。

e.俞樾讲学的诂经精舍是儒学文化的重要浸润,是艺文传统。

f.西泠印社的建立:金石艺术,艺文传统。

g.秋瑾埋骨孤山:忠义传统。

(4)民国时期。

a.杭州城墙的拆除。"西湖进城",湖城一体的实际开启,湖城互动互渗过程加速,西湖城市化开始。

b.1924 年雷峰塔的倒塌,宣告古典时代的结束。鲁迅的两篇文章《论雷峰塔的倒掉》《再论雷峰塔的倒掉》影响巨大,具有革命封建和民族觉醒的意义。

c.环湖西洋建筑的建造。这是异质文化的加入。西方文化及其建筑对西湖景观和文化产生重大影响,杭州及西湖的现代建筑建造由此开始。从此有了西学传统。这是现代景观文化的进程。

d.西湖博览会的举办:商业文化的崛起。

e."美术艺专"的建立:艺文传统。

f.浙江大学的建立:科学传统。

八、西湖景观的另一层意义

在西湖申遗中,西湖被定义为体现中国"天人合一"的文化景观,它体现了中国文化中人与自然和谐的价值取向和审美倾向。在我看来,这个对西湖的解释并没有讲到根本上。这种解读完全受到当代生态文明这个时代背景的影响。当然,从目前的认识水平来看,这个解释是可以接受的,中国文化中人与自然的文化观念被强调出来。实际上,西湖景观还有更深刻的意义,即它是作为尘世之外的天堂之境被突出的,所谓"人间天堂"、"绝胜觉场"。西湖景观在根本上具有对世俗、红尘的超越特征。西湖山水被更多地看成"另一个世界"。此外从中国文化尤其是中国哲学来看,像西湖这样人文化的自然山水是人们观察自然、体悟大化、体认大道,心灵与天地万物为一的窗口,它指向无限、终极、元始、永恒,指向从有限向无限的精神升华。西湖山水作为中国文化景观,是人们在日常生活状态中体验超然的审美吸引物。这是一种基于日常生活的超常体验。西湖具有两重性,它既是超然的境地,也是逐利的舞台,向有"销金窝"、"歌舞地"、"风流场"之称。它可以雅得十分高蹈,可以俗得十分功利。但西湖山水风光的亮点,在雅的超然,是人生信仰中的仙境福地。它和生活结合得那么紧密,却又那么清新空灵,在物理的无距离中有一种心理的审美距离,曰"城市山林"。

九、西湖的"海上三仙山"

西湖上面三个岛不仅仅是三个不同的景点，它们还是一个表达"海上三仙山"的组团意境。把湖上三岛当成秦汉传承下来的中国园林文化中"海上三仙山"来欣赏和体会的人，的确不多的。然而，这一意境组团及其表达的思想文化，是西湖山水文化及园林文化中十分珍贵并仍然保持完好的优秀历史文化遗产。它是自然艺术化、人文化的经典之作，它是古老中国人期望于人生现世中实现的一个美丽的梦，这梦十分优美而恰当地书写在人间天堂般的西湖里了。西湖有三大增华于自然美的人文杰作，即苏、白二堤，南北相对的雷峰、保俶二塔，以及呈现"海上三仙山"意境的湖中湖心亭、小瀛洲、阮公墩三岛。而湖上三岛的意境及各岛的绰约风采，尤其是以"三潭印月"为代表的"水上园林"名景佳构，是一湖精神和精华所在，是最佳的风景游览去处。在那儿，超然出世、恍如仙境的美感是最动人的。要找西湖最鲜明、最独特的美感，就必须到湖中三岛去泛舟去寻觅去感觉。

德国哲学家黑格尔说过"园林是替精神创造的一种环境"。"一池三岛"即"海上三仙山"就是中国园林中一种重要的精神建构。园林的文化基因就来自远古先民对自然的崇拜和由此产生的神话。就中国园林而言，它起源于对东西部两大神话系列中"昆仑神山"和"蓬莱仙境"的模拟。秦汉帝王由此营建了"法天象地"的宫苑和"一池三岛"，以仿"海上三仙山"的秦汉园林模式，它促成了中国园林的第一次飞跃。这一构景模式的文化内涵，是一种强烈而深刻的人生欲望——长生不老，荣华富贵，逍遥自在，羽化为仙。这是因生命的短暂、生命的沉重而激发的人生追求与梦想。这种梦想与追求通过"一池三岛"的"海上三仙山"景观建构来具体表达，是一种想象力虚拟即"拟幻为真"的景观文化现象。这一精神建构或观念性思想建构，是西湖园林"湖中三岛"深刻而有思想情趣的文化内涵，它也正是一个有美学意义的动人的风景意象。"海上三仙山"体现的就是道家的思想文化，是一个仙化的园林文化意象。

现在的湖心亭，在宋、元及明初皆称"湖心寺"，为当时杭州诸寺中独一无二的水上寺庙。庙毁后于1552年建亭，名"振鹭亭"，题匾"太虚一点"、"在水中央"。当时湖上只此一岛一亭,"三潭印月"仅三塔而已,小瀛洲是50多年后才建筑的,因此"太虚一点"是湖心亭最恰当并有哲理性的风景形象。明万历二十八年即1600年亭圮后建"清喜阁",环岛砌石矶,环水植桃柳。该阁金碧辉煌,规模宏丽,烟云吞吐,桃柳掩映。望之如海市蜃楼,登之如羽化仙举,始有"蓬莱宫在水中央"的意境,被视为"蓬莱仙岛"。湖心亭环亭皆水,环水皆山,是水平角度环视西湖山水平远之致的最佳点,是西湖十八景中的"湖心平眺",清圣祖题额为"静观万类"。有联曰:"疑是玉人临镜坐,恍从银汉乘槎来。"喻湖心亭如玉人临镜,仙子泛槎,湖如镜,岛如槎,亭如玉人。

北宋元祐五年即1090年苏东坡浚湖于三潭,置三塔。明万历三十五年即1607年浚湖取淤泥于三塔旁围以重堤筑放生池。雍正五年即1727年在小瀛洲南北联以曲桥亭台之类,遂以"湖中有岛,岛中有湖"而成水上园林。它的风景意境就是"小瀛洲"。康有为曾说,这是他从未见到过的奇妙之景。"三潭印月"的仙气、静气、园趣、景趣是十分美妙的。它的风景意象丰富多彩,有"天赐湖上名园","人在瀛洲仙境","鱼跃鸢飞观道妙","禅心止水","明月满湖","空明上下","潭月澄心印","入画中画,看山外山","荷花世界,鸥鸟家乡",等等。随便你采信哪一说去体会,都有意味无穷的美感,如置身另一个世界。

阮公墩即今"新西湖十景"中的"阮墩环碧",为清嘉庆五年即1800年浙江巡抚阮元浚湖时取淤泥所筑。至此,湖中三岛即"海上三仙山"的意境组团建构悉数完成,使原本较平淡的湖面旷而不空,湖山远、中、近景有了更好的配合而有丰富层次,并为游人添了可游可喜的胜景和人文意趣。在这"海上三仙山"的优美意境中,湖心亭为蓬莱,是神仙聚会的地方;三潭印月即小瀛洲,这一水上名园是神仙游乐嬉玩之所;阮公墩为方丈,是众神灵居住静憩之处。这是湖中三岛在仙化意境中的总体构思与各自的功能定位。因此,湖中三岛的保护与建设,务必重视这一意境文化的传承和保持,重视这一西湖优秀历史文化遗产的完整、原真与文化美学价值。

十、山水美学的文化理念设计

西湖山水之美，是一种秉承"天人合一"、"寄情山水"、"诗情画意"、"因以自然，辅以雅趣"等中国山水美学理论的景观设计之典范。

十一、西湖的富丽精工

现在的西湖用"精致和谐"来形容不是很确切，用"富丽精工"补充一下是必要的。西湖富丽、和谐、精致。我在古画上见到的西湖图景，多有荒寒、萧疏、自然、素朴的风范。现在的西湖已经不太能看到这种风范了，倒是新西湖有这种野逸自然的趣味。在柳浪闻莺公园有一处不加任何装饰的野地树林，一边是西湖，三面是山水和草坪，树林里随意散放数块大石，真有荒林野地的自然风趣。那才是古西湖的天然一角。这块荒林野地应该命名一下，就叫作"天然一角"吧。感谢这位园林景观设计师的良知和慧心。在富丽精工的环境氛围中有这样一块天然去雕饰的提神一笔，设计师实在是懂得西湖的。我很喜欢这个树林野地。西湖大的趋势是走向富丽、精工，但也出现了像太子湾公园（原初之作）、新西湖、柳浪闻莺公园树林野地等野逸、素朴、简约有天趣的风景创造。不过总的来讲，野逸素朴外加田园风光的古西湖山水，已经离我们很远了。

第五节　杭州历史人文片语

一、杭州历史文化的显与潜

杭州历史文化有显质与潜质两大部分。原有潜质如西溪湿地经保护与开发利用，成为中国第一个城市湿地公园后，成为旅游热点并有经济产出，因此由潜而显。

（1）显质部分。

a.中国山水之湖泊文化的典范和审美实证：西湖风景（名胜区）。文化景观。

b. 中国山水之湿地生态文化的典型:西溪湿地(公园)。生态景观。

c. 中国山水之江景文化:钱塘江风景带(之江、富春江、新安江)。自然景观。

d. 中国山水之潮文化典型:钱塘江涌潮。江海奇观。自然景观。

e. 中国山水之科技文化典型:千岛湖风景(新安江发电站水库)。具有自然风光的科技创造型人文景观。

f. 中国山之森林文化的典型:天目山森林风景(自然保护区)。森林型自然生态景观。

(2) 潜质部分。

a. 中国山水之河文化的典型:京杭大运河杭州段。人文景观。虽经近年有力的保护与开发利用,但还未真正成为旅游热点,其价值还没充分发挥。

b. 中国南宋都城历史的遗存与文化见证:南宋皇城遗址(群)。文化景观。南宋皇城遗址群包括:南宋皇城遗址、南宋太庙遗址、南宋中央枢纽三省六部遗址、南宋府治遗址、南宋德寿宫遗址、南宋恭圣仁烈皇后宅园遗址、南宋修内司窑凤凰山老虎洞官窑遗址、南宋御道遗址等系列。

c. 中国五千年历史文明实证:良渚文化遗址(群)。文化景观。

d. 中华文明之江南见证:跨湖桥文化遗址。文化景观。

显质文化中还包含了与西湖风景结合在一起的吴越文化系、明清文化系、民国建筑文化系(以北山路、南山路为代表),佛教文化系(以灵隐寺、三天竺、净慈寺为代表)。

南宋皇城遗址群与中山路、吴山、凤凰山相结合,形成一个历史文化保护与展示区块,并成为杭州历史文化保护与开发的重要战略目标。南宋皇城遗址的保护与开发,要求按照申遗的标准进行,实行"积极保护、适度利用"的原则,并依法保护,统筹规划,要"谋定而后动"。

二、从春秋战国到魏晋南北朝杭州历史遗迹的两个特点

据浙大历史系教授阙维民《汉魏六朝钱塘古迹》(载《南北朝前古杭州》一书,浙江人民出版社1992年版)一文的分析,从春秋战国到汉及吴、东晋、宋、齐、梁、陈六朝这一千余年间,见于史籍及其他文献中记载的杭州文化遗

迹,约有百十之多。这百余处文化遗迹有以下两个特点:第一,这些文化遗迹多与各个朝代的历史人物或故事传说人物有关,并且还和儒、道、佛有关,见之于相关的神庙、寺观、墓葬、建筑、海塘及一些自然界的山川、木石、洞壑等。第二,从这些古迹的分布来看,分布最多的,是西湖北山区今葛岭、灵隐、天竺一带,其次多为西湖西南今龙井、九溪、秦望山至吴山一带,而今之城区和西湖绝无仅有。

杭州的变化,与人物、历史、传说、宗教很有关系,也和江海山川湖河很有关系。

从地理人文看变化,杭州从江海山川到江海山城,再到江海山城湖河(西湖形成、大运河出现),城治从山中到江边再到平原。杭州的山,特别是灵隐山,是杭州和杭州人的根据地。

三、葛洪的"仙"说

东晋葛洪有两个重要观点,一是认为"仙之实有",以反证法论证,二是"仙之可学",给人指出一条成仙的路。他指出,人可以通过学习——也就是"修炼"得道成仙。人们通过葛洪开始明白(或者相信),天界不仅有"天仙",还有从人变来的仙——"人仙"。这给在苦难中生活着的人指示了一条通向最终幸福和快乐的路。葛洪的道教理论思想对中国文化的发展产生了很大影响。人们相信,神仙并非遥不可及,只要专心和刻苦地修炼,得了道就可以成仙。这鼓舞了很多人。这使我想到另外一个问题:中国人求道的目的何在? 看葛洪启发给人的,求道的目的是成仙,因为得道才可以成仙。在孔孟儒学中也以求道、得道为宏旨,所谓"朝闻道,夕死可矣"。但儒家求道是为了成贤明者成圣者,通过心法修习锻炼成为道德品格高尚的人,即培育道德人格。这同样需要学习、修炼,从闻道到得道,所谓"从心所欲不逾矩"。儒道对道的"成圣"、"成仙"追求,和西方文化中对道的追求显然很不同。后者更多指向理性逻辑下的真理,指向根据理性获得的科学知识和客观必然。作为真正理性的标志——科学,直到18世纪才走进中国文化,开始改变中国人的思想观念和思维方法。如果说理性有三种类型,道德理性、实用理性和科学理性,那么科学理性对中国人来讲是近代的文明启发,来得很迟,但发展很快。现代中国人已经深刻和普遍接受了"科学",它不仅是一种普世价值,还是创造幸福生活和使民族走向强大的利器。"科学发展"已经不容置疑。求道就是学习科学,得道就是成为拥有科学知识和科学技能的人。这是中国人从历史的文化迷雾中解脱出来的重大转变。中国人在道德、实用、科学的三个点上找到了新的发展之路,那就是符合道德伦理、有益生活幸福、遵循科学理性。

四、杭州老建筑保护

到 2007 年年底,杭州城区有 8000 多处 50 年以上的老房子,10 万人居住其中。已划定 10 大历史保护街区,12 个历史保护地段,75 处历史建筑,以及相当多的省、市级近代建筑文物保护单位等 122 处历史建筑。

第六节　西湖风景意象

一、西湖风景意象

西湖风景意象一大特点,就是以艺术的、人性化的风景意象和宗教的、神性化的风景意象为主流或主导,代表了西湖风景的精华和最佳吸引物。西湖风景意象还有如下一些特点:

(1)西湖风景意象,作为诗歌艺术、绘画艺术与代表性山水景观相结合的产物,出现"标题风景",具有山水文化和风景审美的首创性。这是人所共知的事实,也是西湖风景建设的优秀遗产。它是西湖风景代表性美点、亮点的诗性沉淀、画意总结和语言表达。尤为可贵的,以西湖十景代表的风景意象,形成了空间分布的景观序列,远近呼应,并形成游览路线。它也形成了随季节时序推移而变化的时间景观序列,如春有"苏堤春晓"、夏有"曲院风荷"、秋有"平湖秋月"、冬有"断桥残雪";白天有"雷峰夕照",夜晚有"三潭印月"之类。这样,西湖风景意象不仅成为代表性景观的标题形象,出现了标题风景的山水文化新型,还有空间景观意象和时间意象有序分布的巧妙动人细节,它们相对集中又能合理分散,突出了西湖文化的创造性、和谐性和精致美妙。

（2）西湖风景意象以"西湖十景"闻名天下，是宋代艺术文化思想情趣的深刻反映，具有"逸"的高雅美学品格。宋存续了319年，其中建都杭州的南宋152年。正是在北南两宋期间，进入了中国文化自秦汉、隋唐以来的历史转型期。中国文化的第三次大转移，就发生在1127年北宋灭亡后宋室南渡，文化中心从北方河南开封转移到江南杭州，出现了新的文化发展阶段。宋是一个理性的、哲学的时代。宋文化就是以儒道释三学高度融合的理学为哲学旗帜，传承中唐古文运动思想并深刻影响元、明、清的新型文化。

从艺术审美的文化变化来看，其思想感情及美学趣味，从唐的热烈奔放大气变为冷静萧索理性，变为内敛自省，从崇拜旭日东升转向心仪明月，从面对喷薄之朝阳转向遥望明寂之星空，从敞朗转向幽玄，从生机跃动之美转向枯寂荒寒之美。宋代艺术文化风格，就是以"清丽、秀雅、柔和、有逸气"为特征的，表现为"以小见大"以及对"自然、宁静、静寂、简约、幽玄、雅致"的追求，形成以"逸"为品格的"宋风"、"宋调"。山水画到了宋代，就有"逸品"高于"神品"之变，波及元代就有"写胸中逸气而已"的美学大成。对"逸"的推崇反映了审美趣味已从对客体有"神韵"之美，转向了主体内心的"逸致"之美。其形象素朴、柔和，色彩淡雅，具有与当时水墨山水画相通的艺术精神气质。因此，以"西湖十景"为代表的西湖风景及其文化气质，是宋文化气质的一个部分，是宋审美文化情趣品格的一种具体表现。西湖十景代表的西湖风景意象，具有宋文化"逸致"与"平和"之美的特点。

画有逸、神、妙、能四格，以逸为最上。在绘画中，"逸"表现为"拙规矩于方圆，鄙精研于彩绘，笔简形具，得之自然，莫可楷模，出于意表"（黄休复：《益州名画录》）。这其实是一种超然尘世的人生态度及追求的艺术化、意象化。西湖风景具有这种"逸致"的文化美学品格。从西湖十景的早期状态来看，它们都从不同方面透出清旷、自然、素朴、萧索、冷寂、空灵、简淡却又不失生机跃动的逸致意味。比如"断桥残雪"萧索、简淡、冷寂中的清美，"雷峰夕照"古朴、静穆、荒寒中的灿烂，"南屏晚钟"溟濛、沉寂中的悠扬，"平湖秋月"明静、萧然、简约中的清丽，"双峰插云"烟岚缥缈、悠然中的高远，以及"苏堤春晓"的生机，"花港观鱼"的灵动，"曲院风荷"的幽香，"柳浪闻莺"的软语清韵等等,都从不同侧面不同情景展现了西湖风景中多姿多彩的自然美,宋文化的雅致和逸气。

（3）西湖风景意象突出表现了西湖风景的自然之美。西湖风景的历史发展,是一个从自然美这一根本基点开始并且不脱离自然美的人文化过程,是一个自然美的艺术化过程。以"西湖十景"为代表的西湖风景意象,以西湖自然之美的礼赞与歌唱为特点和主题,是自然美的人文化、艺术化和典型化。在苏东坡著名的《饮湖上初晴后雨》的诗篇里,他的"西子"意象就是西湖自然美的美妙形象,就是西湖自然之美的人化艺术形象,贴切而传神。他的诗,把西湖自然美及其美感提升到一个世所公认的很高层次。南宋出现的"西湖十景",更是这种自然美及其美感的艺术意象化和具体化。

二、西湖山水的形象把握

这类风景意象对西湖风景特征具有高度的形象概括性,并广为人知,它主要反映了西湖风景的美学品质特征,即美感意象和艺术意象。反映西湖美感品质特征的风景意象,出自苏东坡"水光潋滟晴方好,山色空濛雨亦奇。欲把西湖比西子,淡妆浓抹总相宜"这一名篇,并形成了更简练的"西子湖"这个诗性意象,从此湖名与意象美妙叠合在一起,为人们世代喜闻乐道。同时,因杭州素有"天堂"之称,又产生了含意更完整丰满的"天堂西子湖"这个风景意象,突出了西湖美感的两大品质特征,即以"西子"为形象的自然秀丽之美和以"天堂"为形象的人文创造之美。

西湖山水也是在自然美的基点上创造的文化景观,具有很高的园林艺术性,也就产生了"山水大花园"、"山水大盆景"、"风景大园林"等这样一些反映其艺术性美学品质的称号。此外,还有反映西湖大自然本身精巧美妙艺术造化的"天然图画"这样的风景意象。

除此之外,还有反映西湖山水结构关系特征的风景意象。比如,概括反映湖与山之间美妙结构关系的,有"层峦涵露"、"双龙护珠";反映湖、山、城三者基本格局的有"三面云山一面城"等等。这些风景意象和名称,都诗意地概括指出了西湖风景的亮色,更好地引导了人们的欣赏与品鉴。

三、"西湖十景"就是十个审美意象

除了"雷峰夕照"是黄昏意象，其他的分别为："苏堤春晓"——春天意象，"花港观鱼"——游鱼意象，"平湖秋月"——秋月意象，"三潭印月"——水月意象（平湖秋月是天上的月，三潭印月是水中的月，又可称为"映月"），"断桥残雪"——冰雪意象，"曲院风荷"——荷花意象，"南屏晚钟"——晚钟意象，"双峰插云"——云烟意象，"柳浪闻莺"——啼鸟意象。西湖十景景目的四字结构，后二字就是观赏的景象即审美意象。

这些意象，特别是秋月、黄昏、冬雪、春天、晚钟、啼鸟等，都是中国文化中最能触发诗人心灵和情感的特殊景象，其意象中层叠积淀的意义十分丰富多样，并具有深刻的社会历史背景和人生哲学含义。

在这些风景意象中，大自然的景色是一种有意味的生命存在，它的时间节律同时有着相应的情感节律，和人的生命节律相融合，成为一种与人类相关的生命存在，是拨响的一声心弦。因此风景的体会乃是人生的体会、情感的体验，诗人最为典型。和西方人看风景的眼光不同，中国人看风景乃是洞悉人生、令心有归依的一种途径，并非单纯的看（特别是诗人）。一般人于风景倾向于单纯的看，诗人于看中有思有想，有起兴比类或者表达感受的创作欲望。

和负载着厚重古典文化的西湖相比，千岛湖是一个相当单纯、没有太多古典文化负载的现代湖泊。我喜欢它的单纯、明净、大气、水墨韵味、现代气息。

西湖十景除了四言格式、传统诗歌审美意象的景观化，还有审美意象或者景观意境的格调问题。格调是一种有倾向的、有特定趣味的审美风格。比如"断桥残雪"的美学格调就是"荒寒疏残"（今已不再），"雷峰夕照"、"南屏晚钟"、"平湖秋月"等都有荒寒趣味，是最能唤起诗人情感的那种动人景象。在文化心理上这些景象涉及生命的消逝、命运的警醒、灵魂的归宿、生命的短暂和终极追问、精神的净化等等，在自然景象中，人们最终感悟到的是个体和人类的生命关切、人生体会。

四、"西湖十景"代表的风景意象

以"西湖十景"为代表的西湖风景意象,是中国自然审美样式及山水文化的新创造。风景具有景观多样性、景象变易性、无限广延性和感知选择性,因此它又有模糊性和不确定性,相对艺术审美,风景审美或自然审美具有更广大自由的感觉空间。风景意象相对来讲,则是特定文化感知品鉴的个性映象及其社会沉淀,它给风景的感知制定了一个框架,建构了一个意义的画面。西湖十景就是这样一种风景审美的文化创造,它也创造了引起人们广泛共鸣的风景名胜。以西湖十景为代表的风景意象,主要反映的是西湖风景的自然之美,它们通过风景意象的表达,把西湖自然之美最有意义、最有代表性、也是最有韵致和情彩的那些特定方面固定下来,形成一个观赏品览西湖风景之自然美的空间序列和时间序列,把自然美人文化、艺术化了。这样,自然美被典型化、细节化、情境化了,因此美感更为强烈,易于人们认知和体会。因此,"西湖十景"这种风景文化,也创造了一种新的风景审美的美学原理和艺术样式,是对中国文化及其审美文化的一大贡献。

西湖风景作为一种文化景观,它的高度成熟和典范性、重要性之一就是拥有着数量大、种类多、知名度高的西湖风景意象群。这些风景意象不仅表明西湖景象被社会审美提炼、升华和认同,从而被优美地诗化、图化、人化、神化、传奇化、故事化乃至园林艺术化,而且还表明,西湖山水以其风景意象的形态建构的文化内涵和美学深度,成为中国文化及风景园林的典范和优秀的历史文化遗产。

五、西湖风景的文化思想意象

对山水风景的观赏并不是对自然现象中普遍性总体本质的认知,而在于对其特殊意义的社会及历史的文化揭示和解读,因此这种审美观赏把握到的不是事物的"概念"而是"意象"。所以在中国文化中,无论是一般观赏者还是诗人、画家,都有一个把山水风景当做什么来看待而加以欣赏感知的问题。比如最典型的,是孔子分别把山和水看成是"仁"的象征和"智"的象征,从自然山水中产生了伦理的审美意象。由此可见,风景意象必然又会有哲学意象、伦理意象、宗教意象、风水意象等等多样性形态，反映或折射了人的理性与非理性思想文化。西湖风景意象就具有这种深层的文化内涵，丰富而多彩多姿，主要有：

西湖山水的哲学意象："天人合一，人地相协"，"负阴抱阳，冲气以为和"，反映天地人的和谐创造精神。

西湖山水的伦理意象：和淡、温润、文雅、亲切、仁慈，反映"和为贵"的伦理价值取向。

西湖山水的人生意象：歌舞场、富贵乡、风流地、图画世界、回归自然、福地吉壤，反映"人间天堂"的人生境界。

西湖山水的宗教意象：绝胜觉场、咫尺西天、东南佛国，反映"仙灵所隐"的神奇灵异。

西湖山水的风水意象：龙飞凤舞、双龙护珠、钟灵毓秀、和瑞呈祥等等，反映"风水宝地"的环境价值和人居理想。

六、西湖风景的文学意象

反映或描写西湖风物景致人情的各种文学体裁，如诗词、楹联、游记、书札、戏曲、故事、传奇等等，是西湖风景意象最大最丰富最活跃的矿藏，体现了不同时代不同作者的不同个性、独特感悟和多样化风格，是西湖风景意象的主要创作来源。某一西湖景观经作者感悟品题形成个人的个性风景意象的文学表达，一旦引起广泛认同和共鸣，这一个性景象就成为社会性风景意象。苏东坡"欲把西湖比西子"以及"西湖十景"的形成，都是由文学艺术而社会，最终成为天下皆知的景观、景点、景名的。从这里再细分，主要有诗意象、词意象、戏曲意象、故事意象（如白蛇传奇、梁祝传奇）以及音乐意象等等，不一一详叙。

七、西湖风景的造型意象

西湖风景的造型意象即西湖风景的视觉意象，也是西湖风景意象中与文学意象一样十分重要的主导性意象。一般来讲，这类意象以风景的自然造型、绘画造型、雕塑造型、建筑造型所表达的视觉意义形象为主。作为游览对象的西湖风景,以结合西湖自然风光及地理地貌条件而营构的建筑造型及建筑处理最为重要,其中又以园林建筑、风景建筑等艺术性建筑为主要形式。我认为,西湖的自然艺术化形式就是西湖山水的园林建筑化,其建筑的造型意象有代表性的是:

湖心亭、小瀛洲、阮公墩所营构的"海上三仙山"的建筑景观意象,也是以建筑手段来美化西湖并提升意境的仙化意象。

三潭印月在湖面上的三座瓶形石塔,是点化出西湖神采韵致的西湖标志性建筑造型意象。平湖、塔影、水月、垂柳、远山,构成简约、淡雅、有情韵逸致的代表性风景画面。

断桥的情境和故事性,保俶塔的修长优美,雷峰塔的传奇色彩与敦实健俊,湖心亭的金碧辉煌与遗世独立,苏堤的长虹卧波与水天一色,等等,都是十分动人有意趣的西湖建筑的典型造型意象,出色地把自然美和建筑美融合在一起。

八、西湖风景的人物意象

西湖的美丽风光中,还有世代历史人物留传于西湖山水之间的人格之美、伦理之美、爱情之美。英名与哀婉、高洁与才情,成为西湖山水的另一道亮丽风景,是西湖风景中有声有色的不可缺少的一部分。吴越钱王"保境安民,造福一邦"的大仁大义,白居易和苏东坡"济世亲民,放歌湖山"的伟业高情,林和靖"梅妻鹤子"的逸隐高洁,岳飞和于谦"精忠报国"的大义凛然,苏小小、白娘子、梁山伯与祝英台忠贞爱情的人间哀歌,葛洪的初阳仙风,伍子胥的忠魂灵涛等等,令人仰贤崇英、爱美思仙,扼腕三叹,在风景审美中经受人格、伦理、爱情、信仰、政教的精神洗礼。

九、西湖风景意象的别裁与层叠

西湖风景的高度成熟和深刻文化内涵,还表现在某一景点具有众多的风景意象的集合层叠,以别出心裁的感悟与见地表达景致的美妙与动人。"三潭印月"就是一个突出的范例。"三潭印月"有三个变化阶段,其先为宋代"三潭三塔"一景,始有"三潭印月"的风景意象及题名。其后是明代在三潭三塔旁增筑放生池堤围，并有佛寺，其境静寂有仙佛气。第三阶段是清代，它被加以园林艺术化，成为卓著优美的"水上园林"，真正成为西湖的湖中胜境。这里除了"三潭印月"、"小瀛洲"的诗画意象和仙佛意象盛名天下外，还有切中该景点神韵情致和风光意境的许多美妙意象，形成一个各有见地、层出迭见的群的集合，文化积淀优美而浓厚。这些风景意象一般都以诗词，特别是楹联、匾额的形式昭示于人的眼耳心目。如在"瀛洲仙境"的总体仙佛意象之下，有"水月清华"、"禅心止水"、"人在画中"、"空明上下"、"坐忘人世"；以及"荷花世界，鸥鸟家乡"等等，透出雅洁静逸之意境。在"三潭印月"的总体景观意象下，又有"湖上园林"、"平湖烟月"、"入画中画"、"明月满湖"、"岛中有岛，湖中有湖"以及"三面湖光，四围山色；一帘松翠，十里荷花"和"四面荷花三面柳，一城山色半城湖"等等，令人生羡驰想。西湖风景就是以它这种独特、有创造力的风景意象，使风景增值、景象有光，表达出人文之美对自然之美的融合与升华，使自然美具有更深刻的文化意味和美学内涵，是西湖优秀的山水文化遗产。

十、黄昏的意象

黄昏意象是很古老的诗歌意象，在《诗经》中《君子于役》的"日之夕矣，羊牛下来"，为黄昏意象之祖本。在这首诗里，黄昏是回家的象征。日落西山，牛羊都回来了，服军役的夫君也该回家了。可是何时能回来天也不知道。这是妻子盼望夫君回家的古诗，通过黄昏时分的景象表达盼望夫君归来的思念心情。

从文化意义上讲，黄昏就是回家、回归，就是应有归宿的时刻。因此，"雷峰夕照"作为很美的晚景只是个表面景象，其真正的意义是"归宿"，特别是提示人们的心灵归宿、精神回归。归于何处？不言自明：归依自然大化。那才是人们最终的生命安顿之处，是灵魂要去的地方。每到黄昏时刻，特别在"雷峰夕照"的当下，要想一想，你今天做了什么？你将走向哪里？你真正的家在哪里？

第七节　西湖景观意境

一、重视西湖意境研究

关于西湖文化的研究已取得了一系列重要认识,我们对西湖有了更清楚地把握,为西湖申遗提供了重要资料。这些重要认识主要有:西湖是自然风光与历史人文创造相交融的文化景观;西湖是风景大园林;西湖是中国文化在山水美学领域的景观典范;西湖是中国山水文化独特的创作和突出代表;西湖是杭州城市景观的有机部分和特色空间;西湖是天人合一、人天共作、湖城谐美的文化创造;西湖具有精致和谐、明丽秀雅、诗情画意的美学品质;西湖是山水城、儒道释、诗画园等多元文化的融和;西湖是素有影响力的优秀历史文化遗产;西湖是杭州文化的根和魂、杭州的精神家园。这里面的关键词是:文化景观、城市园林、天人合一、和谐秀雅、山水典范、精神家园、历史遗产。这是一个由山水自然美升华为人文艺术美,又不失自然风趣的湖。但作为东方历史文化遗产,西湖更为独特和重要的核心价值是意境美。

从美学上看,西湖是典型的意境山水,意境之美是西湖美学的核心价值和文化灵魂。"西湖十景"就是中国最经典和最具影响的系列景观意境,它们的重要性在于揭示了西湖山水之美在不同空间和时序中的景观主题和诗画意蕴,全局优雅生动,起到画龙点睛的作用。从中国传统文化背景来看,意境之美是中国文化艺术美感魅力之所在,中国园林文化的核心就是情景交融、虚实相生、诗情画意的意境美,这是中国艺术对世界文化宝库最为独特和优秀的美学贡献。此外,体现在文艺创作、景观营造和审美欣赏中的许多中国文化内容,如天人合一、顺应自然、致中守和、尽善尽美、虚静恬淡、明理见性等,也是通过意境来体现表达的,西湖意境文化就是典例。同时,有无意境及境界如何,也是评价中国文化优劣高低的重要审美标准。还要看到,具有典型东方文化特点的"意境",集中了西湖风景区最有价值的名胜景观,西湖意境景观正是西湖精华之所在。一言以蔽之,西湖景观意境是西湖申遗中十分重要的核心价值。因此,必须深入研究西湖意境的文化和美学。

这是目前西湖研究最具深入性的一个重要方向。

二、关于景观意境

中国文化有形象思维的传统，认为思想情感的表达，"形象"优于"言说"。《易·系辞》就很明确地说"书不尽言，言不尽意"，但是圣人之意岂可不见乎？于是"子曰：立象以尽意"。以"仰观俯察、远取近求"的方法"观物取象"、"托象以明理尽意达情"。这是意境产生的民族文化心理原点。因此，中国传统文化思维天然具有艺术型或诗性倾向。

意境的基本特征，一是情景交融，二是虚实相生，三是读受会心，即"景中之情"、"象外之意"需要审美接受者的感悟、体会、想象的参与下最终完成。也可以说，意境是透过想象在感知的景象中领略其中含蓄的情致意味。"鸡声茅店月，人迹板桥霜"，由此在状如眼前的凄清静美的景象中，可想见旅人辛勤之情状。这就是意境由实见虚的生动的象外之象。意境为何物由此见之。

意境的典型形态是诗歌，其次为绘画，其中以山水诗、山水画的表现最为突出。亦由此可见，山水景观意境有两个层次，一是山水本身的自然意境，二是附丽山水自然的诗画意境。

意境从主客关系来看，分为意识形态的诗画（艺术）意境和物质形态的景观意境。景观意境包括了山水景观意境、园林景观意境、城市景观意境、乡村景观意境等实体性意境。西湖山水景观意境由苏轼"晴好雨奇"描述，杭州城市景观意境由口碑"人间天堂"描述，灵隐寺观意境由题额"绝胜觉场"描述，苏堤水利建筑意境由"苏堤春晓"描述。

从人与自然的关系来看，意境可分为自然景观意境和人文景观意境。前者包括天地日月、风雨云霞、林泉鸟兽等，后者包括城镇、建筑、园林、诗画、宗教、神话、传说、事迹等人为创造物。西湖景观意境，也包括了附丽于西湖山水的城市景观意境、园林景观意境、宗教景观意境、诗画艺术意境、神话传说的故事意境（如白蛇传故事与雷峰塔）等人文景观意境。西湖景观空间，其本身就是城市、山水、园林三大要素，即"三面云山一面城"的西湖风景大园林的完美结合。可见，西湖意境是杭州的一个重要历史文化现象和中华美学现象。

景观意境与诗画代表的文艺意境最直观的区别,就在于它是物质实体性的。其景观在空间上是广大、连续、三维、界限模糊的,在时序是动态变化的(如昼夜、四季变化),在功能上是人们可以生活、游览、建设的真实环境。因此,景观意境有随时空变易而产生的相对动态的不确定性变化和相对静态的稳定性呈现,所以景观意境有稳定性和多样性的丰富状况。例如"雷峰夕照"是一个有规律性的景观意境,但在冬夏春秋不同时序中"夕照"的意境景象和观感各不相同,实证着美的丰富多样性特点。

根据意境理论,景观意境可以建立模式化的构成分析。景观意境分析有利于具体理解和把握意境保护建设的实际操作。景观意境,可分实体景象(如雷峰塔及周围山水氛围环境)和象征主题(即"雷峰夕照"的景观标题)两个部分。其景观意境如"浮屠会得游人意,挂住夕阳一抹金",以及颓然一醉翁的联想,或白蛇传悲剧的联想与感叹。

象征主题,是意境景观的特色概括及这一景观特色的文学表达,其一般文学表达格式是四言诗体,前两字言特定地点,后两字言特色景象,如"平湖秋月"、"苏堤春晓",平湖、苏堤是景观的空间地物地点,秋月、春晓是景观的时令景致景象,意境就包含在象征主题之诗意画面的背后。实体景象是意境的物化载体和具体形象,它对应于象征主题又称为主题景象。

景观意境的构成模式可以表述为:象征主题——主题景象(主体景物)——辅从景物——环境氛围,这是景观意境具体分析的五要素。以雷峰塔为例,对应于象征主题(雷峰夕照)的主题景象,由主体景物(雷峰塔、落日夕阳)、辅从景物(西湖水面、夕照山、南屏山、暮色云气等)及环境氛围(景观空间的传统景观格局和特定时间的绚烂灿然与恬静茫然气氛),在这是,辅从景物又是主体景物的周围环境氛围。景观意境分析模式的一级构成要素是象征主题和主题景象,二级要素是主体景物、辅从景物及它们构成的景观环境氛围,二级要素构成主题景象。

三、西湖意境的哲学文化背景

哲学是世界观,包括对世界构成、人天关系(人与自然)、心物关系(意识与存在)的基本观念看法,在根本上支配影响着人们的审美观、艺术观等文化观点。在人与自然的关系上,西方立足于"主客二分"的认识论观念,中国则以"天人合一"的存在论观念为主导,认为人与自然、世界、万物不是对立的,而是息息相通、交融一体、和谐共存的。审美意境之情景交融、虚实相生、物我为一的文化特质,就体现着"天人合一"的哲学精神。张世英先生就指出,"审美意识不源于主客二分,而源于天人合一"(张世英:《天人之际——中西哲学的困惑与选择》,第190页),"审美意识正是天人合一的'意境'、'心境'或'情景'"(张世英:《天人之际——中西哲学的困惑与选择》,第200页)。中国园林意境起源于人与天的对话(参见肖芬:《论中国古典园林的意境美》,载《南昌大学学报(人文社会科学版)》2003年第2期)。我们可以说,西湖意境文化体现了天人合一、人与自然和谐交融的哲学文化,但这个归纳过于笼统了。本文认为,具体来看,西湖不仅仅体现了天人合一、人天和谐、与天对话的意境,而且是天地人神交融、对话、欢娱、合唱、共存的世界。从文化是理性的这个具体观点来看,天地不仅具有自然理性、自然智性,还具有自然的生命有机性、自然的德行、自然的灵性和神性。在人类实际的生活世界里,天地自然不仅对应理性的真理世界,还对应人性的人化世界、对应信仰的神灵世界、对应审美的理想境界和美丽世界。人们真实的存在,是科学理性、道德意志、审美情感、宗教信仰以及生命功利需求等综合起来的人文世界。因此,意境起源的文化机制,起源于天地人神的交融与对话。西湖意境体现了天地人神的交融对话和谐共存、欢娱合唱。

在中国"天人合一"的哲学文化体系里,"天地人神"的交融观念灌注其内,它包括了自然天道论、太极元气论、有机自然观、自然有灵观、天人感应论、理气心性论、致中守和论、阴阳五行论、法天象地论、天地风水论等,它深刻呈现了中国人的生活图式、生活态度、人生安排和心灵的安顿。西湖文化作为中国文化在特定地域的一个特别方面,西湖意境反映的不是抽象的天人合一,而是现实具体的"天地人神"的交融对话与和谐共在。自晋代开始,西湖山水最初的景观意境,就是葛洪题写于灵隐山门的"绝胜觉场",为山水赋予神性的场所。更远一点的在春秋,钱塘江潮就被视为伍子胥的忠魂,令人敬畏,决不仅仅是自然奇观。西湖山有龙飞凤舞灵动之象,西湖水有金牛湖、明圣湖神瑞之名，苏东坡则将西湖意境之美比拟为西子美神。因此，西湖的美有灵秀之美的概括。西湖意境不仅美妙而且充满灵气。杭州城市景观意境就叫作"人间天堂"，这是中国文化投给杭州的神圣一票，恰如其分。总之，我们从"天人合一"推广具体化到"天地人神交融对话与和谐共在"来看西湖意境的产生、内涵和文化特点，距离西湖真实的文化状况就更近了一步。

四、西湖意境的历史形成

西湖山水景观空间除了西湖核心区及周围三面云山一面城的格局，北山外侧有西溪，南山外侧有九溪，东南一侧是钱塘江，实有湖山之秀、江海之壮、城市之盛，得负阴抱阳之冲和，以湖山明媚秀雅盛名天下。其景观之大成，得益于自然之美和人文之功。对西湖景观及其景观意境的形成起重大作用的，是城市文化、儒道文化、诗画文化、山水文化、园林文化、宗教文化六大因素，是天地人神互相作用、交融对话的成果。其中宗教文化的启发作用甚为重要。

西湖璞拙未开之初，首先是宗教信仰文化活动开启了点化山水的序幕。春秋吴国伍子胥忠烈死谏、鸱尸浮江，民间拜其为潮神，使自然奇观钱塘江涌潮成为"子胥灵涛"的意境景观，它也是杭州最早的著名景观。江岸的吴山至少在汉代就有伍公祠的纪念建筑，历代帝王敬其正气而仰之安澜福民，封赐香火不绝。

西湖山水景观开发真正的发端，始于西晋咸和元年（326），印度僧人慧理根据飞来峰"灵鹫飞来"的神话之说建灵隐寺。最初的西湖景观意境亦出于灵竺山水灵境，即晋东葛洪题额灵隐山门的"绝胜觉场"。灵隐、天竺成为西湖未凿之时最先出现的著名景区。唐代白居易的《冷泉亭记》就说："东南山水，余杭郡为最；就郡言，灵隐寺为尤。"西湖湖区最早的人文建筑也是宗教文化的，即六朝南陈天嘉元年（560）建于孤山之南的永福寺。至唐末宋初时吴越国崇佛，西湖水畔山间城中寺观塔幢无数，杭州城市意境有了"东南佛国"之说。可见，西湖山水最初的文化形态是和宗教信仰、神话传说等相结合起来并得到开发建设的。因此，西湖山水最初的景观性质，就是神宅仙境的神性景观空间，与之相配合的景观意境就是"绝胜觉场"和"东南佛国"。

自唐代到北宋，因城市发展，特别是西湖的水利建设、园林建设和诗词创作的推动，西湖景观进入了诗歌意境和园林意境的发展阶段，尤以白居易和苏东坡为代表。西湖景观性质亦向新的方向演进，成为以自然美意境、园林意境和诗歌意境为表现的人性化的艺术景观空间，尤以苏东坡《饮湖上初晴后雨》一诗的意境之美揭示了西湖的意态神韵。同时，杭州由于城市社会经济文化的繁荣和山水花园城市的建设，形成了"人间天堂"和"东南佛国"两大重要城市意境。至南宋，西湖形成了以"西湖十景"为典范的绘画意境，把西湖景观意境的发展推向一个新的高峰，全面走向意境山水。

经历唐、宋、元、明大量诗歌绘画对杭州西湖山水的品评鉴赏，西湖景观的意境得到充分揭示，众多景点成为美景与大量诗文紧密结合的意境文化景观。到清代，西湖风景随着帝王的巡幸赞赏和大量园林建设及文艺创作，特别是帝王钦题御书的"西湖十景"，西湖景观的意境文化又达到一个高峰。清雍正年间，又增"西湖十八景"，遍及风景区山、湖、溪、泉、海、洞、寺、桥及集市。清乾隆年间，又有乾隆帝题咏游赏的"西湖二十四景"，杭州诗人柴杰题咏的"杭州西湖百景"，遍及城市和西湖景区。在孤山清行宫，亦有"行宫八景"。其景观意境的文化丰富性、分布广泛性和系列组织性都是空前的，反映了西湖风景区建设的完备和成熟。

五、西湖意境的类型分析

西湖景观的多元要素、时空变化、历史演进、人文积淀、多样文艺载体、美感个性差异等，使得西湖意境样式众多、品类丰富，蔚为大观，深刻反映了西湖文化"天地人神交融对话、和谐共在"的诗性内涵。

意境是西湖景观的突出特点，几乎所有的名胜景观都具有主题意境的定型和不同意境的发掘与叠加，起着引导观赏、深化美感和意趣扩展延伸的积极作用。就像音乐有"标题音乐"，西湖这种意境山水就是"标题风景"。其类型主要有：总体性主题意境、系列性名胜意境、变化性时序意境、动态性空间意境、叠加性景观意境、多元性文化意境等，还有从组织布局上来区别的意境组群、意境线路等。

　　总体性主题意境，反映了西湖意境山水的宏观审美和意义评价。由于西湖景观由城市、山水、园林三大景观要素和儒道哲学、宗教信仰、文艺审美三大文化要素结合而成，因此有：

　　城市景观意境"人间天堂"。这是最宏观概括的生动意境，反映了湖山水与城市一体、天地人神交融、美丽与繁华共享而蔚为大观的胜境。

　　山水景观意境"美比西子"。即苏东坡的著名诗歌《饮湖上初晴后雨》揭示的山水意境。此外，还有反映西湖山水景观的自然结构意境"双龙护珠"、"层萼含露"，体现湖隐山中、山屏湖外、层峦迥护的天然精妙之形象意蕴。

　　园林景观意境"天然画图"。反映了"出于自然、天人合一"的艺术文化气质。"人间天堂"、"美比西子"、"天然画图"是西湖景观最高层次的主题意境，其中"人间天堂"是总领。

　　儒道景观文化意境，"天人合一"。宗教景观文化意境："绝胜觉场"、"东南佛国"。文艺景观文化意境："美比西子"、"天然画图"。

　　系列性名胜意境。以"西湖十景"为代表，另有元代"钱塘十景"，清代"西湖十八景"、"杭州二十四景"，现当代"西湖新十景"及"新西湖十景"等。

　　变化性时序意境。西湖是真实的三维景观空间，其景观随时间不同而有动态性变化，摇曳多姿，因此产生美感随机随时丰富地变化的时序景观意境，如有春景、夏景、秋景、冬景，有旦夕之间的晨景、午景、暮景、夜景、有气候之变的晴景、雨景、雾景、雪景等，充分体现大自然给予西湖景观的无限风情。例如苏堤春晓、南屏晚钟、雷峰夕照、平湖秋月、断桥残雪等。

　　动态性空间意境。西湖景观也因审美主体即游人随地点、路线及视角的动态变化而呈现不同的空间景象变化，其景观意境各不相同。如湖有"湖心平眺"，山有"葛岭朝暾"，桥有"玉带晴虹"，路有"云栖竹径"，塔有"三潭印月"等。其对象物及空间景象随地随机变化。从景观意境的分析模式来看，就是由主体景物及辅从景物构成的主题景象的地域变化。

　　叠加性景观意境。反映某一景点景观的除了主题意境之外，还有其他次生意境的叠加。如孤山一地，有断桥残雪、平湖秋月、莲池松舍、海霞西爽、孤山霁月、梅林归鹤、文澜高阁、云峰四照等。这也是"意境组团"之一种情况。湖中三岛构成的"海上三仙山"的道家仙境，则是意境组团的另一形式。

多元性文化景观意境。此类景观意境反映了不同的文化思想和文化追求。如西湖景观的哲学意境"天人合一"，有湖心亭的"太虚一点"；伦理意境，有岳王庙的"碧血丹青"、"精忠报国"、"气壮山河"；宗教意象，有"绝胜觉场"、"咫尺西天"、"灵竺香市"；风水意境，有"层峦含露"、"双龙护珠"、"龙飞凤舞"、"福地灵境"。

六、西湖意境遗产

本书除了对西湖景观意境文化提出概要分析之外，还由此产生两个重要结论和观点：第一，西湖景观意境文化属于西湖的非物质文化遗产，但它具有多种物质载体及表现形式；从审美上看，是从物到心、从景象到意蕴的审美升华的结果，是西湖的美感魅力和西湖文化的灵魂与核心价值之所在；从结构上来看，可以通过景观意境的构成模式来具体把握，即非物质文化的西湖景观意境，可以从意境的象征主题、主题景象及主体景物、辅从景物和景观环境氛围的构成中具体分析。第二，西湖要从最初的风景名胜区保护、到近年制定的文化景观保护，向文化景观最为核心和关键的非物质文化的西湖意文化遗产保护深化和落实；西湖景观的意境保护是中国民族文化景观的实质性特殊保护和原真性特色保护，它包括了景观的意境象征主题、主题景象、环境氛围、传统格局和历史风貌等各个要素的完整保护。西湖要从有形的景观物体保护向无形却是可感的景观意境保护再前进一步。要充分认识非物质的西湖景观意境文化是西湖文化遗产不可或缺、不可忽视的重要部分和核心价值。因此，西湖的保护与建设，要注入"西湖意境文化遗产保护"的深刻思想理念，并加强对西湖景观意境文化更具体深入的认识和研究。

主要参考文献

[1][德]汉斯·萨克赛.生态哲学.文韬,等译.上海:东方出版中心,1999.

[2][德]鲁道夫·阿恩海姆.艺术与视知觉——视觉艺术心理学.滕守尧,译.北京:中国社会科学出版社,1985.

[3][德]黑格尔.美学:第1—3卷.朱光潜,译.北京:商务印书馆,1978.

[4][德]海德格尔.海德格尔存在哲学.孙周兴,等译.北京:九州出版社,2004.

[5][法]米歇尔·柯南,[中]陈望衡主编.城市与园林.武汉:武汉大学出版社,2006.

[6][加]艾论·卡尔松.自然与景观.陈李波,译.长沙:湖南科学技术出版社,2006.

[7][美]史蒂文·布拉萨.景观美学.彭峰,译.北京:北京大学出版社,2008.

[8][美]阿诺德·伯林特.环境美学.张敏,等译.长沙:湖南科学技术出版社,2006.

[9][日]陈舜臣.儒教三千年.龙利方,等译,桂林:广西师范大学出版社,2009.

[10][日]东山魁夷.与风景对话.陈丹吾,等译.长沙:湖南美术出版社,1988.

[11][日]黑川纪章.新共生思想.覃力,等译.北京:中国建筑工业出版社,2009.

[12]鲍世行.钱学森与山水城市.城市发展研究,2000(6).

[13]北京大学哲学系美学教研室编.中国美学史资料选编.北京:中华书局,1980.

[14]蔡尚思.中国礼教思想史.上海:上海世纪出版集团,2006.

[15]蔡锺翔.美在自然.南昌:百花洲文艺出版社,2001.

[16]曹林娣,许金生.中日古典园林文化比较.北京:中国建筑工业出版社,2004.

[17]曹文趣,等,编注.西湖游记选.杭州:浙江人民出版社,1982.

[18]陈来.宋明理学.上海:华东师范大学出版社,2004.

[19]成中英.论中西哲学精神.上海:东方出版中心,1991.

[20]董欣宾,郑奇.中国绘画对偶范畴论——中国绘画原理论纲.南京:江苏美术出版社,1998.

[21]傅伯星,胡安森.南宋皇城探秘.杭州:杭州出版社,2002.

[22]高巍,孔建华.燕京八景.北京:学苑出版社,2002.

[23]葛荣晋主编.道家文化与现代文明.北京:中国人民大学出版社,1991.

[24]杭州市规划局,杭州市城市规划编制中心编.迈向钱塘江时代.上海:同济大学出版社,2002.

[25]何星亮.中国自然崇拜.南京:江苏人民出版社,2008.

[26]胡雪冈.意象范畴的流变.南昌:百花洲文艺出版社,2002.

[27]江晓原.天学真原.沈阳:辽宁教育出版社,1997.

[28]金学智.中国园林美学.北京:中国建筑工业出版社,2005.

[29]蓝玉顺.儒教问题研究.北京:人民出版社,2012.

[30]李来源,林木.中国古代画论发展史实.上海:上海人民美术出版社,1997.

[31]李零.郭店楚简校读记.北京:中国人民大学出版社,2007.

[32]李文初.中国山水文化.广州:广东人民出版社,1998.

[33]梁漱溟.东西文化及其哲学.上海:上海世纪出版集团,2006.

[34]梁漱溟.中国文化要义.上海:上海世纪出版集团,2006.

[35]刘纲纪.《周易》美学.武汉:武汉大学出版社,2006.

[36]刘锡诚,游琪.山岳与象征.北京:商务印书馆,2004.

[37](明)田汝成.西湖游览志.上海:上海古籍出版社,1988.

[38]南怀瑾.老子他说.上海:复旦大学出版社,2011.

[39]南怀瑾.论语别裁.上海:复旦大学出版社,2012.

[40]南怀瑾.易经系传别讲.上海:复旦大学出版社,2012.

[41]潘仲连,等.盆景制作与欣赏.杭州:浙江科学技术出版社,1987.

[42]彭自强.宗教学概论.北京:宗教文化出版社,2008.

[43]阙维民.杭州城池暨西湖历史图说.杭州:浙江人民出版社,2000.

[44]汪坦,陈志华.现代西方艺术美学文选·建筑美学卷.沈阳:春风文艺出
    版社,1999.

[45]王其亨.风水理论研究.天津:天津大学出版社,2001.

[46]王荣初选注.西湖诗词选.杭州:杭州出版社,2001.

[47]王世仁.理性与浪漫的交织——中国建筑美学论文集.北京:中国建筑
    工业出版社,1987.

[48]魏士衡.中国自然美学思想探源.北京:中国城市出版社,1996.

[49]吴必虎,刘筱娟.中国景观史.上海:上海人民出版社,2005.

[50]吴家骅.景观形态学.北京:中国建筑工业出版社,1999.

[51]吴良镛.关于山水城市.城市发展研究,2001(2).

[52]吴战垒编.说不尽的西子湖.杭州:杭州出版社,2001.

[53]肖笃宁,等.景观生态学.北京:科学出版社,2003.

[54]谢凝高.山水审美:人与自然的交响曲.北京:北京大学出版社,1996.

[55]谢松龄.天人象:阴阳五行学说史导论.济南:山东文艺出版社,1989.

[56]徐复观.中国艺术精神.沈阳:春风文艺出版社,1987.

[57]徐恒醇.生态美学.西安:陕西人民教育出版社,2000.

[58]杨伯峻注.论语译注.北京:中华书局,1994.

[59]杨岚.人类情感论.天津:百花文艺出版社,2002.

[60]曾振宁.中国气论哲学研究.济南:山东大学出版社,2003.

[61]张其昀.孔学今义.北京:北京大学出版社,2009.

[62]张世英.天人之际——中西哲学的困惑与选择.北京：人民出版社，1997.

[63]赵士林.心学与美学.北京：人民出版社，2013.

[64]钟毓龙.说杭州.杭州：浙江人民出版社，1985.

[65]周维权.中国古典园林史.北京：清华大学出版社，2005.

[66]朱伯崑主编.易学基础教程.北京：九州出版社，1997.

[67]朱淳，张力.景观艺术史略.上海：上海文化出版社，2008.

[68]朱良志.中国艺术的生命精神.合肥：安徽教育出版社，1998.

[69]宗白华.美学与意境.南京：江苏文艺出版社，2008.

索 引

后 记

完成全部书稿并且可以出版的过程，好像一次漫长的远足，辛苦却快乐。这里起码有十多年细水长流的积蓄。能够为家乡的美丽西湖说说自己的思想见解，能够言之成理、公之于众，于愿足矣。这里要感谢1986年关于西湖景观与城市建设的一篇文章，促使我把研究方向转向西湖文化和美学，持之不辍。一个美学工作者，不研究自己身心所处的大美——西湖文化美学现象，会是一个错误。感谢杭州市第一人民医院眼科的吴有华、夏贤闽、张惠成主任医生近40年的呵护与照顾，使我奇迹一样走过这40年。没有他们的帮助，我没有今天。这本书，是我奉上的又一个谢礼。感谢妻子史巧斋。没有她的帮助，我也没有今天。我的所有文稿都是她一个字一个字打出来的，她常常打字到深夜一两点钟。我写的字是凭感觉画出来的，有时自己都不能辨认，但她能认出来是什么字。打字占用了她大量的时间，她甚至学会了"盲打"。这本书，也是送给妻子的一份谢礼。感谢杭州市社会科学院沈翔院长及各位院领导对我的一向关心和支持，还安排了出版资金。感谢浙江大学出版社，感谢本书编辑的辛勤工作。浙大是我的生长地和母校，对我有着特殊的意义。这本书的姊妹篇《西湖美学札记》也即将付梓。也要感谢所有帮助过我的朋友、同学和同事。

本书所呈现的读书笔记，历经的时间很长，原本是写给自己看的，当时没考虑拿出来。其实，这些都是对西湖文化美学的思考和为写作准备的材料与心得体会，信手所写、有感而发。文中引用对需要注明的地方给予了必

要的说明，如果有疏漏，请予谅解。我以《读书随想录》和《西湖美学札记》等
名目积累的读书笔记，是为研究西湖文化美学问题并形成一本《西湖文化美
学概论》之类的学术专著所做的长期努力。由于眼疾已经不允许我继续，只
好期待后有来者。但是这些数量不菲的读书笔记不整理一下拿出来，也对
不住还在挣扎的病眼。行将退休，也要对自己的工作有一个总的交代，所以
下了决心，抛砖引玉。感谢西湖神灵的保佑！

　　　　　　　　　　　　　　　　　　　　　　　　李一凡
　　　　　　　　　　　　　　　　　　　　　　　　2014 年 12 月

图书在版编目(CIP)数据

读书随想录：西湖文化美学的准备与思考 / 李一凡
著. —杭州：浙江大学出版社，2015.11
ISBN 978-7-308-14776-7

Ⅰ.①读… Ⅱ.①李… Ⅲ.①湖泊—景观美学—研究
—杭州市 Ⅳ.①K928.43

中国版本图书馆 CIP 数据核字（2015）第 127568 号

读书随想录：西湖文化美学的准备与思考

李一凡 著

责任编辑	胡　畔(llpp_lp@163.com)	
责任校对	陈晓璐	
封面设计	续设计	
出版发行	浙江大学出版社	
	（杭州市天目山路 148 号　邮政编码 310007）	
	（网址：http://www.zjupress.com）	
排　　版	杭州中大图文设计有限公司	
印　　刷	杭州杭新印务有限公司	
开　　本	710mm×1000mm　1/16	
印　　张	24	
字　　数	400 千	
版 印 次	2015 年 11 月第 1 版　2015 年 11 月第 1 次印刷	
书　　号	ISBN 978-7-308-14776-7	
定　　价	48.00 元	